漢唐史論集

傅樂成・著

自序

這本論集，共有作品十八篇。寫作的時代，則從民國四十一年到六十五年，前後整二十五年，平均每年尚寫不到一篇。在這麼一段漫長的歲月裏，而工作成果竟如此其微少，實在不能不教人慚愧。

我研習國史，對中古史也就是秦漢到隋唐的一段較有興趣。「西漢的幾個政治集團」是我來台後所寫的第一篇文章，同時是在 先伯孟真先生的督促和指導之下寫成的，脫稿後並承勞貞一先生斧正。這篇文章寫成後不久， 先伯便遽離人間，後來竟刊登在他的紀念論文集上。為了這些原因，雖然它的內容相當膚淺，我仍把它列為諸篇之首，以為紀念。至於其餘兩篇有關漢代的作品，雖成於最近兩三年，事實上也是自首篇衍續而成，而其中若干意見，也經過 先伯的指示。

對於魏晉南北朝史，我也下過短時間的功夫。除了集中所載的兩篇，也曾寫過幾篇有關魏晉南北朝的戰史和地理方面的文章，因寫得太差，所以沒有收入集中。

大約從四十二年起，我的興趣轉而偏重於隋唐史，作品也以有關這一斷代的居多。最初因受了姚從吾老師的影響，喜歡討論外族問題，其後又漸漸轉到政治和文化問題。由於各文寫成的時間前後相距過遠，因此初寫的幾篇，顯然不夠深入，這一點要請讀者原諒。同時其中自也難免有譾陋謬誤之處，希望讀者不吝指正。

我本不願編印文集，但經不起段昌國棣的一再催促，終於編成此集。編成後又承段君代洽出版，並承周一南先生賜題封面，一併於此誌謝。

民國六十六年三月傅樂成序於台北

目錄

自序
西漢的幾個政治集團……一
漢法與漢儒……三七
漢代的山東與山西……六五
孫吳與山越之開發……八一
荊州與六朝政局……九三
唐人的生活……一一七
玄武門事變之醞釀……一四三
天寶雜事……一五五
杜甫與政治……一七一

杜甫的死……………………………………一七九
唐代宦官與藩鎮的關係……………………一九一
唐代夷夏觀念之演變………………………二〇九
突厥大事繫年………………………………二二七
突厥的文化和它對鄰國的關係……………二七五
迴紇馬與朔方兵……………………………三〇五
沙陀之漢化…………………………………三一九
唐型文化與宋型文化………………………三三九
中國民族與外來文化………………………三八三

西漢的幾個政治集團

緒言

西漢一代政治集團的興起原因，大致可分兩類：一類是因了時代需要而起，他們多半是舊政治局面或制度的改革者，或是新政策的執行者。這種集團的政治意味，比較濃厚。另外一類則多半憑藉政治以外的關係，與皇帝接近，因而取得皇帝的信任，造成以私人或私家爲中心的政治集團，這種集團常是政治上純人事糾紛的製造者。不過各集團本身興起原因的異同，尚非他們相互衝突的主要原因。它們的衝突，大半起於政權的爭奪，以及政見的爭執。此外還有純以私嫌而起的衝突。

每個政治集團持續的久暫，以及在政治鬬爭中能否獲勝，最重要的要看皇帝對它支持與否或是支持到如何程度而定。至於它本身能否適應當時的政治要求，尚係次要條件。這種情形的發生，在君主專制的時代中，是勢所難免的。

西漢政治集團的衝突，可劃分爲三個時期。從劉邦到景帝，可算第一個時期。這段時間中的衝突，以政治上的保守派與革新派的衝突爲主。漢初四十多年的政治，可以說一直由淮泗功臣集團來主持。這批時代英雄，雖把舊政權推翻，但對新帝國的開國規模，沒有創造的見識和能力，因此祇有一切承襲「秦法」。同時他們在得到政權之後，又大部變成了黃老信徒，祇求保持政治現狀，而不願有所興革。國家新成，便呈現這麼一種暮氣，以致許多在統一後必須做的事，都因而停頓，終至使國家內部發現分裂的危機。文景時期，有兩批人發動政治改革，先後被功臣集團與後來的另一反動集團所擊敗，結果乃至使漢廷不得不以武力來解決政治問題。所以這段時間，可以說一直是保守性的政治集團的天下。

武帝可以自成一個時期。他採用了文景時期革新論者的大部改革辦法，終使國內得到安定，政治煥然有新氣象。他繼而從事對外戰爭，因此新的政治集團及軍事集團，皆因時代需要而興起。武帝的各項政策，均由這些新興集團順利的推行。反對武帝政治的儒家，力量微不足道，對新政策的阻力很少。武帝雖然有時因用人失當，致有些事未能收到預期的效果，不過這段時間中整個國家民族的精神，則是進取而有爲的。

武帝死後一直到王莽，是第三個時期。武帝死後，由於擧國上下對武帝數十年從事戰爭的結果感到不滿，因此對武帝政治素表反對的儒家政治集團，乃漸漸抬頭。到元帝時，竟成爲政治上的主要勢力。不過漢朝從此即不能振作，因爲儒家的反功利思想，使漢朝不能定立進取性的政策，他們的當政，更直接窒礙進取人才的發展。擁有不少人才的西漢最後一個現實主義的政治集團，即爲他們消滅。哀帝以後，國家竟毫無人才可言。最後他們簇擁着外戚王莽，登上皇帝的寶座。無奈主角及配角均差，一齣好戲，終至狼狽收場。

不過話得說回來，西漢乃是中國史上不可多見的强盛時期，這段時間中的政治集團，雖也相互衝突，但就每個集團質的方面說，却不盡同於後世。根據史實看來，每個集團的首腦人物，他們無論是反動的或是前進的，本身大都具有相當的才幹。即使是由外戚甚至佞倖進身的人，也大半有成績表現，很少是屬於戲臺上所表演的國舅國丈那一種的類型。他們的個人操守，大致也還說得過去，所以西漢史上很少有一點事不做而專門貪污的軍政大員。西漢大多數的皇帝，對於用人，不能說不愼重；同時更維持一種相當高度的法治。西漢一代的文治武功在歷史上能有水準以上的表現，與此大有關係。這倒是値得附帶一提的。

一　漢初功臣集團與外戚集團的火併

劉邦於倉卒間建立新的王朝之後，政治上尚有許多嚴重問題，等待解決。他作皇帝後所致力的最大工作，便是從事翦除一部分不穩定的功臣。他爲此幾乎無歲不征，直到他死，戰亂未曾止息。這個問題，早已種因於統一以前對項羽作戰之時，不過到他作皇帝後纔表露出危機而已。劉邦的功臣，大致可分兩類：一類是劉邦在淮泗初舉義旗時的基本幹部，這批人在舉義前多與劉邦「同爲編戶民」，對劉邦相當忠實。同時他們之間，也具有濃厚的感情。所以可把這批人稱作「淮泗集團」。此輩可以蕭何、曹參、周勃、灌嬰、樊噲等人爲代表。其中除蕭曹因係秦朝地方官吏出身，有些行政經驗及能力外，其餘多半是不折不扣的老粗，與項羽作戰，勝的機會絕少。另一類是劉邦舉義後陸續加入的，他們來自各地或當時其他革命團體，故私人間無密切的連繫，可統名之曰「雜牌」。這批人品流不一而人才輩出，可以韓信、英布、彭越、張耳、陳平等人爲代表。這兩派人士，前者常追隨劉邦左右，後者則多領兵在外打仗。他們在一起的機會很少，因此兩派尚未發生過嚴重摩擦。

劉邦與項羽作戰，在那種軍事第一的時候，自己的嫡系部隊偏不爭氣，因此不得不借重「雜牌」。黃河以北的地盤，完全是由他們打下來的。而決定全局的垓下包圍戰，更由韓英彭三人爲主力。滅項之功，既以「雜牌」居多，因此劉邦所封的異姓七王，「雜牌」佔了六個。不過劉邦之分封他們，乃是迫於以前的成約及當時的形勢，內心實有所不甘。同時對他們的既成勢力，感到恐懼。對韓英彭三人，尤爲畏忌。因此處心積慮，找尋機會來消滅他們。韓英彭三人雖然看不出有結成黨與的跡象，但三人當時的處境與心情，可以說是一樣。所以韓信被捕，彭越便稱病；韓彭被殺，英布便乾脆的「欲爲帝」了。

等到三人被次第消滅，劉邦也跟着死去。他所遺留的大臣，除陳平外，幾乎全屬於淮泗集團，他將國事託付於這個集團的中堅人物蕭何。由於劉邦死後呂后專政的原故，呂后娘家人的政治勢力，便日見擴張。呂后是劉邦的糟糠之妻，呂家人也自始即追隨劉邦，所以他們可以稱作淮泗集團的外戚派。蕭曹等人，則可稱爲這集團的功臣派。不過呂家的男子，在能力及見識方面，遠遜女子。呂后之剛毅，固不待言；其妹呂嬃，也極有膽識。至於男子，除了呂后的哥哥呂澤曾立過些軍功外，其他無一不是庸才。他們的勢力，可以說是呂后一手栽培起來的。呂后利用劉邦的連年在外作戰，乘機過問政事，族誅韓信，便由她決定。劉邦晚年，呂家人在朝中已隱然自成一派。惠帝之立，呂家人曾出了不少的力。當時的功臣派中人，也有不少與呂家接近的，如張良、酈商、樊噲、審食其等。其中樊噲是呂嬃的丈夫，審食其是呂后的愛人。惠帝即位後，政事實際已全由呂后決定。惠帝死後，他更進一步實行「臨朝稱制」。不過當時呂家人的勢力，仍非功臣派之敵。軍政首要，由功臣派的王陵、陳平、周勃、灌嬰四人充任。王陵性情比較耿直，臨事則一無辦法。陳平爲人極圓滑，遇事常能「以智自免」。周灌二人也就是史書所常並稱的「絳灌」，本是韓信羞與爲伍、英布以爲不在話下的人物。他們具有堅强的排外性，對於排拒異己，步趨常是一致。四人的聲望才幹，雖然超過諸呂，却不足與呂后相抗。所以呂后扶持諸呂，他們無法阻攔。第一步呂后要提高呂家人的政治地位，把他們封王或封侯。當她徵求大臣們的意見時，王陵首拿「非劉氏而王天下共擊之」的「白馬之誓」爲根據，表示異議，呂后大不高興。因此輪到陳周，便不敢反對。呂后第一個目的旣達，第二步便設法要諸呂掌握實際的軍政大權。據說首倡此議者，是張良的兒子年方十五歲的張辟彊。史記九呂后本紀說：「七年秋八月戊寅，孝惠帝崩。發喪，太后哭，泣不下。留侯子張辟彊爲侍中，年十五，謂丞相曰：『太后獨有孝惠，今崩，哭不悲，君知其解乎？』丞相曰：『何解？』辟彊曰：『帝毋壯子，太后畏君等。君今請拜呂臺、呂產、呂祿爲將，將兵居南北軍，及諸呂皆入宮，居中用事。如是則太后心安，君等幸脫禍矣。』丞相乃如辟彊計。太后悅，其哭乃哀。呂氏權由此起。」此說破綻甚多。與辟彊談話的丞相，以時間論，應該是王陵，而王陵則是在惠帝死後面折廷爭反對分封諸呂的人。其次呂祿爲上將軍居北軍，呂產爲相國居南軍，均在呂后八年，亦即是惠帝死後八年的事。

若說此事乃是實現丞相八年以前之請求，寧非奇談！總之此事乃呂后扶持諸呂的必經步驟，朝中大臣對此事應負責任者儘多，而不必諉過於一豎子。

至於呂后扶持諸呂的目的何在？後世對此頗多議論，而以清趙翼廿二史劄記卷三「呂武不當並稱」一條，最爲允當。趙認爲第一，呂后本不想以呂代劉。因爲她對劉邦簡遺的舊臣，甚爲信任，與孝惠的感情亦好，其間並無意圖顛覆劉氏的跡象。他說：「孝惠既立，政由母后，其所用曹參、王陵、陳平、周勃，無一非高帝注意安劉之人，是惟恐孝惠之不能守業。」又說：「觀於高祖欲廢太子時，后迫留侯畫策，至跪謝周昌之廷諍，則其母子間可知也。」第二，呂后之扶持諸呂，乃是因爲孝惠死後，呂后本人沒有嫡親子孫可以扶持，纔扶持娘家人。而且她的用意是怕呂家人在她死後受別人欺侮。他說：「迨孝惠既崩，而所取後宮之子，又以怨懟而廢，於是己之子孫無在者。則與其使諸姬子據權勢以陵呂氏，不如先張呂氏以久其權。故孝惠時未嘗王諸呂，王諸呂乃在孝惠崩後。」第三，呂后對劉家子弟不能算壞。並且她爲使劉呂相親，確曾費過一番苦心。他說：「其所最妒，亦祇戚夫人母子，以其先寵幸時幾至於奪嫡，故高祖崩後即殺之。此外諸姬子如文帝封於代，則聽其母薄太后隨之。淮南王長無母，依呂后以成立，則始終無恙。齊悼惠王以孝惠庶兄失后意，后怒欲酖之，已而悼惠獻城陽郡爲魯元湯沐邑，即復待之如初。其子朱虛侯章入侍宴，請以軍法行酒，斬諸呂逃酒者一人，后亦未嘗加罪也。趙王友之幽死，梁王恢之自殺，皆以與妃呂氏不諧之故。然趙王友妃，呂產女，梁王妃亦諸呂女，又少帝后及朱虛侯妻皆呂祿女，呂氏有女，不以他適而必以配諸劉，正見后之欲使劉呂常相親。」呂后之以呂氏女配諸劉，確有其政治作用。漢書九十七外戚傳說：「更立恒山王弘爲皇帝，呂祿女爲皇后，欲連根固本牢甚。」可作有力的證明。不過呂后的用意雖佳，但結果却適得其反。

諸呂政治勢力的膨脹，與功臣派發生衝突，自在意中。功臣們昔日「多者百餘戰，少者數十合」，論功不過封侯，而呂祿、呂產等以裙帶關係取王侯如拾芥。當年蕭何封侯，尙以「未嘗有汗馬之勞」而生爭議，對此又焉能容忍！何況諸呂進而奪去他們的實權，呂祿作上將軍，呂產作相國，使周勃的太尉，陳平的丞相變成擺設。所以當時功臣派心情之鬱憤，可想而知，其謀誅諸呂的動機，便自此而起。他們首謀本身的團結，故陳平聽了陸賈的勸告，即與周勃密切合作。此外更與反呂最激烈的宗室劉章聯合，劉章是當時齊王劉襄的弟弟，有強大的齊國作背景，同時又是呂祿的女婿，諸呂也對他另眼相看。他反呂的主要目的，是想擁立他的哥哥作皇帝，所以呂后一死，齊國便出兵西指。這次事變，可以說是功臣派的主謀，而由宗室執行任務。劉章便是親自帶兵與諸呂動手的人，相國呂產與長樂衞尉呂更始均被他當場殺死。這次政變如無宗室參加，成功的希望，恐怕很少。單就當時周勃那副模樣看來，即可作此假定。

諸呂在「不當爲王」與「欲爲亂」的罪名下，盡被翦除。甚至少帝和惠帝其他幾個封王的兒子也被統統殺掉。功臣派藉口說他們不是孝惠之子，實際上是怕他們長大後替呂家報仇。又認爲齊王和淮南王的母家都是惡人，生怕他們將來變成呂家第二，因此纔挑選了「仁孝寬厚，母家薄氏謹良」的代王來入承大統。功臣派對呂家的畏忌，從這類地方表現無遺。他們這次與諸呂的火倂，最基本的原因，是在政治權位的爭奪。所謂「安劉」之功，乃是欺人之談。因爲就現有的歷史記載看來，劉家何嘗有不安的現象，所不安者，周陳輩之權位耳。

諸呂的罪名，實有重作一番討論的必要。先說「非劉而王」。所謂「白馬之誓」，僅見於史記的王陵傳中，高祖本紀上沒有正式記載。就常理推斷，此誓倒非虛構。因爲王陵以這誓約爲理由，在朝廷上公開反對分封諸呂，如是假的，呂后豈有不加駁斥之理。事後，王陵更指出陳平、周勃均曾參加盟誓，陳周也未否認。呂后臨終，更曾拿這誓告誡諸呂。所以這誓約的眞實性，可無問題。可能是劉邦晚年與心腹大臣的秘密盟約，未擧行公開儀式。呂后對此事，也必知道或參加。不過最主要的，是「白馬之誓」的破壞，陳周二人，要負大部責任。他二人在當時，可以說是諸呂能否順利封王的最大關鍵。他們若能據「誓」以爭，理由絕對站得穩。縱然無效，此心可以無愧，其咎便在呂后。可是他們非但不敢反對，反爲諸呂封王，製造理論根據。據史記呂后本紀，當時他們對呂后說：「高帝定天下，王子弟。今太后稱制，王昆弟諸呂無不可。」這即是說「白馬之誓」已失時效，而認爲王諸呂爲合理合法。無論二人的話是否出自本心，但此話予諸呂封王以絕大的支持，則無可否認。由此看來，酈況騙諸呂時所說的「呂氏所立三王，皆由大臣之議」的話，乃是實情。後來政變發動時，除掉齊國還以「非劉而王」四字爲藉口外，陳周輩便不好意思再彈此調。於是又另外搬出「欲爲亂」的大帽子，加在諸呂頭上。

至於諸呂之「欲爲亂」，據史記呂后本紀說：「呂產不知呂祿已去北軍，迺入未央宮欲爲亂。殿門弗得入，徘徊往來。」又說：「朱虛侯請卒，太尉與卒千餘人，入未央宮，遂見產廷中。日餔時遂擊產，產走，天風大起，以故其從官莫敢鬪。逐產，殺之郎中府吏厠中。」這段記載，頗多疑問。呂祿欲爲亂而迅解兵柄，已屬費解，尤奇者是事後竟不通知呂產一聲。呂產那時仍是南軍領袖，手下的軍隊儘多，而他欲入未央宮「爲亂」時，何以祇帶「從官」，不帶軍隊？如果從官之中，包括軍隊，何以當未央宮殿門關閉之後，不去攻打，而祇是「徘徊往來」？又何以見了劉章所率領的一千餘人都不敢抵抗？呂產的從官，旣連一千人都無法應付，人數之少可知；那麼呂產又爲何率領數目那麼少而又毫無戰鬪能力的人，來發動「爲亂」那麼大的事呢？從這些地方看，可以說諸呂不但對「爲亂」沒有準備，即對別人的暗算，也未曾防範。呂產之入未央宮，與其說是「欲爲亂」，不如改爲「欲上朝」或「欲辦公」倒恰當些。總之，諸呂的罪名雖冠冕堂皇，而實際上是遭人暗算，糊裏糊塗的作了政治陰謀的犧牲品。

諸呂雖庸，看來倒是一批心地厚實之人。惟其如此，所以纔失敗而又被惡名。他們在「欲爲亂」以前的那段時間中，可以算得上雖無功却也無過。呂后對他們並不放縱，呂后的姪孫呂王嘉，便因「居處驕恣」被廢。當時一般人對呂家人的印象，也不能說壞。騙呂祿交出兵權的酈況，曾遭舉國不滿。史記九十五樊酈滕灌列傳的酈商傳上，載有「天下稱酈況賣交」的話，這是當時人與後世直書「諸呂之亂」的史家們見解不同的地方。

二　文景時期的政治革新論者及其反對派

文帝的入承大統，事之偶然，猶如中彩。因爲這事完全由功臣派秘密決定，他事先一點也不知道。無怪他得到消息後，手忙脚亂。後來聽了宋昌的勸告，纔鼓起勇氣，帶了幾個隨員，到京城去接收皇位。他來到京城，面對着這麼一個複雜艱險的局面，內心的不安，不言可喻。所以他在即帝位入未央宮後，跟着就「夜拜宋昌爲衞將軍，鎭撫南北軍。張武爲郎中令，行殿中。」（史記十孝文本紀）然後纔下正式的即位詔書。這固可以看出文帝的機智，同時也可看出文帝對新環境的恐懼。

文帝即位後，擺在他面前的問題，眞是千頭萬緒。就中有三個最大難題，是必須解決而又無法解決的。第一，迎立他的那般功臣，原都是當初與劉邦一起革命的，資格既老，又有擁立之功，所以文帝即位後，他們在政府的位置，一概未受動搖。他們遇事依老賣老，反對革新，抱定了既得的權力與地位，大有除死方休之概。他們阻礙新人的進用，自己又幹不好，因此國家無法求進步，而文帝却又奈何他們不得。第二，宗室諸王國，因安定了一個相當時期，人口大爲增加，實力隨之增强。同時中央政府自孝惠以來，即以「無爲」爲政治最高原則，對諸侯內政採取不干涉主義。史記一百六吳王濞列傳說：「會孝惠高后時，天下初定，郡國諸侯，各務自拊循其民。」這種放任政策，養成了諸侯的驕恣。文帝也是諸侯出身，當初的政治地位，原和他們相同。而且消滅諸呂後的皇帝候選人，原有三個，文帝不過是其中之一，由功臣作最後之圈定而已。這樣，諸侯對文帝，自然不會十分尊敬，文帝自然也不敢對他們過份約束，如此反更啓發他們覬覦皇位的野心。他們遂由私生活的越規，進而至於各種法令制度的破壞。所以淮南王劉長直呼天子爲「大兄」，鍾擊辟陽侯，自作法令。吳王劉濞也可以煮鹽鑄錢，招致天下亡命，稱病不朝。甚而至於濟北王劉興居的造反。一般黃老信徒的大臣，個個怕事，裝聾作啞。諸侯鬧了那麼多的亂子，終文帝之世，很少見有什麼大臣事先向皇帝提出警告，自然更談不到什麼防範辦法。因此造成了「動一親戚，天下圜視而起」的局面。第三是匈奴問題。自劉邦在平城吃了大虧與匈奴和親後，漢廷一直遵循着這種屈辱政策。可是匈奴根本沒有守約的觀念，有機會仍是照樣入侵。文帝時有位熟悉邊事的宦官中行說，投降匈奴，作了匈奴的軍事政治指導員。匈奴得到他，入侵更爲方便，有一次匈奴的斥候曾到達長安附近的甘泉。由於他們的來去飄忽，漢軍很難捕捉他們的主力。因此他們便「小入則小利，大入則大利。」在這種情勢下，和的意義，早已失却。戰呢？不但人才與裝備，都成問題；而國內政局的不安，也使他不敢從事大規模的戰爭。

文帝作皇帝的二十三年中，幾乎無日不在這三個問題之中打滾，但結果一個也未解決。丞相一職成了功臣集團分子的輪流終身職，這個死了，那個補上。除了周勃因太不知趣而被中途免相外，其他無一不是頭頂「丞相」二字的官銜進棺材的。直到文帝死後，還有功臣集團中人在作丞相。其次文帝對於不法的諸侯，也未能作嚴厲的制裁。淮南王劉長被「廢處蜀中」，半路自殺，竟鬧得天翻地覆。對當時勢力最大的吳王劉濞，尤其不敢得罪，賜几杖請吳王安心養病，終於養出日後的七國之亂來。對於匈奴，在外交上仍是採用和親政策；在軍事上祇能作被動的防守，雖然不斷的挨打，但是無法還擊。

文帝雖解決不了這些問題，却並非沒有看到這些問題的嚴重性，並且作了不少解決這些問題的準備工作。他治事精勤，崇尚節儉，尤其注意人才的選拔。他遺留下雄厚的國力，以及不少優秀的謀臣武將，以爲後世安內攘外之用。同時他更設計好一種建國的藍圖，爲後世所遵循。終使國家在他的身後日臻强固，使漢朝成爲名符其實的新朝代，而非舊朝代的延續。這藍圖的起草人，就是蓋世聰明的「洛陽少年」賈誼。

賈誼的學問，受儒家的影響最大，同時又懂法家之學。他主張以仁義立國，極端痛恨秦國的强暴政治。他所發的議論，全以時事爲據，故無空疏之病。原來漢朝立國後的法律和制度，可以說是完全承襲秦朝的。秦制的基本精神，則是「武力」與「律條」。因此漢朝的法律，極爲嚴厲。而漢初一般大臣，偏又講究「清靜無爲」，平時對人民不大過問，一旦出事，就搬出秦法來。所以若論漢初的政治，「不敎而誅」四字，足以盡之。此外，在秦法之下培養成的「遺禮義，棄仁恩，並心於進取」的風俗，也依然存在社會上，從這些地方看來，漢朝沒有資格稱得起爲「漢」，祇配稱作「後秦」。所以賈誼在太中大夫任內，首先建議改革制度。史記屈原賈生列傳的賈誼傳說：「賈生以爲漢興至孝文二十餘年，天下和洽，而固當改正朔，易服色，法制度，定官名，興禮樂。乃悉草具其事儀法，色尙黃，數用五，爲官名，悉更秦之法。」其後他在梁懷王太傅任內，又針對着令人痛哭流涕長太息的時弊，上了有名的所謂「治安策」(載漢書四十八賈誼傳)，提出許多對時局的獨到見解。其中除了對付匈奴一項有點不切實際外，其他各項莫不由後來的史實證明其正確性。他的主張，不僅是在改變舊制度的表面，在精神方面也要一掃嬴秦之惡毒。他不僅要改良當時的政治現狀，而且要糾正當時的社會風氣。他要在强力之外，更注入政治與社會一種德敎的新精神。他既反對秦朝，當然不能用秦朝的手段來推動他的政策，所以他的一切改革辦法，性質都是比較和緩的。

對於諸侯問題，他認爲祇要諸侯的力量不足與中央抗衡，便可無事。他在治安策中所提出的辦法是：「欲天下之治安，莫若衆建諸侯而少其力。」因爲「力少則易使以義，國小則無邪心。」其次他主張好好敎育太子，使他們將來能在德行上作國家的表率。這樣，踰法的事，自然會少。對於社會風氣，他主張以管子所說的「四維」來改變秦朝以來社會上惟力是視惟利是圖的頹風。同時，他認爲這等任務，「俗吏」是辦不到的，必須由「識大體」的人來擔負。此外他主張君臣間要有禮節，皇帝應當優禮大臣。因爲自劉邦以來，漢廷君臣，一向不大懂禮節，常將低級社會朋友家人間的言語動作，搬到朝廷上來，極無體統。同時他認爲皇帝必須尊重臣下的人格，否則必將使臣下「犬馬自爲」，忘掉廉耻節操。如以此話按諸陳平、周勃之媚呂而又反呂，則可見劉邦狎侮大臣的影響，何等嚴重。從這些地方，可以看出賈誼的計劃，規模是宏遠的，見解是深刻的。雖是滿口仁義道德，但確有他一套現實的辦法，而不是徒托空言。

賈誼極受文帝的賞識，他由博士超遷至太中大夫時，不過二十幾歲。接着文帝便準備以他「任公卿之位」。這樣一來，功臣集團中人，乃又大起恐慌，周勃、灌嬰、張相如、馮敬一般老牌軍人政客，都起而反對。他們本無政見，自然不會從理論上反對賈誼，祇能含糊其詞的說：「洛陽之人，年少初學。專欲擅權，紛亂諸事。」（史記八十四屈原賈生列傳）所謂「專欲擅權」，即是怕賈誼奪去他們的既得權位。所謂「紛亂諸事」，即是怕賈誼改革他們因循敷衍的辦事原則與方法。洛陽在當時是一商業都市，所謂「洛陽少年」，即猶今日之罵人爲「上海小流氓」，其詞粗鄙，與說陳平「盜嫂」無異。文帝在當時無法過分違拗那般功臣，不得不把賈誼外放，賈終於憂鬱而死於梁王太傅的任上。賈誼雖因沒有取得政治實權以一展其才，可是他的大部見解，終於成爲以後漢朝建國的準則。在他身後，一一實現。

賈誼死後，另外一個改革論者繼之而起，那便是鼂錯。他少習申商刑名，後又曾受尙書於伏生。文帝時曾任太子家令。景帝時他憑了皇帝的信任，氣死了功臣集團的碩果申屠嘉丞相，由內史躍登御史大夫。因爲他是法家，故作風與賈誼不同。他爲尊天子安宗廟，就在充任副揆之後，展開雷霆萬鈞的政治改革。第一個改革對象便是諸侯。他擯棄衆建諸侯的辦法，而採取硬性的「削地」政策。其主要目標，便是當時富強甲天下的吳國。他也料到可能會激起叛變，但他認爲「削之亦反，不削之亦反。削之，其反亟，禍小；不削之，其反遲，禍大。」（史記吳王濞列傳）所以不顧一切的實行。他與反對派的衝突，也因此遠較賈誼時爲甚。

遠在文帝時，因他屢次上書請求改革，已遭一般大臣不滿。景帝即位後，功臣集團雖趨幻滅，但另一以個人爲中心的豪門繼之而起，便是景帝母竇太后的從兄子竇嬰及其門下一批人。竇嬰以外戚之重，又好賓客，所以很多人趨附他，因而造成雄厚的政治勢力。他首先反對削地之議，後來七國亂起，他把他的重要門客袁盎薦與景帝。袁就利用景帝的恐懼心理，獻出「急斬錯以謝吳」的計策，鼂錯之被殺，實是竇袁二人作好的圈套。袁盎爲人極有手段，文帝、景帝、周勃、申屠嘉，均被他愚弄過。這派人士與諸侯不能說沒有勾結，竇袁二人都曾作過吳相，袁盎且曾受過吳王的財物，因此二人成了當時的吳國問題專家。他們想利用中央與吳國的矛盾關係，以達到自身的政治目的。他們反對削地，目的是在打擊政敵，而非有愛於吳國。從一方面袁盎充任對吳和談代表，一方面竇嬰出任大將軍領兵戡亂看來，可知他們對吳事的看法，是對人的而非對事的。這批人在鼂錯心目中，本是韓非子五蠹中人，當然亟須剷除，因此他累次想殺袁盎。但七國亂起，他處於腹背受敵的形勢，反得到「衣朝衣，斬東市」的結局。他被殺後，叛亂並未因而平息。不過竇袁輩的目的已達，便不再彈老調。他們以吳國問題起家，終又出賣了吳國。

鼂錯對於匈奴問題，也有極高明的見解。他曾把匈奴與漢朝雙方在戰術的長短，作過詳細的比較，創出「徙民實邊」的偉論。可惜這些事還未等他動手去作，他已殉身於他的政治理想。他和賈誼雖然在見解與作風上有不同的地方，但同是漢初最偉大的政治改革論者。賈誼在朝中是孤立的，鼂錯雖握實權，但為時短暫，實力也不雄厚。但他二人所倡的政治革新運動，均曾震撼漢初以來舊政治所造成的反動勢力。其身雖敗，其議論則如洪水暴至而不可抑止，直到武帝時始得到歸宿。但如果這種革新運動能在他們生前實行，則武帝時國家會減少許多麻煩事情。武帝以後的繁榮和平，也將會提前幾十年出現。

三　由養士造成的豪門衝突

從劉邦死後到文景這段時間，漢朝的中央政權，不算鞏固。那時諸侯勢力强大，函谷關以東，幾乎全是他們的封土。「大者或五六郡，連城數十，置百官，宮觀僭於天子。」（史記十七漢興以來諸侯王年表）中央的不干涉政策，促成他們的驕恣不法。當時政府大員的辦事態度，又極馬虎，在這種不安定的政治局面下，而無嚴格執法的人。因此戰國時代的一部分風尙，又於此時復活。在民間活躍着「權行州域，力折公侯」的游俠者流；在中央高級官吏以及列國諸王之間，則盛行着「鷄鳴狗盜，無不賓禮」的養士之風。游俠與養士，本是同一原因所產生同一結果的兩面。所謂「游俠」，常也就是公卿諸王所養的「士」。養士者常能濟人之急，但被周濟的不一定是善類；游俠者常能死人之事，但所「死」的也不一定是光明正大的事。他們的道德行爲祇用之於一個人或一部分人的小圈子裏，如果他們的目的與國家衝突，他們便不惜破壞國法。正是漢書游俠傳所說：「背公死黨之議成，守職奉上之義廢矣。」雖然養士的人與被養的人其中都不乏人才，但無疑的這批人却是國家走向安定統一之路的障碍物。

漢初養士的風氣，最先從諸侯國中發生，當然他們的用意是在覬覦中央政權。劉邦時，代相陳豨的賓客最盛，終至造反。以後吳王劉濞招致天下亡命者，結果也造反。景帝雖平定了七國的叛亂，却平不了諸侯的養士風氣，因爲這是整個的政治和社會問題，純用武力是解決不了的。所以緊跟着是梁孝王的好客，一直到武帝時的淮南王，都幾乎鬧出亂子。景帝初年，這風氣由地方傳到中央。那時劉邦遺留下的功臣集團已零落殆盡，朝廷需要新興的政治集團，於是養士的豪門與法家同時並起。前者是時代的產物，代表人物是竇嬰。後者要改造時代，代表人物是鼂錯。兩派人士相互水火，結果竇嬰勝利，因此又釀成盛極一時的中央大員的養士之風。

養士者常利用士來助長威勢，打擊政敵，而求達到某種政治目的。「士」也常借了養士者的政治地位與聲望，去作不安分的事。竇嬰最初之以袁盎讒殺鼂錯，與後來之因灌夫的不法而被棄市，正是這種情形的最好註脚。袁盎是兼有「士」與「養士」者的雙重資格的，他是竇嬰的「士」，同時自己手下也有一批人。他雖是國家官吏，却與當時的大俠季心、劇孟情感極好。季心是季布之弟，史記一百季布欒布列傳的季布傳上說他「氣蓋關中，遇人恭謹，爲任俠。方數千里，士皆爭爲之死。」即當時有名的「酷吏」郅都也不敢惹他。劇孟更是「以任俠顯諸侯」，史記一百二十四游俠列傳說：「吳楚反時，條侯爲太尉，乘傳車將至河南，得劇孟，喜曰：『吳楚擧大事而不求孟，吾知其無能爲巳矣。』天下騷動，宰相得之，若得一敵國云。」可見當時他們的潛勢力之大。袁盎憑了這種資本，成了竇嬰門下士的中堅，又靠了竇嬰的提拔，官至九卿。竇嬰被拜爲大將軍時，曾以地位金錢拉攏了不少的人，七國之亂前後，正是竇衰的極盛時代。史記一百七魏其武安侯列傳說：「乃拜嬰爲大將軍，賜金千斤。嬰乃言袁盎、欒布諸名將賢士在家者進之。所賜金陳之廊廡下，軍吏過，輒令財取爲用，金無入家者。」史記一百一袁盎朝錯列傳的袁盎傳也說：「使袁盎爲太常，竇嬰爲大將軍，兩人素相與善。逮吳反，諸陵長者，長安中賢士大夫，爭附兩人，車隨者日數百乘。」亂平之後，他們的聲勢，更爲煊赫。史記魏其武安侯列傳說：「七國兵巳盡破，封嬰爲魏其侯。諸游士賓客爭歸魏其侯。孝景時每朝議大事，條侯魏其侯，諸列侯莫敢與亢禮。」因此條侯周亞夫死後，竇嬰便成爲蓋世無雙的豪門。景帝嘗以「沾沾自喜」四字批評他，自此可窺見竇嬰的風格。雖然景帝不喜歡竇嬰，沒有拜他爲丞相，但終景帝之身，竇嬰的聲勢，未受動搖，這當然與竇太后的關係極大。

誰知到了景帝末年，另一個豪門繼之而起。那便是景帝王皇后的同母弟田蚡。竇嬰作大將軍時，田蚡不過是侍從武官一類的「郎」。但到景帝末年，已作到太中大夫。到了武帝初年，竇作丞相，田作太尉，雙方已有旗鼓相當之勢。田蚡這個人，似乎在處處模仿竇嬰。竇嬰好客，他也好客；竇嬰好儒術，他也好儒術；竇嬰曾與吳國有來往，他也和淮南王交結。不同的是他與武帝的親戚關係，較竇嬰爲親，而竇嬰常惹竇太后生氣，王太后却是田蚡的絕對支持者。因此竇田雖因得罪竇太后而同遭罷免，但竇太后死後，田蚡反作了丞相，竇嬰則落得「益疏不用」。田蚡作丞相後，聲勢乃顯然的超過了竇嬰。竇嬰的賓客因竇的失勢，大半跑到田蚡那邊去。最後祇剩下一個「剛直使酒，不好面諛」的灌夫。

在那羣去竇歸田的賓客中，最重要的一位，便是籍福。雖然史書並未正面談到他的出身，但可斷言他是一個游俠頭子。史記季布欒布列傳曾說季心「長事袁絲，弟畜灌夫籍福之屬。」季心、袁絲（即袁盎）、灌夫都是「爲任俠」的人，則籍福是何種人，自可想見。並且由福與袁灌二人的關係看來，也可推知他與竇嬰的關係。武帝初即位時，籍已儼然是田蚡的幕客，曾勸田蚡把丞相一職讓給竇嬰。繼而又勸竇嬰「兼容」，遂碰釘子。後來田蚡又使籍「請魏其城南田」，而遭灌夫怒罵。乃至灌夫罵座遭田蚡扣留時，籍福又「起爲謝，案灌夫項令謝，」結果灌夫罵得更兇。從這些事上看，均可證明籍福是去竇歸田的賓客之一。

竇田衝突的起因，從表面上看來，一是爲了田蚡要竇嬰的城南田，而竇嬰不許。一是爲了灌夫當衆侮辱田蚡。但竇嬰所以不允田的要求，是因認爲田「以勢相奪」，顯然是賓客盡去後的憤激之言。灌夫之所以侮辱田蚡，更直接因賓客在宴會上重田輕竇而引起的。所以這兩件事的基本原因，都起於賓客。竇田衝突，可以說是一場賓客爭奪戰。竇嬰因賓客冷落，自然極感羞憤。灌夫的不去，爲他保留最後的一點面子，因此引灌夫爲知己，並且要籍灌去打擊「生平慕之而後棄之者」，所以竭力支持灌夫的罵人。灌夫之罵籍福，罵臨汝侯，罵程不識，實際就是竇嬰報復情緒的發洩。最後，灌夫因罵田蚡而獲罪，竇嬰也抱定「終不令灌仲孺獨死」的決心，竭力營救。這固是死黨精神的表現，同時也是爲保持他最後的一點面子，故竇嬰不惜爲此拼掉老命。當時朝臣，無疑均站在田蚡一邊。即連當時以正直出名而又素來同情竇嬰的汲黯、鄭當時輩，都不敢爲竇嬰辯護。失勢者又豈能避免他們的悲慘命運呢！

竇田兩豪門勢力的起伏，雖然直接由於雙方政治權力地位的移轉所致，但這次事件，却少政治意味。主要的還是起於私人情感的衝突，而非政權的爭奪或是政見的爭執。

武帝雖因王太后的逼迫而殺竇嬰，實際對田蚡也無好感。有能力的君主，大都不願朝中有此現象，所以武帝曾盡力壓制這種養士與游俠的風氣。竇灌被殺後，不久田蚡也死去。中央大員的好客之風，逐漸衰竭。田蚡以後，漢廷的丞相，除了公孫弘還有幾個賓客外，「其後李蔡、嚴青翟、趙周、石慶、公孫賀、劉屈氂繼踵爲丞相。自蔡至慶，相府客館，虛丘而已。至賀、劉屈氂時，壞以爲馬廄車庫奴婢室矣。」（漢書五十八公孫弘傳）。像衞青那樣立過大功的外戚，也祇能「奉職遵法」而不敢招士。霍去病更不必說。至於諸侯方面，七國亂後，已有一番整頓。武帝更一面推行賈誼的分化政策，一面加强對他們的統制，因此大部都失去招賢納士的能力。所以自淮南王以後，漢朝即沒有公然倡亂的諸侯。國家的內部，總算大致得到安定。

四　山西軍人與外戚軍人

武帝時國家內部雖日趨安定，但匈奴仍是大患，所以武帝想趁機一雪國家的百年奇耻。經過朝臣激烈的辯論，決定對匈奴作戰。在馬邑誘敵失敗之後，更採取主動出擊的戰略。因爲舊人凋謝，他以文帝以來新興的山西軍人集團與幾個外戚軍人，組成了新的軍事統率系統。而漢廷羣臣，至此更發生文武分途的現象。原來漢初功臣集團的份子，大都飽經戰陣，所以「出將入相」，他們尚可包辦。文帝時，這批人年紀已老，到景帝則全部死光。景帝時的丞相，多半由功臣子弟充任，這批少爺，除周亞夫資兼文武外，其餘均碌碌不足道。武帝時「出將入相」的人選，已不可得，因此幹軍的與幹政的便不能不顯然分開。恰巧武帝預備對匈奴發動大規模戰爭，東方淮泗軍人的後裔，既已無人會打仗，因此西北邊陲一批善戰的軍人，遂乘時而起。他們因地域關係，久遭屏抑，至此始有發展事業的機會。

山西人之善戰，秦時即已馳名。漢書六十九趙充國辛武賢傳：「贊曰：秦漢以來，山東出相，山西出將。秦時，將軍白起郿人，王翦頻陽人。漢興，郁郅王圍、甘延壽，義渠公孫賀、傅介子，成紀李廣、李蔡，杜陵蘇建、蘇武，上邽上官桀、趙充國，襄武廉褒，狄道辛武賢、慶忌，皆以勇武顯聞，蘇辛父子着節，此其可稱列者也，其餘不可勝數。何則？山西、天水、隴西、安定、北地，處勢迫近羌胡。民俗修習戰備，高上勇力鞍馬騎射。故秦詩曰：『王于興師，修我甲兵，與子偕行。』其風聲氣俗，自古而然。今之歌謠慷慨，風流猶存耳。」這裏所說的「山」，應當是指今日陝西省的華山，所以漢書上所說的山西、山東，等於後來所謂的關西、關東。班固認爲「山西」所以出將，是由於與外族接近之故，此點大致不錯。不過除此之外，與漢興以來山西人在政治上沒有出路一點，也有關係。

劉邦入關，部下全是「山東」人。這批從龍之彥，高踞政治要津，形成功臣集團。他們所交結援引者，當然仍以同鄉爲主。何況秦人是被征服者，自然談不到政治機會的平等，所以地域關係扼殺了山西人的政治生命。從劉邦到景帝，漢朝的丞相，凡有籍貫可考者，無一不是山東人。武帝的十三丞相中，祇有田蚡、李蔡、公孫賀三人是山西人。而其中兩個是皇親，祇有李蔡算是「積功至丞相」。至於軍界，更是如此，氣燄萬丈的淮泗軍人，於大功告成之日，豈肯容別人插足。六郡良家子的從軍，雖是山西人獵取功名的唯一出路，但當時充其量不過是中下級幹部。所以他們在漢初一直被冷落五、六十年，直到淮泗軍人死光而無後繼之時，纔露頭角。漢書地理志：「漢興六郡良家子選給羽林期門，以材力爲官，名將多出焉。」這裏所說的「名將多出」，乃是指景帝以後的事。

武帝用人，有個特點，就是他所任命的軍政最高首長，不問能力，也不問出身，專找最聽話最可靠的人來充任。所以武帝的十三丞相。有外戚，有儒生，有列侯，有退伍軍人，有宗室，品類雖雜，而無一不是庸才。所謂「鹼鹼廉謹，爲丞相備員而已。」在軍事方面，也用這個辦法。他所建立的軍事統率系統，是由山西軍人充任主幹，擔任實際的作戰任務，而由幾個「奉法遵職」的外戚來充當最高統帥。山西軍人在朝中毫無憑籍，所以他們的興起，多半要靠眞本領。這批人多具有超人的勇力與軍事才幹。漢武一朝的對外戰績，多半是他們的血汗結晶。總計衞靑伐匈奴時部下的十五員大將中，山西（今陝西、甘肅等省）人佔八名，即李廣、蘇建、李息、趙食其、張騫、李蔡、公孫敖、公孫賀；山東（今山西、河南等省）人佔四名，即荀彘、張次公、曹襄、韓說；此外北方邊塞的雲中（今綏遠省）人二名，即李沮、郭昌；匈奴的降人一名，即趙信。從這個名單看來，當時武將不但以山西人居多，而其中勇敢善戰聲威素著者，亦幾無一非山西人。

山西軍人的最大特徵，一點是愛惜部下，一點是喜歡招賢納士。這是與當時外戚軍人最不相同的地方。就中以李廣的聲望最高，他是秦將李信之後，世代將門，其本人又具有卓絕的戰鬬技術。他在文帝時已露頭角。景帝時從周亞夫擊吳楚軍，也曾立功。以後他歷任邊地各郡太守，與匈奴打過多次硬仗，當時的典屬國公孫昆邪稱讚他「才氣天下無雙」。武帝時他充任右北平太守，匈奴稱他爲「漢之飛將軍」，數年不敢入侵右北平。諸如此類，可見他當時聲威之壯。他對部下之愛惜，可以說已達到甘苦與共的地步。史記一百九李將軍列傳說：「廣之將兵，乏絕之處，見水，士卒不盡飲，廣不近水；士卒不盡食，廣不嘗食。」漢書五十四李廣蘇建傳也說：「廣歷七郡太守，前後四十餘年。得賞賜輒分其部下，飲食與士卒共之。家無餘才，終不言生產事。」李將軍列傳又敍述他死後的情形說：「廣軍士大夫，一軍皆哭。百姓聞之，知與不知，無少長皆爲垂涕。」僅就這一點，便可看出他平素的爲人以及受部下愛戴之深。蘇建對養士也甚感興趣，他曾勸衞青招賢納士。李廣的孫子李陵，司馬遷說他「素與士大夫絕甘分少，能得人之死力。」（漢書六十二司馬遷傳）漢書李廣蘇建傳也說李陵「愛人謙讓下士，甚得名譽，武帝以爲有廣之風。」所以山西軍人，大致說來是愛養士的。隴西李氏所以有那麼大的名望，除了他們的軍事天才外，與「士卒愛樂爲用」一點，也有極大的關係。

至於外戚軍人，其作風恰與山西軍人相反。武帝先後以三個由女寵而進的外戚，充任討伐匈奴的統帥，即衞青、霍去病、李廣利。三人中除衞青有些才具外，霍李二人，一派花花公子的作風。不過他三人共具一個特點，那就是所謂「以和柔自媚於上」。他們祇求皇帝的寵幸，不願再與別人往來。所以衞青當蘇建勸他招士時，他便說：「自魏其武安之厚賓客，天子常切齒。彼親附士大夫，招賢絀不肖者，人主之柄也。人臣奉法遵職而已，何與招士！」（史記衞將軍驃騎列傳）他認爲人臣除了服從命令去辦事外，自己不應再樹勢力。所以他一生小心翼翼，看皇帝的顏色行事，但是因此也難免與部下及時人發生隔閡。所以蘇建說他：「大將軍至尊重，而天下賢士大夫毋稱焉。」霍去病則與士卒隔閡的更厲害，史記一百十一衞將軍驃騎列傳說：「其從軍，天子爲遣太官，齎數十乘。既還，重車餘棄粱肉，而士有飢者。其在塞外，卒乏糧，或不能自振；而驃騎尚穿域蹋鞠，事多類此。」但就「奉法遵職」這方面說，却與衞青無二。李廣利更不足道，伐大宛時貪汚腐化，餓死許多士卒，自然更夢想不到什麼養士。可是武帝最喜歡這種人，他們沒有個性，所以聽話；沒有大志，所以可靠。武帝時外戚多矣，而三人特見寶愛者，原因在此。不過，這種作風，如何能受部下愛戴，所以他們祇能借了皇帝的權威來驅使部下而已。同時他們僅憑外戚資格而任統帥，使有資歷才能的部將，尤感不服。武帝之世，外戚軍人和山西軍人的領袖人物隴西李氏的始終扞格，便由此種人事問題造成。

衞青在外戚軍人中算是好的，山西軍人有一部分是他的心腹，如公孫敖、公孫賀等。因爲前者是他的老友，後者是他的親戚，所以對二人特別提拔。對其他部下，也還寬容。獨對名滿天下的李廣，處處表示排擠，造成李廣與匈奴大小七十戰而終不得封侯的命運。以李廣的資歷與才幹，而所受的優遇，不如諸將。每次出師，李廣所率領的軍隊，從未超過一萬人，亦從未負過重要任務。他每次作戰，無一次不表現奇蹟，而又無一次不因失援而敗。元狩四年（公元前一一九年），武帝命衞霍伐匈奴，李廣幾次請求，武帝纔准他充前將軍。等到出塞以後衞青得知匈奴單于的所在地時，却把李廣調爲側翼，而以公孫敖爲前將軍，擔任與單于正面的作戰。史記一百九李將軍列傳說：「而是時公孫敖新失侯爲中將軍，從大將軍。大將軍亦欲使敖與俱當單于，故徙前將軍廣。」可見衞青此擧的目的，明明是想提拔公孫敖，以冀恢復他新失的「侯」。至於李傳所謂「大將軍亦陰受上誡，以爲李廣老數奇，毋令當單于，恐不得所欲。」亦猶今之軍人，開口便是「奉命」如何如何，恐怕只是一種藉口而已。李廣生平以不能一當單于爲憾，此事給他的刺激之大，可想而知。其後衞青又預備把捉不到單于的責任，推卸於李廣的「失道」上。這種折磨，李廣除引刀自剄外，實已無他路可循。李廣的兒子李敢，曾隨霍去病伐匈奴，亦極善戰。爲了他父親的死，把衞青擊傷。後來在隨武帝打獵的時候，被霍去病冷箭射死。武帝反替霍掩飾，說李敢被鹿觸死。李氏與衞霍的這場衝突，絕非單純的私人糾紛，正是外戚軍人對於山西軍人的示威。李廣爲當時軍界名宿，尤受一般中下級幹部的擁護，其負時望及得士心，不但直接威脅衞青，連武帝都有醋意。衞青之敢於打擊李廣，分明得到武帝的支持。至於李蔡、公孫賀、公孫敖等之所以能官運亨通者，乃因此輩雖爲山西人，但均庸庸碌碌，惟命是從，故仍能得到衞霍的借重以及武帝的青睞寵了。

到了李廣的孫子李陵，又與另一位外戚發生糾紛，那便是貳師將軍李廣利。此人毫無作戰經驗，祇因武帝「欲侯寵姬李氏」，纔命他去伐大宛。費時四年，前後出動二十幾萬人，所收的戰果，不過是幾千匹馬。這種人李陵如何能看得起！天漢二年（公元前九十九年）漢伐匈奴，他拒絕爲貳師將輜重，而願自當一隊。因此帶了步兵五千人，出塞北行三十日，在浚稽山與單于親自統率的十萬匈奴軍遭遇，在四次惡戰斃傷敵軍萬餘人後，自身損失，不過一千餘人。奇怪的是像李陵所率領的這樣好的軍隊，武帝却沒有愼重考慮到後援問題，終因連鬪十餘日後，矢盡援絕，在去塞百餘里的地方投降匈奴。同時李廣利以騎兵三萬，在天山與匈奴較弱的一環的左賢王作戰，雖也殺了匈奴萬餘人，而付出的代價，却較匈奴多一倍。史記匈奴列傳說此次戰役，「匈奴大圍貳師將軍，幾不脫。漢兵物故什六七。」這與李陵的戰績，無法相較。所以當司馬遷爲李陵辯護時，武帝認爲他是「沮貳師而爲李陵游說。」（漢書六十二司馬遷傳）因爲二李同時出師而戰績不同，故爲「李陵游說」即等於「沮貳師」。武帝之袒護親戚，固然可以想見，同時從這件事上，多少也可以看出山西軍人與外戚軍人之間平時意見之深，以及山西軍人政治勢力的微弱。善戰與愛士，既爲山西軍人之獨特風格，惟李氏祖孫兼而有之，故李氏可爲山西軍人的代表人物。其次蘇建、張騫，亦能近似。但是山西軍人却吃了這種風格的虧，李氏祖孫之敗，固不待言；蘇建也是處處受排擠，張騫的封侯，更是千難萬難。較諸公孫賀、韓說輩之「無災無難到公卿」者，相去何遠！李氏族滅後，山西軍人中沒有足以與外戚軍人抗衡的人物，而漢軍的戰鬪力，從此走向下坡路。太始三年

（公元前九十四年），漢軍與匈奴作戰，李廣利軍七萬人，全軍覆沒，從此漢朝無力對匈奴作主動的出擊。武帝一生轟轟烈烈的開邊事業，最後以這樣的場面來作結束。

山西軍人與外戚軍人的衝突，大致可以說是軍事內行與外行的衝突，也可以說是受皇帝寵信與受部下擁戴的兩種軍人的衝突。前者無論經驗才幹名望任何一方面，均遠過後者，而所遇則恰恰相反。人事上既有這等不平現象，又怎能望其有好的戰果。所以武帝傾全國之力以及數十年的光陰，與其衆「不過漢一大縣」的匈奴相拼，最初雖佔些便宜，最後竟焦頭爛額，幾乎不可收拾。武帝以後，山西軍人日見抬頭。宣帝時趙充國、辛慶忌都立過大功。從用人的得法以及處理國事態度的鄭重看，宣帝是遠較其曾祖爲高明的。

五　儒家和法家的政見爭執

竇田以後，終武帝之世，漢廷沒有以私人爲中心的大政治集團。衞霍的地位很高，但不敢製造龐大羽翼。李廣雖有很多人擁護，但不受天子青睞。其後武帝爲了防止叛亂，用了一批「酷吏」。爲了籌措戰費，用了一批計臣。另一方面爲了裝璜門面，又用了一批儒生。前二者的分子，辦事認眞，不怕樹敵，除皇帝以外，六親不認。他們同調極少，手段極辣。後者思想旣嫌迂濶，辦事尤無魄力，在武帝心目中多少有點「俳優畜之」的意味。這批人雖也有大官，但無實權，對於國家大事，談不到甚麼決定作用。就維持君主絕對專制一點看來，武帝這套用人方法，確也有其道理。

酷吏與計臣，可以合稱爲法家。因爲他們在思想與作風方面，類似戰國的商韓。他們之中，有不少的人才，如趙禹、張湯、杜周、桑弘羊等。他們或理政務，或辦特務，或管財政，均有極好的成績。他們心目中的法，就是皇帝的命令。漢書六十杜周傳說：「客有謂周曰：『君爲天下決平，不循三尺法，專以人主意按爲獄；獄者固如是乎？』周曰：『三尺安出哉？前主所是著爲律，後主所是疏爲令。當時爲是，何古之法乎！』」因此他們辦事，可以說完全秉承皇帝的意思去作。此外不以其他任何人或事或理論爲根據，也不受其他任何人或事或理論的約束，因此把事辦得極爲徹底。武帝當然樂於任用這批既能幹而又絕對服從命令的人。武帝時的丞相，像是擺設，外表雖然維持其優禮，實權却在御史大夫手中。這現象在武帝末年，益趨明顯。當時御史大夫的人選，便多是此輩法家。

武帝這個人，正是汲黯所謂「內多欲而外施仁義」（史記一百二十汲鄭列傳）的君主，他的尊儒，正是「外施仁義」的表現。實際上他的好儒，遠不如他的好神仙。他一生行事，更無處不與儒術相反。他對儒生，大體說來是尊而不用。即使是用，也是用他們所懂的關於禮節制度方面的「術」，不是他們那套治國平天下的「術」。因此儒家在當時政治上的重要性，當然無法與非儒家抗衡。所以公孫弘以丞相之尊，爲諫置朔方郡，竟爲朱買臣鼠輩所摧辱。博士狄山，主張和親匈奴，與張湯廷爭，竟被迫守邊，讓匈奴取去頭顱。這並非因爲儒家的議論，全無道理。而是他們的道理，爲武帝所不喜歡。

武帝晚年最得力的一位法家，便是「言利事析秋毫」的洛陽賈人之子桑弘羊。他歷任財政方面要職，最後並升任御史大夫。他主持財政，以辦理鹽鐵專利及管制物價二事，最有成績。以武帝之揮金如土，他居然能使財源不竭，物價不漲，本領令人歎服。桑弘羊那些弄錢的辦法，自然要遭到祇講仁義而不言功利的儒家的不滿，所以到昭帝初年，舉國儒生，一致反對桑的經濟政策及措施。漢書二十四下食貨志下：「昭帝即位六年，詔郡國舉賢良文學之士，問以民所疾苦，教化之要。皆對願罷鹽鐵酒榷比輸官，毋與天下爭利。視以節儉，然後教化可興。」為了此事，桑弘羊與那般賢良文學，發生激烈的舌戰。桓寬的鹽鐵論，便是這場辯論會的紀錄。開會之初，雙方尚作理論的辯難。繼而大動肝火，從對方的人格罵到對方的宗師；從辯論管理鹽鐵物價等機關的存廢問題，一直辯論到有關外交經濟法律的各項國家大計。他們各持一理，不能相下，但都不出先秦儒法二家的思想範圍。

法家首先解釋設立管制鹽鐵等機關的理由，是為防備匈奴的屢次入侵，拿這些機關來「蓄貨長財，以佐助邊費。」（鹽鐵論本議第一）進而解釋振興工商業可以富國利民，而這些措施，正是扶持工商業的必要辦法。他們說：「故工不出則農用乏，商不出則寶貨絕。農用乏則穀不殖，寶貨絕則財用匱。故鹽鐵均輸，所以通委財而調緩急也。」（同上本議第一）。並且說這些措施，以富商大賈為裁抑的對象，不但百姓不受損失，而且可使「百姓均平，各安其宇」，「兵革東征西伐，賦歛不增而用足。」（同上輕重第十四）儒家則仍抱着「以古非今」的一貫態度，他們根本反對法家這些經濟政策與措施的目的，首先認為對外就不該用武。因為就理論上說，「古者貴以德而賤用兵。孔子曰：『遠人不服，則修文德以來之。』」（同上本議第一）就實際上說，「轉輸糧食無已，使邊境之士飢寒於外，百姓勞苦於內。」（同上本議第一）所以他們主張對匈奴祇應「偃兵修士，厚幣結和親，修文德而已。」（同上結合第四十三）其次他們認為工商業是末，農業是本，耕稼乃是百姓基本的職務與利源。他們說：「衣食者民之本，稼穡者民之務也。二者修則國富而民安也。」（同上力耕第二）至於人民的衣食缺乏，其故不在生產之不足，而在少數人的奢侈，工商業便是推動奢侈之風的一種動力。故他們說：「男子去本爲末，雕文刻鏤以象禽獸，窮物究變，則穀不足食也。婦女飾微治細以成文章，極技盡巧，則絲布不足衣也。」（同上通有第三）因此他們認爲必須節儉，始可以致富；必須務農，始可以節儉。他們的「理民之道」，便是「節用尚本，分土井田而已。」（同上力耕第二）以上大致是從理論方面駁復對方，同時他們更舉出這些經濟措施的實際弊病，如因鐵器買賣鑄造的不自由，致使農家沒有好的農具使用而減少生產，以及官吏商賈借管制物價從中非法牟利等等。

從這場辯論看來，法家的經濟措施，在技術上不能說沒有流弊，不過他們完全根據現實，發揮見解，並沒有標榜什麼超現實的政治理想。因此他們的理論，較切實際。儒家的理論，大半忽略現實，偏重理想。他們的批評，令人有「因噎廢食」之感。鹽鐵之議的結果，儒家雖未獲得決定的勝利，但也未像武帝時敗得那樣悲慘。政府爲敷衍他們的面子，把法家經濟政策中不重要的酒榷一項取消。這件事可看出當時儒家對武帝的「舉中國以事四夷」，發生極度反感，同時也反映着漢廷中桑弘羊以外的執政者，對武帝政治的懷疑。宣帝時，博士夏侯勝更公開攻擊武帝。而昭宣時期的休養生息，也正是漢廷君臣以武帝爲戒鑒的表現。儒家後來所以能在政治上得勢，與這種情勢頗有關係。

六　外戚政治下的儒生派與現實派

武帝一生轟轟烈烈的事業，到頭是場悲劇。他和秦始皇一樣，雖是好大喜功，却最怕死。他晚年簡直害了「迫害狂」，時因懷疑而殺人，最後竟殺到自己的太子。伐匈奴也以慘敗收場，同時國內更呈現一片飢饉盜賊的亂象。他終於在痛悔中死去，臨死將年幼的皇太子弗陵（即昭帝）託付給他的親戚霍光。昭帝即位後，霍光即以「大將軍領尚書事」的名義，代行皇帝權力。從此「大將軍」這個官銜，變成漢朝事實上的攝政。他獨攬軍政大權，丞相成了他的僚屬。雖然表面上仍是聽命於皇帝，實際上他有處理軍國大事的全權，皇帝極少過問。霍光之爲大將軍，不特在西漢官制上創一特例，並且導宣帝以後外戚政治的先河。不過大將軍一職，必須於皇帝不能或不願親政時纔能產生，這個官職的設置與否，須視皇帝而定。所以宣帝自霍光死後，即未設大將軍。元帝時也沒有。到了成帝，王鳳纔以元舅身分，出任此職。王鳳死後，終成帝之世，大將軍一職，由王家人輪流充任，蔚成盛況空前的外戚政治。王家的聲勢，如旭日中天，朝廷中找不出一個足以與王家抗衡的政治勢力。任何一個朝臣集團，祇能算作王家僚屬的若干單位之一，而不能與王家平行。哀帝雖曾對王家加以打擊，但沒有傷及根本。同時由於哀帝對國事那種兒戲態度所激起的普遍反感，反使王莽在哀帝死後成爲舉國擁戴的政治中心人物。他遂利用這個機會，奪去劉家的江山。

另一方面，武帝死後，一向在政治上無甚重要地位的儒家，勢力日見擴張。到元帝時，他們的集團，竟成爲朝臣的主幹。這固然由於元帝愛好儒術，而最主要的原因，就是在舉國對武帝數十年對外戰爭所造成的動亂局面發生反感時，他們是武帝政治最主要的反對派。如果武帝以後的皇帝不願爲武帝的話，那麼他們便極具被任用的條件。他們有一套有系統的政治理想及辦法，其完備爲諸家所不及。理想在未實現時，總是具有誘惑性的。因此儒術不但頗合一般不切實際的君主的胃口，也易爲一般讀書人所接受。於是他們便藉着武帝爲他們鋪好的「五經博士」的大道，一步步踏上政治舞臺，漸由配角變成主角。武帝對此，眞可以說是「無心栽柳柳成蔭」。到了昭帝時的鹽鐵之議，儒生們公開評擊武帝的政治。宣帝時更有人駡到武帝本人。宣帝的政治，雖是「信賞必罰，綜核名實」（漢書八宣帝紀）的一套法家作風，但當時的丞相御史大夫魏相、丙吉、蔡義、韋賢、蕭望之等，都出身儒生，蕭望之更是宣帝託孤之臣。像蕭望之反對馮奉世封侯以及韓延壽與蕭衝突而被殺的事，若在武帝時，便絕無可能。可見當時儒家的勢力，已經不小。宣帝也自認是「以霸王道雜之。」（漢書九元帝紀）到了元帝，宣帝遺留下的朝臣中，屬於霸道的宦官弘恭、石顯，與屬於王道的儒家蕭望之、周堪等發生權力上的衝突，結果石顯等聯合外戚史高擊敗蕭等。他們又引用了一批附合他們的儒生，便是「阿諛曲從，附上罔下」的匡衡、張譚之流。於是宦官與儒家合流，儒家擁着政治首長的名位，宦官則掌握着發號施令的實權。

王鳳是元帝王皇后之兄，成帝之舅。成帝即位，他出任大將軍。設法擯斥了與皇帝關係較遠的外戚另一王氏及馮氏，而得專斷國政。他確有其長處，他不但奠定了此後王家不可動搖的勢力，同時也提拔了不少人才。成帝時，大將軍以下的外廷首長，大半由儒家充任，他們可以說是王家的主要班底。此外還有一個集團，規模不如儒家集團來得龐大，但團體非常鞏固。這個團體的分子複雜，有軍人，有公卿子弟，有地方官，雖然出身不一，但私人間的連繫甚密。他們均極能幹，思想屬於法家一類。不過因爲他們的政治地位不高，對國家大計，從未提出顯明的政策，他們的思想祇是從他們辦事作風上流露出來。這批人以陳咸、陳湯爲首，可名之曰「現實派」。儒生派與現實派的關係，是平行而對立的。對於王家，則均是上下的關係，可以說是王家部下的兩個單位。兩派的首要，大半是王鳳提拔起來的。不過儒家在政治上之佔勢力，不自王氏始，所以他們雖聽命於王氏，但整個集團的政治地位，王氏並不能完全左右，因此在朝中一直佔着上風。現實派因爲沒有儒家那樣深厚的根基，大將軍可以完全左右他們的政治前途。每任大將軍對他們的好惡，即可決定他們整個集團的興廢。所以在兩派的鬬爭過程中，現實派始終處於劣勢。大將軍支持他們時，他們還可與儒家對壘，一到放棄支持，便祇有垮臺之一途。

現實派的首腦，除陳咸、陳湯外，還有蕭育、朱博、朱雲、王章、孫閎、逢信等人。他們多半是極好的吏材，敢作敢爲，成帝一代的吏治，頗賴此輩維持。當時屬於儒生派的宰相翟方進曾彈劾陳咸、朱博等人，說他們「皆內有不仁之性，而外有儁材，過絕人倫；勇猛果敢，處事不疑。所居皆尙殘賊，酷虐苛刻；慘毒以立威，而無纖介愛利之風。」（漢書八十四翟方進傳）從這些話裏，可以看出他們的能力與作風。陳湯在元帝時任副校尉，與西域都護甘延壽矯詔發諸國兵，斬匈奴郅支單于，威震敵國。陳咸是宣帝時御史大夫陳萬年之子，元帝時作御史中丞，曾與朱雲相結，反對中書令石顯及少府五鹿充宗等人。到了王鳳執政時，曾以陳咸爲長史，其後他歷任各地郡守。他作官「以殺伐立威，豪猾吏及大姓犯法輒論輸府。」因此「下吏畏之，豪強執服，令行禁止。」（漢書六十六陳萬年傳附子咸傳）蕭育是蕭望之的兒子，爲人「嚴猛尙威」，也曾作過幾任地方官，以善平盜著名。朱博出身小吏，作冀州刺史時，吏民畏之如神。他極端瞧不起儒生。漢書八十三朱博傳說：「文學儒吏，時有奏記，稱說云云。博見謂曰：『如太守漢吏，奉三尺律令以從事耳。亡奈生所言，聖人道何也。且持此道歸，堯舜君出，爲陳說之。』」這種侮儒的態度，簡直和劉邦相似。朱雲曾在朝中公開請求殺掉丞相張禹，王章則曾抗疏彈劾大將軍王鳳。由此可見這批人中，不特人才輩出，還有不少抗直之士。

儒生派私人間的連繫，雖遠不如現實派緊湊，但他們的思想與立場相同。攻擊現實派，陣線是一致的。所以成帝時由儒家擔任的各任丞相，私人間的關係，雖不密切，但無一不與現實派作對。他們性格圓融，手段持重，每當大將軍對現實派不表好感時，便乘機向對方作致命的打擊。儒生派分子的個人操守，大體還過得去。現實派之中若干分子，行爲極不檢點。如朱雲任槐里令時「殘殺不辜」，陳湯更是屢次犯罪，而每次均是砍頭的罪過，這些事常給人以攻擊的把柄。雖然如此，他們仍能憑着他們的才能，與佔絕對優勢的儒生派相周旋，從元帝末年一直鬧到成帝末年，共鬧了三十多年，纔被擊垮。

陳湯、甘延壽立功歸來，元帝想把他們封侯。中書令石顯，因與甘有隙，便授意丞相匡衡御史大夫張譚共起反對。幾經爭執，陳甘雖得封侯，但食邑戶數減去許多。到成帝時，陳湯作射聲校尉，又被匡衡舉發他在西域時的舞弊情事，結果陳被免職。這是兩派人士衝突的開始。現實派中咸湯二人是好友，陳湯被匡衡劾免，又經王鳳提拔，在王鳳幕府中作事。王鳳死後，王鳳的從弟王音爲大將軍，待陳湯也不錯。這時陳咸頗以滯於郡守爲憾，便因陳湯的力量，內調爲少府。作了幾年，很有成績。不過，與御史大夫翟方進，卻於此時結下嫌怨。

翟出身明經，很受丞相薛宣的賞識。薛曾有事與翟相連，陳咸奉命對翟詰責，翟因此懷恨在心。自此兩派人士，便展開白熱化的鬬爭。

王音死後，王鳳的弟弟王商作大將軍。王商一向討厭陳湯，因此舉發陳湯的罪過，把他免職，徙居敦煌。這時翟方進作丞相，便乘機上了一本，說陳咸「前爲郡守，所在殘酷，毒螫加於吏民，主守盜受所監。而官媚邪臣陳湯，以求薦舉，苟得無耻，不宜處位。」（漢書陳萬年傳附子咸傳）於是陳咸也被免職。同時被免職者有陳的同黨歷任九卿的逢信。此後陳咸借了王鳳的弟弟王立的力量，復起爲光祿大夫，又被翟方進劾免。後來王立獲罪，翟更想把陳咸的黨羽一網打盡，於是又奏一本說：「後將軍朱博，鉅鹿太守孫閎，故光祿大夫陳咸，與立交通厚善，相與爲腹心，有背公死黨之信，欲相攀援，死而後已。」（漢書翟方進傳）結果，朱孫免職，陳咸徙歸故郡。陳咸回故鄉後，憂鬱而死。其後翟又把現實派的蕭育擠掉，至此現實派趨於瓦解。王章因彈劾王鳳死於獄中，朱雲也早已被廢家居。蕭育在哀帝時雖又作官，但已無大作爲。朱博雖也於哀帝時把儒家的孔光趕掉，代之爲丞相，但不久犯罪自殺。哀帝以降西漢各種政治上的怪現象，便全是儒生派的傑作。

自從元帝信用儒家後，漢朝即開始不能振作。儒家之反功利思想，使漢朝無法定立進取性的政策，無法充分發展國力；而他們的當政，更直接阻礙進取人才的發展。現實派的失敗，象徵着進取人才的全部凋謝，同時更象徵整個西漢王朝的沒落。所以王莽雖由儒家擁上皇帝的寶座，但他的臣下，除歌功頌德者外，竟找不出一個比較有辦事能力或獨立風格的人。他極力想實現他那些含有濃厚儒家色彩的政治理想，但努力的結果，使人有「聖人不死，大盜不止」之感，他終於很快的作了儒家政治理想的殉道者。由此看來，現實派的消滅，即使是對王家說，也不能說不是一種損失。

附記：此文寫於前年春天，當時　先伯孟眞先生曾指示若干意見，不意兩年以後，竟於此處發表，念之愴然。又此文承勞貞一先生予以斧正，特此致謝。　民國四十一年四月於臺北

原載台灣大學傅故校長斯年論文集，四十一年六月

漢法與漢儒

一　漢初的學術概況

所謂「漢初」，是指高祖、惠帝、呂后以及文、景二帝的一段時間（西元前二〇六年至前一四一年），凡六十六年。漢朝初建，承襲秦法，但其時的學術思想界，却恢復了戰國時代的態勢，成諸家並立之局。其盛況雖遠不及戰國，但其龐雜的情形則十分類似。這是因爲秦已覆亡，學術思想上的枷鎖業已解除，恢復了自由研究的風氣。雖然秦時的「挾書律」及「妖言令」到惠帝、呂后時才廢除，但事實上在未廢除之前，政府對學術思想，仍是不大過問的。漢初值大亂之後，百廢待舉，政府既無暇獎勵學術；民間也無力量從事學術上的大規模研究，因此在學術上造成一種類似戰國但具體而微的局面。戰國時代的儒、法、道、陰陽、縱橫五家，在漢初仍然活躍，茲依次加以敍述。

漢初的政府，還沒有設立專門的學術研究機構。學者只是以個人的知識，傳授徒衆。儒家方面，自漢統一後，叔孫通（秦博士）曾采古禮及秦儀，爲漢製訂朝儀。但此人乃一政客，而非純粹的學者。①至於漢初儒家的傳經者，則有田何（高祖時人）傳易，伏生（秦博士，高祖至文帝時人）口授尚書，轅固生（文景時人）、申公（高祖至武帝時人）、韓嬰（文景時人）治詩，號「齊、魯、韓三家」；高堂生（高祖時人）傳禮，胡母生（景帝時人）治春秋公羊傳，瑕丘江公（景武時人）治春秋穀梁傳。總之，儒家諸經，除樂在漢初失傳，其餘均各有傳人。文景二帝時，政府設有博士，但文帝好刑名之言，景帝也不親任儒家。雖然儒生如韓嬰於文帝時，轅固生、胡母生於景帝時，均曾爲博士，但只是聊備顧問，並非專門研究學術。②

秦以尚法而迅速滅亡，漢初學者對秦法多持反對態度，因此研究者不多。高祖時，蕭何攈拾秦法，取其宜於時者，作律九章，但談不上學術的研究。③到文帝時，因爲他本人喜好刑名，法學界也產生不少人才，最有名的要算張釋之和鼂錯。張釋之於文帝時曾爲廷尉，守法不阿，持議平允，雖皇帝不能更易其判決，這一點已不同於秦代法家惟君主之命是從的作風。他雖然不是專門研究法學的學者，但他每判一案，皆有充足的理論根據，可以看出他的

① 參看：史記卷九九叔孫通列傳。
② 參看：史記卷一二一儒林列傳；漢書卷八八儒林傳。
③ 參看：漢書卷二三刑法志。

法學知識的豐富。④鼂錯曾學申商刑名於軹人張恢先，文帝時爲太子家令及中大夫，曾上書數十，言削諸侯及更定法令事，文帝不聽。景帝時，初任內史，繼遷御史大夫，曾更定法令三十章。其後因削諸侯地，造成「七國之亂」，終爲景帝所殺。他的著作，漢書藝文志列爲三十一篇，但僅有篇數而無篇名，今已大部佚失。漢書僅載有他的上書數篇，大多爲敎戰務農之論。⑤此外如吳公，少時曾師事李斯。文帝時爲河南守，治平爲天下第一，其後並徵爲廷尉。他任河南守時，曾延攬賈誼於門下。及爲廷尉，乃薦誼於文帝。他雖無著作傳世，但從他的治績看來，他當是一位不凡的法家。⑥

漢初最有名的道家是齊國蓋公和趙國田叔，二人都善治黃老家言（黃指黃帝，老指老子。戰國末年人常好假借黃帝之名以立說，內容近乎道家。所謂「黃老」之學，實際就是老子的政治論）。高祖時，曹參相齊，蓋公爲言治道，以爲「清靜而民自定」。曹參以其道行之，結果齊國安集，大受人民的擁戴。惠帝時，參入中央爲丞相，更推行無爲政治於全國。⑦田叔曾學老術於樂巨公，爲人廉刻自守，好游諸公。高祖時，趙王張敖任爲郎中。其後高祖任他爲漢中守，景帝時，任爲魯相。他雖習黃老術，但其爲官行事，與道家有些不類。⑧

---

④參看：史記卷一〇二張釋之列傳。

⑤參看：史記卷一〇一及漢書卷四九鼂錯傳；漢書卷三十藝文志。

⑥參看：史記卷八四賈生列傳。

⑦參看：史記卷五四曹相國世家。

⑧參看：史記卷一〇四田叔列傳。

文景時的王生，也善爲黃老言，與張釋之友善。景帝時，曾於朝廷之中，當衆命釋之結襪，羣臣反因而益重釋之，可見其聲名之盛。⑨此外景帝太后竇氏，也雅好此道，以致景帝及太子、諸竇也不得不讀黃帝老子之書，以尊其術。⑩

陰陽家之有著述者，有張蒼及公孫渾邪。張蒼原爲秦御史，文帝時任丞相，於書無所不觀，尤善律曆。文帝時，他推論五德之運，認爲漢當水德之時。魯人公孫臣則以漢當爲土德，結果漢納公孫臣之說。張蒼有著作十六篇，漢書藝文志列爲陰陽家。⑪公孫渾邪景帝時人，武帝丞相公孫賀的祖父。他有著作十五篇，漢志也列入陰陽家。⑫此外尚有方士，也屬於陰陽家一流。如文帝時，趙人新垣平以望氣召見，言長安東北有神，氣成五采。文帝信其說，作渭陽五帝廟。⑬

漢初縱橫家的著作，漢書藝文志不載。當因漢統一後，縱橫家已無用武之地，以是研究者不多，但其風在漢並未泯滅。武帝以前，博士仍有習縱橫之術者，武帝尊儒後才加以罷黜。尤其當秦漢之際，國家猶是分裂之局，某些人的行事，極具縱橫家的作風。如隨何曾游

---

⑨ 參看：史記卷一〇二張釋之傳。
⑩ 參看：史記卷五六陳丞相世家，卷四九外戚世家。
⑪ 參看：史記卷九六張丞相列傳。
⑫ 參看：史記卷一一一公孫賀列傳。
⑬ 參看：史記卷十文帝本紀。

說英布，反叛項羽；酈食其曾游說齊王田廣，投效高祖；蒯通曾游說韓信，反叛漢朝。⑭此類說客，當時爲數甚衆。漢統一後，陸賈於高祖及文帝時，兩度出使南越，說其王趙佗服從中國，皆如意旨。他並於呂后時，勸大臣周勃、陳平捐棄前嫌，以制諸呂。⑮此外袁盎於文帝時上言壓抑宦官趙同及文帝所幸愼夫人，議論動人。景帝七國之亂時，他曾出使吳國，勸吳王罷兵，並以危言陷殺鼂錯。⑯觀其行事，也極似縱橫家一流。至於名家和墨家，漢時業已衰落，沒有出現具有代表性的人物。

二　漢初的黃老政治

漢統一後，在制度法律方面，仍襲秦舊。但在政治精神及原則上，却選擇了道家，亦即所謂「黃老之術」。其所以如此，原因約有二端：一是秦雖以尚法亡國，但其制度，甚爲完備。漢初儒學衰微，除專治一經的秦國博士外，並無名動時君的大儒如孟子、荀子一類的人，同時漢人更承襲了秦人的輕儒之風，例如高祖即經常對儒者橫加輕藐和侮辱。道家在戰國末年雖是顯學，但其本身並無一套政治制度。至於漢廷君臣，大都出身於低層社會，本身沒有創立制度的能力。因此漢廷除承襲秦法外，別無其他的途徑可循。二是自秦統一直至漢初的

⑭ 參看：史記卷九一黥布列傳，卷九七酈食其列傳及卷九十二淮陰侯列傳。
⑮ 參看：史記卷九七陸賈傳。
⑯ 參看：史記卷一〇一袁盎列傳。

二十年間，人民因處於暴政及戰亂之中，財產及精力早已消耗殆盡，舉國上下莫不希望獲得喘息的機會，而道家的政治精神正合乎他們的心意。因此漢初實行無爲政治，實有其情勢上的必要。

以黃老的政治精神及原則推行於全國的是曹參。惠帝二年（西元前一九三年），相國蕭何卒，漢室以參繼其位。他繼任後，立即推行「無爲」政治，一切遵循蕭何所定的舊規，不予更動，以免擾民。他任相國凡三年，於五年（前一九〇年）去世。百姓歌之曰：「蕭何爲法，顜若畫一。曹參代之，守而勿失；載其清淨，民以寧一。」⑰可以看出他在政治上的成功。至於無爲政治的內容，不外對內輕繇薄賦，簡省刑罰，竭力避免煩苛的興作，一意與民休息；對諸侯國則採取放任政策，不干涉其內政。對外族如强鄰匈奴，則力求親善，甚至不惜屈己以求保持和平關係。對南方諸越國，也都採安撫政策。戰國以還，因戰爭及暴政，人口銳減，至漢初，名城大都，戶口什餘二三，民生凋敝已極。這種政治原則，自是救時的良藥。

曹參死後，無爲的政治原則仍爲呂后所繼續遵行，直至文景，前後達五十餘年。賦稅方面，秦時「收泰半之賦」（三分取其二），民不堪苦。高祖統一後，租賦改爲十五稅一，至景帝，更改爲三十稅一。人民的負擔，大爲減輕。⑱法律方面，漢法雖承襲秦法，深刻嚴

---

⑰ 見史記卷五四曹相國世家。

⑱ 參看：漢書卷二四上食貨志上。

厲，但甚少施用。同時並廢除若干酷法，如惠帝時廢挾書律，呂后時廢三族罪及妖言令，文帝時除肉刑法等。⑲營建方面，高祖時，以長安新建，曾築長樂、未央二宮，並爲其父營新豐縣。⑳其後下至文景，極少營建。對於諸侯王，文帝時，吳王濞稱病不朝，帝優容之，並賜几杖。㉑對於匈奴，高祖時，因平城之敗，對匈奴採和親政策，歲時貽以酒食繒絮。其後漢室仍謹守此策，數十年不變。呂后時，匈奴冒頓單于寫信向呂后求婚，措辭褻慢，后忍不與較，反覆書贈禮以慰勞之。文景二帝時，匈奴屢次入侵，漢室也只作被動的防守而不進攻。㉒

史稱「孝惠皇帝、高后之時，黎民得離戰國之苦，君臣俱欲休息乎無爲。故惠帝垂拱，高后女主稱制，政不出房戶，而天下晏然。刑罰罕用，罪人是希；民務稼穡，衣食滋殖。」㉓又稱「孝文皇帝即位二十三年，宮室、苑囿、車騎、服御，無所增益。有不便，輒弛以利民。……專務以德化民，是以海內殷富，興於禮義，斷獄數百，幾致刑措。嗚呼！仁哉！」㉔又稱「周秦之敝，罔密文峻，而姦軌不勝。漢興，掃除煩苛，與民休息。至於孝文，加之

⑲ 參看：漢書卷二惠帝紀，卷三高后紀，卷二三刑法志。
⑳ 參看：史記卷八高祖本紀。
㉑ 參看：史記卷一〇六吳王〇列傳。
㉒ 參看：漢書卷九四上匈奴傳上。
㉓ 見史記卷九呂后本紀。
㉔ 見漢書卷四文帝紀。

恭儉，孝景遵業，五六十載之間，至於移風易俗，黎民醇厚。周云成康，漢言文景，尚矣！」㉕從上述史籍的贊語，可以看出無爲政治的績效。

無爲政治，並非全無缺點。道家的政治理論，只適於「小國寡民」，而不適於一個龐大的帝國。由於無爲政治的施行，使漢帝國的政務，陷於半癱瘓狀態。諸侯王強橫，藐視中央，幾使分裂之局，重現於漢初。匈奴則屢次入侵，其游騎曾至長安附近。若干朝臣，已對此種政治原則不滿。如呂后時的樊噲，文帝時的賈誼，景帝時的鼂錯，或主張討伐匈奴，或主張制裁諸侯王。但漢廷對匈奴始終不敢進攻，而鼂錯削諸侯王地，更激起「七國之亂」。在這種情勢之下，如果呂后及文景二帝不是英明之王，則漢帝國的前途，簡直無法想像。

無爲政治最大的貢獻，是培養國力，使人民各安生業。五十餘年間，漢帝國由殘破困貧而達於繁盛富饒之境。景帝的討平七國之亂，雖然是被動的，但已約略顯示出漢廷的意欲改革。他的時代，可以說是漢廷從無爲走上有爲的過渡時代。到武帝，開始大有所爲，但他所憑藉的力量，也正是漢初五十餘年的積儲。

三　法家的再興

漢到武帝，開始尊儒。其後儒學漸盛，儒家的政治力量也日益龐大。這種現象，固由於武帝的提倡之功，但也是一種自然的趨勢。

㉕見漢書卷五景帝紀。

武帝是一有爲之主，黃老之術在政治上經過五六十年的實驗，業已弊象叢生，尤其無法配合武帝的心胸懷抱，因此武帝不再行無爲之政。但不用黃老，仍須選擇一種政治理論而遵行之。秦以尚法而亡，造成大亂，是漢人極其慘痛的回憶；諱言尚法，是漢初政治界及學術界一種普遍的現象，因此武帝至少不能公開提倡法家政治。同時國家統一已久，縱橫之術自然要遭受淘汰，而陰陽家在政治上更毫無制度及理想可言。既然道、法、縱橫、陰陽諸家皆不能用於政治，最後自然輪到儒家。

武帝雖然尊儒，但儒家拘泥迂闊的作風，與武帝好大喜功的性格，大相逕庭；而他的一生行事，也莫不與儒家背道而馳。因此他對實際的重要政治任務，不要儒家來負擔，而他所親任的乃是任法言利的法家。雖然他曾以儒家公孫弘做丞相，但公孫弘實際也是文法吏，只是「緣飾以儒術」而已。武帝對儒家，也並非毫無好尚。儒家豐富的知識及其王道的政治理想，頗能擡高君主的身價，也頗能合乎有文采而好虛名的君主的心意。此外儒家所奉行的政治制度，遠較其他諸家爲完備，可以做爲改制的參考，因此武帝願意尊儒。但另一方面，儒家妨礙了他的雄心壯志的發展，所以尊而不用。他尊儒的另一原因，也許想以尊儒來掩飾或冲淡其尚法行爲。總之，武帝時的政治，是表面尊儒而實際任法；看來像是文德並茂，而實質上却是刻薄嚴厲的。

這裏敍述武帝尊儒的經過。他於建元元年（前一四〇年），下詔命大臣保擧「賢良方正、直言極諫」之士，由他親自策問。結果若干研習儒學的應對者如董仲舒等被任用爲官，其中習申韓縱橫之術的都被遣散。但武帝的祖母竇太后好黃老，對此大爲不滿。當時中央政府尙有前代任用的博士七十餘人，治經書和諸子百家的都有，武帝礙於竇太后，無法來個一元化，僅於五年（前一三六年）設置五經博士，以示提倡儒術。次年，竇太后死。武帝才開始將政府祿養的非儒家的博士，加以遣散，而儒學從此取得學術正統的地位。此外並設博士弟子員五十人，每年考課，績優者可充任侍衞天子的郞官，次者可以補吏。因此儒家漸登仕版，越來越盛。㉖不過當時的儒家，對國家大事，尙談不到什麼決定作用。

武帝的親任法家，主要因爲他要大有爲於天下，對外要討伐匈奴，對內要改革政治，非任用法家聚積金錢鎭壓反動不可，而這類事又絕非思想復古行動迂緩的儒家所能勝任。武帝時代的丞相，只是擺設，政治實權則多操於御史大夫及廷尉之手，而此類人選，多是法家。可以趙禹、張湯、杜周、桑弘羊等爲代表，張、杜、桑皆曾爲御史大夫，趙、張、杜皆曾爲廷尉，而四人全是法家。他們類皆才力過人，辦事凌厲無前。當時爲了內安外攘，國力必須高度集中，他們便是這種政策的執行者。因此秦以後一度消沉的法家，於武帝時再度興起。當時的儒家只能坐而論道，所論亦大都徒託空言，而實際的政務，則操持在法家手中。

武帝時法家所負的最重要的責任有二：一是嚴密防止叛亂，二是盡量的開發利源。武帝初年，即尙酷法。元光五年（前一三〇年），他命張湯、趙禹，共定律令，務求深刻嚴厲。例如其中的「見知法」，規定如果看見或知道有人犯法而不檢舉者，與犯者同罪，這等於秦法的復活。㉗此風一開，官吏都競以嚴酷相尙，因此產生了不少酷吏，最著名的如義縱、王溫舒

㉖參看：漢書卷六武帝紀，卷五十六董仲舒傳。
㉗參看：漢書卷二三刑法志（不載年月）；資治通鑑卷十八「元光五年七月」。

年爲最甚。

好幾位被罪而死；此外地位稍次的大臣以及地方大吏被殺的，更不計其數。這現象以武帝晚萬。㉘刑罰的寃濫，自然無法避免。至於大臣被誅殺的，也所在多有。武帝時代的丞相，有等，他們曾有一次殺戮數百人甚至一次毀滅千餘家的紀錄。杜周爲廷尉，獄中繫囚，常至數

至於開發利源方面，更是花樣百出，鬻賣官爵，便是重要的一項。元朔六年（前一二三年），由政府設武功爵十一級，每級定價十七萬錢，人民買爵至第七級，即可任命爲吏，有罪可減二等。此外納財者可以爲郎，納粟者也可以補吏或贖罪。㉙這辦法對吏治的損害，不言可喻。最重要的，還是新經濟政策的實施，包括國營貿易事業的經營，新稅的征收，新貨幣的發行以及鹽、鐵、酒的專利等。這套新經濟政策的設計者是桑弘羊、東郭咸陽、孔僅等。弘羊爲洛陽賈人子，「言利事析秋毫」；咸陽齊之大鬻鹽，孔僅則爲南陽大冶。㉚三人都是商人出身的政客，專爲武帝謀利，也算是法家一流。武帝以他們推行新經濟政策，大大的增加了政府的收入。

嚴酷的刑罰加上無微不至的搜括，在雙重的壓迫下，人民生活的艱困，不難想像。討伐匈奴，也因武帝用人的失當，使軍事將領間發生嚴重的派系鬪爭，而致於晚年對匈奴的戰役

㉘ 參看：漢書卷九十酷吏傳，卷六十杜周傳。
㉙ 參看：漢書卷六武帝紀，漢書卷二四下食貨志下。
㉚ 參看：漢書卷二四下食貨志下。

中，遭遇重大的挫敗。武帝於天漢二年（前九九年），以李陵率步兵五千人伐匈奴；征和三年（前九〇年），又遣李廣利率七萬人北伐；結果都是全軍覆沒。㉛而武帝的迷信行爲，也造成了巨大惡果。征和二年（前九一年），「巫蠱之獄」起，死者近二十萬，皇后衞氏和太子據也都在這次事件中犧牲，造成武帝無可彌補的家庭悲劇。㉜由於國力的過分浪費，漢帝國內呈現出一片饑饉盜賊的亂象，「天下虛耗，人復相食。」㉝如果武帝不是末年痛悔，於征和四年（前八九年）下詔罷除西域輪臺（今新疆輪臺縣）的屯戍，決計不再務邊功，一意與民休息，則漢帝國極可能重蹈亡秦的覆轍。㉞雖然如此，武帝對外的大啓疆宇，對內的改制革新，奠立漢帝國長期繁榮和平的基礎，其功仍是不可沒的。而這些功績的建立，也不能不說大部分仰賴法家。

四　雜家的出現

所謂「雜家」，據漢書藝文志的定義，是「兼儒墨、合名法」者。他們綜合諸家的精義，自成一家，非飽學之士不能爲。雜家起源於秦，大體說來，這種學說的產生，是秦法的

㉛ 參看：漢書卷六武帝紀。
㉜ 同㉛
㉝ 見漢書卷二四上食貨志上。
㉞ 參看：漢書卷九六下西域傳下。

一種反動。秦以法術立國，終一天下，但秦法之敝，即秦人亦頗知之。戰國末年，秦相國呂不韋命其門客作呂氏春秋，凡二十餘萬言，自以爲備天地萬物古今之事。其實其內容以儒家學說爲主，而參以道家及墨家，故其中多有徵引六經之文。㉟呂氏春秋的所以言不及法，也正可表現出不韋對秦法的不滿。如果不韋後來不爲秦王政所廢黜而繼續當國，則秦法是否能始終維持，實成問題。

到漢，雜家的內容一變，主要是揉合法儒兩家的理論而成一系統，也就是宣帝所謂「以霸王之道雜之」。㊱漢代雜家並以這種理論，施行於政治。漢承秦法，漢初學者之具有法家思想者甚多，但大多諱言法家，不敢自承，而多以儒家緣飾之。不特法家如此，其餘諸家亦莫不以斥遠法家爲能事。儒家固不必論，即陸賈擅縱橫之術，亦時於高祖前稱說詩書，而談湯武。㊲鼂錯乃純粹的法家，其上書亦好稱引三代以上，㊳似亦不願以法家自居。

如以漢志雜家的定義觀之，文帝時的賈誼，漢志雖列其著作爲儒家，實際上他可以說是一位雜家。賈誼受知於廷尉吳公，而吳公是李斯的弟子，自是法家。賈誼雖非吳公弟子，但受吳的影響，則可以想見。故誼少時雖以能誦詩書屬文見稱，然亦「頗通諸家之書」，且明習法令，熟諳制度。文帝時，誼爲太中大夫，即曾建議文帝改正朔，易服色制度，定官名，

㉟ 參看：史記卷八五呂不韋列傳。
㊱ 見漢書卷九元帝紀。
㊲ 參看：史記卷九七陸賈傳。
㊳ 參看：漢書卷四九鼂錯傳。

興禮樂，皆草具其儀法，並更訂諸法令。其後誼更屢次上書文帝，其論農本之言，幾與商君無異。但他於奏疏中又引管子之言，提倡禮、義、廉、恥。管子雖也屬於法家，但四維之論，則近於儒。此外他又著「過秦論」一文，認爲秦之亡在於「仁義不施」，也儼然是儒家言。㊴賈誼的著作中，既雜有法家言，而又主張興禮樂，倡四維，施仁義，則誼實爲一揉合儒法的學者，謂爲「雜家」，應無不當。此外如武帝時的公孫弘，以賢良文學進登仕版，史稱其「學春秋、雜說」，注謂「雜說乃雜家之說」。又稱其「習文法吏事，緣飾儒術」。㊵又武帝素不重用儒生，而獨以弘爲丞相，實與此有關。故弘雖貌爲儒家，其實亦是雜家。又武帝叔淮南王安，撰淮南子二十一卷。其書大旨原本道家，而縱橫漫衍，多所牽涉，故漢志亦列爲雜家。㊶然淮南子與法儒兩家，皆無甚關涉，其書無中心思想。與本節所敍之雜家，亦不相類，玆不多論。

宣帝一代，爲西漢的極盛時代，不特威加北夷，而內政也臻極致。史稱宣帝「信賞必罰，綜核名實」。㊷似乎宣帝的行事，仍是武帝一派的法家作風。事實上宣帝兼用法儒，他親任儒生，遠過武帝，然亦不純用儒術。宣帝爲政，既「以覇王之道雜之」，其作風實頗類雜家。即名之爲雜家，亦無不當。他所用的羣臣，除法家如京兆尹趙廣漢及宦官弘恭、石顯

㊴ 參看：漢書卷四八賈誼傳；賈誼新書第一卷（載漢魏叢書）。

㊵ 參看：漢書卷五八公孫弘傳。

㊶ 參看：漢書卷四四淮南王安傳；淮南子（載世界書局出版新編諸子集成第七册）。

㊷ 見漢書卷八宣帝紀。

等，儒家如丞相蔡義、韋賢、魏相及御史大夫蕭望之等，此外尚有不少雜家型的人物。玆舉數人爲證。

張敞，宣帝時曾爲京兆尹，甚有治績。史稱長安「枹鼓稀鳴，市無偷盜。」又云「敞爲人敏疾，賞罰分明，見惡輒取，時時越法縱舍，有足大者。其治京兆，略循趙廣漢之迹，方略耳目，發伏禁奸，不如廣漢。然敞本治春秋，以經術自輔，其政頗雜儒雅，往往表賢顯善，不醇用誅罰。」㊸據引文，張敞之治京兆，雜儒法之術而兼用之，自可稱爲雜家。

黃霸，少學律令，喜爲吏。宣帝時，曾於獄中從夏侯勝受尚書，歷時三年。其後霸爲潁川太守，力行教化而後誅罰；外寬內明，得吏民心。以是戶口歲增，治績爲天下第一。從黃霸的經歷及理政的方法看來，霸也是雜家。㊹

丙吉，少治律令，爲魯國獄史，曾積功至廷尉右監，後坐法失官。武帝末年，巫蠱事起，吉以故廷尉監徵，詔治巫蠱獄。時宣帝僅數月，以太子據孫繫獄，吉暗中保護，得以不死。昭帝死後，昌邑王廢，其時宣帝流落民間，吉又建議霍光，迎立爲帝。宣帝即位後，吉絕口不道往事。其後，宣帝以他事得明眞相，遂以吉爲丞相。史云「吉本起獄法小吏，後學詩禮，皆通大義。及居相位，上寬大，好禮讓。椽史有罪臧，不稱職，輒予長休告，終無所案驗。客或謂吉曰：『君侯爲漢相，姦吏成其私，然無所懲艾。』吉曰：『夫以三公之府，

㊸ 見漢書卷七六張敞傳。
㊹ 參看漢書卷八九循吏傳。

有案吏之名，吾竊陋焉！』後人代吉，因以爲故事，公府不案吏自吉始。」又云「近觀漢相，高祖開基，蕭、曹爲冠；孝宣中興，丙、魏（相）有聲。」㊺丙吉以治獄小吏，驟居相位，而能深懷禮讓，通識大體，謙謙有儒者之風，相業至與蕭曹並稱。其學詩禮之功，顯而易見，故吉亦爲雜家。

宣帝時的政治，既不迂緩，亦不嚴酷，堪稱漢政的極致。當時政治人才之盛，也爲歷代所少見，朝臣不特法儒兼備，其中也有若干雜家。而雜家在政治上的表現，也極其優異，似較法儒猶有過之。這可以說是宣帝政治的一種特色。

五　儒家昌盛與法家衰落

宣帝以後，歷經元、成、哀、平及孺子嬰五帝，凡五十五年（前四八年至七年）。在此期間，漢政業已漸衰。政治上出現兩種現象：一是儒家政治權位的提高，儒家出身的政客，漸成爲朝臣的主幹。一是政權漸由外戚王氏一門所掌握，王氏漸成爲實際政治的最高領袖。這兩種現象演變的結果，是外戚王莽利用儒家學說和儒生的推戴，竊取了漢室的地位。

儒家雖然在武帝時開始在政治上擡頭，但武帝並沒有大量的重用他們。武帝晚年，因奢侈黷武，國內發生亂象。到他死後，儒家便藉著當時的環境和既有的政治憑藉，乘時而興。他們不但積極的發揚及推行儒家的政治理論，且對武帝生前的行事，公開表示不滿。例如昭

㊺見漢書卷七四丙吉傳。

帝時，儒生曾反對武帝的鹽、鐵、酒專賣及均輸政策。認爲此類政策「與民爭利，散敦厚之樸，成貪鄙之化。」㊻主張予以罷除。爲此事儒生曾與當時的御史大夫桑弘羊，公開辯論於朝堂，結果政府爲之罷除酒榷，稍饜其意。宣帝時，欲爲武帝立廟樂，長信少府儒者夏侯勝以爲武帝「多殺士衆，竭民財力，奢泰無度，天下虛耗。百姓流離，物故者半，蝗蟲大起，赤地數千里，或人相食，畜積至今未復。亡德澤於民，不宜爲立廟樂。」㊼勝雖因而繫獄，廟樂亦立，但數年後終於釋出。像上述的這類事，如發生在武帝時，必然會造成流血慘案。但在昭宣時產生不同的結果，可以看出儒學已漸爲漢室所尊重，儒家在政治上已有相當的勢力。

武帝以好大喜功，幾危中國，後世引以爲戒。武帝以後，漢室逐漸捨法而用儒。所以儒家在政治上的得勢，實是武帝死後的一種自然趨勢。昭帝時，大將軍霍光執政，仍重用法家如桑弘羊、田延年等，但對儒家亦不敢小視。宣帝爲政，雖以覇王道雜之，但儒家已頗有出任政府要職如丞相、御史大夫的。他臨死並曾託孤於儒家出身的大臣蕭望之、周堪，他們與外戚史高，皆受遺詔輔政。元帝少時即好儒學，他做太子時，曾因勸宣帝任用儒生而受斥責。宣帝認爲「漢家自有制度，本以覇王道雜之，奈何純住（住當作任）德教，用周政乎？且俗儒不達時宜，好是古非今，使人眩於名實，不知所守，何足委任！」㊽但元帝爲人仁

㊻見桓寬：鹽鐵論（載新編諸子集成第二冊）。

㊼見漢書卷七五夏侯勝傳。

㊽見漢書卷九元帝紀。

柔，在性格上自然傾向儒家。他即位後，便親任蕭望之和周堪，更由蕭等汲引了一批儒生劉更生、金敞等，同心謀議。此外，元帝更把博士弟子的員額，大加增添。武帝時，博士弟子僅設五十人，宣帝末增至二百人，到元帝更增至一千人。因此儒家的政治勢力，日益隆盛。

元帝時，儒家的政治勢力雖盛，宣帝時的若干法家，並未盡去。宦官中書令弘恭、僕射石顯，均明習文法，自宣帝時即典掌機要，而顯尤爲專橫。元帝即位後，體弱多病，以二人久用事，且以宦官無外黨，專精可信，仍以之掌中書，二人並與輔政將軍外戚史高相表裏。高因無實權，亦樂與結納。蕭望之輔政，欲推行古制，多所匡正，而石顯於議論時常獨持故事，不從望之。望之忌恭、顯擅權，乃建議元帝罷除中書宦官，以應「古不近刑人」之義，大爲恭、顯所恨。其後不久，二人利用元帝不諳政事，譖廢望之，繼又借事加以折辱，望之憤而自殺。周堪、劉更生等亦均廢黜。這是元帝初年法儒鬪爭的第一回合，結果儒家失敗。㊾

蕭望之的失敗，並未影響整個儒家集團的政治地位，儒家依然是漢廷中的主要政治勢力。元帝時的宰相貢禹、薛廣德、韋玄成、匡衡等，無一不出身儒生。但蕭望之的廢黜，儒家朝臣已缺乏耿亮之士，貢禹等大都碌碌瑣屑，對國事少有改革的建白。同時他們聽命於外戚、宦官，以保祿位，儒家反因而益盛，漸而成爲朝臣的主幹。相反的，法家的勢力却因而日漸削弱。蕭望之事件後，弘恭死，石顯繼爲中書令，歷時十餘年，雖權威極盛，其本身並無廣大的黨羽，儒家政客雖慴於其勢，不敢不從，但兩者究非同類，自不可能誠心奉戴。到

㊾ 參看：漢書卷七八蕭望之傳。

成帝即位，遷石顯爲長信中太僕。顯既失倚離權，丞相匡衡等乃乘機條奏其舊惡，結果顯被徙歸故郡，死於途中。

成帝即位後，本有親政能力，但因耽於酒色而親任其舅王鳳，以鳳爲大將軍輔政。鳳執政後，廣收人才，奠定此後王家不可動搖的政治勢力。自石顯死，儒家益盛，但儒家朝臣不能自有樹立而依附王鳳。此外朝臣中尚有若干具有法家色彩的人物，可以陳湯、陳咸、蕭育、朱博四人爲代表。陳湯曾於元帝時擊斬郅支單于，威震域外。成帝時王鳳奏以爲從事中郎。湯明習法令，善因事爲勢，納說多從。[50]陳咸爲宣帝時御史大夫陳萬年之子，成帝時，由王鳳舉薦，歷任刺史、太守等職。所居以殺伐立威，豪强猾吏及大姓犯法，輒論以罪。後入爲少府，少府多寶物，咸至鉤校屬官，發其姦臟，充爲公有。[51]蕭育爲望之子，成帝時，由王鳳引薦，歷任司隸校尉、刺史、太守、大鴻臚等職。爲人嚴猛，威信素著，爲太守時，曾[52]平巨寇。朱博，亦由王鳳薦舉，成帝時曾任刺史、太守、左馮翊、大司農、廷尉等職。其爲刺史、太守、左馮翊時，屬官盡力有效者，必加厚賞；懷詐不稱者，誅罰輒行；以是咸爲盡力。及爲廷尉，明習法令，屬官咸服其材略過人。[53]陳湯諸人，皆是極好的吏材，成帝一代的吏治，頗賴他們維持。他們自成集團，與儒家集團對抗。雖然如此，因他們全由王鳳

[50] 參看：漢書卷七〇陳湯傳。
[51] 參看：漢書卷六六陳咸傳。
[52] 參看：漢書卷七八蕭育傳。
[53] 參看：漢書卷八三朱博傳。

擧薦，也與儒家一樣，對王氏是竭誠擁戴的。

王鳳死後，終成帝之世，輔政將軍一職，由王家人輪流充任，繼王鳳的是他的幾個弟王音、王商、王根及姪兒王莽。而朝臣中的法家集團，也因人數過少，並時受儒家朝臣的牽制和攻擊，宦途時遭頓挫。到成帝末年，法家集團瓦解，從此漢中央政府成了儒家集團的獨佔局面，最後是王莽利用儒家及其理論而篡漢。而進取人才的凋謝，也象徵著漢帝國聲威和事業的沒落。

六　儒學的嬗變

戰國末年，儒家因受當時思想及環境的影響，漸失去本來的面目。儒生一部分變爲法家，如李斯、韓非，皆曾受敎於大儒荀況。而大批的陰陽家和方士也進入了儒家的領域，他們大都儒服儒冠，以儒者自居，而以陰陽家言及求仙藥做爲獵官詐財的手段。秦始皇所坑的「儒」，多是此輩，眞正「誦孔子之言」的，爲數極少。至遲在戰國末年，一部分陰陽家已有與儒家混合的趨勢。

陰陽家的基本思想和理論，至少有一部分可能淵源於儒家。孔子曾說：「天生德於予，桓魋其如予何！」（論語述而）又說：「小人不知天命而不畏也。」（論語季氏）似乎孔子也具有「天人之際」的信仰。又荀子以子思、孟子「案往舊造說，謂之五行。」（荀子非十二子）雖然孟子書中，並沒有顯著的談論五行之處，但他所說的「五百年必有王者興」（孟子公孫丑）一類的話，似乎又與鄒衍的「五德終始」論有些關連。總之，陰陽家言與儒家思想在某些地方早已是「同調」，自然比較容易混合。

西漢時代的儒學，已滲入大量的陰陽家言。當時的儒者，多好採陰陽家言以說經，認為天道人事，相互影響，因此好以自然現象來附會人事的禍福。春秋公羊傳，多載天變災異，既受陰陽家的影響，治春秋者遂多好談論此類自然怪異現象。武帝時的大儒董仲舒，曾以災異勸武帝改善政治。他所著的春秋繁露一書，便雜有大量的陰陽思想。㊹元成時的劉向（即劉更生），治春秋穀梁傳，也數以禍福附會其說。㊺總之，他們都認為天降的祥徵或災異，全是受人事的影響；與人君的勤怠、宰相的賢愚，尤有密切的關係。當時一般人多受這種思想的感染，深信其理，因此漢儒多言天變災異以攻擊時政，君主也多臨災而懼，遇有重大事故，乃至策免三公。這類事在漢代視為當然。

戰國時代陰陽家鄒衍所創的五德論，也於西漢後期為儒者用來解釋政治。昭帝以降，常有儒者指出漢運已衰，應禪位於新聖。曾有若干人因而犧牲性命，例如昭帝時符節令眭弘，上書言「大石自立，僵柳復起」，當有匹夫為天子者，勸帝禪位以順天命，結果被誅。㊻宣帝時，司隸校尉蓋寬饒也主張皇帝應傳位賢者。他上封事云：「五帝官天下，三王家天下；家以傳子，官以傳賢。若四時之運，功成者去；不得其人，則不居其位。」㊼宣帝以為怨

㊹ 參看：漢書卷五六董仲舒傳；春秋繁露（載漢魏叢書）。
㊺ 參看：漢書卷八八儒林傳瑕丘江公傳。
㊻ 參看：漢書卷七五眭弘傳。
㊼ 見漢書卷七十七蓋寬饒傳。

誇，下吏自殺。成帝時，王氏執政，儒者谷永，仍主天運循環漢德已衰之說，並屢次上書，專攻成帝私生活的敗壞，以掩護王氏的擅權。漢廷因其黨於王氏，無以制之。㊽其後哀帝欲法堯禪舜，傳位董賢，可能也是受這種思想的影響。㊾加上成帝與哀帝的荒怠政事，更使舉國上下有漢運將終的感覺，這給王莽安排下一個最好的篡位環境和理論根據。自成帝以來，王氏與儒家在政治上合作，雙方本已有密切的關係；而王莽的好儒與優待儒生，自然更為儒家所感戴，他們終於成為王莽代漢的極大助力。

西漢末年，又有「讖緯之學」的出現，而內容更為怪誕。讖是一種預言式的文字或圖畫，以詭奇的隱語道出未來的大事。緯取「與經相輔」之意，是假託經義以推究災祥的書，書名繁多，大都充滿神話。讖緯大都出於當時人之手，而偽託為古人的製作。這種神話思想的流行，到王莽時達到最高潮，他本人便以偽製的圖讖而篡漢。東漢光武帝在河北時，他的舊日同學從關中帶給他一卷叫「赤伏符」的讖書，上面寫著：「劉秀發兵捕不道，四夷雲集龍鬪野，四七之際火為主。」㊿他的部下便根據這個符，把他擁上帝位。光武本人也深信圖讖，因此東漢初年以讖緯解經的風氣，仍不稍衰。

西漢末年，發生了一次研討古本經籍的運動。這個運動的倡導者是哀帝時的劉歆（劉向

㊽ 參看：漢書卷八五谷永傳。

㊾ 參看：漢書卷九三佞倖傳。

㊿ 見後漢書卷一上光武帝紀上。

子）。他根據若干已經發現的古本經書，另立解說，與今文家相抗衡，引起所謂「今古文之爭」。古文是以秦篆以前通行的「籀文」寫成的書籍，經人收藏，渡過秦火的刼難，而於西漢陸續發現。被發現的重要古文經書有春秋左氏傳、古文尚書、逸禮等。此外劉歆並把毛詩（漢初毛亨訓傳）列爲古文。今文是漢初因經書並無完整的古本出現，全憑秦代學者的傳述，以當時流行的文字（隸書）紀錄而成的書。漢代五經博士，研究的皆是今文經書。劉歆不但提倡研究古文經書，並主張設置左氏春秋、古文尚書、逸禮及毛詩博士，大爲當時今文家所反對，立學官的事，終告失敗。直到王莽時，才爲上述四種古文經傳設立博士。

東漢時代的學官，仍爲今文；古文各家，始終未置博士。但民間研究古文經傳之風大盛，學者輩出。諸如明帝時的賈逵，桓帝時的馬融，都以治古文名家。而馬融的弟子鄭玄，遍注諸經，以古文經爲本，兼採今文經說，成爲一代大師。古文家的特點有二：一是以考證爲先務，即以漢代通行的語言文字，考證秦以前的語言文字。二是兼習衆經，不分今古，並究及緯書。因爲既講求考證，即須兼習諸經；如專習一經，或墨守一家的師說，即無需訓詁。因此東漢儒家的學風，爲之丕變，研究經書的領域，也較前大爲擴展。但因專門講求考證而忽略思想，到東漢末年，儒學已成爲無靈魂的空架；知識界幾成一片眞空，佛學所以能乘虛而入，與此大有關係。

自西漢末年讖緯之學興，儒家思想已爲迷信所籠罩，變得迷離惝恍。儒學似乎專爲野心家如王莽之流躍登皇位而設，別無一用。前面說過，法家早於成帝末年衰落。哀平之際，政事雖已漸紊，尚有前代的舊法可循。到王莽成立新朝，亟圖改制，但西漢的法治精神，至此已蕩然無存。當時儒學雖盛，即武帝以後流行的「以春秋決獄」故事亦不可復見。惟知議論典章，連年不絕；而郡縣首長，卻多虛懸，甚至官吏不予餉給，一任其侵漁百姓。這樣的政權，焉有不亡之理？東漢光武帝及明帝雖也崇儒，但講求法治，未始不由於王莽失敗的刺激。

七　法家的儒化

先秦時代的法家，以儒家爲破壞法治的主力之一。故韓非子以爲「儒以文亂法」，力加排斥；及秦統一，李斯更有坑儒之議。法儒之不並立，可以概見。武帝爲尚法之主，但因漢人以亡秦引爲深戒，不敢純襲秦法，遂一面又提倡儒術。儒家既興，儒生頗有任法吏者。他們常用經書古義來判決大案，侈談「誅心」之論，形成「以春秋斷獄」的風氣。例如元狩元年（前一二二年），董仲舒弟子呂步舒奉命查辦淮南王謀反案，即以春秋之義判定其各種罪名。㉑類此的事，不止一端。由於漢代儒學與陰陽家合流，法家的思想理論，也沾染了不少儒家及陰陽家的色彩。例如漢代決囚多在孟冬，春月不能行刑，這種司法行爲須應於天時的原理，便與陰陽家有關。又如學者論法，多主以德爲主，以刑爲輔。西漢初年，即常有此論調。到東漢，更促成了法家的儒化。㉒

㉑ 參看：漢書卷八十八儒林傳胡毋生傳；漢代學術史略頁一〇八至一一一（啓業書局）。

㉒ 參看：楊鴻烈：中國法律思想史頁六至一九及頁二七至三八（商務印書館）。

東漢光武帝提倡儒學，並表彰節行。明、章二帝繼之，儒學大興。六十年間，政治淳美，蔚爲盛世。章帝以後，政治漸衰，但儒家的盛況不減。到桓靈時代，政治益壞。而不少士大夫以名節相尚，潔己修身，不畏强禦，未嘗不是提倡儒學的績效。雖然如此，漢室中央仍保存了濃厚的陰陽家思想，讖緯之風，始終未除。東漢一代三公因災異而遭罷免的，遠較西漢爲多，這種現象，尤以東漢末年爲甚。

光武爲政，雖以保守恬退爲原則，但崇尚法治。明帝用法，更爲嚴厲。如楚王英（光武子）以謀反被廢自殺，爲這件事牽連而被處死或流徙的，便有數千人。[63]章帝即位後，因陳寵的建議，減省刑罰，政風日趨寬厚。陳寵出身於法學世家，其曾祖父咸，成哀時以精律令爲尚書。父躬，於光武初年爲廷尉。寵明習家業，明帝時曾爲司徒府辭曹，掌天下獄訟。章帝初，寵任尚書。當時承明帝餘風，吏政猶尚嚴切。寵認爲帝新即位，應改前世苛俗，乃上疏章帝云：「……詩云『不剛不柔，布政優優。』方今聖德充塞，假於上下。宜隆先王之道，蕩滌煩苛之法；輕薄箠楚，以濟羣生；全廣至德，以奉天心。」章帝採納寵議，除去慘苛法律五十餘條，並禁絕鉆鑽等酷刑。[64]陳寵以法學名家，而上書稱引先王，主張蕩滌苛法，幾失去法家的眞面目，可見其受儒家影響之深。他的行事，也是東漢法家儒化的明證。

章帝的簡省刑罰，歷代史書皆稱善擧，但究其事實，却也發生極大的流弊，其影響更遠

[63] 參看：後漢書卷二明帝紀。

[64] 參看：後漢書卷四六陳寵傳。

及於漢末。章帝秉性仁柔，本應以嚴法濟之，既從寬典，遂至貴戚驕横，目無法紀。如外戚竇憲，以賤價奪取沁水公主（明帝女）田園，公主畏其勢不敢與較。章帝雖曾以此事嚴斥竇憲，但終未置之於法。⑥⑤光武明帝兩朝所培養的法治精神，至此再度廢弛。其後直至桓靈時代，漢政始終未走上法治之途，儒學雖盛，亦無補於國事，直至漢帝國瓦解而後已。

和帝以後，政治漸紊，外戚宦官，更迭擅權，每次政權的轉移，必發生流血事件。他們率多違法干犯，視刑典如無物。至於若干「酷吏」，雖用法慘酷，但大都是外戚宦官的鷹犬，只能施其荼毒於正人君子而已。其間雖有明達之士，主張法治，但徒託空言，不爲漢室所採納。桓帝時的崔寔，著「政論」數十條，力主嚴刑，而譏俗儒的迷信德教。他認爲「孝宣皇帝明於君人之道，審於爲政之理，故嚴刑峻法，破姦軌之膽，海內清肅，天下密如。……元帝即位，多行寬政，卒以墮損，威權始奪，遂爲漢室基禍之主。」又云：「爲國之法，有似理身，平則教養，急則攻焉。夫刑罰者，治亂之藥石也；德教者，興平之粱肉也。夫以德教除殘，是以粱肉理疾也；以刑罰理平，是以藥石供養也。」⑥⑥崔寔論政，雖尚嚴法，但也承認儒學的價値，只是認爲德教無以除殘，這是法家儒化的又一例。

法家的儒化，使東漢政治趨於迂緩，喪失西漢盛時發揚蹈厲的政治精神。加以君主大多爲童昏之流，母后干政，任用非人，執法不公，政治益趨敗壞。桓靈時代，朝中的若干名士

⑥⑤ 參看：後漢書卷二三竇憲傳。

⑥⑥ 參看：後漢書卷五二崔寔傳。

和太學生聯合，與宦官抗衡，至死不屈，造成兩次黨錮之禍，善類一空，可以說是儒學價値具體的表現。但此類貞士，爲數不過七八百人。而大多數的儒家朝臣，爲保固名位，甘爲宦官的奴僕，恬不知恥，寧坐視國家的危亡，而不肯放棄其身一朝的富貴。這種現象，與東漢末年選舉制度的破壞有關，當時的獲選者，多爲權貴的子弟或謬有虛聲名實不符的浮華少年，因此貞士少而庸劣者多。

獻帝時，曹操當國，他可以說是東漢儒家政治的反動者。他用法尙嚴，曾復三族之罪，並欲恢復肉刑。[67]他曾於建安十五、十九及二十二年三次下令，公言選用官吏，只問才能，不問德行。他於二十二年（二一七年）的令中說：「或堪爲將守，負汚辱之名，見笑之行；或不仁不孝，而有治國用兵之術者；其各擧所知，勿有所遺！」[68]他的話，可以說是對當時儒學的一種猛烈攻擊。他以優越的軍事才能，掃滅羣雄，統一北方。更以法家的手段，使州郡治理，民困復蘇。但他最後走上簒奪之路，不特使漢室滅亡，江山易主；更摧毀了業已衰落的儒學，把中國的學術思想，引入另一個新的境界。

原載食貨復刊五卷十期，六十五年一月

[67] 參看：三國志卷二二陳羣傳。
[68] 參看：三國志卷一魏武帝紀。

漢代的山東與山西

一 東西地域觀念的成立

漢代的「山東」「山西」，又稱「關東」「關西」，乃是指華山和函谷關東西之地。山東主要包括今河北、河南、山東、山西、江蘇、安徽、以及湖南、湖北諸省；山西主要包括今陝西、甘肅、四川三省。這兩個地區，從商周時期起，在種族及文化上即截然不同。但國人的東西地域觀念的成立，却晚在戰國後期。

這裏所說的地域觀念，是就整個中國而言，而不是局部性的。在戰國後期以前，國人的地域觀念有些模糊。例如中庸第十章說：「子曰：寬柔以敎，不報無道，南方之強也，君子居之。衽金革，死而無厭，北方之強也，而強者居之。」文中所謂的北和南，究指何地或何國，無法確定。但可斷言，「北」必不是指赤狄、白狄，「南」必不是指吳、越或楚。因為孔子素來卑視夷狄，不會以「强者」視之；對吳越等國也不會如此推崇，而稱之為「君子」。愚見以為「北」可能指燕、晉，南可能推魯、宋。如果這個看法不錯，則孔子所謂的南和北，也只是局部性的。此外孟子說：「湯始征，自葛載；十一征而無敵於天下。東面而征，西夷怨；南面而征，北狄怨。」（卷三滕文公下）孟子所謂的東西南北，全是指異族而言，與中國本身無關。

戰國後期，秦國崛興，東向拓地。山西之地，自成一獨立區域，與山東諸國相對峙。蘇秦倡合從，六國相互連結，西向拒秦，於是東西對峙的局勢，愈趨明顯。自蘇秦起，山東、關東諸詞，常出於當時的謀臣策士之口。戰國策及史記，載之甚詳，茲舉數例如下：

㈠秦惠王謂寒泉子曰：「蘇秦欺寡人，欲以一人之智，反覆東山之君，從以欺秦。（注：東山，山東。）」（戰國策卷三，秦一）

㈡蘇秦從燕之趙，始合從，說趙王曰：「…六國並力為一，西面而攻秦，秦破必矣！…六國從親以擯秦，秦必不敢出兵於函谷以害山東矣！」（戰國策卷十九，趙二）

㈢張儀為秦連橫，說趙王曰：「大王收率天下以擯秦，秦兵不敢出函谷關十五年矣！大王之威，行於天下山東。」（戰國策卷十九，趙二）

㈣范雎曰：「…今反閉而不敢窺兵於山東者，是穰侯為國謀不忠，而大王之計有所失也。」（戰國策卷五，秦三）

㈤李斯因以得說，說秦王曰：「…自秦孝公以來，周室卑微，諸侯相兼，關東為六國；秦之乘勝役諸侯，蓋六世矣！」（史記卷八十七李斯列傳）

據以上引文，「山東」或「關東」的界劃甚明，其範圍乃當時中國的東半。在此範圍中的諸侯國，則以齊、楚、燕、韓、趙、魏六國爲代表。此六國雖然也自相殘殺，但都反西方的秦，有時也連合在一起抗拒秦人的侵略。山西和關西兩名詞，雖然到漢代纔開始爲國人普遍應用，但秦人所據的山西或關西之地，早在戰國後期已成爲一個獨立及特殊的地區，則毫無疑問。此外有人認爲山東的「山」是指太行山，例如資治通鑑今註卷三註四五云：「古言山東，皆指太行山以東。」這種說法，值得商榷。前面所引蘇秦說趙王的話：「六國從親以擯秦，秦必不敢出兵於函谷以害山東矣！」可知山東指函谷關以東，而非太行山以東。

二　山東山西兩地區的文化淵源及其特色

山東、山西兩地區，在戰國後期以前，其界劃雖尚不明顯，但兩地區的文化淵源，實迥然不同。自商周時起，山東的文化水準，即高出山西甚多。

大體說來，關東文化代表諸夏文化，而關西代表戎狄文化。諸夏文化在殷商時已進入農業社會，諸夏國家已有城郭宮室的建設，並有一套相當完整的政治制度。戎狄文化不盡是游牧社會，也有部分農業，但大部猶未脫離漁獵或畜牧的生活方式。其人民大都穴居野處，談不上宮室城郭和完整的政治制度。雖然這些地方日後漸有改進，那是吸收關東諸夏文化的結果。此外，戎狄文化是比較尚武的，這是環境使然。而諸夏文化則因物質環境的優越，其精神漸趨文弱萎靡。例如君主（如紂）的廣宮室以自娛，而酗酒也普遍成爲商人的積習。

周人立國於戎狄之中，其祖先古公亶父居豳，猶穴地而居。其後因避狄人之亂，遷居岐山之下，始營宮室。自古公起，開始與商人往來，而為商的諸侯之一。古公子季歷、季歷子昌，皆曾受商命為「西伯」，意即西方諸侯之長。自周人與商人有往來後，對商的文化，盡量吸收。季歷和昌都曾與商朝聯姻，這事無疑大為促進周人的商化。從古代遺留的文字篇籍看來，周人和商人用的同是一種語言文字；生活習慣以及若干器物的形制，也大都相同，這當是周人商化的結果。

周武王伐紂的軍隊，其中含有不少西北西南的土族。周的滅商，也大致可以說是戎狄文化征服了諸夏文化。但前者不久與後者同化，在萎靡文弱的諸夏文化中，注入了勇敢進取的戎狄精神，遂能建立一個偉大綿長的帝國。周人承繼了諸夏文化而發揚廣大之，達到「郁郁乎文」的程度。但久而久之，諸夏文化的弱點，又告產生。

西周都鎬，仍是居於戎狄之中。末年因政治不修，幽王為犬戎追殺於驪山之下。平王東都雒邑後，關西地區歸於秦國。春秋時，秦穆公東向稱霸未遂，乃改變方針，盡力西向發展。結果滅國十二，闢地千里，成為西戎的霸主。穆公以後的二百年，秦採閉關政策，與山東諸國，不相往來。山東諸侯，對秦也非常輕視，因此直到戰國中期，諸侯對秦，仍「戎狄遇之」。

戰國時期，山東地區由於商業興起，經濟水準提高，學術亦隨之大盛。儒、道、墨、法、陰陽諸學派，勃興於山東地區的齊、魯、宋、楚、韓、趙、魏等諸國，而秦國則一無所有。至秦孝公變法，下詔求賢，專用三晉法家，視其他各學派為異端，竭力擯斥。孝公以後的各君主，莫不亦步亦趨，惟法家是尚，由是國富兵強，關東諸國，無法與之抗衡。僅莊襄王時及秦王政初年，呂不韋當國，意欲大量吸收山東文化，但爲時不久，這種風氣即因呂的獲罪及自殺而停滯。最後秦王政借三晉法家之力，削平六國，創造出亙古未有的大一統的政治局面。秦人的所向無敵，是在以法家的手段，整飭駕馭其固有的戎狄文化，使秦人勇敢進取的精神及行動，發揮到極致。以是戰無不勝，終一天下。

秦始皇統一後，一方面將山東的豪傑及財富，大量移至山西；另一方面在山東地區推行山西化，終至發生焚書坑儒的慘劇。但秦統一爲時甚暫，始皇的工作並沒有做得徹底，即告崩逝。至二世，山東地區六國的後裔及人民，紛起抗秦，再度形成戰國後期山東、山西對立的局面。直到漢代，山西仍是一特殊地區，在文化上與山東地區截然不同。

三　山東出相與山西出將

劉邦推翻秦朝後，建立漢朝，定都於長安。他起兵時，部下全是山東人，他們以從龍之彥，高踞政治要津，形成功臣集團。他們所交結援引的，當然仍以同鄉爲主。秦人是被征服者，自然談不到政治機會的平等，所以地域關係扼殺了山西人的政治生命。

從劉邦到景帝，漢朝的丞相，凡有籍貫可考者，無一不是山東人士。武帝用人，以不拘一格見稱，但他在位時所用的十三位丞相中，只有田蚡、李蔡、公孫賀三人是山西人。武帝以後，儒學興起，丞相多出身儒生，漢書卷八一匡張孔馬傳：

> 贊曰：「自孝武興學，公孫弘以儒相。其後蔡義、韋賢、（韋）玄武、匡衡、張禹、翟方進、孔光、平當及當子晏，咸以儒宗，居宰相位。眼儒衣冠，傳先王語，

> 其謳藉可也。」

武帝以後，直至西漢末年，丞相前後凡二十人，其隸籍於山東者，多達十五人。至於西漢諸朝的外戚，其聲勢煊赫者如呂、竇、衞、霍、史、傅、王諸氏，也無一不是山東人。

西漢初年的軍界，更以山東人爲主體。漢初非軍功不能封侯，故功臣集團份子，大都飽經戰陣。甚至有時一人可兼將相，如王陵、周勃、灌嬰等，莫不如此。既然將相皆爲山東人包辦，山西人在政治上無疑是屈居劣勢。

漢初，山西人獵取功名的唯一出路，是良家子的從軍，但當時充其量不過是中下級幹部。文帝時，功臣集團份子年紀已老，到景帝時則全部死光。景帝時的丞相，多半由功臣子弟或外戚充任，其中除周亞夫、竇嬰資兼文武外，其餘多碌碌不足道。武帝時，出將入相的人選，已不可得，因此軍政文武不能不顯然分途。武帝準備討伐匈奴，發動大規模的戰爭，而山東淮泗軍人的後裔，既已無人可應戰陣，於是大批善戰的山西軍人，遂乘時而起。他們因地域關係，久受屏抑，在漢初一直被冷落了五六十年，至此纔有發展事業的機會。漢書二十八地理志下二：

> 漢興，六郡（注師古曰：六郡謂隴西、天水、安定、北地、上郡、西河。）良家子選給羽林、期門，以材力爲官，名將多出焉。

這裏所說的「名將多出」，是指景帝以後的事。

漢代關西人的善戰，實繼承秦國尚武的餘風。漢書六十九趙充國辛武賢傳：

> 贊曰：「秦漢已來，山東出相，山西出將。（同書二十八地理志下二補注，錢坫

曰：所謂『山西出將，山東出相』者，以華山爲界也。）秦時，將軍白起，郿人；王翦，頻陽人。漢興，郁郅王圍、甘延壽，義渠公孫賀、傅介子，成紀李廣、李蔡，杜陵蘇建、蘇武，上邽上官桀、趙充國，襄武廉褒，狄道辛武賢、（辛）慶忌，皆以勇武顯聞，蘇辛父子著節。此其可稱列者也，其餘不可勝數。何則？山西天水、隴西、安定、北地，地勢迫近羌胡，民俗修習戰備，高上勇力，鞍馬騎射。故秦詩曰：『王于興師，修我甲兵，與子偕行。』其風聲氣俗，自古而然。今之歌謠慷慨，風流猶存耳。」

班固認爲「山西」所以出將，是由於與外族接近習染武風之故，此點大致不錯。而漢興以來，山西人在政治上沒有出路，只有從軍之一途，與此也大有關係。雖然山西軍人在武帝時乘勢崛起，但事實上，他們仍然或多或少的受著漢室的壓抑。

四　西漢山東山西兩地區朝臣的衝突

漢武帝爲討伐匈奴，建立了一種獨特軍事統率系統。他以山西軍人充任主幹，擔任實際的作戰任務；而由所親信的外戚，充任最高統帥。外戚衞青、霍去病和李廣利，都曾擔任過統帥，他們都是山東人。

山西軍人多具有超人的勇力和軍事才幹。漢武一朝的對外戰績，多半由他們建立。衞青伐匈奴時，麾下的將軍凡十五人，山西人即佔十名，即：李廣、蘇建、李息、趙食其、張騫、李蔡、公孫敖、公孫賀、李沮、郭昌。山東人四名，即荀彘、張次公、曹襄、韓說。匈奴的降人一名，即趙信。從這個名單看來，當時的武將，不但以山西人居多，而其中勇敢善戰聲威素著的，也幾乎無一不是山西人。

山西軍人中以李廣聲望最高，廣爲秦將李信之後，世代爲將。他於文帝時已露頭角，文帝曾對他特加讚許。景帝時，從周亞夫擊吳楚軍，所向立功。其後他歷任邊地各郡太守，匈奴畏之，稱他爲「漢之飛將軍」，由是名滿天下。李在衞青部下爲將，衞爲人和謹知兵，但對李廣，處處表示排擠，即武帝對他也有些嫉視。這種人爲的因素，造成李廣與匈奴大小七十餘戰而終不得封侯的命運。

元狩四年伐匈奴之役，李廣因受衞青的排擠，憤而自剄。李廣的兒子李敢，本隸霍去病部下，因有憾於其父的死，擊傷衞青。其後李敢隨武帝打獵，被霍去病以冷箭射死。賴武帝爲去病掩蓋，其事得以平息。李氏與衞霍的衝突，並非單純的私人糾紛，正是外戚軍人對山西軍人的一種示威。衞青之敢於打擊李廣，分明得到武帝的支持。到武帝晚年，山西軍人李氏與外戚軍人再度發生磨擦。使漢軍對匈奴的戰役中，遭遇極大的敗創。

武帝晚年，匈奴政治中心西移，又因長期休養，國力逐漸恢復，於是全力與漢爭奪西域霸權。武帝也想再伐匈奴，他仍採過去以外戚軍人爲軍事統帥的原則，但衞、霍早已物故，因此以李廣利統軍。廣利的才具，遠在衞、霍之下，實在不能勝任討伐匈奴的統帥，但武帝仍信用他。

天漢二年，武帝命廣利率三萬騎擊匈奴，以李陵(廣孫)爲他押運輜重。李陵不願，武帝改派陵率步兵五千人分途出擊。李廣利擊匈奴右賢王於天山，斬獲萬餘級，自身前損失二萬人。史書稱此役「匈奴大圍貳師將軍（按即李廣利），幾不脫；漢兵物故十六七。」（史記卷九十四上匈奴傳）李陵出塞北行三十日，深入沙漠，與且鞮侯單于親統的十萬匈奴軍遭遇。漢軍且戰且退，斃傷匈奴萬餘人。但因無後援，於距塞百里處爲匈奴所破，李陵投降，其部下逃回漢境者僅五百人。此役對漢是一個慘重的打擊，也可以看出外戚軍人與山西軍人間的矛盾，依然存在。

李陵敗降時，朝臣司馬遷曾爲李陵辯護。認爲陵「雖陷敗，彼觀其意，且欲得其當以報漢。事已無可奈何，其所摧敗，功亦足以暴於天下。」（漢書卷六十二司馬遷傳）武帝以遷「沮貳師，爲李陵游說」（見同上），處遷腐刑，並族誅李陵家屬。遷本可不受刑，但因家貧無錢可以贖罪，又無要人爲其申理，因此造成慘劇。從這件事，可以看出武帝的袒護外戚，也多少可以看出山西軍人與外戚軍人間平時意見之深。

司馬遷所以爲李陵辯護，也與地域觀念有關。遷生龍門，亦即所謂「西河」之地，戰國中期已屬於秦。遷祖先世爲秦官，秦惠王時，司馬錯率兵伐蜀，拔而守之。遷父談，於武帝初年爲太史公。元封元年，以不能隨武帝東封泰山，悲憤而卒。談以太史公不能參與封禪大典，其遭受武帝之輕視可以想見。遷與李陵，並無深交，但兩人同爲秦人之後。李陵的祖先李信，爲秦名將，且與遷祖先司馬昌共事始皇。（參看史記卷一百三十太史公自序）遷所以奮不顧身，爲李陵辯護，地域情感，可能爲一主要原因。此乃人之常情，不能以此爲遷之過。從李陵及司馬遷事件，也可以看出山西人士政治勢力的微弱。

李氏以外的山西軍人，蘇建也是處處遭受排擠；張騫的封侯，其難亦不下於登天。李氏族滅後，山西軍人中沒有足以與外戚軍人抗衡的人物，而漢軍的戰鬪力，從此走向下坡路。征和三年，武帝遣李廣利將七萬人伐匈奴，全軍覆沒，此後漢室無力對匈奴作主動的出擊。武帝一生轟轟烈烈的開邊事業，其收場亦實在淒慘。如果沒有山西軍人與外戚軍人的衝突，結果當不至此。

武帝以後，關東地區，儒學日漸發達。關東人士，多藉經術以取高位，而守邊作戰之責，等於全讓山西軍人來擔。武帝以後，擧凡驍勇善戰，威名素著的將領，大都是山西人。如宣帝時的趙充國、辛武賢（武賢子）、傅介子，元帝時的甘延壽、段令宗等，是其著者。漢帝國也賴他們保持了後期的强盛。

五　東漢定都洛陽與東西對立局面之形成

王莽末年，光武起兵於舂陵，從龍之士，皆山東人。他即帝位後，採取保守主義。因長安遭赤眉破壞，而其地接近外族，他的部下又都是山東人，因而定都洛陽。這件事對東漢帝國的興衰，具有巨大的影響。

西漢初年，承六國分崩之餘，加以秦時郡縣制的推行，山東地區缺乏立國的重心。秦國力集中，因此山西實力最雄，而咸陽又為山西首要之地。西漢所以定都於長安，目的即是借山西的形勢，來控制全國。當時諸侯王的權力過大，而山東又是財富之區，雖時常生事，但漢室中央憑其優越的形勢，次第敉平。到武帝平淮南後，山東即告無事。西漢山東地區雖然多事，但不礙帝國的强盛。因其建都長安，一面集中全力，開發西北；一面精其甲兵，鞏固國防，並藉以鼓舞士民勇武進取的精神。遂能開疆拓土，國勢達於極盛。

洛陽不足與長安相比，因爲其地局面不廣，北阻黃河，而東、西、南三面環山，並無開拓的遠景。又因交通不便，也不適於控制全國。西漢初年，高祖欲定都洛陽，張良即加以反對。史記五五留侯世家：

> （高祖）左右大臣，皆山東人，多勸上都洛陽。……留侯曰：「洛陽雖有此固，其大小不過數百里，田地薄，四面受亂，此非用武之國也。」

其後高祖又因婁敬的勸諫，終都長安。而光武則決意定都洛陽，遠避敵寇，結果僅成自保之局。這一點是光武不及高祖的地方。

西漢都長安，以山東的財富，養山西的士馬。同時山東人歷朝遷至山西的，爲數頗巨，山東的文化，也隨著西移。以是漢帝國血脈周流，生氣蓬勃。東漢定都洛陽後，山東變成軍事、政治、經濟合一的地區，而山西則淪爲一軍事地區。東西的界線，日益分明，漸成爲兩個極其不同的文化區，而致發生偏枯的現象。最後漢室對山西逐漸放棄，而胡族乃日益進迫。東漢所以亡於山西軍閥，以及後來五胡之亂的發生，都與此有關。所以西漢之強，在於以山東的財富開發山西；東漢之衰，則在以全力專保山東。

西漢山東人的政治勢力雖大，山西人雖遭受壓抑，但因首都位於長安，漢室對山西地區甚爲重視，而山東屢次向山西移民，因此尚未形成對立的局面。光武起兵，曾受豪族大姓如陰、樊、鄧、李諸族的支持。即位後，定都洛陽，諸關東大姓隱持政柄，此輩的地域觀念特強，因此一開始漢室政府即對山西地區不予重視。移民山西的事，遂告停止。山西的人口因此日益減少，其政治勢力，也日益削弱。相反的，外族降人如匈奴人、羌人的人口及實力，日益膨脹，漸漸侵入邊塞，最後竟到達三輔之地。於是三輔一變而爲外族的殖民地，山西的地位，乃漸趨淪落。

由於羌人入塞而居，東漢初年，即有人主張放棄金城、破羌二縣以西，因馬援的反對而未果。安帝永初時，羌亂大起，山東籍貫的郡守，紛請內徙。朝臣鄧隲、龐參主張放棄涼州，以完內郡。而朝臣傅燮、王符都主力保涼州。鄧隲、龐參，皆山東人；而馬援、傅燮、王符皆山西人。當時，朝臣多抱山東本位主義，認爲山西無足輕重，爲避敵遠寇及節省軍費，竟率爾主張放棄涼州重鎮。可見他們對山西的輕視，同時也招致山西人的不滿。

東漢皇室，尊崇儒術，以文治國。山東的經學，在西漢時已盛，到東漢而益甚。在朝則博士弟子員日益增加，民間則儒業普遍發展。山西在人文上既居劣勢，而政府又加以輕視，因此山東儒學特別發達，山西無法抗衡。山西地區的有志之士，惟有以軍功自奮。又以人民與外族雜居及經常戰爭的關係，因而習染胡人尚武之風。到漢末，山東、山西兩地區，在民風上竟成兩個世界。後漢書七十鄭太傳述鄭說董卓曰：

> 今山東合謀，州郡連結，人庶相動，非不強盛。然光武以來，中國無警，百姓優逸，忘戰日久。仲尼有言：「不教人戰，是謂棄之。」其衆雖多，不能爲害。……山東之士，素乏精悍，未有孟賁之勇，慶忌之捷。……關西諸郡，頗習兵事。自頃以來，數與羌戰，婦女猶戴戟操戈，挾弓負矢，況其壯勇之士，以當妄戰之人乎！且天下強勇，百姓所畏者，有并涼之人及匈奴屠各、義從西羌八種。而明公擁之，

以為爪牙，譬驅虎兕以赴犬羊也。

從引文可以看出，東漢末年山東山西已形成兩個截然不同的文化區。前者尚文，後者尚武，並因此而造成對立的局面。一個國家，其內部竟有如此兩個極端相違的社會形態存在，自然會發生亂事。

六　山西軍閥與東漢滅亡

西漢行徵兵，制度完善。東漢光武初，值水旱為災，中原殘破，因而力圖省吏減賦，與民休息。他以國家現有精勇士兵甚多，下詔罷除內地「都試」，亦即廢除內地各郡役男每年例行的檢閱及演習。百姓雖仍有隨時應召當兵的義務，但平時沒有受軍事訓練的機會，因此士兵素質大為降低。此外每郡專管兵役的郡都尉也因省費而罷，各郡的役政，乃陷於停頓狀態。

東漢初年，漢廷所依賴的兵力，主要為「屯兵」，亦即職業軍人。他們大都是光武舊部，綠林豪俠和投效的豪族部曲，其能征慣戰，自無疑問。但勇悍的人，也會衰老，因此政府不能不以募兵來隨時補充。內郡徵兵機構，既已撤消，臨時徵兵遠不如招募方便，因此每遇有事，便行募兵。徵兵的事，遂愈來愈少。到末年，人民似已不知兵役為何物。

由於東漢政府提倡儒學，人民風從，假經術以取高位，對兵事自然厭棄。這種現象，以人口最多的山東地區最為顯著。人民既厭惡從軍，募兵的數目乃時感不足。而自漢武以後，各種降胡，聚集於近塞或塞內，他們仍保持其原有的勇悍習俗，於是漢廷又招募胡人為兵。

招募的胡人，大都用來守邊或以之攻伐不順的外族。光武時，匈奴南單于投降，光武移之於塞內，命其捍衞邊疆，兼拒北匈奴及鮮卑。終東漢之世，除南匈奴外，尙有大批投降的鮮卑、烏桓、羌，爲政府招募爲兵。漢採「以夷制夷」的政策，用這些降胡從事對外的戰爭，他們最後竟成爲中國軍隊的主力。這種現象，較諸西漢國人的雄風，相去何遠！它已顯露出漢人尙武精神的沒落以及漢帝國的危機。

東漢的傑出軍人，仍以山西軍人佔絕大多數。光武起兵時，相從的武將，率皆山東之士，但才具特出者不多。惟有山西籍的馬援（扶風人），有古名將之風。他曾北拒羌胡，南定交趾，功業彪炳。最後率兵討伐武陵蠻夷，病死於前線，完成其「馬革裹屍」的壯志。但在他生前死後，仍遭受山東軍人的仇視和光武的猜疑。光武以後，山東軍人大半凋謝，山西軍人乃代之而興。明、章、和三代的武功，泰半由他們建立。明帝時，竇固伐北匈奴於天山，擊走匈奴呼衍王，取伊吾盧地，爲東漢討伐匈奴的空前盛舉。班超出使西域，以三十六人平鄯善，與漢隔絕六十五年的西域，至是復通。其後班鎭撫西域達三十年。和帝時，竇憲兩伐北匈奴，出塞三千里，深入沙漠，匈奴降者四十餘萬，並於燕然山勒石紀功，致使匈奴北庭，爲之空虛。這些都是山西人所立的功勳。

和帝後，羌人連次叛變，禍亂熾盛。羌人的勢力，並不能與西漢初期的匈奴相比。但因漢廷輕視西北，屢思放棄，加以兵制不善，遂至其禍歷久不息。東漢後期的山西，軍事人才益盛，諸如皇甫規、張奐、段熲、皇甫嵩等，均爲傑出的將才。他們見朝事已無可爲，惟有擁兵自奮於邊疆，以求取功名。因此破羌的大任，便落在他們的身上。規、奐、熲三人皆伐羌名將，嵩則是討平黃巾賊的元勳。伐羌之役，段熲之功最大。他於桓靈二帝之時，與羌人前後一百八十戰，斬首至百萬級，用錢八十餘億。羌禍雖歇，而漢力亦疲。

由於東漢中葉以後，羌人屢次爲患，政府不得不派大軍長期戍守西邊各郡。這些軍隊，因經常與羌人作戰，戰力特強，與民不知兵的山東，恰成一顯明的對照。而募兵制又最易造成軍閥，因此東漢末年，涼州產生了不少軍閥。像皇甫規、張奐、段熲諸人，雖然也是軍閥，但他們尙知聽從政府的命令。到靈獻之際，涼州軍閥董卓崛起，跋扈鴟張，視朝廷如無物。最後他以涼州兵進入洛陽，宰制朝廷，與山東的起兵者，發生全面的內戰。董卓以抵禦羌人起家，他所統的涼州兵，並非全是漢人，其中尙雜有不少投降的匈奴和羌人，其精銳爲天下所畏。東漢帝國的命運，便斷送在董卓和他的胡漢兵團的手上。

西漢時期，山西的武力與山東的經濟文化相配合，造成全盛之局。到東漢，定都洛陽，山東人的聰明志氣，至此停滯而無從發揮。他們輕視山西，視同化外，漸漸加以遺忘。山西得不到山東經濟的支持和文化的滋潤，社會日趨衰落。但山東的經濟文化，最後却遭到山西武力的嚴重破壞。東漢帝國的根本在山東，山東的經濟文化既然遭受破壞，整個帝國的基礎發生動搖，自然難逃亂亡的命運。

原載食貨復刊六卷九期，六十五年十二月

孫吳與山越之開發

一

三國之世，與孫吳作長期鬬爭之異族有三：一爲交州之「南越」，一爲荆州西部之「武陵蠻夷」，一爲揚州之「山越」。前二者遠處邊陲，爲害尙小；獨山越居腹心之地，爲孫吳大患。自孫策渡江（西元一九五年）至孫權赤烏五年（西元二四二年），爲亂幾達五十年，予孫吳對外以莫大牽制。三國志六十賀全呂周鍾離傳：

評曰：山越好爲叛亂，難安易動。是以孫權不遑外禦，卑辭魏氏。凡此諸臣，皆克寧內難，綏靜邦域者也。

又同書四十五孫權傳：

黃武元年，……時揚越蠻夷，多未平集，內難未弭。故權卑辭上書，求自改勵，若罪在難除，必不見置，當奉還土地民人，乞寄命交州，以終餘年。

又同書五十七張溫傳：

以輔義中郎將使蜀，權謂溫曰：「卿不宜遠出，恐諸葛孔明不知吾所以與曹氏通意，以故屈卿行。若山越都除，便欲大構於蜀，行人之義，受命不受辭也。」

以孫權之英雄，如無內憂，何至老死江表，屈膝於曹氏之豚兒！後人每以此罪權，蓋不明當時山越叛亂之嚴重性也。

山越盤據之地，根據三國志之片斷記載，散佈廣至九郡，即吳、丹陽、會稽、鄱陽、豫章、新都、東陽、東安、建安九郡。其大致範圍即今北至長江，東至沿海，西至贛江西岸，南至閩江之長方形地帶。包括今日江蘇、安徽、江西、福建四省之一部，浙江省之全部。此地帶中之山地，如今日皖南之黃山，浙江之天目山、會稽山、括蒼山、仙霞嶺，福建之武夷山，浙贛交界之懷玉山，以及江西之九嶺山，大都為山越出沒之地。尤以丹陽郡南部山地（即今皖南及錢塘江以西山地）之山越，為禍最烈。其叛亂時間之長，次數之多，規模之大，均為其他諸郡所不及。

二

三國志對山越之記載，至為簡略。與前代異族，毫無銜接之跡象。故其來源，已不可考。孫吳九郡，大部為春秋時越國之領土，所謂「文身斷髮，披草萊而邑焉。」（史記越王句踐世家）。秦末，吳中子弟之英勇，舉世震駭，於項羽之橫行天下，可以見之。漢初，會稽人亦以「輕悍」著稱（見史記吳王列濞傳）。其時居於今日福州一帶之閩越，溫州一帶之東越諸部落，均受漢封爲王，處於獨立狀態，故劉濞造反，閩越可以不從。據此，山越之來源雖不可考，然孫吳東南九郡之民風習俗，自古不同於中原，固可知也。至漢武帝時，更有徙東越閩越之民處江淮間事。漢書五十九兩粵傳：

元封元年冬，……於是天子曰：「東越陿多阻，閩越數反覆，詔軍吏皆將其民徙處江淮之間。」東越地遂虛。

以常理推之，「東越地遂虛」一語，殆不可能。然武帝對此地帶之視如棄地，不欲聞問之態度，則甚顯然。故兩漢時，東南雖設郡縣，但對山地居民之教育及管理，均未措意。至東漢末年，乃有所謂「山民」者，依阻山險，自成聚落，與平地居民，老死不相往來。後漢書七十六劉寵傳（寵，桓帝時人）：

拜會稽太守，山民朴愿，乃有白首不入市井者。

此等山民，時人又稱之爲山越。漢靈帝時，即曾發生叛亂。後漢書八靈帝紀：

（建寧二年）九月，丹陽山越賊圍太守陳夤，夤擊破之。

此種現象之造成，與漢朝之忽視東南，不能說無關係也。

山越之生活情形，與漢人迥異，吳人蓋以異族視之。三國志六十四諸葛恪傳：

衆議咸以丹陽地勢險阻，與吳郡、會稽、新都、鄱陽四郡鄰接，周旋數千里，山谷萬重。其幽邃民人，未嘗入城邑，對長吏，皆仗兵野逸，白首於林莽。逋亡宿惡，咸共逃竄。山出銅鐵，自鑄甲兵。俗好武習戰，高尚氣力，其升山赴險，抵突叢棘，若魚之走淵，猿狖之騰木也。時觀間隙，出為寇盜，每致兵征伐，尋其窟藏，其戰則蠭至，敗則鳥竄。自前世以來，不能羈也。

又云：

權嘉其功，遣尚書僕射薛綜勞軍。綜先移恪等曰：「山越恃阻，不賓歷世，緩則首鼠，急則狼顧。皇帝赫然，命將西征。神策內授，武師外震，兵不染鍔，甲不沾汗，元惡旣梟，種黨歸義。蕩滌山藪，獻戎十萬，野無遺寇，邑罔殘姦。」

此爲三國志關於山越生活情形僅有之介紹，據此可知山越類皆山居，與平地隔絕，其所以善於「升山赴險，抵突叢棘」者，即長久山居之結果。恪傳又言其能自鑄甲兵，則其文化程度，亦不甚低。又謂「自前世以來，不能羈也」，「山越恃阻，不賓歷世」，則山越至少在東漢，已自成集團，不受政府之管轄。此外就「種黨歸義」，「獻戎十萬」，「逋亡宿惡，咸共逃竄」等句觀之，可知吳人視山越爲異族，而山越內部，且藏有若干漢人也。

三

山越之爲害孫吳，除通常如諸葛恪傳所謂「時觀閒隙，出爲寇盜」外，有時其舉動且含有濃厚之政治意味。魏蜀吳三國經常以鼓動敵後異族或地方勢力之叛亂爲制敵之慣技。如孫權之聯絡公孫淵，武陵蠻夷之響應劉備，均此類也。山越則時受曹魏之利用，乘機叛亂，而叛亂之直接領導者，亦多係漢人。三國志六十賀齊傳：

（建安）二十一年，鄱陽民尤突受曹公印綬，化民為賊。陵陽、始安、涇縣皆與突應。

同書五十八陸遜傳：

會丹陽賊帥費棧，受曹公印綬，扇動山越，為作內應。

又同書六十周魴傳：

以魴為鄱陽太守，……被命密求山中舊族名帥為北敵所聞知者，令譎挑魏大司馬揚州牧曹休。

齊傳謂陵陽、涇縣、始安為「丹陽三縣」。按陵陽（今安徽石埭縣西北）、涇縣（今安徽涇縣）均屬吳丹陽郡，為山越出沒之地；始安不屬丹陽郡，恐係始新之誤。就「鄱陽民」三字看來，尤突當為漢人，而響應其叛亂者，則為山越地帶。費棧之以漢人煽動山越，更屬無疑。至周魴被命以山越為反間諜工作者，可知曹魏之教唆山越反吳，非一次矣。

此外吳國之頑劣地方官吏，亦有挾山越自重而為奸利者。三國志六十賀齊傳：

賀齊，字公苗，會稽山陰人也。少為郡吏，守剡長。縣吏斯從，輕俠為奸，齊欲治之。主簿諫曰：「從，縣大族，山越所附，今日治之，明日寇至。」齊大怒，便立斬從。從族黨遂相糾合，衆千餘人，舉兵攻縣。齊率吏民開城門突擊，大破之，威震山越。

此漢人利用山越之又一例也。

四

東吳之討治山越，可分三期。

第一期自興平二年（西元一九五年）孫策渡江始，至建安五年（西元二〇〇年）孫策被刺止。此期中對山越之討治，以丹陽郡南部地區爲主。孫策自歷陽（今安徽和縣）渡江後，所遭遇之敵人，不過劉繇、王朗、華歆一般腐儒，其勢不啻摧枯拉朽，故吳會諸郡，迅速底定。而於此期中與孫策作激烈之鬪爭者，反爲無軍事政治組織之丹陽郡南部之山越。孫策渡江前依其舅丹陽太守吳景時，即曾討伐涇縣山賊祖郎（三國志五十孫破虜吳夫人傳）。及至興平三年渡江，吳郡太守劉繇，敗奔豫章，繇部將太史慈奔涇縣，連絡山越以抗策。三國志四十九太史慈傳：

> 慈當與繇俱奔豫章，而遁於蕪湖，亡入山中，稱丹陽太守。是時策已平定宣城以東，惟涇以西六縣未服，慈因進住涇縣，立屯府，大為山越所附。策躬自攻討，遂見囚執。

其後策爲鞏固根本，又繼續進討涇河以西之六縣山賊。三國志五十五周泰傳：

> 策討六縣山賊，權住宣城。使士自衛，不能千人，意尚忽略，不治圍落。而山賊數千卒至，權始得上馬，而賊鋒刃已交於左右，或斫中馬鞍，衆莫能自定。惟泰奮激，投身衞權，膽氣倍人。左右由泰，並能就戰。賊既解散，身被十二創，良久乃蘇。是日無泰，權幾危殆。

宣城乃六縣後方，而賊能卒至，其飄忽矯健，可想而知。孫策討治丹陽山越，以時間短暫，未著大效。故孫權時叛亂迭起，仍須屢作大規模之討伐。三國志策傳云策於建安五年曹操袁紹官渡相拒之時，「陰欲襲許迎漢帝」。此說極不可信，晉人孫盛，固已疑之。（見策傳裴註）按諸當日形勢，孫策必無此力也。

第二期自建安五年孫權繼領江東始，至建安十三年（西元二〇八年）春江夏太守黃祖破滅止。此期主要爲討伐鄱陽、豫章二郡山寇。權初繼兄位時，地僅五郡，情況危急。三國志四十七孫權傳：

（建安）五年，策薨，以事授權。……是時惟有會稽、吳郡、丹陽、豫章、廬陵，然深險之地，猶未盡從。而天下英豪，布在州郡，賓旅寄寓之士，以安危去就為意，未有君臣之固。張昭、周瑜等謂權可與共成大業，故委心而服事焉。曹公表權為討虜將軍，領會稽太守，屯吳。使丞之郡，行文書事。待張昭以師傅之禮，而周瑜、程普、呂範等為將率。招延俊秀，聘求名士，魯肅、諸葛瑾等始為賓客，分部諸將，鎮撫山越。

文中謂「深險之地，猶未盡從」，又謂「分部諸將，鎮撫山越」，可知山越之不賓，實爲造成當日危急情況之主因之一。惟賴權選賢任能，得以粗定耳。

時江夏太守黃祖，據上游之勢（祖治西陵，今湖北黃岡縣西北），與權有殺父之仇。故權俟江東粗安，即麾師西征，此舉實爲爭此形勝之地，以爲安內攘外之資，非徒爲復父仇也。黃祖昏耄，本不堪一擊，惟鄱陽、豫章、會稽一帶山越，乘時而起。會稽爲東吳後方，鄱豫二郡更爲孫權進軍必經之地，受此牽制，遂使建安八年（西元二〇三年）討黃之役，功虧一簣。三國志孫權傳：

> 八年，權西伐黃祖，破其舟軍，惟城未克。而山寇復動，還過豫章，使呂範平鄱陽會稽，程普討樂安，太史慈領海昏，韓當、周泰、呂蒙等為劇縣令長。

孫權於討黃班師後，一時名將，俱用於討治山越，使黃祖得以苟延殘喘，達五年之久，則山越固孫吳之大敵也。建安十年，復命賀齊討鄱陽郡。三國志孫權傳：

> 十年，使賀齊討上饒，分為建平縣。

建安十三年春，孫權破殺黃祖。此事為東吳興亡關鍵。蓋江夏為江東屏障，孫權用以保固根本，拒敵境外。故赤壁之戰，東南無警；而黃祖既梟，權無西顧之憂，乃得一意整頓內部也。

自黃祖破滅至赤烏五年（西元二四二年）鍾離牧討平新都建安郡山民，為第三期。此期仍以討治丹陽郡山越為主。丹陽郡山越，最為強大，孫策伐之，不過稍殺其勢。其後因孫權銳意西進，未能全力驅除，故建安十三年前後，其勢復熾。權遂命賀齊討黟（今安徽黟縣）歙（今安徽歙縣），且分縣立郡，以便治理。丹陽郡山越之一部，遂得平定。三國志孫權傳：

> 十三年，……是歲使賀齊討黟歙，分歙為始新、新定，以六縣為新都郡。

同書六十賀齊傳：

> 齊復表分歙為新定、黎陽、休陽，並黟、歙凡六縣，權遂割為新都郡。齊為太守，立府於始新，加偏將軍。

建安二十一年，又有丹陽三縣響應鄱陽叛民尤突之事，為賀齊、陸遜討平。三國志六十賀齊傳：

齊與陸遜討破突，斬首數千，餘黨震服，丹陽三縣皆降，料得精兵八千人。

其後又有丹陽賊帥費棧之亂，陸遜討平之。以山越補充兵員，亦遜所倡議。同書五十八陸遜傳：

鄱陽賊帥尤突作亂，復往討之，拜定威校尉，屯軍利浦。……遜建議曰：「方今英雄棋峙，豺狼闚望，克敵寧亂，非衆不濟。而山寇舊惡，依阻深地，腹心未平，難以遠圖，可大部伍，求其精銳。」權納其策，以為帳下右部督。會丹陽賊帥費棧，受曹公印綬，扇動山越，為作內應。權遣遜討棧，棧支黨多而往兵少，遜乃益施牙幢，分佈鼓角，夜潛山谷間，鼓譟而前，應時破散。遂部伍東三郡，強者為兵，羸者補戶，得精卒數萬人。

黃武二年（西元二二三年），丹陽郡東部故鄣（今浙江安吉縣西北）一帶之山越，又復蠢動，朱治鎮撫之。三國志五十六朱治傳：

二年，……是時丹陽深地，頻有奸叛，亦以年向老，思戀土風，自表屯故鄣，鎮撫山越。……在故鄣歲餘還吳。

黃武五年（西元二二六年）孫權以丹陽、吳、會稽三郡邊界上之「惡地」十縣，成立東安郡。命全琮討治此一區域中之山越，數年始平。三國志孫權傳：

五年，……秋七月，……分三郡十縣，置東安郡。（郡治富春，今浙江富陽。）以全琮為太守，討山越。

三國志六十全琮傳：

是時丹陽吳會山民，復為寇賊，攻沒屬縣。權分三郡險地為東安郡，琮領太守。至，明賞罰，招誘降附，數年中，得萬餘人。權召琮還牛渚，罷東安郡。

嘉禾三年（西元二三四年）又有諸葛恪討伐丹陽山越事，恪以歷次討伐，未能澈底，故自告奮勇，求當此任。三國志六十四諸葛恪傳：

恪以丹陽山險，民多果勁，前雖發兵，徒得外縣平民而已。其餘深遠，莫能盡禽。屢自求乞為官，出之三年，可得甲士四萬。

恪討山越，一反往昔之窮追力戰，改用封鎖及奇襲辦法，以逸待勞，制取主動。全郡山越區，均用同一方略。討治所需之時間及所收成果，均合預計。同傳：

權拜恪撫越將軍，領丹陽太守。……恪到府，乃移書四部，屬城長吏，令各保其疆界，明立部伍。其從化平民，悉令屯居。乃分內諸將，羅兵幽阻，但繕藩籬，不與交鋒。候其穀稼將熟，輒縱兵芟刈，使無遺種。舊穀既盡，新田不收，平民屯居，略無所入。於是山民饑窮，漸出降首。……歲期人數。皆如本規。

同與此役者有顧雍之孫顧承，名將陳武之子陳表。三國志五十二顧承傳：

後為吳郡西部都尉，與諸葛恪等共平山越，別得精兵八千人，還屯軍章阬。

三國志五十五陳武傳附子表傳：

嘉禾三年，諸葛恪領丹陽太守，討平山越，以表為新安都尉，與恪參勢。

此役成功甚鉅，孫權特遣薛綜勞軍，而綜對恪亦倍加讚揚。

會稽郡山越，其勢亦盛，孫策被刺時，地方政府防其變亂，致不敢赴喪。（見三國志五十七虞翻傳）孫權為將軍時，有潘臨之亂，陸遜討平之。（見三國志五十八陸遜傳）至黃武元年（西元二二一年），叛亂復起，吾粲、呂岱討平之。三國志五十七吾粲傳：

> 黃武元年，……還遷會稽太守……粲募合人衆，拜昭義中郎將，與呂岱討平山越。

十餘年後，又有建安、鄱陽、新都三郡山越之叛亂，鍾離牧討平之。三國志六十鍾離牧傳：

> 赤烏五年（西元二四二年），從郎中補太子輔義都尉，遷南海太守。還為丞相長史，轉司直，遷中書令。會建安、鄱陽、新都三郡山民作亂，出牧為監軍使者，討平之。賊帥黃亂、常俱等出其部伍，以充兵役。

至此，東吳境內山越之叛亂，可謂大體弭平，此後終東吳之世，不再見有關九郡山越活動之記載。而斯時孫權年已向老，不特名將凋謝，無力大舉；權亦心力日衰，轉而着意於垂統問題矣。然權與山越周旋四十年，其開發江南，廓清內部，實大有功於後世。不然以晉元帝之闇弱，羣臣之荒頽，又豈能於胡虜披猖之日，立建康之小朝庭乎？

附記：關於討論山越問題之文章，前曾有人發表者計有：禹貢二卷八期葉國慶三國時山越分佈之區域，史觀一七期井上晃三國時代の山越に就て，食貨五卷四期李子信三國時孫吳的開發江南等篇。前二文着重敍述山越之分佈及生活情形，與本文主旨不同；李文失之簡略，且不無謬誤，如謂山越數目不過數千人云云，即其例也。特記於此，以供參考。

四十年八月三十日於臺北

原載臺灣大學文史哲學報第三期，四十年十二月

荊州與六朝政局

一　緒論

荊州一地，在中國史上南北分裂時期南方政權之領土中，無論對內對外，均佔極重要之地位。三國時孫權重視荊州，西土之任，無一非名臣宿將；每值荊州有事，常親自解決，甚至徙都武昌以鎮定危疑。以孫皓之狂妄，猶知以陸抗守荊州。故孫吳一代，荊州形勢穩固，對外能屢摧大敵，而內亂亦止一步闡。東晉荊州地方政府之組織，益形龐大，荊州刺史，轄全國半數之領土。每任刺史，據上流，握强兵，遙制朝權，甚至稱兵作亂。所謂「三吳之命，懸於荊江」，蓋當時之實況也。東晉中央對荊州專事猜防而不知自强，故始終無法挽回此外重之局，徒事增加中央政府與地方政府之惡感。王敦、桓玄之凶頑，固不必論，即如陶侃之忠賢，庾亮、庾翼國之懿親，亦莫不與中央對立。中央既時時感到荊州之威脅，而疆臣之所爲，不問是非，朝廷亦必百計阻撓以敗其事。故庾翼、桓溫欲以荆州之資，北伐中原，均歸無功。結果乃至外旣不能攘，內亦不能安。孝武帝時，謝安執政，建立北府兵。中央之實力漸强，而劉裕因之以篡。故東晉之不能有爲，與此種中央地方鈎心鬪角之牽制局面，大有關係也。

宋武宋文開始擬定一種有系統之政策，以謀穩定荆州。以宗室出鎭以防異姓之二心，分荆州之土地建立新州以削弱其實力。孝武帝更繼續割裂。荆州之局面旣穩，而蕭道成於中央輕移宋柄。南齊沿襲宋之荆州政策，於宗室亦不敢信任，更加重典籤之權，用以箝制出鎭之諸王。由是荆州益弱，於大局無關輕重。而蕭衍以雍州起事，又取南齊之天下矣。梁武帝一反南齊猜忌宗室之作風，而不明分割荆州之弊病；厚愛子孫，諸王各轄一州，互不相下。侯景亂起，西土失却政治重心，遂演成荆、雍、湘、郢、益諸州骨肉相殺之慘劇，使西魏乘機南取益州。其後蕭詧又引魏兵陷江陵殺元帝，詧復爲魏藩臣，而上流江北之地盡失。至陳乃與北虜劃江爲界，處於防不勝防之狼狽形勢矣。

綜觀六朝興衰，可知荆州一地，關係六朝政局者甚大。孫吳之堅强有賴荆州之穩固。東晉、宋、齊對荆州之猜防削弱，尤繫乎六朝國運。東晉之不能有爲，宋文以後南朝武力之不振，皆與此種荆州政策有關。而梁陳衰亡，更顯受宋以來割裂荆州之影響。內外不同心，則防制愈工，而爲禍亦愈烈。一切花樣，皆適足爲他人謀也。

玆畧述荆州之範圍。讀史方輿紀要七十五湖廣一：

禹貢荆及衡陽惟荆州。周禮職方正南曰荆州。春秋至戰國並爲楚地。其在天文，翼軫則楚分野。秦併天下，置南郡、黔中、長沙等郡。漢武置十三州，此亦為荊州。後漢因之。三國初分有其地，其後蜀漢之地，為吳所并。宋分置荊州、郢州、雍州、湘州，齊並因之。梁陳分割滋多，不可殫析。

據漢書二十八地理志，西漢荊州，共轄六郡一國，即南陽、南、江夏、桂陽、零陵、武陵六郡及長沙國。所控範圍，大致以今湖北、湖南二省之地為主，其北境則至今河南南陽以北，南至兩廣北部，西至今四川、貴州二省東部，東至今安徽、江西二省之西界。東漢荊州，除改長沙國為郡，其餘一仍西漢。三國時魏吳分割荊州，荊州之名，南北並置。魏荊州分有長江以北之南陽郡及南、江夏二郡之大部，以其地改置七郡。其北境較東漢故界略向北移，而七郡中之魏興、上庸二郡，係魏文帝以「漢中遺黎」而設，其地擴展至今陝西省東南隅。吳荊州分有東漢江南四郡及江北南、江夏二郡之南端，以其地改設十五郡。其中臨賀郡之地，則原屬東漢交州蒼梧郡。西晉統一，荊州併為二十二郡，雖郡名頗有更改，其範圍大抵仍魏吳之舊。及至東晉偏安，因南北戰爭頻繁，荊州北疆，屢有變遷。然自東晉至梁，大致總在今河南省南陽、襄陽二縣一帶以北，雖東晉時襄陽一度淪於前秦，然旋即收復。直至梁末，襄陽始陷於西魏。至陳，荊州乃以長江為北界矣。

至於分割荊州，始於晉惠帝之分荊揚十郡立江州。（晉書十五地理志下）湘州則為晉懷帝永嘉元年分荊州七郡江州一郡而成立者，成帝時罷入荊州，至宋武帝乃又置湘州。湘州治臨湘（今湖南長沙），所轄蓋荊州南部地。雍州係宋文帝時割荊州南陽、襄陽等五郡而置者，蓋荊州北部地。郢州係宋孝武帝時所置，其所轄江夏、竟陵等郡，本荊州西部地。（並見宋書三十七州郡志）梁陳劃分益繁，據隋書二十九地理志上，謂梁武帝天監十年，有州二十三，而陳以區區江南，竟有二十四州，可見割裂之甚。隋志又謂侯景亂後「墳籍散逸，注記無遺，郡縣戶口，不能詳究。」故梁陳對荊州之分割，至今已難知其詳矣。

二　荊州與孫吳

荊州形勢之重要，東漢末年，已形顯著。時中原大亂，而劉表治下之荊州，物阜民安，爲一時樂土。因此引起羣雄之垂涎，當時智計之士，莫不以荊州爲取天下之根本。三國志十荀彧傳：

彧言曰：「……而袁譚懷貳，劉表遂保江漢之間，天下未易圖也。願公急引兵先定河北，然後修復舊京，南臨荊州，責貢之不入。則天下咸知公意，人人自安，天下大定。」

同書三十五諸葛亮傳：

亮答曰：「……荊州北據漢沔，利盡南海，東連吳會，西通巴蜀。此用武之國，而其主不能守，殆天所以資將軍，將軍其有意乎？……若跨有荊益，保其巖阻，西和諸戎，南撫夷越，外結好孫權，內修政理。天下有變，則命一上將，將荊州之軍以向宛洛；將軍身率益州之衆，出於秦川，百姓孰敢不簞食壺漿以迎將軍者乎？」

同書五十五甘寧傳：

寧陳計曰：「……今漢祚日微，曹操彌憍，終爲篡盜。南荊之地，山陵形便，江川流通，誠是國之西勢也。」

又同書五十四魯肅傳：

> 劉表死，肅進説曰：「夫荊楚與國鄰接，水流順北，外帶江漢，內阻山陵，有金城之固；沃野萬里，士民殷富。若據而有之，此帝王之資也。」

曹操、孫權、劉備諸人所以拼死以爭荊州，造成赤壁、猇亭二大戰役者，皆此諸説動其心也。其後吳末陸抗，東晉何充，亦均嘗論荊州之重要。三國志五十八陸抗傳：

> （鳳皇）三年夏，疾病，上疏曰：「西陵、建平，國之蕃表，既處下流，受敵二境。若敵汎舟順流，舳艫千里，星奔電邁，俄然行至，非可恃援他部於救倒縣也。此乃社稷安危之機，非徒封疆侵陵小害也。」

晉書七十七何充傳：

> 充曰：「……荊楚國之西門，戶口百萬，北帶強胡，西鄰勁蜀。經略險阻，周旋萬里，得賢則中原可定，勢弱則社稷同憂。」

綜輯以上諸説，可知當日荊州，除交通便利，地勢險固外，其經濟條件之優越，戶口之繁盛，亦爲構成其重要形勢之主要因素。荀、諸葛、甘、魯四人之説，主旨皆在進取；而陸、何之論，則在闡釋荊州對長江下游之屏障作用也。

孫權於漢獻帝建安五年初繼兄位時，地不過吳會五郡，情況緊急。此在他人，方不暇自保，而權竟能於略事安頓之後，即定西進之策。兩征黃祖，取江夏之地，以爲江東屏障。建安十三年，於危疑萬狀之中，破曹操於赤壁。其後與劉備劃分荊州，權之勢力，乃得達於湘水東岸。建安二十四年又盡取蜀漢所控湘水以西南郡、零陵、武陵諸郡之地。於是東漢荊州之大部，入其掌握，遂成自擅江表之業。自建安八年（西元二〇三年）權開始討黃至魏黃初三年（西元二二二年）猇亭之役止，其爲經略西方所費之時間，前後凡二十年。設權無遠識，赤壁戰時，不過又一劉琮也。

孫權對荊州疆吏之揀選，亦極愼重。所任如周瑜、魯肅、呂蒙、陸遜等，皆名臣宿將，國家柱石。且多終身委任，授以全權，統一方之務。甚至國際間外交事宜，疆吏亦可更改毌央之意見，自作主張。三國志五十五陸遜傳：

備尋病亡，子禪襲位，諸葛亮秉政，與權連和。時事所宜，權輒令遜語亮。並刻權印，以置遜所。權每與禪亮書，常過示遜，輕重可否。有所不安，便令改定，以印封行之。

不特此也，每值荊州有事，權必親身西上以解決之。其滅黃祖，破操曹，擒關羽，固莫不躬與其事。而黃初二年劉備稱帝圖謀窺吳之際，權更徙都武昌，親臨艱險，以應付此「一世所憚」之梟雄。三國志四十七孫權傳：

（黃初）二年，劉備稱帝於蜀，權自公安都鄂，改名武昌。以武昌、下雉、尋陽、陽新、柴桑、沙羨六縣爲武昌郡。

其後猇亭之役，卒成大功。終孫權之身，荊州所以屢遭大難而無恙者，孫權之英略及決心有以致之也。

孫權都武昌達九年之久，至黃龍元年始遷建業。至孫皓又有徙都武昌之擧。三國志四十八孫皓傳：

甘露元年，……九月，從西陵督步闡表徙都武昌。御史大夫丁固，右將軍諸葛靚鎮建業。

闡表內容如何，史無記載。故皓遷都目的，說法不一。資治通鑑七十九：

初望氣者云荊州有王氣，當破揚州，故吳主徙都武昌。及但（永安山賊施但）反，自以為得計。遣數百人鼓譟入建業，殺但妻子，云天子使荊州兵來破揚州賊。

孫皓雖熒惑巫祝，然以常理推之，步闡必不致以此種可笑之理由，表請徙都。岡崎文夫則認為皓之徙都，可能為「籌畫北伐」。其所著魏晉南北朝通史內編第一章第十節：

孫皓舉措之出人意表，可以暫時遷都武昌為例。此事乃因聽從居今湖北宜昌當時之西陵督步闡上表而起。皓遷都理由不詳，想係為籌畫北伐故也。

皓於徙都後，確有人勸其北伐。三國志四十八孫皓傳：

寶鼎元年正月，遣大鴻臚張儼，五官中郎將丁忠弔祭晉文帝。及還，儼道病死。忠說皓曰：「北方守戰之具不設，弋陽可襲而取。」皓訪羣臣，鎮軍大將軍陸凱曰：「夫兵不得已而用之耳。且三國鼎立已來，更相侵伐，無歲寧居。今強敵新併巴蜀，有兼士之實，而遣使求親，欲息兵役，不可謂其求援於我。今敵形勢方強，而欲徼幸求勝，未見其利也。」車騎將軍劉纂曰：「天生五才，誰能去兵，譎詐相雄，有自來矣。若其有闕，庸可棄乎！宜遣間諜，以觀其勢。」皓陰納纂言，且以蜀新平，故不行，然遂自絕。

岡崎所謂「籌畫北伐」之推測，或係由此而來。然孫皓徙都武昌，爲期僅一年。其間雖有人勸其北取弋陽，但因「蜀新平」未成事實。據此可知皓對西方較爲重視。蓋蜀亡之後，吳蜀邊界，屢有衝突。魏炎興元年（西元二六三年）蜀亡之時，魏人曾東侵吳界，爲鍾離牧所破。資治通鑑七十八：

> 吳人以武陵五溪夷與蜀接界，蜀亡，懼其叛亂，乃以越騎校尉鍾離牧爲武陵太守。魏已遣漢葭縣長郭純試守武陵太守，率涪陵民入遷陵界，屯於赤沙，誘動諸夷，進攻酉陽，郡中震懼。……牧曰：「外境內侵，誑誘人民，當及其根柢未深而撲取之，此救火貴速之勢也。」敕外趣嚴。……即帥所領，晨夜進道，緣山險行，垂二千里；斬惡民懷異心者魁帥百餘人，及其支黨凡千餘級，純等散走，五谿皆平。

次年（咸熙元年）鍾會造反，吳主孫休亦思乘亂西併蜀土，遣兵圍攻永安，爲蜀巴東太守羅憲所破。資治通鑑七十八：

> 吳聞蜀敗，起兵西上，外託救援，內欲襲憲。……憲力弱不能禦。遣參軍楊宗，突圍北上，告急於安東將軍陳騫。又送文武印綬任子詣晉公。步協攻永安，憲與戰大破之。吳主怒，復遣鎮軍陸抗等帥衆三萬，增憲之圍。

同書同卷又云：

> 羅憲被攻凡六月，……陳騫言於晉王，遣荊州刺史胡烈將步兵二萬攻西陵以救憲。秋七月，吳師退。

蜀亡，魏吳均乘亂爲「混水摸魚」之舉，孫皓徙都，又適在此二事之後。故如謂步闡以經略西方爲理由，表請徙都，或爲較近情理之推測。如此，則皓猶能遵循孫權之政策也。

由於孫權對荊州之重視，故孫吳荊州秩序之穩定，爲六朝僅見。孫皓之狂暴，史所罕見，獨能以荊州委之陸抗而不疑，得以延必亡之國祚達十數年之久，亦一可奇之事也。

三　東晉荊州之外重局面

晉武平吳後，以杜預治理荊州。預於荊州之教育、治安、交通、經濟諸方面，均有所改善，政績極佳。史稱其「江漢懷德，化被萬里」，「公私同利，衆庶賴之，號曰杜父。」（晉書三十四杜預傳）而後繼非人，疆吏如石崇輩，至有盜賊之行。惠帝末，蜀中有李氏之亂，梁、益流人，散居荊州者極衆，而爲土人所虐苦。張昌因之倡亂，賴劉弘平之。弘鎮撫有方，荊州得以穩定。其時中原業已大亂，荊土猶足爲當時之安定力量，而弘不幸早世。王衍老賊，禍國之餘，復思營「狡兎三窟」，以其弟驕暴荒誕之王澄，繼當弘任，流人一時俱反者四五萬家。其後山簡、周顗，亦均適以益亂，大難卒爲陶侃所蕩平。上流既固，元帝始得安然立建業之小朝廷。

元帝於永嘉初自下邳徙鎮建業，其謀出自王導。經營江左，有賴王氏之力亦多。故元帝寵任王氏，至有「王與馬，共天下」之諺。終至王敦爲逆，帝以憂死。推其禍源，乃在左遷陶侃，委西土軍政全權於敦之故。晉書九十八王敦傳：

> 侃之滅（杜）弢也，敦以元帥進鎮東大將軍開府儀同三司加都督江、揚、荊、湘、交、廣六州諸軍事江州刺史，封漢安侯。敦始自選置，兼統州郡焉。

同書六十六陶侃傳：

> 王敦深忌侃功。將還江陵，欲詣敦別，皇甫方回及朱伺等諫，以為不可，侃不從。敦果留侃不遣，左轉廣州刺史平越中郎將。以王廙為荊州。

王船山於此事論之甚詳。讀通鑑論十二：

> 元帝得延祚於江東，王氏贊之也。而卒致王敦之禍，則使王敦都督江、湘軍事，其禍源矣。王氏雖有翼戴之功，而北拒石勒於壽春者，紀瞻以江東之衆，捍之於淮右；相從渡江之人，未有尺寸之效也。若夫輯寧江湘，奠上流以固建業者，則劉弘矣。弘之所任以有功，則陶侃矣。平陳敏，除杜弢，皆侃也。侃功甫奏，而急遣王敦奪其權而踞其上，左遷侃於廣州，以快敦之志。使侃欲效忠京邑，而敦已扼其吭而不得前，何其悖也。

蓋侃與元帝本無密切關係，且侃曾充華軼部將，而軼與帝素不能平，故帝忌而疏之，豈獨快敦之志而已。觀此可知元帝之不足有為也。

荊州之資，助長王敦之凶逆，自不待言。而荊州實力之所以强大，亦與當時之政治組織有關。晉自南渡後，北方州郡，猶有虛存其名且任用官吏者，實則其領土已大部或全部喪失，此種州郡，當時稱為「僑州」、「僑郡」。東晉諸州刺史兼督他州軍事，多係僑州，惟荊州所兼者為實土。故荊州實力，遠過他州。晉略表五：

> 南渡以後，豫、徐、江三州皆為重鎮，紛紛兼督，多是僑州；或祇一郡，或祇一縣。唯荊兼梁、益、寧、交、廣，乃是實土，是以上流偏重，卒成王桓之變。

東晉荊州刺史，率皆兼督數州，有荊州實等於割江南之半，故當時有「分陝」之稱。（晉書八十四殷仲堪傳）此種强枝弱幹之局面，既由元帝造成，迨事態嚴重，已無補救之術。其出譙王承爲湘州，任劉隗、戴淵爲都督，皆黔驢之技。是時元帝方救死之不暇，而張駿貽書責其「雍容江表，坐觀成敗」，何期許之深也！

自元帝以迄桓玄之亂之百年中，東晉外重之局，始終未革。王敦亂後，中央執政，既無革新能力，復與荊州疆吏，多不相能。中央地方間之意見既深，遂使荊州處於半獨立狀態，予中央以莫大威脅。陶侃以非元帝嫡系，久受排擠。明帝時，侃復爲荊州刺史，帝死侃不預顧命，庾亮至修石頭以備之，可知其始終受中央歧視。晉書七十三庾亮傳：

> 又先帝遺詔褒進大臣，而陶侃、祖約不在其例。侃、約疑亮刪除遺詔，並流怨言。亮懼，於是出溫嶠於江州，修石頭以備之。

嫌隙既成，故蘇峻之亂，侃觀望不進，而後遂有「登天之夢」。晉書六十六陶侃傳：

> 及都督八州，據上流，握強兵，潛有窺窬之志。每思折翼之祥，自抑而止。

其後王導輔政，亦與侃不協。侃死，庾亮繼理荊州，與導情感尤惡。晉書七十三庾亮傳：

> 時王導輔政，主幼時艱，務存大綱，不拘細目。委任趙胤、賈寧等，諸將並不奉法，大臣患之。陶侃嘗欲起兵廢導，而郗鑒不從，乃止。至是亮又欲率衆黜導，又以諮鑒，而鑒又不許。

同書六十五王導傳：

> 時亮雖居外鎮，而遙執朝廷之權。既據上流，擁強兵，趣向者多歸之。導內不能

> 平，常遇西風塵起，舉扇自蔽，徐曰：「元規塵汙人。」

及至晉室仗殷浩以抗桓溫，而荊州儼然割據。晉書七十八桓溫傳：

> 時知朝廷仗殷浩等以抗己，溫甚忿之。然素知浩，弗之憚也。以國無他釁，遂得相持彌年，雖有君臣之跡，亦相羈縻而已。八州士衆，殆不為國家用。

其後謝安與桓沖，亦意見不合。而桓玄與司馬元顯至以兵戎相見，遂移晉祚。中央政要與荊州首長之相互猜忌，實東晉內亂釀成之主因也。

荊州之任，陶侃以後，漸成世襲之局。陶侃自明帝時刺荊州，至婆娑垂歿，始請解職。庾亮繼侃，亮死弟翼繼之；翼臨終更上表求以後任委其子爰之。何充薦桓溫以制庾氏，此後荊州乃成為桓氏之囊中物，溫弟豁、沖，豁子石民，沖子謙均相繼掌荊州之政。乃至桓玄席累世之威，發動叛亂。然陶、庾、桓諸氏治理荊州之政績殊美，因此益增荊州之富強。晉書六十六陶侃傳：

> 侃在軍四十一載，雄毅有權，明悟善決斷。自南陵迄於白帝，數千里中，路不拾遺。

南齊書二十二蕭嶷傳：

> 僕射王儉牋曰：「……公臨涖甫爾，英風惟穆，江漢來蘇，八州慕義。自庾亮以來，荊楚無復如此美政。」

晉書七十三庾翼傳：

> 翼以帝舅，年少超居大任，遐邇屬目，慮其不稱。翼每竭智能，勞謙匪懈，戎政嚴

明，經略深遠。數年之中，公私充實，人情翕然，稱其才幹。

晉書七十四桓謙傳：

以桓氏世在陝西，謙父沖有遺惠於荆楚。

同卷桓石民傳：

桓氏世莅荆土，石民兼以才望，甚為人情所仰。

陶、庾、桓美政下富强之荆州，晉室中央不但無法利用，反因而益增其苦惱。中央既時受荆州之威脅，而中央對荆州首長之舉措，不問是非，亦必百計乖阻，以敗其事。故庾亮欲移鎮石城，以爲北伐之準備，而郄鑒撓之。其後，庾翼欲伐石虎，而擧朝謂之不可。桓溫伐前秦，朝廷屢詔制止；及伐前燕，申胤亦料其必敗。晉書九十八桓溫傳：

使侍中顏旄宣旨召溫入參朝政。溫上疏曰：「方攘除奸凶，掃平禍亂，當竭天下智力，與衆共濟之。而朝議咸疑，聖詔彌固。」……詔不許，復徵溫。

資治通鑑一百二：

封孚問於申胤曰：「溫衆强士整，乘流直進，今大軍徒逡巡高岸，兵不接刃，未見克殄之理，事將如何？」胤曰：「以溫今日聲勢，似能有為，然在吾觀之，必無成功。何則，晉室衰弱，溫專制其國，晉之朝臣，未必皆與之同心。故溫之得志，衆所不願也。必將乖阻，以敗其事。」

東晉多次北伐之無功，皆此種相制相尅之局面所造成。假使桓溫功成而篡，豈不猶勝與胡虜共天下！政治鬬爭之不可理喻，往往類此。

四　北府兵之建立與外重局面之轉移

東晉中央軍力之强大，始於謝玄之練北府兵。北府兵之份子，爲當時之徐州（今江蘇、安徽二省江北及山東、河南二省南部一帶地）人。徐州人號稱勁勇，元帝時，紀瞻、祖逖均曾用之立功。故桓溫常謂「京口酒可飲，兵可用。」（晉書八十七郗超傳）謝安命玄招募之，不數年而成勁旅。晉書八十四劉牢之傳：

> 太元初，謝玄北鎮廣陵。時苻堅方盛，玄多募勁勇。牢之與東海何謙、瑯琊諸葛侃、樂安高衡、東平劉軌、西河田洛及晉陵孫无終等以驍勇應選。玄以牢之為參軍，領精銳為前鋒，百戰百勝，號北府兵，敵人畏之。

而斯時桓溫所未嘗翦滅之前秦，業已統一北方，乘勝南下，賴謝玄拒之於淝水，幸而不亡。淝水戰時，桓沖欲以荆、江兵三千入援，謝安却之。及破走苻堅，沖慚恥發病而死。淝水戰後而桓沖又死，中央之勢力既振，此時實爲中央控馭荆州之良機。而謝安無魄力，竟以荆州復歸桓氏。晉書七十九謝安傳：

> 桓沖既卒，荆、江二州並缺。物論以玄勳望，宜以授之。安以父子皆著大勳，恐為朝廷所疑；又懼桓氏失職，桓石虔復有沔陽之功，慮其驍猛，在形勝之地，終或難制。乃以桓石民為荆州，改桓伊於中流，石虔為豫州。既以三桓據三州，彼此無怨，各得所任。其經遠無競，類皆如此。

史書盛讚謝安「經遠無競」，不知其後桓玄據荆州以移天步者，與此事有密切關係也。

謝玄死後，北府兵權，落於反覆無常之劉牢之手中。牢之始則與王恭討司馬道子元顯父子而出賣恭，其後桓玄稱兵東下，又出賣司馬元顯而降玄。玄立解牢之兵柄，乃又謀反玄，事未成而牢之倉皇自殺。北府陷於無首狀態，玄遂得乘機篡晉。及劉裕等起義京口，而桓玄爲之震動。玄不惜與舉國爲敵，何獨懼一草莽匹夫之劉裕？蓋裕等所糾集起義者，皆北府舊人也。觀於桓玄之急去劉牢之而以桓脩領北府者，則玄亦深知北府兵之可畏也。

劉裕終以北府士衆擊滅桓玄，玄之精銳盡喪，而荊州亦因之虛耗。晉書八十五劉毅傳：

毅表荊州編戶不盈十萬，器械索然。廣州雖凋殘，猶出丹漆之用，請依先準。於是加督交、廣二州。毅至江陵，乃輒取江州兵及豫州西府文武萬餘，留而不遣。

荊州既敝，而劉毅欲以桓氏餘孽以抗劉裕北府之强兵，實同夢想。毅敗，東晉外重之局，乃完全改觀。其後劉裕所以能滅南燕、後秦，「生擒數天子」，因而取晉自立者，皆仗北府兵也。

劉裕滅後秦，以其子義眞統兵鎭關中，而諸將互鬬，爲賀連勃勃所乘。於是劉裕部下之百戰精銳，大部喪失，名將衹剩一檀道濟。裕死，徐羨之、謝晦、傅亮等聯道濟廢少帝，迎立文帝於荆州。而徐等欲久專朝權，於文帝未抵京前，急以謝晦爲荊州刺史，以爲外援。宋書四十四謝晦傳：

少帝既廢，司空徐羨之錄詔命以晦行都督荊、湘、雍、益、寧、南北秦七州諸軍事撫軍將軍領諸南蠻校尉荊州刺史，欲令居外爲援。慮太祖至或別用人，故遽有此授。精兵舊將，悉以配之，器仗軍資甚盛。

又云：

> 初晦與徐羨之傅亮謀爲自全之計，晦據上流，而檀道濟鎮廣陵，各有強兵，以制持朝廷；羨之、亮於中秉權，可得持久。

因此荊州復强，而晦敢以之作難。文帝殺徐、傅而以檀道濟平晦，蓋斯時亦惟檀可以敵晦也。晦滅，宋室强兵，悉操檀手，故檀自詡爲「萬里長城」。文帝終又殺檀，而宋之武力遂衰。王船山以爲北府諸將之命運，乃宋武、宋文有計畫之安排。讀通鑑論十五：

> 夫江東之不振也久矣。謝玄監軍事，始收驍健以鼓勵之，於是北府之兵，破苻堅而威震淮北。宋武平廣固，收洛陽，入長安，而姚興、跖拔嗣不能與之敵，皆恃此也。已而宋武老矣，北府之兵，老者退少者未能與也。宋武顧諸子無駕御之才，而慮其逼上，故鬪王鎮惡、沈田子諸人於關中，使自相殘劉而不問。文帝入立，懲營陽之禍，急誅權謀之士，區區一檀道濟，而劍已擬其項領。上之意指如彼，下之禍福如此。王曇首諸人雍容談笑，以俟天下之澄清，雖有瑰瑋之才，不折節以趨萑葦者幾何也。

此說雖嫌附會，然宋之不振，實由於北府兵之解體。故宋武聞關中陷，登城北望流涕而無可如何。其後跖拔燾臨江欲渡，文帝亦慨然謂「若使檀道濟在，胡馬焉能至此」也。

五　宋齊之荊州政策

東晉荊州與中央政府之摩擦，幾乎與國終始，其影響已如上述。劉裕篡晉後，乃立即對荊州實行有效的防制計畫。宋武之「荊州政策」，不外三項。

一、限制荊州將吏之數目，使不得自由擴展武力。宋書三武帝紀下：

（永初）二年，……三月乙丑，初限荊州府置將不得過二千人，吏不得過一萬人。州置將不得過五百人，吏不得過五千人。

二、割荊州一部分土地，建立新州，以縮小荊州之面積。同書同紀：

三年，……又分荊州十郡，還立湘州。左衛將軍張紀為湘州刺史。

三、以宗室出鎮荊州，以防異姓之二心。宋書六十八劉義宣傳：

初高祖以荊州上流形勝，地廣兵強，遺詔諸子次第居之。

其後文帝自荊州入承大統，而徐羨之等乃以荊州遽授謝晦。謝亂平後，乃實行武帝「諸子次第居之」之遺詔。文帝弟義康、義恭、義慶、義季、義宣，均曾先後出鎮荊州，且多有治績。宋書五十一劉義慶傳：

在州八年，為西土所安。

同書六十一劉義季傳：

義季躬行節儉，畜財省用，數年間還復充實。

同書六十八劉義宣傳：

義宣至鎮，勤自課厲，政事修理。

此外文帝亦繼續分割荊州。宋書三十七州郡志：

宋文帝元嘉二十六年，割荊州之襄陽、南陽、新野、順陽、隨五郡為雍州。

然文帝並未過分割裂荊州，湘州且屢立屢省。宋書五文帝本紀：

（元嘉）八年，……十二月，罷湘州還幷荊州。

又云：

（元嘉）十六年，……正月癸巳，復分荊州置湘州。

同書三十七州郡志則謂湘州於元嘉十七年復立，蓋誤。文帝本紀又云：

（元嘉）二十九年，……五月甲午，罷湘州幷荊州。

據此宋武、宋文二代，荊州面積不過較東晉時略小，而疆吏得人，荊州遂得有三十年之蘇息，是亦元嘉美政之一也。然中央親倚宗室，過久其任，以是又生問題。孝武帝時，劉義宣乃以荊州發難。宋書六十八劉義宣傳：

義宣在鎮十年，兵強財富，旣首創大義，威名著天下。凡所求欲，無不必從。朝廷所下制度，意所不同者，一不遵承。

宋書六十六何尙之傳：

史臣曰：「……是以義宣藉西楚富強，因十載之基，嫌隙旣樹，遂規問鼎。」

此點乃二帝荊州政策所未曾顧到者也。

劉義宣旣以宗室倡亂，孝武謀加緊削弱荊州，乃不親任宗室，遂改易宋武「諸子次第居之」之政策。故朱修之討平義宣，帝即以荊州付之。劉義恭復希孝武意上禁例二十四條以限制宗室。此外並繼續分割荊州，於孝建元年復立湘州，同年更立郢州。宋書六孝武帝本紀：

（孝建）元年，……六月，……分荊、湘、江、豫州立郢州，罷南蠻校尉。

及至明帝，於宗室猜疑益甚，一舉而殺孝武二十八子。荊州雖曾委之其弟休祐、休若，然亦旋即誅除，臨死乃不得不以荊州付於蔡興宗。蔡未之任，沈攸之代蔡，乃蓄意叛變。南齊書一高帝本紀上：

攸之為郢州，值明帝晚運，陰有異圖。自郢州遷為荊州，聚斂財力，將士逃亡輒討質鄰伍。養馬至二千餘匹，皆分賦戍邏將士。使耕田而食，廩財悉充倉儲。荊州作部歲送數千人仗，攸之割留，簿上供討四山蠻。裝治戰艦數百千艘，沈之靈溪裏。錢帛器械巨積，朝廷畏之。

宋書七十四沈攸之傳：

其年（順帝昇明元年）十一月乃發兵反叛。攸之素蓄士馬，資用豐積。至是戰士十萬，鐵馬二千。

沈攸之久涉軍旅，自明帝泰始五年為郢州起至順帝昇明元年反叛，蓄謀幾達十載，準備充足。然迅速敗滅者，則雍、郢二州牽制之效也。南齊書二十五張敬兒傳：

太祖（蕭道成）以敬兒人位既輕，不欲便使為襄陽重鎮。敬兒求之不已，乃微動太祖曰：「沈攸之在荊州，公知其欲何所作？不出敬兒以防之，恐非公之利也。」太祖笑而無言。乃以敬兒為持節督雍梁二州郢司二郡軍事雍州刺史。

南齊書二十四柳世隆傳：

是時朝廷疑憚沈攸之，密為之防。府州器械，皆有素蓄。世祖將下都，劉懷珍白太祖曰：「夏口是兵衝要地，宜得其人。」太祖納之，與世祖書曰：「汝既入朝，當

> 須文武兼資人與汝意合者，委以後事，世隆其人也。」

因朝廷有此種預防，故攸之兵鋒，東受郢城之阻，而北受雍州軍之襲擊，纔三月而敗。此不得謂非宋文、孝武分割荊州政策之成功，惟蒙其利者為蕭道成耳。

南齊一代之荊州政策，亦全襲有宋舊規。對荊州土地，繼續割裂。南齊書十五州郡下：

> 建元二年，分荊州巴東、建平，益州巴郡為（巴）州，立刺史。

至於荊州之最高長官，悉以宗室充任，南齊一代，荊州從無異姓之刺史。然中央對宗室亦不放心，更加重典籤之權，用以箝制出鎮諸王，而諸王遂成傀儡。通鑑一百三十九：

> 初諸王出鎮，皆置典籤，主帥一方之事，悉以委之。時入奏事，一歲數返。時主輒與之閒語，訪以州事，刺史美惡，專繫其口。自刺史以下，莫不折節奉之，恒慮弗及。於是威行州郡，大為姦利。武陵王曄為江州，性烈直不可干。典籤趙渥之謂人曰：「今出都易刺史。」及見世祖，盛毀之，曄遂免還。南海王子罕戍琅琊，欲暫游東堂，典籤姜秀不許。子罕還，泣謂母曰：「兒欲移五步亦不得，與囚何異？」邵陵王子貞嘗求熊白，廚人答典籤不在不敢與。永明中巴東王子響殺劉寅等，世祖謂羣臣曰：「子響遂反。」戴僧靜大言曰：「諸王都自應反，豈唯巴東！」上問其故，對曰：「天王無罪，而一時被囚。取一挺藕一杯漿皆咨籤帥，籤帥不在則竟日忍渴。諸州唯聞籤帥，不知有刺史，何得不反！」竟陵王子良嘗問衆曰：「士大夫何意詣籤帥？」參軍范雲曰：「詣長史以下皆無益，詣籤帥立有倍本之價，不詣謂何！」子良有愧色。及宣城王誅諸王，皆令典籤殺之，竟無一人能抗拒者。

據此，南齊防制荊州之政策，可謂變本加厲。以是終南齊之世，荊州相當穩定。實因當時荊州在西部諸州中，勢力已不算強大。故蕭衍能以雍州之衆，併荊州而直搗建康。此又非南齊之君所可逆料者也。

六　梁陳荊州之變化與六朝國運

由於有宋連續分割荊州，至孝武帝立郢州，荊州之實力大衰。宋書六十六何尚之傳：

> 荊揚二州，戶口半天下。江左以來，揚州根本，委荊以閫外。至是並分，欲以削臣下之權，而荊揚並因此虛耗。

又云：

> 而建郢分揚，矯枉過直，藩城既剖，盜實人單，閫外之寄，於斯而盡。

齊時，荊州在西部諸州中，已非最強。而宋文帝時割荊州北部地而成立之雍州，因係南北兵衝，實力已駕荊州而上。梁書一武帝紀上：

> 高祖（蕭衍）謂諸將曰：「荊州本畏襄陽人，如脣亡齒寒，自有傷弦之急，寧不闇同邪？我若總荊雍之兵，掃定東夏，韓白重出，不能為計。況以無算之昏主，役御刀應敕之徒哉！」

梁書十蕭穎達傳：

> （席）闡文曰：「蕭雍州蓄養士馬，非復一日。江陵素畏襄陽人，人衆又不敵，取之必不可制；制之，歲寒復不為朝廷所容。今若殺山陽與雍州擧事，立天子以令諸

> 侯，則霸業成矣。」

故蕭衍舉事，荊州不敢不從，而郢州亦終不能敵雍荊之衆。沈攸之起事，以雍郢之牽制而敗；蕭衍起事，併荊郢而取天下。於此亦可知雍州軍力冠於西部諸州矣。

梁武帝一掃南齊猜忌宗室之風，親任子孫，分掌各州。但失之寬縱，致諸王互不相下。資治通鑑一百五十九：

> 上年高，諸子心不相下。邵陵王綸為丹陽尹，湘東王繹在江州，武陵王紀在益州，皆權侔人主。太子綱惡之，常選精兵，以衛東宮。

其後侯景之亂，西部諸州，失却政治中心，遂演出諸王相殺之慘劇。當時任荊州刺史之梁元帝，於平亂之初，殺信州刺史桂陽王慥，湘州刺史河東王譽，逼走郢州刺史邵陵王綸。內鬨之不足，又聯魏兵攻殺益州刺史武陵王紀，而益州遂淪於西魏。當時之雍州刺史，為久藏禍心之蕭詧。周書四十八蕭詧傳：

> 初昭明卒，梁武帝舍詧兄弟而立簡文，內常愧之。……詧既以其昆弟不得為嗣，常懷不平。又以梁武帝衰老，朝多秕政，有敗亡之漸。遂蓄聚貨財，交通賓客，招募輕俠，折節下之。其勇敢者多歸附，左右遂至數千人，皆厚加資給。大同元年，除持節都督雍梁東益南北秦五州郢州之竟陵司州之隨郡諸軍事，西中郎將領寧蠻校尉雍州刺史。詧以襄陽形勝之地，又是梁武創基之所，時平足以樹根本，世亂可以圖霸功。遂克己勵節，樹恩於百姓，務修刑政，志存綏養。

詧又引西魏師陷江陵，殺元帝，而梁祚繼之以亡。詧既殺元帝，遂為西魏藩臣，西魏置詧於江陵而自取襄陽。周書四十八蕭詧傳：

> 及江陵平，（周）太祖立詧為梁主，居江陵，資以江陵一州之地。其襄陽所統，盡歸於我。

> 魏立梁王詧為梁主，資以荊州之地，延袤三百里，仍取其雍州之地。詧居江陵東城，魏置防主將兵居西城，名曰助防。外示助詧備禦，內實防之。

資治通鑑一百六十五：

當時西部諸州如聯合無猜，不特可迅滅侯景，西魏亦難收漁利。而自相殘殺，盡失江北之地，至於國家滅亡。誠所謂「骨肉之戰，愈勝愈酷」者矣。然諸州各不相下，使西部失卻重心者，實受宋齊以來過分割裂荊州之影響也。

陳時荊州江北之地既失，府治遂遷於江南之公安。荊州地利，已與北虜共之。薛道衡所謂「量其甲士，不過十萬，西至巫峽，東至滄海，分之則勢懸而力弱，聚之則守此而失彼。」（隋書五十七薛道衡傳）此種狼狽失據之局面既成，長江乃失其天塹之效。梁武之世，南朝之勢仍強，江左蕭翁，爲中原士大夫所遙奉之正統。其後侯景入建康，梁元帝遣一王僧辯即討平之。而一失江陵，南朝遂趨不振。觀此固可知地利之不可輕棄，然益可知人事之重於地利也。

附記：文中所引日人岡崎文夫著作，原係日文，承韓國金俊燁兄代爲譯成中文，特此誌謝。

民國四十一年八月於臺北

原載臺灣大學文史哲學報第四期，四十一年十二月

唐人的生活

一　前言

本文所述唐人的生活，主要指唐室中央所直接控制地區中的漢族士大夫和平民的生活。盛唐時代的邊塞地區和中唐以降的胡化藩鎭地區，由於其間種族複雜，風氣與內地迥異，都不在本文的敍述範圍之內。

爲求對唐人的生活狀況和演變有較深刻的認識，首先應當注意唐代兩種特殊的社會風氣，即功利主義和胡化。這兩種風氣，對唐人的生活具有莫大的影響。

唐人的重功利，與儒學的衰微和胡風的輸入有關。唐代士大夫的好干謁競進，生活的奢侈浪漫，宗教的發達，以及政治社會風氣的不良，（惟貞觀、開元兩代，風氣稍正。）都與功利主義有關。唐代最著名的文人如杜甫、白居易、劉禹錫、韓愈等，他們的詩文中都或多或少的透露出勢利氣味，即李白也不能免俗。但他們絕不諱言功利，杜甫「狂歌行贈四兄」便曾坦白的說：「兄將富貴等浮雲，弟切功名好權勢。」（全唐詩卷二三四）這也是唐人的可愛之處，他們至少不是僞君子。不過嗜欲多則天機淺，因此唐代的大思想家極少，而所謂「能臣」則極多，二百九十年間，政治上代有人才。他們的能力極强，幹勁也足，雖不拘細行，仍無礙其自身的建樹。像諸葛亮的茅廬高臥，必三顧而後出仕；或是宋人「平時袖手談心性，臨危一死報君恩」一類的作風，對唐人說是無法想像的。另一方面，士大夫生活的奢侈浪漫，對政治社會，都發生倡導作用，逐漸造成政治社會上貪淫奢縱的風氣，也成爲唐室衰亡的病根。

由於唐人的熱中權勢，政治人物的新陳代謝也比較快。政治上的少年新貴，不可勝數；而「貴壯賤老」的風氣，也十分明顯。這種風氣，始終未變。唐代歷朝詩人的吟詠中，時常流露出對這種現象的慨歎。例如盛唐時代杜甫的「戲爲六絕句」：「今人嗤點流傳賦，不覺前賢畏後生。」（全唐詩卷二二七）中唐時代劉禹錫的「與歌者米嘉榮」：「近來時世輕先輩，好染髭鬚事後生。」（全唐詩卷三六五）晚唐時代司空圖的「新春寫生」：「文武輕銷丹竈火，市朝偏貴黑頭人。」（全唐詩卷六三二）和韓偓的「避地」：「白面兒郎猶巧宦，不知誰與正乾坤。」（全唐詩卷六八〇）都可爲證。唐代的興與亡，大致都與「白面兒郎」有關。

功利主義既然流行，儒學在社會上自不會發生多大作用，女性的約束也無形減少。唐代婦女受教育的機會較多，男女地位比較平等，社交比較公開，思想也比較自由。無數的綺文韻事，也都由此而生。唐人的生活，可以說是多彩多姿的，這種生活，大半是唐代的少年男女所創造的。

胡化對唐人生活的影響也很大。東晉以降，胡人佔據中國整個北方，因而胡風得以順利傳入中國，愈演愈盛。其中尤以西域文化，最爲流行。諸如宗教、歌舞、樂器、工藝技術等，大都自西域而來。唐代承北朝餘緒，胡化仍深，至玄宗天寶時代臻於極盛。唐初，漢人無論男女，都具有尚武精神。軍隊的犂庭掃穴，以一當十，固然是受了胡化的薰習，即使在娛樂享受方面，也有許多地方沾染胡風。史稱開元末年，貴人御饌，盡供胡食，女士皆衣胡服。①便是一例。這種風尚，直延至安史之亂以後五十年，始漸趨衰落。此外唐自高宗、武后，崇尚科舉，國人競趨進士之選，以獵取功名，由是文風日盛，而民族的尚武精神隨之日漸萎靡，而後遂有開元天寶間重用胡將之事。科舉既盛以後的「胡化」，乃僅限於娛樂享受的範圍。

安史亂後，科舉益盛。由於國人痛恨外族，於是逐漸轉而復古。但因胡風的籠罩已久，且中唐後中國與外族的交通仍極頻繁，一時無法盡革。直至憲宗以後，纔略復本貌。當時唐人的衣著方面，已有顯著的改變。思想上則有韓愈的排佛，而儒學漸興。雖然如此，社會上奢淫貪縱的風氣，依然如故。而尚文的中央政府，始終不能征服河朔的胡化藩鎮，以迄於亡。從唐人的生活狀況，也多少可以看出唐室中央無由自振的原因。

本文所述，主要包括唐人的衣、食、住、行、婚、喪、慶壽及娛樂等項。至於宗教信

---

① 參看舊唐書卷四五「輿服志」。

仰，已詳述於拙作「唐型文化與宋型文化」一文中，在此不復贅述。

二　衣服

唐人的服制，以顏色來區別身份。上至皇帝，下至士庶，其服色各有不同。但自唐初以來，服色時有改易，到高宗後，始漸成定制。其制皇帝服用赭。朝臣官服，則分四色：親王及三品以上官服用紫，飾以玉；五品以上服用朱，飾以金；七品以上服用綠，飾以銀；九品以上服用青，飾以鍮石（黃銅），婦人則從其夫色。流外庶人則服用黃，飾以銅、鐵。士人服用黑，有紫綠、墨紫等色。②至於衣服的寬狹長短，也都有規定。

唐人通常着袍，以上述諸色明其身份。此外上衣有衫（單衣）、襦（短衣）、襖（綿衣）等，下衣為袴。書學、算學及州縣學生，雖皆男士，但也着白裙。③至於奴婢，則服襴衫，以白細布為之，圓領大袖。官奴婢由太府寺給衣，奴有皮鞋、頭布、布衫、布袴；婢有裙、衫、絹襌、鞋等。④衣料則有絲、絹、綾、羅、錦、繡、紗、綃（生絲紗）、紈（細絹）、素（精白之絹）、繒、縠（細繒）、縑、白紵布（麻製）等。棉布在當時還未流行。

雖然唐代服制，規定甚為詳細，但並未嚴格執行。大概除了百官的公服須按規定外，士

---

② 參看唐六典卷四「禮部」。
③ 參看舊唐書四五「輿服制」。
④ 參看新唐書卷二四「車服志」。

女的常服大都任意穿着，這可以胡服的流行爲證。自北朝以來，男女衣飾，多尚胡服。到唐初，其風益盛。胡服的特點爲短衣、窄袖、長靴。從敦煌遺留下來的壁畫，可以看出胡服男衣僅短至膝，折襟翻領；女衣稍長，內另有長裙。漢人着胡服的風氣，至玄宗時，達於極盛，一直延續到憲宗。元稹「法曲」：「胡音胡騎及胡裝，五十年來競紛泊。」（全唐詩卷四一九）雖然如此，但婦女的衣飾，已頗有改變。白居易「上陽白髮人」：「小頭鞋履窄衣裳，青黛點眉眉細長，外人不見見應笑，天寶末年時世妝。」（全唐詩卷四二六）可知天寶時代的時妝，到憲宗元和穆宗長慶之際，已成爲世人駭笑的對象，也可以推知胡風已漸趨衰落。

元和以後，衣服漸尚寬長。文宗時，嘗敕定袍襖等曳地不得長二寸以上，衣袖不得廣一尺三寸以上。婦人裙不得闊五幅以上，裙條曳地不得三寸以上。⑤可知此時唐人已漸厭胡風而改從漢制，甚至寬長過分。從這些地方，也可以看出唐人已頗有復古的傾向。

至於唐代婦女的服裝，眞是五光十色，名目繁多，絕不似服制所定的單調。女衣有襦、衫、袴、裙、半臂、披帛、袍、襖、帶等。唐代婦女最喜着紅衣，次爲黃衣，亦有着白衣裳者，此外尚有紫、藍等色。唐人詩中，有關以上各色衣服的記載，隨處可見。中國古代，男女均不着袴，故外衣寬長以掩蔽下體。漢時已有袴，開襠。唐代女袴，仍開襠如小兒。又有「緄襠袴」，中有縫，但結以帶。這種袴漢時已有，稱爲「窮袴」。楊貴妃有「鴛鴦並頭蓮錦袴襪」，又名「藕覆」，爲當時時髦之物，類似今日流行的襪袴。⑥裙尚寬長，貴族婦女

⑤ 參看唐會要卷三一。
⑥ 參看續說郛卷三一「致虛雜俎」。

所着之裙，名目亦多，製造精美，價値極昂。例如中宗女安樂公主有「百鳥毛裙」，正看爲一色，日中爲一色，陰影中又爲一色；百鳥之狀，並現裙巾，價値百萬錢，百官之家多仿效之。⑦裙色則以紅裙最爲流行，俗稱「石榴裙」。楊貴妃按制應着紫裙，但她好着黃裙，時人有「黃裙逐水流」之諺，譏其卑賤。半臂爲短袖上衣，有時無袖（如今之「崁肩」或「背心」），男子亦可着之。披帛乃以有色縑帛，披於肩上，貴族婦女多用之。帶以紗羅製成，其質甚薄，其厚者則用錦。帶的上端有結，如合歡結、同心結等，其下端則甚長。繫於身上，有婀娜之致。

婦女的服裝，也深受胡風的影響。唐初，宮人騎馬過街時，依齊、隋舊制，多着「羃䍦」，以繒爲之，障蔽頭頸及軀幹，以免路人窺視。王公之家，亦爭效之。這種服裝，源自奚、契丹。⑧高宗永徽以後，羃䍦之制全廢，婦女皆用帷帽，並拖長裙至頸，較前漸爲淺露。帷帽原名席帽，本爲羌人首服，秦漢時國人已用之，以籐製成，帽簷甚寬。婦女的帷帽，四週有絲網下垂，施以珠翠，以爲障蔽。到玄宗開元初，從駕宮人皆着輕便的胡帽，靚妝露面，士庶競相仿效。如有着帷帽過市街者，必爲瓦石所擊。不久，婦女之騎馬者，又變爲露髻馳騁，不復戴帽，甚至穿男子靴衫，如奚、契丹之俗。無論內外尊卑，皆好此道，一時蔚成風氣。至天寶時代，婦女又多好以巾覆首。從這些地方，也可以看出唐代婦女時裝的

⑦ 參看舊唐書卷三七「五行志」。
⑧ 參看舊唐書卷四五「輿服志」。

演變過程。

唐代婦女又有袒胸之習，中唐以後，尤爲習見。如方干「贈美人」：「粉胸半掩擬晴雪」（全唐詩卷六五一），李洞「贈龐鍊師」：「半胸酥嫩白雲饒」（全唐詩卷七二三）等詩句，均可爲證。這絕不是漢人婦女的固有服制，必然是胡化的一環，可能受天竺佛教文化的影響。

三　冠帽及鞋襪

唐代冠帽之制，名目甚繁，主要目的，仍是在區別官階。如親王戴遠遊三梁冠。朝臣五品以上兩梁冠；九品以上一梁冠；武官及中書門下九品以上服武弁平巾幘；御史戴法冠等。⑨男子通常戴巾子和幞頭。巾子是以紗絹之類，裹於頭上。幞頭起於北周，其法以三尺皂色紗絹，覆頭向後，盡韜其髮，四角繫帶，謂之「脚」，兩脚繫腦後垂之，兩脚繫頷下。其後改爲固定型式，僅有兩脚，且爲硬脚，並有交脚（武官用）和展交（文官用）之分。唐初女子戴皂羅，方五尺，亦謂之幞頭。又有席帽，亦即帷帽，男女適用，形制已如上述。此外胡帽也很流行，通常以韋（熟獸皮）製成，週簷上折，甚爲輕便。最受歡迎的胡帽叫「渾脫」（舞曲名），以烏羊毛爲之。唐初長孫無忌（曾封趙國公）喜戴渾脫，故又稱「趙公渾脫」。唐代樂舞，多自西域傳來，故舞人跳舞時多戴胡帽。胡帽除渾脫外，尚有珠帽、織成蕃帽、卷簷虛帽等。

---

⑨ 參看唐會要卷三一。

唐代足服有靴、鞋、履、屐、舄等。靴本爲胡服，傳入中國的時代甚早，以皮爲之，長靿。唐代減短其靿，以麻製成，也有用錦作的。同時自唐開始，靴成爲百官的朝服。鞋沒有靿，高不掩脛，多以麻爲之。婦女所着的鞋，種類甚多，質料也不同，諸如繡鞋、金縷鞋、線鞋等。當時鞋上似有帶以束之。履是比較高貴和正式的鞋，其形式與鞋無大區別，以絲爲之。此外吳越間婦女好着「高頭草履」，織造精美，上加綾縠，史稱其爲「陰斜闔茸，泰侈之象。」⑩屐盛行於魏晉，男女皆着，用木或皮製成。無週緣，僅有帶附於屐頭，着時以足穿帶，曳之而行。並有兩齒，以踐泥水。唐摭言云：「京師婦女始嫁，作漆畫屐，五色采爲系。」崔涯「嘲妓」：「布袍皮襖火燒氈，紩補箜篌麻接絃；更有一雙皮屐子，紇梯紇榻出門前。」（全唐詩不載，見太平廣記卷三六五）可知雖値嚴冬，婦女仍有着屐者。唐時着屐者多不着襪，肌膚顯露，引人遐思。李白「浣紗石上女」：「一雙金齒屐，兩足白如霜。」（全唐詩卷一八四）韓偓「屐子」：「六寸圓膚光緻緻，白羅繡屧紅托裏。」（全唐詩卷六八三）均可爲證。舄是木底之屐，乃貴族着禮服時所用，如天子着赤舄。貴族婦女亦着舄，其色與其裳相似。至於民間婦女，則不着舄。

襪的記載，多以婦女爲主。最常見的爲羅襪，紅色者居多。又有錦襪，爲宮中貴人所着。楊貴妃有錦袎襪，內羅外錦，有帶束之。相傳馬嵬之變，貴妃於倉皇中遺失錦袎襪一隻，爲村嫗所得（一說爲郵童所得），供人觀賞，竟賺得不少錢財。劉禹錫「馬嵬行」：「

⑩見新唐書卷三四「五行志」。

傳看十萬眼，縷絕香不滅。」（全唐詩卷三五四）即詠此事。⑪唐時尚無纏足之習，故婦女皆係天足，當時的女性審美觀，以健碩豐滿爲尚，與此不無關係。

四　婦女的妝飾

唐代婦女，對妝飾甚爲注意，化妝則力求穠艷，飾物則力求華美。其化妝品和飾物，種類極繁，大致可分面飾、髮飾、頸飾、臂飾、指飾五類，茲分述於下：

唐代婦女的面部化妝品，有粉及燕脂。粉有鉛粉（白）、紅粉之別，婦女多好塗紅粉。又以紅脂塗唇，通稱口脂。口脂又分大紅、淺紅兩種，唐人所謂的「絳唇」、「檀口」，即是大紅、淺紅之別。唐人又以小口爲美，唐詩中常以「櫻桃」喻之。中唐以後，有以烏膏塗唇者，風行一時，可以說是唐人化妝術上的新發明。此外並塗黃粉於額間，通稱「額黃」，又因黃色靠近頭髮，所以也叫「鴉黃」。唐初虞世南「應詔嘲司花女」：「學畫鴉黃半未成」（全唐詩卷三六），後世「塗鴉」一辭，大概起源於此。額黃有時也塗於眉間，晚唐溫庭筠「漢皇迎春詞」：「柳風吹盡眉間黃」（全唐詩卷五七五），從溫詩看，漢時婦女應已用額黃。又有所謂「粧靨」，可以稱爲「假酒渦」或「人工酒渦」。以粉、朱、或燕脂點兩頰，如月形或錢形，月形者稱「黃星靨」。

眉的化妝，主要是以黛（青黑色顏料）畫眉，求其濃黑。眉的形式，也有多種。唐玄宗

⑪　李肇「國史補」謂楊妃襪爲馬嵬嫗所得，劉禹錫「馬嵬行」則謂襪爲郵童所得。

曾令畫工作十眉圖，十眉即鴛鴦眉、小山眉、五岳眉、三峯眉、垂珠眉、月稜眉、分梢眉、涵煙眉、拂雲眉、倒暈眉。唐人眉尚彎長，故唐詩中多有「蛾眉」、「雙蛾」、「彎蛾」、「柳眉」、「月眉」等形容詞。因尙濃黑，又稱「翠眉」。白居易「上陽白髮人」：「青黛點眉眉細長，……天寶末年時世妝。」可知天寶末尚流行細長之眉。但到中唐時間，唐人的衣飾起了變化，衣則尙寬大，眉則尙粗短。元稹「有所教」：「莫畫長眉畫短眉，斜紅傷豎莫傷垂，人人總解爭時勢，大都須看各相宜。」（全唐詩卷四二二）可知元和長慶之際，眉已尙短。短粗之外，又常使眉尾低斜如八字，即所謂「八字眉」。白居易「時世妝」：「時世流行無遠近，腮不施朱面無粉，烏膏注唇唇似泥，雙眉畫作八字低。妍媸黑白失本態，妝成盡似含悲啼。」（全唐詩卷四二七）漢武帝時，宮女即畫八字眉，唐人此舉，可謂復古。總之，唐代婦女的面部化粧，過分穠艷，難免流於俗麗。反不如虢國夫人，淡掃蛾眉，素面朝天，予人以清新之感。夫人所以特邀玄宗之寵眷，實非無故。面飾則有花鈿，又名花子。通常是以金製的花，貼於眉間或兩頰，也有以翠玉製成的。

唐代婦女的髮式，多好梳髻。髻自古即有，或謂起自燧人氏，事遠難知。但史載西周初年，已有高髻。至漢，受西域髮式的影響，名目增多。東漢時，高髻之風，已甚普遍。長安語曰：「城中好高髻，四方高一尺。」⑫其後南北朝及唐，均尚高髻。而唐時花樣益繁，如歸順髻、愁來髻、飛髻、百合髻、鬧掃髻、囚髻、抛家髻、烏蠻髻等，不勝枚舉。其形態多

⑫　見後漢書卷四五馬廖傳。

不可考，僅知鬧掃亂髮蓬鬆，如被風吹；囚髻束髮極緊，有類囚徒；拋家髻則以兩鬢抱面等。由於時尚高髻，婦女頭髮疏稀者自無能爲力，因此多戴假髻。⑬高髻之外，也有低髻，又稱短髻，也有很多名目。又有叢髻，爲亂梳之髻，或以假髮爲之。又有所謂「拔叢」，髮形散亂，並垂髮障目，流行於唐末。唐代婦女，有時亦效胡人的椎髻，其形如錐而無鬢。直至元和時期，還很流行。總之，唐代流行的髻，可分高髻、低髻及叢髻三種，而三種髻均可以假髮爲之。

髻之外又有鬟。鬟者謂「環髮爲髻」，大致髮式低虛者爲鬟，高實者爲髻。但髻亦有高低之分，何以不稱「低髻」而稱「鬟」？故鬟必具有其獨特形式。大致鬟爲一種圓形髮式，雖亦有高低之分，但總不失其圓。其與髻有別者，或即在此。未嫁之女，則梳雙鬟。如劉禹錫「同樂天和微之深春」：「春深幼女家，雙鬟梳頂髻。」(全唐詩卷三五七)可以爲證。

唐代婦女對鬢的修飾，也很注意。鬢式分薄鬢(即蟬鬢)與叢鬢二種，而唐人多尚薄鬢。如李百藥「戲贈潘徐城門迎兩新婦」：「雲光鬢裏薄。」(全唐詩卷四三)白居易「花酒」：「雲鬢新梳薄似蟬。」(全唐詩卷四四八)叢鬢則髮較蓬鬆，不若蟬鬢的薄而有光。如白居易「陵園妾」：「青絲髮落叢鬢疎。」(全唐詩卷四二七)王建「送宮人入道」：「休疏叢鬢理紅妝。」(全唐詩卷三〇〇)以二人的詩看來，叢鬢似爲宮人的習尚。

髮飾最普遍的爲釵，以金、銀、珠、玉、珊瑚、琥珀等物製成，並雕飾爲鸞、鳳、鴛

---

⑬ 參看原田淑人：支那唐代の服飾頁八二至八四。

鴦、燕、雀、鸚鵡、蟬、蝶、魚等動物形狀，插於髻上。沒有雕飾的釵，稱爲「素釵」。貴族婦女之釵，有寶釵、玉釵、金釵、翠釵等名目。平民婦女，則多用荊釵，以木爲之。此外有簪，用以連髮，男女皆可用。女用的簪，多以翡翠、玳瑁、玉等物爲之，玉簪又稱玉搔頭。梳（即櫛），多以木、犀角、玉、水晶、象牙等製成，插於鬢後。元稹「恨妝成」：「滿頭行小梳。」（全唐詩卷四二二）可知梳有大小之別，小梳有時可插二三個。翠翹，翹本是翠鳥尾上的長羽，翠翹則以翡翠爲之，如鳥尾形。步搖，以珠玉之屬，鑲於釵上，並於頂端以金絲曲成花枝，繫以垂珠，插於髻上，行時則隨步動搖。步搖戰國時已有，多爲貴族婦女所用，可以說是一種最奢侈的髮飾。

頸飾有瓔珞，傳自天竺，以珠、玉爲之，即今日的項鍊。臂飾則有釧，又稱臂環或條脫，有金、銀、玉等類。指飾則有指環，亦名戒指，大都以金、銀、翠玉爲之，也有以瑙瑪、珊瑚、水晶、琥珀、紫晶等製成的。

五　飲食

唐代百官食料，例由政府供給，以官階的高低分配其多寡。肉類以豬、羊、魚爲主，糧食以米、粟、麪粉爲主，菜蔬以葱、蒜、薑、瓜、葵、小豆爲主，甜食以蜜、酥、梨、乾棗爲主，佐料以油、鹽、豉、醬爲主。此外並給炭以爲燃料。每年節日並發給特製食品，如寒食給麥粥，五月五日給粽糉，七月七日給斫餅，九月九日給麻葛餅等。政府對官吏的待遇，可謂優厚。至於一般食品的名目，主要有湯、飯、膏、粥、丸、脯、羹、臡、飣、炙、膾、蒸、餅、餛飩、包子、麪、糉子等。其所用之肉，除六畜外，兼有鹿、熊、狸、兔、鶉、鴨、鼈、蟹、蝦、蛤蜊等。⑭

飲料方面，唐人最嗜酒、茶、和餳。酒以新釀爲佳，白居易「問劉十九」：「綠螘新醅酒，紅泥小火爐，晚來天欲雪，能飲一杯無？」（全唐詩卷四四〇）杜甫「客至」：「盤餐市遠無兼味，樽酒家貧只舊醅。」（全唐詩卷二二六）可以證明唐人對酒的貴新賤舊。唐代名人，患風疾（即今高血壓症）者甚多（如唐高宗、杜甫、哥舒翰等），與縱飲不無關係。長安酒價每斗約酤三百文，美酒有酤至每斗萬錢者。杜甫「偪仄行贈畢曜」：「速宜相就飲一斗，恰有三百青銅錢。」（全唐詩卷二一七）李白「將進酒」：「金樽淸酒斗十千。」（全唐詩卷一六二）大致可以說明唐代的酒價，但李白的詩句，可能有些誇大。飲茶之風，與起於開元。陸羽曾撰有茶經三篇，研究極精。唐人煎茶，通常佐以薑和鹽。至於茶的產地，則以四川所產者爲最著。唐代以後，國人酗酒之風漸衰，或與飲茶有關。餳爲麥芽或穀芽熬煎製成的糖。至於以甘蔗汁煎成的沙糖，其製法乃唐太宗時自西域傳入，當時曾大受唐人的歡迎。⑮

唐人好胡食，亦猶今人之喜食西餐。此種風氣，以開元時期爲最盛。胡食以酒爲主，如葡萄酒、三勒漿類酒（釀法出自波斯）等，最爲唐人所好。此外有胡餅，即今之燒餅。以麥粉爲之，兩層相合，外着胡麻（芝麻）。國人食之，至今不衰，漸成爲「國粹」。

⑭ 參看劉伯驥：唐代政教史頁七七。

⑮ 參看新唐書卷二二一上，西域上「摩揭陀」傳。

唐代大官多喜豪宴，承平之時固已如此，安史大亂之後，其風尤盛。如代宗大曆二年（西元七六七年），郭子儀入朝，代宗詔賜「輭脚局」。宰相元載、王縉，僕射裴冕、第五琦各出錢三十萬，宴於子儀府邸。子儀及宦官魚朝恩、大將田神功等也更迭設宴，每宴輒邀公卿大臣百人，前後費錢十萬貫。其時距安史之亂平定，不過五年。

六　居室與交通工具

唐代居室，也有定制，以貴賤為等差。宮殿多承自隋，備極壯麗，其建築技巧受西域的影響甚大。隋代的三大技術家宇文愷、何稠、閻毗，都有西域的血統。他們以西域的奇技，配合中國的規制，修建了不少雄偉的工程。如九成宮（隋仁壽宮）即是宇文愷所設計的。至唐，宮室續有興建，如弘義宮、大明宮、興慶宮等，華麗亦不減隋代。至於官民的居室，則以架為單位，架指兩柱兩樑間的面積。其制王公及諸臣三品以上九架，五品以上七架，六品以下五架。門舍則三品以上五架三間，五品以上三間兩厦，六品以下至庶人一間兩厦。又五品以上得建烏頭門。⑯

居室的定制，在玄宗天寶以前，大致尚能施行。天寶時，貴戚勳臣已務奢靡，制度乃逐漸破壞。開國元勳李靖的家廟，竟淪為嬖臣楊國忠的馬廐，而國忠妹虢國夫人也曾强佔已故宰相韋嗣立的宅第。代宗時，因安史的大難初平，官吏奮發之志漸頹，而享受之心轉烈。加

⑯ 參看唐六典卷二三「左校署」。

以法度廢弛，奢侈之風益盛。大臣戎帥，競事建築亭館舍第，大興土木，力窮始止，當時謂爲「木妖」。史稱宰相元載，在長安城中開南北二甲第，室宇宏麗，冠絕當時。又於近郊起亭榭，別墅相連者數十所，婢僕曳綺羅者一百餘人。節度使馬璘，在京師治第，尤爲宏美。到德宗，以其踰制而毀之。但習尚既成，難以遽改，雖名賢亦所不免。武宗時名相李德裕，爲晚唐政壇的奇才，道德學問，冠絕一時。但他的生活仍甚奢侈，其園池花木之盛，達於極點。這種風氣，直到北宋，纔被遏止。⑰

唐代的交通工具，不外輿、馬、舟、車。輿即是後日的轎，以人力負挽，有腰輿、步輿等名稱。馬則爲最普遍的交通工具，中唐以前，尚武之風未泯，雖女子亦多騎馬。舟船之盛，以江西爲最，編蒲爲帆，大者多至十幅。通常最大的船，載重不過八九千石，故江湖有「船不載萬」之語。但到代宗、德宗時，有俞大娘航船，體積最大。居者養生送死以及婚喪嫁娶，皆在其間；操駕之工，多至數百人。南至江西，北至淮南，每歲往來一次，獲利甚溥。可知俞大娘的船，必然不止萬石。德宗時，李皐以巧思爲戰艦，挾二輪蹈之，翔風鼓疾，若掛帆席，所造省易而久固。也可想見唐人造船術之精。⑱車則有馬車、牛車及手挽車等，雖然製造亦佳，但較之前代並沒有多大進展。

唐首都長安，街道甚爲修整。安史亂後，街坊出現不少「違章建築」。代宗於大曆時，

---

⑰ 參看舊唐書卷一一八元載傳；同書卷一五二馬璘傳，及同書卷一七四李德裕傳。

⑱ 參看李肇：國史補下「凡東南郡邑無不通水路」條及舊唐書卷一三一李臯傳。

曾下令整理，凡有「侵街打牆，接簷造舍」者，一律不許，並令拆毀，兼須重罰。街道間的樹木，亦不得斫伐。⑲

七　婚喪及慶壽

魏晉以後的早婚之習，到唐代仍然流行。太宗初年，因大亂之後，全國民戶，不過三百萬，因而獎勵生育。曾令全國男子二十以上，女子十五以上而未婚者，由政府督促結婚。其後婚期益早，玄宗時，男年十五，女年十三，於法皆聽婚嫁。⑳士庶結婚，須備六禮，即納采、問名、納吉、納徵、請期、迎親，婚禮則須於黃昏擧行。安史亂後，因戰亂流離，士庶窮困，男女婚期，普遍延遲。白居易「贈友」：「三十男有室，二十女有歸，近代多亂離，婚姻每過期。」（全唐詩卷四二五）結婚年齡，男子通常延遲十年以上，女子延遲五年以上。某些地方，女子有至四十五十而未嫁者，如杜甫「負薪行」：「夔州處女髮半華，四十五十無夫家；更遭喪亂嫁不售，一生抱恨堪咨嗟。」（全唐詩卷二二一）這種現象，當然並不普遍。但富家子女，仍行早婚，如白居易「議婚」：「紅樓富家女，金縷繡羅襦，見人不斂手，嬌癡二八初，母兄未開口，已嫁不須臾。綠窗貧家女，寂寞二十餘，荆釵不值錢，衣上無珍珠；幾迴人欲聘，臨日又踟躕。」（全唐詩卷四二五）

---

⑲ 參看唐會要卷六八。

⑳ 參看唐會要卷八三。

唐初婚姻，猶重門第，北朝「財婚」的惡習，也未泯除，尤以關東世族崔、盧二姓爲甚。他們有女皆居爲奇貨，除門第相當者外，非百萬聘財不能得，此風直傳至晚唐。有時公主尚不能與崔、盧之女相匹敵。唐公主多驕慢無禮，不敬翁姑，奴視其夫，因此人皆視與帝室聯姻爲畏途。而世家之女，尚有其傳統的門風家法，頗知禮節，因而更增身價。公主選婿，多由强迫而成。如宣宗時，鄭顥欲與盧氏爲婚，而宰相白敏中選其尚主，顥深恨敏中，視如仇敵。又唐公主有至五嫁者，二嫁三嫁，尤爲常事。由此可以推知民間離婚或改嫁，也相當自由。

平民分良人及奴隸二等，良人指士、農、工、商，各有本業，不許改行。奴隸爲數不多，尚不能構成一種階級。又有「雜戶」，原爲良人，因前代犯罪而沒官，散配諸司供驅使。他們也附於州縣戶籍，但賦役與良人不同。唐律凡良人不許與雜戶、奴隸通婚，界劃甚嚴。又同姓不許爲婚，違者各處徒刑二年。有妻更娶，以妻爲妾，或以妾婢爲妻，均以犯法論處。㉑

唐代喪祭，多循古禮，有發哀、出孝等禮節。營葬甚爲奢侈，王公百官，都競爲厚葬。伴葬的「明器」，政府例有規定數目。偶人像馬，雕飾如生，墓田亦甚廣濶。歸葬時並有路祭，沿途設祭，每半里一祭，連續相次。唐初路祭於路旁張設帳幕，中有祭盤，置假花果及粉人粉帳之屬，帳幕大者不過方丈。其後愈來愈奢，帳幕有高至九十尺者，祭物亦窮極工

㉑ 參看長孫無忌：唐律疏義卷十三、十四「戶婚」。

巧。安史亂後，路祭的花樣更多，有刻木爲古戲以爲祭物者。靈車過時，送葬者手拉布幕，輟哭而觀，完全失去路祭的意義。唐時文官遭父母喪，聽其去職，武官則可以從權。對父祖避諱的習慣，也甚爲重視。平民的喪葬，自無官宦的豪奢，墓田也甚狹窄。例如開元時庶人墓田定爲方七尺，墳四尺。㉒

慶壽的風俗，起於南朝齊梁之際。相沿至唐，自皇帝下至平民，莫不重視生日，竭力崇飾。開元十七年（七二九年）八月五日，玄宗誕辰，宰相源乾曜、張說等上表，建議以是日爲「千秋節」，是以生日建節的開始。㉓

八　娛樂一（倡妓）

唐代的社會，色情意味非常濃厚。尤其是大都會中，歌臺妓館，到處林立。當時一般文人墨客，進士新貴，多以風流相尙，歌舞流連，不以爲怪。因此風流韻事，流傳極多，可以說極盡享受的能事。

當時的妓女，可以分爲公妓、私妓、家妓三大類，茲分述之：

公妓是政府特設，用以娛樂皇室、高官及軍人者，又可分宮妓、官妓、營妓三種。唐初置內教坊於禁中，訓練妓女，教以音樂歌舞，以娛皇家，是爲宮妓。至玄宗，又於京師置左

㉒ 參看劉伯驥：唐代政教史頁八〇至八一。
㉓ 參看資治通鑑卷二一三。

右教坊。白居易在潯陽江頭遇見的商人婦，即曾習琵琶於教坊。白的「琵琶行」：「十三學得琵琶成，名屬教坊第一部。」（全唐詩卷四三五）當時教坊妓樂分坐部和立部，「第一部」指坐部。不過她學成後，並沒有做過宮妓而流爲私妓。官妓用以侍奉高官，可能也是由教坊來訓練。唐德宗時，名將李晟在四川與張延賞爲爭官妓而成仇，其後延賞入相，與晟又成政敵，幾至釀成禍亂。㉔營妓則是用以娛樂軍事長官和軍士的。

私妓多集中於平康里，因其地近長安北門，故又稱「北里」。北里的妓館，是政府允許設立的私妓館。妓女中頗不乏多才多藝、知書能言的。唐代士子入京考試，多宿於妓館。此外女道士雖以修道爲名，實際是變相的私妓。她們頭戴花巾或芙蓉黃冠，著素服，加霞帔，盛服濃裝，瀟灑有致。她們多與士大夫相往還，且可以醮禱爲名，邀至家中，侑酒取樂。唐人的詩中，有不少是詠女道士的。

家妓是皇親懿戚、公卿百官以及騷人墨客所豢養的妓女，用以娛樂自身和接待賓客，身份介於婢妾之間。中唐大詩人白居易有家妓樊素善歌，小蠻善舞。又居易「與牛家伎樂雨夜合宴」：「歌臉有情凝睇久，舞腰無力轉裙遲，人間歡樂無過此，上界西方即不知。」（全唐詩卷四五七）可知家妓必擅歌舞，從而可知唐代士大夫的耽於享樂。

九　娛樂二（樂舞）

㉔參看舊唐書卷一二九張延賞傳。

南北朝時代，音樂多採胡樂，唐仍因之。玄宗時，西域的樂譜，大量輸入；著名的樂工，多爲胡人或胡裔，所以大體說來唐代的音樂仍是西域化的。西域的音樂，多與舞相配，唐代樂舞的流行，自然也是受西域的影響。玄宗酷嗜音律，他於開元初，選太常子弟三百人，教爲絲竹之戲，置院近梨園，號「梨院子弟」。此外樂人、音聲人等多至數萬，女樂則隸敎坊。其時音樂歌舞之盛，冠絕整個唐代。中唐以前，朝廷著名的樂舞，舞人多爲男性。中唐以後，樂舞逐漸偏重女性。

盛唐時代的皇室樂舞，歷朝均有創制，名目不勝枚擧。著名的男舞，有七德舞、九功舞、上元舞、大定舞、聖壽舞、光聖舞、讌樂舞、長壽舞、龍池舞、師子舞、景雲舞、文舞、武舞、字舞（花舞）、坐舞、八佾舞等。其中不少須用大量舞人，十分壯觀。例如上元舞（高宗時作）舞者一百八十人，著五色衣。聖壽舞（武后時作）則用一百四十人，戴金銅冠，着五色畫衣，舞之行列必成字，凡十六變而畢。㉕

著名的女舞則有：歎百年舞，用舞女數百人，盛飾珠翠，地衣皆畫魚龍，每舞用官絁五千疋。傾杯舞（玄宗作），以妙齡姿美的舞人數十，着淡黃衫、文玉帶，並以金鈴、珠玉絡於頸間而舞之。㉖霓裳羽衣舞，此舞衣飾繁麗，舞步急促。白居易「霓裳羽衣歌」：「紅裳霞披步搖冠，鈿瓔纍纍珮珊珊。」又云：「繁音急節十二徧，跳珠撼玉何鏗錚。」（全唐詩卷

㉕　參看文獻通考卷一四五。
㉖　參看樂府雜錄「舞工」條。

四四四）可以想見舞時的情景。

胡舞多來自西域，雖非官方頒製的正式的舞，但非常流行，不特爲士庶所歡迎，有時且深入宮中，可以說風靡一世。胡舞舞者不過一二人，動作較正式的樂舞迅捷，所配的胡樂旋律也輕快活潑。著名的胡舞有胡旋舞、胡騰舞、柘枝舞、渾脫舞等，玆分述之。

胡旋舞，出自西域康國，其特點是舞者旋轉動作，異常迅急。舞者二人，着緋襖、錦袖、綠綾褲、赤皮靴。㉗玄宗天寶末，此舞最爲風行。楊貴妃及安祿山均擅此舞。白居易「胡旋女」：「天寶季年時欲變，臣妾人人學圓轉；中有太眞外祿山，二人最道能胡旋。」（全唐詩卷四二六）史稱祿山體重三百餘斤，腹垂過膝，但舞時其疾如風。又元稹「胡旋女」：「驪珠并珥逐飛星，虹暈輕巾掣流電。」（全唐詩卷四一九）可以想見舞步的迅捷。

胡騰舞，出自石國，當是男舞。此舞動作亦以迅急見長，同時雜以騰躍，樂器則用橫笛、琵琶。下面兩詩可以看出舞者的衣着及舞時的情景。劉言史「王中丞宅夜觀舞胡騰」：「石國胡兒人見少，蹲舞尊前急如鳥，織成蕃帽虛頂尖，細氎胡衫雙袖小。手中拋下蒲萄盞，西顧忽思鄉路遠，跳身轉轂寶帶鳴，弄脚繽紛錦靴軟。四座無言皆瞪目，橫笛琵琶偏頭促，亂騰新毯雪朱毛，傍拂輕花下紅燭。」（全唐詩卷四六八）李端「胡騰兒」：「胡騰身是涼州兒，肌膚如玉鼻如錐，桐布輕衫前後卷，葡萄長帶一邊垂。帳前跪作本音語，拾襟攬袖爲君舞。……揚眉動目踏花氈，紅汗交流珠帽偏，醉却東傾又西倒，雙靴柔弱滿燈前。」（全

㉗ 參看通典卷一四六「康國樂」。

唐詩卷二八四）

柘枝舞，爲女舞，用二女童，衣五色羅寬袍，胡帽銀帶，帽施金鈴，轉動有聲。舞者先藏於假蓮花中，花開而後身現，相與對舞，甚爲雅妙。㉘此舞動作較緩，不似胡旋、胡騰的旋轉騰躍。下面是唐人描寫柘枝舞的詩：張祜「觀楊瑗柘枝」：「促疊蠻鼉引柘枝，卷簷虛帽帶交垂，紫羅衫宛蹲身處，紅錦靴柔踏節時。」（全唐詩卷五一一）白居易「柘枝妓」：「紅蠟燭移桃葉起，紫羅衫動柘枝來，帶垂鈿袴花腰重，帽轉金鈴雪面迴。」（全唐詩卷四四六）

渾脫舞，也是胡舞，但舞時的動作不詳。玄宗時，公孫大娘善舞渾脫。

十　娛樂三（鬥花與鬥鷄）

唐人喜賞花，對牡丹尤爲鍾愛。長安本無牡丹，武則天爲皇后時，移其故鄉河東地區（今山西省）的牡丹至長安，植於禁苑，由是京師牡丹日盛，後又移植於洛陽。牡丹當玄宗天寶之世，猶是珍品。到德宗、憲宗時，始成爲都下的盛翫，此後更普及於士庶之家。每年三月五日，花主各出其心愛之花，供人觀賞，鬥勝爭奇。是日長安兩街看牡丹，車馬奔走，其花有一本至數萬錢者。劉禹錫「賞牡丹」：「庭前芍藥妖無格，池上芙渠淨少情；惟有牡丹眞國色，花開時節動京城。」（全唐詩卷三六五）羅隱「牡丹花」：「若教解語應傾國，任是無情亦動人。」（全唐詩卷六五五）可見唐人對牡丹喜愛之深。但也有對這種現象不滿的，如王轂

㉘參看太平御覽卷三一「樂苑」。

「牡丹」：「牡丹妖艷亂人心，一國如狂不惜金。」（全唐詩卷六九四）洛陽牡丹尤盛，為天下之冠。其俗亦好花，春時城中居人，無分貴賤，皆揷戴之。

牡丹以白色者最多，玄宗開元時，已有紅、紫、淺紅、通白四種。憲宗時已有黃牡丹，其餘各色又分深淺。唐代高級官員，衣色為紫和紅，因此唐人最喜紫和紅色的牡丹，稱之為「富貴花」。國畫中有黑牡丹，其實並無此色。唐人所稱的黑牡丹，是指水牛，乃諧謔之辭。後人不察，以為牡丹確有黑色。㉙

唐代鬥鷄之風亦盛。豪富之家，多蓄雄健之鷄，以膏塗鷄首作狸狀，縛利刄於鷄足，以與他鷄較勝負。李白「答王十二寒夜獨酌有懷」：「狸膏金距學鬥鷄，坐令鼻息吹虹霓。」（全唐詩卷一七八）即詠此事。鬥鷄須下賭注，勝者得之。長安游俠少年，日以醉飲倡樓鬥鷄為活。張籍「少年行」：「日日鬥鷄都市裏，贏得寶刀重刻字；百里報讐夜出城，平明還在倡樓醉。」（全唐詩卷三八二）可知少年尤喜此道。

玄宗喜鬥鷄，特設鬥鷄童，着花蔽膝。其餘諸帝如高、中、睿、代、穆、文、僖諸宗，莫不沈湎此道。文人畫家，對鬥鷄的吟詠描繪，也有聲有色，可見唐代鬥鷄之風的盛行。

十一　娛樂四（百戲）

百戲指各種雜技及遊戲，名目甚多，其中不少傳自西域。茲分述如下：

㉙ 參看李樹桐：唐人喜愛牡丹考（載唐史新論頁二一二至二八一）。

㈠黃龍變，即幻技，亦即今之「魔術」，不外吞刀吐火、魚龍變化之類。漢武帝時，自西域輸入，唐時仍盛行。

㈡夏育扛鼎，育，春秋時衞人，爲著名的大力士，此則用其名以喻表演者的多力。其表演過程，乃是取車輪、石臼、大甕器等各於掌上跳弄之。

㈢戴竿，以二人承竿，竿長百餘尺。其上有舞人，騰擲如猿猴飛鳥之勢。

㈣繩技，自西域傳入。以繩繫於兩柱之間，相去十丈，以二人上繩對舞。繩上相逢，切肩而過，歌舞不輟。或數人踏肩踏頂至三四重，旣而翻身直倒至繩，曾無蹉跌，一舉一動，皆應嚴鼓之節。

㈤拔河，又名「拔絙」，古稱「牽鉤」。以大麻繩四五十丈，兩頭分繫小索數百條，與賽者數百人，各掛小索於胸前，相互牽拔，以角勝負。

㈥打毬，古稱「蹴鞠」。鞠以軟皮爲之，實之以物，使成球形，以之蹴踏爲戲，西漢名將霍去病及漢成帝皆善此道。唐時又有踏球之戲，以彩畫木球，高一二尺，女妓登躡，轉球而行，並作出各種舞姿。

㈦波羅毬，自西域傳入，亦即今之馬球。球小如拳，外爲彩繪，或塗朱紅。球丈長數尺，其端如偃月。擊球的人數無定，通常十餘人，分爲兩隊，各騎快馬，共爭擊一球，是唐代軍中的常戲。玄、穆、敬、宣、懿、僖諸宗，均喜作波羅球戲，甚至宮娥也有擅此技者。朝貴宅第，多有自築球場。這種遊戲，歷唐、宋、元三朝而不衰，到明始趨廢歇。

㈧潑寒，又名乞寒，南北朝時自波斯傳入，始見於周書。此戲於冬日舉行，戲者披髮、裸體、跣足，相互揮水投泥以爲笑樂。玄宗開元初，以其過於殘忍，曾下敕禁絕。

此外如奕棋（以大食棋戲「雙陸」最流行）、賭博、秋千（鞦韆）、競渡、登高，也都爲唐人所喜愛，以過於煩瑣，不復多述。㉚

原載食貨復刊四卷一、二期，六十三年五月

㉚ 參看岑仲勉：唐史頁六四五至六四八。

玄武門事變之醞釀

唐高祖武德九年六月四日之玄武門事變，爲初唐政治史上之大事。舊史記其經過，頗多隱諱，時賢已發其覆。至關於此一事變之醞釀，亦即事變以前之數年間建成、世民雙方衝突之情形，舊史所載，亦有僞飾之處。其記建成、元吉之猜忌凶橫，高祖之昏憒偏私，與夫世民之謙沖忍讓，皆不盡符事實。蓋現存之舊有史料，業經勝利者之竄改，其不利於失敗者之建成、元吉，自屬必然。而其掩蓋之巧妙，幾成無縫之天衣；後世如別無其他史料可資按覆，亦惟有承認其說。惟百密一疏，此類記載之致人疑竇處，仍非全無。玆綜輯所見有關此方面之史料，對此一事變之醞釀，作一較有系統之敍述。於其記事隱晦立意偏詖之處，則附數言，加以商榷。期能稍見事實之眞相，略正相傳之觀點。至於論政治之是非，辨倫理之曲直，則不在本文論述範圍之內也。

一　建成世民衝突之開始

建成與世民之衝突，約起於武德四年洛陽平定之後。蓋前此建成留居長安，世民專征於外，頗少共處之機會。及四年世民「擒充戮竇」，功業日隆，其遭建成之忌，自所難免。而海內大定，强敵多殄，世民亦逐漸着意於儲位之爭取。益以同居京都，各有黨羽，又有希求富貴者之煽動其間，於是衝突漸起。舊唐書六六杜淹傳：

> 大業末，（淹）官至御史中丞。王世充僭號，署為吏部，大見親用。及洛陽平，初不得調，淹將委質於隱太子。時封德彝典選，以告房玄齡，恐隱太子得之，長其姦計。於是遽啓太宗，引為天策府兵曹參軍、文學館學士。

按舊唐書杜傳記世民遽引杜淹，恐爲建成所用。則世民樹結勢力，以與建成對抗之意甚顯。封德彝隋之降臣，高祖之親信，與世民素無淵源；如非世民厚以結之，抑且深知雙方之不合，恐亦不致遂爲世民效力也。

建成最初所採之策略，則爲聯合元吉，以增聲勢；並交結高祖妃嬪，以爲內助。新唐書七九隱太子建成傳（舊唐書六四建成傳同）略云：

> 帝（按指高祖）晚年多內寵，張婕妤、尹德妃最幸，親戚分事宮府。建成與元吉通謀，內結妃御以自固。當是時海內未定，秦王數將兵在外，諸妃希所見。及洛陽平，帝遣諸妃馳閱後宮，見府庫服玩，皆私有求索；為兄弟請官。秦王已封帑簿，及官爵非有功不得，妃媛皆怨之。帝召諸王燕，秦王感母之不及有天下也，偶獨

泣，帝顧不樂。妃媛因得中傷之，帝遂無易太子意。

建成此一辦法，甚為成功。因有宮闈之奧援，不特建成之地位大見穩固，且得耳目於宮中。其後直至事變發生之日，高祖妃嬪，始終援助建成。世民於事變前夕，奏訴建成、元吉，即為張婕妤密告建成。世民並奏二人「淫亂後宮」，亦可見其對高祖妃御忌恨之甚也。

此外，建成曾採東宮僚屬王珪、魏徵等之建議，親征劉黑闥，以分世民之功。舊唐書建成傳：

時太宗功業日盛，高祖私許立為太子，建成密知之，乃與齊王元吉潛謀作亂。及劉黑闥重反，王珪、魏徵謂建成曰：「殿下但以地居嫡長，爰踐元良，功績既無可稱，仁聲又未遐布。而秦王勳業克隆，威震四海，人心所向，殿下何以自安？今黑闥破亡之餘，衆不盈萬；加以糧運限絕，瘡痍未瘳；若大軍一臨，可不戰而擒也。願請討之，且以立功。深自封植，因結山東英俊。」建成從其計，遂請討劉黑闥，擒之而旋。

建成之討劉黑闥，在武德五年。而建成、元吉之內結高祖妃御，資治通鑑亦載於五年。高祖妃御之不喜世民，主要由於平洛陽後求索不遂而起，故通鑑所記之時間，當屬無誤。據此可知洛陽平定之後不久，雙方之鬥爭，遂即展開矣。

二　楊文幹事件

建成之另一策略，即為蓄養勇士，擴充實力。此事主要行之於武德五年至七年之三年間。蓋世民久專征伐，府中智勇之士，即今就史册觀之，仍甚衆多。建成自不免相形見絀，故廣加募召，以資抗衡，實亦事之必至。然因此引起武德七年之楊文幹事件，建成儲位，幾至不保。而史書記其事，措辭含混，其間恐尚有其他隱情也。舊唐書建成傳：

建成乃私召四方驍勇，並募長安惡少年二千餘人，畜為宮甲，分屯左右長林門，號為長林兵。（新唐書建成傳並云：「又令左虞侯率可達志募幽州突厥兵三百，內宮中，將攻西宮。」按西宮為世民所居之地，解釋見後。）及高祖幸仁智宮，留建成居守。建成先令慶州總管楊文幹募健兒送京師，欲以為變；又遣郎將爾朱煥、校尉橋公山齎甲以賜文幹，令起兵共相應接。公山、煥等行至豳鄉，懼罪馳告其事。高祖託以他事，手詔追建成詣行在所。既至，高祖大怒。建成叩頭謝罪，奮身自投於地，幾至於絕。其夜置之幕中，令殿中監陳萬福防禦，而文幹遂舉兵反。高祖馳使召太宗以謀之，太宗曰：「文幹小豎，狂悖起兵，州府官司，已應擒剿；縱其假息時刻，但須遣一將耳。」高祖曰：「文幹事連建成，恐應之者衆，汝宜自行，還立汝為太子。吾不能效隋文帝誅殺骨肉，廢建成封作蜀王，地既僻小益制，若不能事汝，亦易取耳。」太宗既行，元吉及四妃更為建成內請，封倫（按即封德彝，此時轉為建成效力）又外為遊說，高祖意便頓改，遂寢不行。復令建成反京居守，惟責以兄弟不能相容，歸罪於中允王珪，右衛率韋挺及天策兵曹杜淹等，並派之巂州。

按通鑑記其事於卷一九一武德七年，內容與兩唐書同。然同卷考異曰：

劉餗卜說云：「人妄告東宮。」今從實錄。（按實錄當指許敬宗等之高祖實錄，蓋亦兩書之所本者。）

文幹之反，既說法不一，則其爲建成所主使，抑爲敵人所誣告而致激變，殆已莫可究詰。然其事必與世民有所關連，則可斷言。不然高祖之責兄弟不能相容而流王珪、杜淹輩者，究何所爲而發耶？其所以不獨責建成，恐亦另有原因，不能全以偏愛建成之理由解釋之。所惜史料缺略，無法究其眞相耳。

楊文幹事件，既因建成擴充兵力而起，其目的又在對抗世民，然則世民在京師亦必有相當雄厚之武力。茲試將雙方實力，作一比較。

舊唐書建成傳言及東宮兵員處凡二見，惟數目與新唐書建成傳略有差異。舊唐書建成傳：

> 建成乃私召四方驍勇，並募長安惡少年二千餘人（新唐書作「二千人」），畜爲宮甲。

同傳又云：

> 俄而東宮及齊府精兵二千人（新唐書作「三千」），結陣馳攻玄武門。

據此可知建成及元吉之兵員，約共有二千至三千之衆。至世民之武力，則散見於各傳。舊唐書六九張亮傳：

> （太宗）遣亮之洛陽，統左右王保等千餘人。

同書六八尉遲敬德傳：

> 敬德曰：「（上略）在外勇士八百餘人（新唐書八九敬德傳作「八百人」），控弦

被甲，事勢已就，王（按指世民）何得辭！」

按世民遣張亮赴洛陽及尉遲敬德對世民之言，均爲事變前不久之事。故知至少於武德九年，世民所統兵力，約在兩千人左右。及張亮東行，僅剩將近千人。準此而論，建成之實力平時約超過世民三分之一，及至事變前夕，更超出一至二倍，故建成實佔優勢。至雙方之戰鬥力，則可以事變時雙方混戰之情形測之。舊唐書建成傳：

俄而東宮及齊府精兵二千人，結陣馳攻玄武門，守門兵仗拒之，不得入。良久接戰，流矢及於內殿。太宗左右數百騎來赴難，建成兵遂敗散。（新唐書同傳作「王左右數百騎合擊之，衆遂潰。」）

同書尉遲敬德傳：

其（東）宮（齊）府之將薛萬徹、謝叔方、馮立等率兵大至，屯於玄武門，殺屯營將軍。敬德持建成、元吉首以示之，宮府兵遂散。

按薛萬徹爲唐初名將，與謝叔方等率宮府兵攻玄武門，殺屯營將軍，其戰鬪力之强可想。其潰散實由於建成等已死，無心戀戰所致，非世民之數百騎所能取勝。以此可知建成在京師之武力，以兵員論，超出世民甚多，而戰鬥力亦甚强也。

總之，楊文幹事件可視爲建成、世民雙方整個衝突過程之一重要階段。此事件後，建成之地位，終不動搖；而世民所抱高祖易儲之希望，亦告幻滅；由是鬪爭益烈而危機日深矣。

三　高祖之態度

至唐高祖對建成兄弟所持之態度，據現存史料之描寫，大致謂高祖初亦深知世民之大功，且曾數度許以皇位之繼承。後因受後宮之蠱惑，終至袒建成、元吉而疏世民，不特違背其夙諾，即於二人加害世民之種種罪行，亦不予究責，一似其爲人極其昏憒偏私者。世民之覬覦儲位，由高祖出言不慎以激發之，誠有可能。然高祖之保全建成，亦自有其苦衷。蓋建成位居嫡長，又無大過；而世民才華駿發，甚類隋煬；遠懲前代之禍源，近憂倫常之失序；所以始終欲維持現狀，其意不外如此。特未能遠料慘變發生之可能性，而早作適當之處理，是其疏失耳。羣臣所以無一人能將此種危機告知高祖者，蓋亦有所顧忌，所謂「父子之間，人所難言」者也。然高祖亦似曾設法消弭雙方之嫌隙，此可由世民遷居宏義宮一事見之。舊唐書建成傳：

> 自武德初，高祖令太宗居西宮之承乾殿，元吉居武德殿後院，與上臺東宮，晝夜並通，更無限隔。皇太子及二王出入上臺，皆乘馬携刀弓雜用之物，相遇如家人之禮。由是皇太子令及秦、齊二王教與詔敕並行，百姓惶惑，莫知準的。

按西宮爲長安太極宮亦即所謂大內之西邊一部，當即是掖庭宮。宮之中部爲高祖所居，亦即所謂上臺；建成之東宮，則在上臺之東。元吉居武德殿後院，通鑑一九〇武德五年注曰：「武德殿在東宮西。」可知元吉之齊府當與東宮相毗連也。其後高祖或以過份紊亂之故，遂將東宮、齊府與上臺隔斷，不得自由通行。此點雖史無明文，然由武德九年六月四日建成等入朝高祖，必須繞道自宮城北面之玄武門而入一事觀之，即可知其然也。（然東宮、齊府與上臺之間，似仍有可通之處。通鑑一九一記六月四日建成等入玄武門後之情形曰：「

建成、元吉至臨湖殿，覺變，即跋馬東歸宮府。」又曰：「元吉步欲趣武德殿。」可知上臺與宮府實際仍可相通，特平日不准自由出入耳。）

此外，高祖並遷世民於長安城西之宏義宮。唐會要三十宏義宮條：

> 武德五年七月五日營宏義宮。注曰：「初秦王居宮中承乾殿，高祖以秦王有克定天下功，特降殊禮，別建此宮以居之。」

同書同卷又云：

> 高祖以宏義宮有山林勝景，雅好之。至貞觀三年四月，乃徙居之，改為太安宮。六年二月三日，太宗正位於太極殿，監察御史馬周上疏曰：「臣伏見太安宮在城之西，其墻宇門闕之制，方之紫極，尚為卑小。臣伏以皇太子之宅，猶處城中；太安宮乃至尊所居，更在城外。」

觀會要語氣之肯定，世民確曾遷宏義宮，當無疑問。至於何時遷居，則不得而知。以當時情勢推測，或在武德七年六月楊文幹事件爆發之後。新唐書建成傳謂建成令可達志募突厥兵三百內宮中，「將攻西宮」；此西宮似仍指世民舊居亦即太極宮之西宮。繼而楊文幹之變起，高祖爲避免建成兄弟之衝突，遂遷世民於宏義宮以隔離之，實有可能。且宏義宮之建，在武德五年，計其時日，此時亦可竣工。世民既徙居城外，建成等於京城中遂無敵對之勢力，而於宮省消息之探訪，亦遠較世民爲便利。故高祖此種措施，益使世民陷於不利之形勢。世民於遷居一事之不滿，自可想見。此事於世民之發動政變，具有直接促成作用。蓋一則去至尊疏遠，終無嗣位之可能；再則其地僻居城外，更便於陰謀之進行。而其踐位後亦徙高祖於宏義宮者，殆爲追恨前事而採取之一種報復耶？

四　事變前夕之局面

楊文幹事件後至玄武門事變爆發之一段時間，亦即武德七年夏至九年夏之二年間，建成世民之鬥爭，愈形激烈。雙方皆致力於收買對方智勇之士，以爲己用。惟史書於建成之利誘秦府份子，記載甚詳；而於世民之勾結東宮僚屬，則隱而不言。舊唐書六八尉遲敬德傳略云：

隱太子、巢剌王元吉密致書以招敬德，仍贈以金銀器物一車，敬德辭。

同書同卷段志玄傳：

隱太子建成、巢剌王元吉競以金帛誘之，志玄拒而不納。

建成收買秦府重要份子之辦法既告失敗，乃轉而藉高祖之力以排去之。以是程知節、房玄齡、杜如晦等盡遭斥逐，而敬德幾至被殺。蓋高祖其時已受包圍，非復前此對於兩方親信同時懲罰之態度矣。舊唐書六八程知節傳：

武德七年，建成忌之，構之於高祖，除康州剌史。

同書六六房玄齡傳：

隱太子以玄齡、如晦為太宗所親禮，甚惡之，譖之於高祖，由是與如晦並被驅斥。

同書尉遲敬德傳：

元吉乃譖敬德於高祖，下詔獄訊驗，將殺之。太宗固諫，得釋。

至九年，建成復乘突厥入寇之機，薦元吉代世民督諸軍北征，元吉復請以秦府驍將精兵隨行，期以澈底瓦解世民之武力，惟軍未發而玄武門之變作。舊唐書六四巢王元吉傳略云：

> 九年，會突厥郁射設屯軍河南，入圍烏程。建成乃薦元吉督軍北討，仍令秦府驍將秦叔寶、尉遲敬德、程知節、段志玄等並與同行。又追秦府帳，簡閱驍勇，將奪太宗兵以益其府。高祖知其謀而不制。建成謂元吉曰：「既得秦王精兵，統數萬之衆。吾與秦王至昆明池，於彼宴別；令壯士拉之於幕下，因云暴卒，主上諒無不信。吾當使人進說，令付吾國務，正位以後，以汝為太弟。敬德等既入汝手，汝一時坑之，孰敢不服！」率更丞王晊聞其謀，密告太宗。

按率更丞王晊，東宮僚屬，得聞密謀，自必為建成所親近；如不與世民夙有勾結，豈肯冒險以密謀相告！又世民收買建成舊人之玄武門屯將常何，遂獲六月四日政變之勝利，近人已有論述。參證以王晊之事，益知建成世民雙方均收買對方之親信，特事有成與不成耳。

綜觀建成抵制世民之各項策略，足證其人亦非等閒。元吉之軍若出，秦府武力必歸消滅，即不殺世民，世民亦將無反抗之能力。且建成本意，亦似祇在孤立世民，使之就範，未必有加害之心。蓋以建成之多助，元吉之勇猛，欲發動一類似玄武門事變性質之政變，何時不可？何必延宕數年，授人以可乘之機？即六月三日玄武門事變之前夕，建成得張婕妤之密告，已明知世民不利於己，猶不聽元吉「勒兵觀變」之勸告，坦然而入玄武門；雖自以兵備已嚴，玄武門守將係東宮舊人，不致有他；然其無加害世民之意，亦已明矣。且史稱元吉嘗欲殺世民，而建成不允。舊唐書六四元吉傳：

太宗嘗從高祖幸其第，元吉伏其護軍宇文寶於寢內，將以刺太宗，建成恐事不果而止之。（新唐書七九元吉傳作「太子固止之。」通鑑一九一作「建成頗仁厚，遽止之。」）

此事通鑑載於武德七年六月楊文幹之反以前，可知建成至少在七年猶無殺害世民之意。惟史書亦曾載有建成鴆毒世民之事。舊唐書建成傳：

後又與元吉謀行鴆毒，引太宗入宮（按指東宮）夜宴。既而太宗心中暴痛，吐血數升，淮安王狼狽扶還西宮。（按通鑑一九一記其事，胡三省注曰：「西宮蓋即宏義宮。」蓋以其地在長安城之西，故亦稱西宮，非太極宮之西宮。）

按此事通鑑載於武德九年六月，乃玄武門事變前不久發生者。然此事殊有可疑，蓋其時雙方鬥爭極烈，世民安有輕身入東宮夜宴之理？且建成果欲殺世民，又豈李神通所得扶之而出者？此非事實，不待煩言。蓋楊文幹事變之後，儲嗣問題，完全決定；建成、元吉已佔優勢。而局勢推演，世民之武力，必歸消滅。將來世民幸不爲楊勇，亦一曹子建耳。此時建成不必謀殺世民，其理甚明顯也。

世民在京師之實力，既不敵建成，因思植勢力於首都之外，以待他日之變，遂有遣張亮赴洛陽之事。舊唐書六九張亮傳：

建成元吉將起難，太宗以洛州形勝之地，一朝有變，將出保之。遣亮之洛陽，統左右王保等千餘人，陰引山東豪傑以俟變，多出金帛，恣其所用。元吉告亮欲圖不軌，坐是屬吏，亮卒無言。事釋，亮還洛陽。

高祖亦曾有命世民出居洛陽之意。同書建成傳略云：

高祖謂太宗曰：「建成自居東宮，多歷年所，今復不忍奪之。觀汝兄弟是不和，同在京邑，必有忿競。汝還行臺，居於洛陽，自陝以東，悉宜主之。仍令汝建天子旌旗，如梁孝王故事。」及將行，建成、元吉相與謀曰：「秦王今往洛陽，既得土地甲兵，必為後患；留在京師，制之一匹夫耳。」密令數人上封事曰：「秦王左右，多是東人，聞往洛陽，非常欣躍；觀其情狀，自今一去，不作來意。」高祖於是遂停。

高祖此意，仍是採用以往之隔離辦法；及建成等使人上封事，乃悟後果之嚴重，遂寢此事。世民在京師之實力，既居劣勢；欲東出以待變，復不如願；而奪嫡之大慾，難以戢止；自身之實力，又將逐漸消失。最後祇有行險徼幸，以圖一逞。所以必至喋血禁門，手刃骨肉者，其勢亦不得不然。玄武門之變，實世民一生最艱危之奮鬥，其敢於乘時發難，以弱取强者，固可見其明決過人；然影響所及，其弊亦現。有唐一代，骨肉之變獨多；天寶以後，政歸宦寺；又豈無緣而至哉！

原載臺灣大學文史哲學報八期，四十七年七月

天寶雜事

「雜事秘辛」一書，爲明人假託漢人所撰之小說，敍漢桓帝梁后之被選及册立，妙於形容，動人心目。本文之內容，談有關唐天寶時代楊貴妃之事，所以標題亦採「雜事」二字，以其意相近也。

國人之於楊貴妃，無論古今，莫不嚮往。其姿容及身世皆具有傳奇性，而於天寶時代唐帝國政治上之影響，尤非同小可。自中唐時代，白居易長恨歌成，其後國人對貴妃之歌詠慨歎，連篇累牘，至晚近而不衰。在中國歷史上及文學作品中，其聲譽之隆，幾無其他女性可與比肩。惟因貴妃事蹟，萬人爭寫，其中往往有自創新意，不按史實者。此種風氣，白居易實開其端。近更有小說家言，引伸渲染，遂令此絕代佳人，一變而爲海外扶餘。就文學之趣味及情節言，其文可稱佳製；如就歷史之求眞標準而論，則大相逕庭。本文非文學之作，敍述楊貴妃之爲人及其馬嵬死難等問題，兼述唐與其以前各代女性審美觀之演變，以及後人對貴妃之評價，期能回復貴妃在歷史上之眞面目，實作者撰寫此文之本意也。

一　唐以前中國女性審美觀之演變

中國古代美人，有所謂「燕瘦環肥」。燕指漢成帝皇后趙飛燕，環指楊貴妃①。由此觀之，漢唐兩代之女性審美觀，迥然不同。故於談貴妃之前，先對中國古代女性審美觀之演變，畧加敍述，以明歷代尚瘦或尚肥之原因。此外肥瘦二字之涵義，亦應先予說明。肥指軀體豐滿，亦即碩健之美，非謂癡肥如豬；瘦指身材窈窕，亦即適中之美，非謂枯瘦如木乃伊也。

中國記載女性美最早之典籍爲詩經，此書非一人一時所作，其時代大致包括西周初年至春秋中期之五百年（西元前一一〇〇年至前六〇〇年）。當時中原鄭衞二國，風氣最爲放蕩，而詩經中之所謂「鄭衞之聲」，對女性之描寫，亦最能刻畫入微。就鄭衞二國國風觀之，當時之女性審美觀實以高大健碩爲尚。茲舉二例以證之。

㈠鄭風「有女同車」第一章：

有女同車，顏如舜華，將翺將翔，佩玉瓊琚；彼美孟姜，洵美且都。

㈡衞風「碩人」第一、二章：

碩人其頎，衣錦褧衣；齊侯之子，衞侯之妻，東宮之妹，邢侯之姨，譚公維私。

---

① 楊妃小字玉環，見馬嵬志卷二引癸辛雜志。

手如柔荑，膚如凝脂，領如蝤蠐，齒如瓠犀，螓首蛾眉；巧笑倩兮，美目盼兮。

鄭風所述同車之女「洵美且都」，「都」字為容貌美大之意。衛風之「碩人其頎」，則謂其人碩大頎長。「碩人」除體型之美外，其餘身體各部，亦各有動人之處，實為當時之標準美人。如以「柔荑」（茅之嫩芽）喻手之白嫩，以「凝脂」喻肌膚之光潔，以「蝤蠐」（蠶之幼蟲）喻頸之長白，以「瓠犀」（瓠瓜之子）喻牙齒之潔白整齊，以「螓首」（螓類蟬而略小）喻其方頭廣額，以「倩兮」喻其酒渦之美，以「盼兮」喻其眼球之黑白分明。而凝脂、蝤蠐、螓首、倩兮諸詞，莫不予人以頎長豐潤之感。

戰國時期，楚國文化大盛，其文學的代表作為楚辭。楚辭中所記之美人，已非詩經所記之碩長，而以「穠纖得中，修短合度」為上。玆舉二例：

(一)宋玉神女賦：

穠不短，纖不長，步裔裔兮曜殿堂；忽兮改容，婉若遊龍乘雲翔。

(二)宋玉登徒子好色賦：

東家之子，增之一分則太長，減之一分則太短；着粉則太白，施朱則太赤。眉如翠羽，肌如白雪，腰如束素，齒如含貝。

兩賦中之神女及東家子均肥纖適中，敍述甚明。而東家子「腰如束素」，乃形容其腰之細。以細腰為上，乃楚人之新風氣，為前此所無。此種新風氣之興起，實由於楚國君主之提倡。墨子、管子、楚策，皆有此類記載，當係實況。

戰國時代北方之美人，以趙女為最著。秦始皇之母，即趙國名姬。李斯「諫逐客書」謂趙女「隨俗雅化，佳冶窈窕」。「窈窕」謂婦女幽靜閒雅，雖未論及趙女之穠纖，味其語意，似乎戰國時代北方之女性審美觀，已不以碩健是尙。但始皇之母，似極健美。莊襄王壯年早逝，身體可能不健，而始皇孔武多力，或與其母有關。且太后老而好淫，實爲精力過剩之明證。故戰國時代北方是否已受楚風之薰染，尙不可知。

漢代文學受楚國之影響尤大，其女性審美觀，亦似沿楚風。玆擧二事以明之：

漢武帝寵姬李夫人死，帝思念之，曾命方士召其魂至。帝並作歌曰：「是耶？非耶？立而望之，偏何姍姍其來遲！」歌中所言「姍姍來遲」，似其人體態輕盈而非肥重。帝又自作賦以傷之，其首句云：「美連娟以修嫮兮！」顏師古注曰：「嫮，美也，音互。連娟，纖弱也。」②由此可知李夫人實具纖瘦之美。

漢成帝后趙飛燕，以纖瘦著名，後世以之與楊貴妃並稱爲「燕瘦環肥」。伶玄「飛燕外傳」謂飛燕「長而纖便輕細，擧止翩然，人謂之飛燕。」但同書載成帝嘗稱飛燕「豐若有餘，柔若無骨。」可知飛燕之瘦，實爲適中之美，絕非「骨瘦如柴」之謂。世謂「燕瘦」者，乃是與「環肥」相比。而「連娟修嫮」之李夫人，當亦是此種體型。

東漢初年，班昭作「女誡」七篇，其「敬愼第三」云：「陽以剛爲德，陰以柔爲用；男以强爲貴，女以弱爲美。」已公開提倡婦女柔弱之美。但至東漢末年，因西北地區，外族爲亂，當地婦女，因受胡風之薰習，亦甚武健。史稱關西「婦女猶載戟操戈，挾弓負矢。」③

---

② 見漢書卷九十七上外戚列傳李夫人傳。

③ 見後漢書卷一百鄭太傳。

而蔡邕靑衣賦云：「修長冉冉，碩人其頎。」似東漢末年國人之女性審美觀，又尙碩長。但此種現象或只限於西北地區，亦未可知。

至魏，女性審美觀轉尙纖瘦。曹植「洛神賦」中之洛神，可爲當時之標準美人。其句云：「其形也，翩若驚鴻，婉若游龍；榮曜秋菊，華茂春松。」又云：「穠纖得中，修短合度；肩若削成，腰若束素；延頸秀項，皓質呈露。」可知洛神乃一肥瘦適中，長頸細腰，風度飄逸之人。

洛神賦之標準，直延至兩晉南朝，未曾改易。如晉武帝欲爲太子擇妃，心許衞瓘女，謂衞氏「美而長白」。④當時以長白爲美，但未言及豐碩。陶潛「閑情賦」：「願在裳而爲帶，束窈窕之纖身。」謝靈運「江妃賦」：「小腰微骨，朱顏皓齒。」均以窈窕纖小是尙。又史稱陳後主寵張貴妃、孔貴嬪，後主批閱章奏，每置二人於膝上，共同磋商。⑤如二人體肥，後主力必不勝，亦可知張、孔皆「燕瘦」型之美人。

北朝文學，不甚發達，其對女性審美觀之描寫，亦甚缺畧。然北朝以胡人入主中國北方，（北齊皇帝雖爲漢人，但已深染胡化。）胡風傳入，北方婦女，遠較南朝爲武健。北魏孝文帝，行均田之制，婦女亦得受田。可知當時北方婦女，身體普遍健康，不然何以能任稼穡？此外貴族婦女亦有擅騎射者，如北魏孝莊帝皇后爾朱氏，史稱其「引長弓斜射飛鳥，一

④事見晉書卷三十一后妃上惠賈皇后傳。
⑤事見陳書卷七張貴妃傳。

發而中。」⑥又北齊後主妃馮小憐，曾數度親臨前線，觀齊周兩軍之決戰，似亦頗有膽勇。又史稱北齊婦女莫不以「制夫爲婦德，能妬爲女工。」⑦如身體孱弱，性情怯懦，又何以制其夫哉？

二　唐代之女性審美觀與「環肥」之美

唐代婦女，顯以健碩爲尚。此緣李唐承北朝屢葉之政權，胡風未泯，婦女生活較爲自由。其時婦女，多擅歌舞，有時且以武事相尚，故其體格，自較健美，而性格亦較勇敢活潑。唐高祖起事太原，兵臨長安時，其女平陽公主（柴紹妻）亦起兵於司竹，並親率「娘子軍」牽制隋師。可見當時婦女之武健，較之男子，並無多讓。唐代兩大美人武后及楊貴妃，體貌均甚豐碩。武后初爲太宗才人，史稱后曾自請爲太宗制御悍馬，則其勇健可知。⑧又后女太平公主，史稱其「方額廣頤，多陰謀，后常謂類我。」⑨亦可證武后之絕非纖瘦。至於楊貴妃，世有「環肥」之稱，其肥更無可疑。

唐代婦女之風姿表現於圖畫者，以代德時期人物畫家周昉之「簪花仕女圖」最爲有名。昉所繪之仕女，莫不豐腴濃麗，極具富貴之態，允爲當時仕女畫之典型。此種畫風，直傳至

---

⑥ 見北史卷十四后妃下小爾朱氏。
⑦ 見北齊書卷二十八元孝友傳。
⑧ 事見資治通鑑卷二〇六。
⑨ 見新唐書卷八十三太平公主傳。

五代時期。如南唐人物畫家周文矩「宮庭春曉圖」中之宮人，其體型大類仕女圖。至北宋，觀點始有改變。宣和畫譜卷六：「世謂周昉畫婦女，多爲豐厚態度者，亦是一蔽。」可知宋人之女性審美觀，顯已不同於唐。

貴妃所以能使「六宮粉黛無顏色」者，必具有其特殊之美，而非專以「肥」見長。舊唐書卷五一楊妃傳：

太真姿質豐艷，善歌舞，通音律；智算過人，每倩盼承迎，動移上意。

以上數語，可以概括貴妃之美。據此可知貴妃所以能專寵於人主，歷久而不衰者，並非全在美艷，尤不完全在肥。玆逐句加以分析。

貴妃「姿質豐艷」，即豐滿艷麗之意。但其艷爲「濃艷」，亦即除其體貌自然之美外，更着重衣飾化妝之美，與其姊虢國夫人之「淡掃蛾眉」，絕不相類。唐婦女習作濃裝，乃當時之風氣使然。故李白「清平調」稱貴妃爲「一枝紅艷露凝香」。清平調又云：「借問漢宮誰得似？可憐飛燕倚新粧。」以趙飛燕喩貴妃。宦官高力士遂於貴妃處以此詩中傷李白，謂「以飛燕指妃子，賤之甚矣！」⑩貴妃因而怨恨李白，屢阻白之仕進。以飛燕喩貴妃，而力士以爲「賤之」，其理甚難索解。飛燕爲漢家后皇，地位且高於貴妃，何賤之有？飛燕固有失德之處，然唐代宮闈之不肅，遠勝於漢，貴妃對飛燕之行爲，應不致視爲嚴重。然則究有何因可使力士之奸計得逞？愚意以爲唐人尚肥，而飛燕以纖瘦著名，棄尚肥之流行觀念而比之爲

---

⑩ 事見樂史：太真外傳（載馬蹇志卷七）

世所不尙之纖瘦之人，此貴妃之所以深恨李白者耶？

所謂「善歌舞，通音律」，貴妃實足以當之。「碧鷄漫志」及「廣羣芳譜」等書，均言貴妃善舞霓裳羽衣曲。此曲爲河西節度使楊敬述所獻，凡十二遍，其音節之複雜可想。白居易「胡旋女」：「天寶末年時欲變，臣妾人人學圓轉，中有太眞外祿山，二人最道能胡旋。」可知貴妃又善胡旋舞。「開天傳信錄」謂妃最善擊磬，拊搏新聲，雖太常梨園之能人，莫能加之。「唐音統籤注」並謂妃妙彈琵琶。又張祜詩云：「虢國潛行韓國隨，宜春小院映花枝，金輿遠幸無人見，偸把邠王小管吹。」可知妃又善吹笛。

貴妃所以能於倩盼之間，動移上意，其智算亦確屬過人。茲舉一例以明之。開天傳信錄謂妃嘗因妬嫉，有語侵上，上怒甚，召力士送還其家。妃悔恨號泣，抽刀翦髮，授力士曰：「珠玉珍異，皆上所賜，不足充獻。惟髮膚父母所生，可達妾意，望持此伸妾萬一慕戀之誠！」上得髮，揮涕憫然，遽命力士召還。此事貴妃舉動之機警，語言之動人，殆爲天縱狡獪之才。以絕艶之美人，集衆藝於一身，又復濟以過人之智算，無怪玄宗爲之傾倒，而須臾不能離也。

至於貴妃之服飾器用，亦極其奢侈。史稱「貴妃院織錦刺繡之工，凡七百人。其雕刻鎔造，又數百人。」⑪其衣飾之華美，自不待言。而貴妃於華美之中，每能自創新格，不同常制。如妃常以假髻爲首飾，而好服黃裙。時人爲之語曰：「義髻抛河裏，黃裙逐水流。」⑫

---

⑪ 見舊唐書卷五十一楊妃傳。
⑫ 見馬嵬志卷四引宛委外編。

以服制論，貴妃應着紫裙，而妃獨着黃裙，同於齊民，此舉可見貴妃不拘常格之浪漫天性。又唐人戴假髻，乃普遍風尚，民間婦女亦可着之。而貴妃以此遭時人之忌恨，致欲拋假髻黃裙於河中者，或緣貴妃着民服，遂奪民間婦女之美故也。又貴妃嘗創一種「鴛鴦並頭蓮錦袴襪」，又名「藕覆」，其華美即今日之「袴襪」，亦不能及。於此可見貴妃在衣飾方面之慧心。⑬

根據以上資料，歷代美人，鮮能具有如此完美之條件。貴妃於政治，並不熱中。雖其提携楊國忠，致使政治紊亂，國家傾危，爲後人所不滿；然此事之主要責任，實應由玄宗負之。其爲人雖善妬，然亦一般人之通性。究其宅心，可稱忠厚，絕不似武后之凶殘，武惠妃之陰險。後人所以不少對貴妃表同情者，亦以此也。

三　楊貴妃馬嵬生死之謎

玄宗天寶十四載（西元七五五年），范陽節度使安祿山起兵反。次年六月初，潼關失守，宰相楊國忠首建幸蜀之策，玄宗於六月七日晨携貴妃倉皇離京西走。次日，至馬嵬驛（在今陝西興平縣），將士飢疲，遂殺國忠，並逼玄宗縊殺貴妃，然後西行。貴妃之死，兩唐書所載甚明。舊唐書卷五一楊妃傳：

帝不獲已，與妃詔，遂縊死於佛室，時年三十八。瘞於驛西道側。上皇自蜀還，

⑬ 見續說郛卷三十一致虛雜俎。

……密令中使改葬於他所。初瘞時以紫褥裹之，肌膚已壞，而香囊仍在。

新唐書卷七六楊貴妃傳亦云：

帝不得已，與妃決，引而去。縊路祠下，以紫茵瘞道側，年三十八。帝自蜀道過其所，……密遣中使者具棺槨它葬焉。啓瘞，故香囊猶在。

根據以上史料，貴妃之死於馬嵬，實爲不容置疑之事。至憲宗元和時期（西元八〇六至八二〇年），其時上距馬嵬事件已有五十年，突有貴妃未死於馬嵬之傳說。白居易長恨歌及陳鴻長恨歌傳，均爲此事而發。歌傳均隱喻貴妃於馬嵬事變時乘軍亂逃出，死者乃其替身。貴妃離馬嵬後，重返道觀，遂淪落於風塵之中。肅宗至德二載（七五七年）十月，玄宗返長安，遣人覓之，得見貴妃，且有信物及私語爲證。玄宗以其已入藩溷，覆水難收，不得已而捨棄之。長恨之意，實指生離而非死別。

長恨歌之含意隱晦，千餘年來，無人指明其眞意所在。直至民國二十年左右，俞平伯作「長恨歌及長恨歌傳的傳疑」一文，始發其覆。⑭茲據俞文所引長恨歌之詩句，說明白詩暗喻貴妃不死於馬嵬之證據。至長恨歌傳之立意，與長恨歌同，茲不贅引。

俞文謂長恨歌中暗示貴妃未死之詩句，至少有如下八處：

㈠「六軍不發可奈何，宛轉蛾眉馬前死。」「宛轉」二字，乃委曲難見眞相之意，暗指有人代死。

---

⑭ 俞文引載於傅孟真：史學方法導論（傅孟真先生集第一

(二)「君王掩面救不得，回看血淚相和流。」指貴妃之死，玄宗未見。

(三)「馬嵬坡下泥土中，不見玉顏空死處。」指貴妃之屍，化爲烏有，暗示未死。

(四)「上窮碧落下黃泉，兩處茫茫皆不見。」指貴妃尚在人間。

(五)「忽聞海上有仙山，山在虛無縹渺間。」謂此亦人間一境，非必眞有。

(六)「樓閣玲瓏五雲起，其中綽約多仙子。」言羣雌粥粥，貴妃蓋非清淨獨居。唐之女道士院跡近倡家，非佳語也。

(七)「中有一人字太眞，雪膚花貌參差是。」上句明明點出一「人」字，下句謂方士來去以前，且有人見貴妃矣。境界如何，不難想見。

(八)「聞道漢家天子使，九華帳裏夢驚魂。」「雲髻半偏新睡覺，花冠不整下堂來。」似貴妃驚聞使人之來，起身極爲倉促，且徘徊趦趄，似有弦外餘音。

俞氏之文，對白氏長恨歌之寓意，可謂指發無遺。貴妃不死於馬嵬之說，似直傳至晚唐。李商隱「馬嵬」：「海外徒聞更九州，他生未卜此生休。」似李氏亦嘗聞此種傳說，特不信之耳。美人英雄，自古受人景慕，故有關之流言亦最多。清末太平天國名將石達開，二次世界大戰時之德國元首希特勒，亦有「不死」之傳說，然均不能推翻事實。楊妃不死之說，亦類此也。故傅孟眞先生評俞文爲「只可以玩弄聰明，却不可補苴信史。」⑮可爲定論。茲再舉數證，以明貴妃「不死於馬嵬說」之不能成立。

---

⑮ 見同上傳文。

㈠兩唐書楊妃傳，均載妃死於馬嵬，瘞於道側。同傳更載有上皇（玄宗）返京，路經馬嵬，曾命中使潛予改葬。如其未死，則改葬之事無由起。如謂改葬時「不見玉顏」，則舊書已明言「肌膚已壞」，此乃屍身久埋之通象，不能遂謂「屍解」。且「潛予改葬」之事，白氏決難親見，然則白氏何獨能知之？

㈡杜甫乃貴妃同時之人，其「哀江頭」云：「明眸皓齒今何在？血汚遊魂歸不得。」又「北征」云：「不聞夏殷衰，中自誅褒妲。」皆確言貴妃已死。前詩之作，距馬嵬事件不過七八個月，後詩亦不過一年數月，時間既如此接近，當爲最可信之史料。兪氏文謂「哀江頭」中有「清渭東流劍閣深，去住彼此無消息。」曰「去住」，曰「彼此」，以爲老杜疑貴妃或未死，故兩說並存。杜甫之詩，格律素稱嚴細，斷不致矛盾至此。且杜詩述事，類皆平鋪直敍，絕無所謂「詩謎」。所謂「去住」，「去」者指貴妃已死，如「清渭東流」之一往不復；「住」者指玄宗幸蜀，居於劍閣深處。至所謂「彼此」，固指貴妃及玄宗，亦寓幽明相隔之意。兪文亦謂此二句之舊註可通，不宜曲爲比附。玆按杜詩仇註，再加詮釋，以明老杜之確言貴妃已死。

㈢長恨歌完成之時代，已上距馬嵬事變五十餘年，其間絕無寓意如長恨歌之作品出現。長恨歌之作，似極突然，前此並無痕跡可尋。何以當時人所不知之事，五十年後之人反能知之？且長恨歌以後吟詠貴妃之詩篇，除李商隱「馬嵬」一詩，有「海外九州」之說，其餘詩篇，皆謂貴妃死於馬嵬。即商隱詩中，一則曰「徒聞」，再則曰「此生休」，對長恨歌之說，並未承認。是唐人皆信貴妃死於馬嵬，千餘年後之人，自然無法以傳說推翻信史。

㈣長恨歌傳末云：「世所不聞者，予非開元遺民不得知。」是陳鴻已明言其傳不過記載一時之傳說，而以身非開元遺民，無法知其眞相。長恨歌之立意，與傳完全相同。可知陳白二氏，亦未確言貴妃之不死於馬嵬也。

㈤近代小說家言，有謂貴妃逃至日本者，當由李商隱「海外徒聞更九州」之詩演化而來。而李之「海外九州」之說，當由長恨歌「海上仙山」延伸而成。李氏否定此說，已如上述。即其所謂「九州」，用典取自鄒衍之「大九州」說，其意甚明，與日本之九州，實風馬牛不相及。且遍查有關日本之書籍，唐時日本尚無「九州」之名，李氏又從何知之？（此點作者尚不敢完全確定，謹以求教當代之日本史專家。）至於以日本有貴妃墓及日本書籍載有貴妃事跡遂爲貴妃確至日本之證據，似更無討論之必要矣！

四 後人對楊貴妃之評價

馬嵬事件後，後人對貴妃之吟詠，無代無之，多至不可勝數。其內容對貴妃或褒或貶，並無定論。其褒者未必即是貴妃之功，貶者亦未必即是貴妃之罪。詩人詠歎，各抒所懷而已，意見正不必一致。今欲指出者，乃歷代詩章，各有其不同之時代背景，對貴妃之褒貶，亦常隨時代而轉移焉。玆舉歷代吟詠馬嵬事件之詩篇若干首，藉以分析各詩之時代背景以及後人對貴妃評價不同之原因，非爲貴妃生平作定論也。

天寶之亂，咎在玄宗，然亦不能說與貴妃全無關係。唐人懲於大難，所有詩人對貴妃幾全無好評。又因唐人不敢直斥玄宗，故衆惡悉歸於妃子。杜甫「北征」，喻貴妃爲褒姒、妲己，已如上述。劉禹錫「馬嵬行」：「軍家誅佞倖，天子捨妖姬。」指貴妃爲「妖姬」，亦與老杜同調。白居易長恨歌雖盛道貴妃之美，然對楊氏亦有微詞。如「可憐光彩生門戶」及「不重生男重生女」等句，均非佳語。至唐末，鄭畋之「馬嵬坡」云：「肅宗迴馬楊妃死，雲雨雖亡日月新，終是聖明天子事，景陽宮井又何人！」是直以玄宗之殺貴妃而不效陳後主之暱戀張麗華爲明智之擧矣！其對玄宗畧有微詞者，則除長恨歌「漢皇重色思傾國」一句外，尚有李商隱之「馬嵬」：「如何四紀爲天子，不及盧家有莫愁。」隱喻玄宗之不才。此外則徐夤「馬嵬」：「張均兄弟皆何在？卻是楊妃死報君。」譏玄宗之不識人，稍爲貴妃分辨而已。唐代文風自由，若在明清，白、李等人之作，必興文字獄矣。

宋朝時代已易，詩人詠楊妃，遂直斥玄宗。如陳堯佐「華清宮」：「百首新詩百意精，不尤妃子不尤兵；爭爲一向傷前事，都爲明皇恃太平。」陸游「題明皇幸蜀圖」：「天寶政事何披猖，使典相國胡奴王；弄權楊李不足怪，阿瞞手自裂紀綱；八姨富貴尚有理，何至詔書褒五郎。」許月卿「題明皇貴妃上馬圖」：「三郎但念妃子醉，豈知身醉誤國事。」皆此類也。

元明詩歌對貴妃之評價，大多拾唐宋餘唾，並無新義。至清，因前人吟詠已多，欲出奇致勝，遂轉而同情貴妃，百計爲其文過。甚者謂貴妃有功於唐，行同忠臣烈士。茲擧數例如下：

辛師雲「馬嵬詠古」：「燕啄王孫事已非，三皇太子血侵衣；玉環長解徵歌舞，遠勝當年武惠妃。」謂貴妃勝武惠妃，見解尚覺合理。李羲文「登馬嵬坡」：「六軍不發費傳呼，萬乘於玆注己孤；一死尚存唐社稷，西施回首愧姑蘇。」謂貴妃勝西施，按諸史實，比擬已覺不倫。袁枚「再題馬嵬驛」：「到底君王負舊盟，江山情重美人輕；玉環領畧夫妻味，從此人間不再生。」謂玄宗薄情，似亦過分。楊廷亮「題馬嵬驛」：「孤負凭肩誓後身，六軍相逼太無因；肯拚一死延唐祚，再造功應屬美人。」趙翼「詠楊妃」：「鼙鼓漁陽爲翠蛾，美人若在肯休戈？馬嵬一死追兵緩，妾爲君王拒賊多。」二詩皆謂貴妃有大功於唐，惟撲風捉影，曲解史實，只能以遊戲筆墨視之矣！

歷代歌詠對貴妃之臧否，代各不同，甚少有人論列其詩格之高下以及見解之是非。惟林則徐本忠君之傳統觀念，深咎白居易而盛讚杜甫、鄭畋。其「題楊太眞墓」：「藉甚才名長恨篇，先王慚德老臣宣；詩家解識君臣義，杜老而還只鄭畋。」⑯林氏之評，觀點未免過狹。作者之意，以爲唐人詠貴妃之詩，確較接近事實。宋人詩亦大致離題不遠。若清人之作，則只能以艷詩視之，不足稱詠史之作也。

原載中國時報副刊「人間」，六十三年一月二及三日

---

⑯ 第四節所引諸家之詩，分見馬嵬志卷十、十三、十四、十五、十六。

附記

去歲十一月，得日本東京大學池田溫教授來函，談及唐時日本「九州」之名稱問題。承告以七、八世紀之交以前，「九州」之地，名爲「九國」（「國」）字之義，略同於唐之府州）。八、九世紀，一般人皆以「九國」稱其地。至於「九州」一名，約自十二世紀以後，始廣泛使用等云。據此，可知唐時日本尚無「九州」一名也。

來函並談及「楊貴妃逃至日本」一說之起因，略謂此種說法，「固是無稽之小說，反映傾國不死之願望而已。然八世紀時，日人之姓氏，有姓『楊貴』(Yagi)者，有出土之磚銘爲證。或後世訛傳楊貴妃來日之起因歟？」可知此說雖係附會，亦非毫無所憑也。

池田教授爲日本唐史專家，著作等身，春秋正富，前途非可量度。其來函所言各點，解我積惑，獲益實深。而函中自稱「東夷後生」，其謙冲尤不可及，令人傾佩！謹將此項寶貴意見，附記於此，以饗讀者，並向池田教授敬致謝忱。

六十七年十月傳樂成記於台北

杜甫與政治

杜甫在天寶七載(西元七四八年)作的一首五言古詩，叫作「奉贈韋左丞丈二十二韻」，這首詩可以說是杜甫早年的一篇自傳。詩中除了對他自己的身世所發的感慨外，並且說明了他生活上的三件大事：一是他的文名之盛，二是他的政治抱負及理想，三是他在政治上的失意。

關於他的文名，他在那首詩中說：

甫昔少年日，早充觀國賓，讀書破萬卷，下筆如有神。賦料揚雄敵，詩看子建親。李邕求識面，王翰願卜隣。

這確是實況。他的好友如李邕、李白、高適、岑參、王維、賈至、鄭虔、蘇源明等，都是當時最有名的文人，祇就這一點便可看出他在當時詩壇上的地位來。他死後不過四十年，元稹便下了「詩人已來，未有如子美者」的評語。如果他在當時沒有名的話，以他生前的窮困顛連，死後不會遺留下那麼完整的詩集的。

關於他的政治理想及抱負，詩中說：

自謂頗挺出，立登要路津，致君堯舜上，再使風俗淳。

雖是短短二十字，但很明顯的可以看出，他的政治理想與抱負仍是脫不了儒家的一套。要致君堯舜（甚至以上），要移風易俗。他也自命是「儒」的，在他的許多詩中，常常可以看到他自稱爲「儒」、「腐儒」或「老儒」的句子。他的政治思想雖無多大出奇處，却是中國舊日文人的正統思想。我想後來人稱他爲「詩聖」，除了因爲他的詩作得好之外，與這一點也許有些關係吧！

至於當時的政治環境使他的理想和抱負所實現的程度又如何呢？這一點他是失意極了。四十歲以前，應試屢次失敗，不受政府的重視。到了四十幾歲以後纔作過幾任芝蔴大的閒員散吏，一生貧困，從未曾顯達過。據說這首詩便是爲他在天寶六載（七四七年）應試失敗而作的。詩中對他的貧困失意說得很淸楚：

騎驢三十載，旅行京華春，朝扣富兒門，暮逐肥馬塵，殘盃與冷炙，到處潛悲辛。主上頃見徵，欻然欲求伸，青冥却垂翅，蹭蹬無縱鱗。

「騎驢三十載」一句不可解，天寶七載杜甫不過三十七歲，難道他從七歲起便開始騎驢？因此仇兆鰲以爲「三十載」是「十三載」之誤，又有個日本人主張改爲「已十載」。這些都不必管，祇看此外他描寫當時困狀的詩，實在是夠令人悲憫的。至於他詩中所說應徵失敗的事，宋人魯訔的杜甫年譜認爲可能是指天寶六載唐玄宗下詔求才，而爲李林甫所矇蔽破壞的事。資治通鑑二一五說：

六載，……上欲廣求天下之士，命通一藝以上，皆詣京師。李林甫恐草野之士對策，斥言其姦惡。建言擧人多卑賤愚隤，恐有俚言，汚濁聖德。乃令郡縣長官，精加試練，灼然超絕者，具名送省。委尚書覆試，御史中丞監之，取名實相副者聞奏。旣而至者皆試以詩、賦、論，遂無一人及第者。林甫乃上表，賀野無遺賢。

如果杜甫果眞應過這一次考試，那麽李林甫所「遺」的便不止是「賢」了。這不過是杜甫直接吃李林甫的一次虧，其實杜在整個天寶年間在政治上的不如意，也可以說與李有很大的關係。杜甫在政治上不是沒有强大背景的，他有許多作大官的朋友，而他本人又是極想作官的；但李林甫的在位，却使他和他的朋友在政治上都走上失敗之途。至於天寶以後杜在政治上的失意，則另有原因。

杜甫的積極想作官，誠然一方面想改善他的生活，因爲他太窮了，他想改善，自也是情理之常。但另一方面，他對政治不特有理想抱負，且有着高度的愛國心的。他對君國的依戀忠愛，在他的「自京赴奉先縣詠懷五百字」一詩中（天寶十四載作），表現得極其眞切：

杜陵有布衣，老大意轉拙，許身一何愚，竊比稷與契。居然成濩落，白首甘契闊，
蓋棺事則已，此志常覬豁。窮年憂黎元，歎息腸內熱。取笑同學翁，浩歌彌激烈。
非無江海志，瀟灑送日月；生逢堯舜君，不忍便永訣。當今廊廟具，構廈豈云缺，
葵藿傾太陽，物性固莫奪。顧惟螻蟻輩，但自求其穴。胡爲慕大鯨，輒擬偃溟渤。
以兹悟生理，獨恥事干謁，兀兀遂至今，忍爲塵埃沒。

試看他那種難割難捨無可奈何的心情，簡直把皇帝當作愛人。所以蘇東坡說他「一飯未

嘗忘君」，這種偉大情操，是值得景仰的。我們總不致笑杜甫不懂得「民主」吧！杜甫雖然具有這樣濃厚的愛國熱忱，但他的性格却是不適合幹政治的。因爲詩人的性格，大半是率眞的，這種性格，却是幹政治者的大忌。凡具有這種性格的人去幹政治，一定極容易吃虧，遭人暗算。至於所謂「愛國熱忱」，事實上與幹政治是沒有多大關係的。有時在某一種的政治環境中，熱愛國家反足以促成其人在政治上的失敗。杜甫固然一生在政治上沒有得意過，即令他能作大官，在天寶時他不過是張九齡、李邕之續；在天寶以後，他也祇能作房琯第二。總之，他是註定要失敗的。因爲杜甫和張、李、房等人的性格，有極大相似之處，他們的性格都是不適合幹政治的。

杜甫所認識的當時的大官中，交遊最密的要推李邕、嚴挺之、張均、張垍、房琯、高適、嚴武等人了。李邕作過太守，嚴挺之（嚴武的父親）作過中書侍郎，張均作過尙書，張垍是唐玄宗的女婿，房琯在肅宗時作過宰相，高適、嚴武則作過節度使。此外，他可能與天寶時的宰相張九齡、李適之認識，至少也有間接的關係。因爲嚴挺之是張九齡的心腹，杜甫在大曆初作過一首八哀詩，用來追悼八個死去的人，其中大半是他的好友，而張九齡也是八人之一，所以他可能與張直接認識。而李適之則與房琯很要好。上面這些人，在性格方面也都和杜甫差不多。現在把兩唐書諸傳對他們的性格所作的描述，和杜甫的性格作個比較：

> 九齡在相位時，……性頗躁急，動輒忿詈，識者以此少之。（舊唐書九九張九齡傳）
>
> 邕性豪侈，不拘細行。所在縱求財貨，馳獵自恣。（舊唐書一九零李邕傳）
>
> 適之性疎，爲其（按指李林甫）陰中。（舊唐書九九李適之傳）

挺之素負氣，薄其（按指李林甫）為人，三年非公事，竟不私造其門，為林甫所嫉。（舊唐書九九嚴挺之傳）

帝（按指唐玄宗）嗟悵顧力士曰：「吾豈欲誣人哉！均等（按指張均、張垍兄弟）自謂才器亡雙，恨不大用，吾向欲始終保全之，今非若所料也。」（新唐書一二五張垍傳）

琯好賓客，喜談論。……琯為宰相，無匪懈之意，但與庶子劉秩、諫議李揖、何忌等高談虛論；說釋氏因果，老氏虛無而已。（舊唐書一一一房琯傳）

適尚節義，語王霸袞袞不厭。遭時多難，以功名自許。而言浮其術，不為搢紳所喜。（新唐書一四三高適傳）

嚴武，……性本狂蕩，視事多率胸臆，雖慈母言之不顧。（舊唐書一一七嚴武傳）

再看杜甫：

甫性偏躁，無器度，恃恩放恣。嘗憑醉登武之牀，瞪視武曰：「嚴挺之乃有此兒。」武雖急暴，不以為忤。（舊唐書一九零下杜甫傳）

武以世舊，待甫甚善，親至其家。甫見之，或時不巾。而性偏躁傲誕。……甫曠放不自檢，好論天下大事，高而不切。（新唐書二零一杜甫傳）

從上面的記載看來，杜甫和他那批顯達的友人，在性格上有許多相同之處。概括來說，他們的性格大都是恃才負氣，疎率放蕩，好放言高論而不檢細行。總之他們大都是率眞任性的。以這樣的性格來作大官，是非常危險的。無論多麼好的皇帝，都不會喜歡具有這種性格的大臣；能夠容忍的，已經是難得的了。在君主專制的政治下，一個大臣的性格開始為皇帝所不喜，便是他的政治生命行將終了的預告。倘再遇到一個具有皇帝所喜歡的性格的人和他爲敵，他便垮得更快。因爲唐玄宗還不是個壞皇帝，杜甫的這般友人，所以還能作大官；但他們却遇到一個皇帝所喜歡的政敵李林甫，因此他們大部在政治上迅速的走向失敗之途。

李林甫自開元二十二年（七三四年）起開始作宰相，他也有相當才能，但性格巧佞陰險，猜忌自私，因此其才適足以濟其惡。舊唐書一零六李林甫傳：

> 林甫面柔而有狡計，能伺候人主意。故驟歷清列，為時委任。而中官妃家，皆厚結託，伺上動靜，皆預知之。故出言進奏，動必稱旨。而猜忌陰中人，不見於詞色。朝廷受主恩顧，不由其門，則構成其罪。與之善者，雖廝養下士，盡至榮寵。

像李林甫這樣的品行，杜甫的那般朋友如何能看得起。同時李的學識甚差，差到「僅能秉筆」，有時還寫別字（例如把「弄璋」寫作「弄麞」），鬧過不少笑話，因此特別仇視有學問的人。而杜甫的那般朋友，大都是能文之手。他們和李自然無法合作，但他們又如何是李的對手呢？因此李作宰相後，在很短的時間中便把他們一個個的收拾了。到開元二十四年（七三六年），張九齡的相權首被解除，嚴挺之也被貶出任外官。天寶五載（七四六年），李陷殺李適之。次年，殺害李邕。房琯（那時作給事中）也因與李適之相善被貶。張氏兄弟因與唐玄宗有親戚關係，李害不了他們，但也竭力排擠，使他們不能登相位。至於高適，李也始終不用他，嚴武自然更不必說了。因此把張氏兄弟（後來楊國忠也排擠他們）及房琯逼得與安祿山交結；把高適、嚴武逼到哥舒翰的幕下去。天寶十一載（七五二年），李林甫死掉，楊國忠繼任爲宰相。他比李的能力差得多，却比李更不識大體；作起惡來，更無分寸。

在這種政治情況下，杜甫還想作什麼官？但他對政治仍是有興趣的。他在天寶十載（七五一年）向玄宗獻三大禮賦；次年又參加考試，都沒有弄到官作。直到十四載，纔弄到一個「河西尉」（是河西節度使部下的一個小官），他却又怕麻煩，不願意幹。於是改作「右衞率府冑曹參軍」，是一個從八品的散官。他曾爲此事作過一首詩，題目是「官定後戲贈」：

不作河西尉，淒涼爲折腰。老夫怕趨走，率府且逍遙。耽酒須微祿，狂歌託聖朝。故山歸興盡，回首向風飈。

你看他四十來歲的人，却自稱「老夫」，怕「折腰」，怕「趨走」。這等脾氣，又如何能作官呢？

天寶十四載，也就是杜甫開始作官的那一年，安祿山造反。次年打破西京，張氏兄弟便靠攏了，作了僞宰相。房琯逃出來，肅宗即位後也作了宰相。嚴武因房的援引作給事中，後來官至劍南節度使。杜甫到靈武後作右拾遺，自然極可能也是房保薦的。至於高適則於安史之亂初起時因哥舒翰向玄宗推薦，作左拾遺，肅宗時也官至劍南節度使（嚴武的前任）。所以安史之亂也是若干政治失意者的一個出頭機會。這樣的政治環境，對杜甫可以說是極其有利，與天寶時不能同日而語。但肅宗至德元載（七五六年），房琯率軍與安軍作戰，因採取「春秋車戰之法」，大敗於陳濤斜，損失四萬人。其後又因崇尙虛談，不理政務，且有貪汚情事，終於乾元元年（七五八年）被貶爲邠州刺史，以後一直未再得意過。杜甫則因於至德二載上疏營救房琯，幾乎獲罪，從此不受肅宗重視。乾元元年六月房琯被貶時，他也被外放爲華州司功，此後他永遠失去在中央政府作官的機會。次年，他跑到四川投奔嚴武，總算過了幾年平靜的日子。後來嚴武保擧他爲「節度參謀檢校工部員外郎」，自然仍是個拿乾薪的差事，但「工部」二字却是後人稱呼他的正式官銜。不幸的是永泰元年（七六五年），高適和嚴武相繼去世，自此他便與政治永遠絕緣了。嚴武的後任郭英乂，也與杜甫熟識。舊唐書杜甫傳說：「英乂武人，粗暴無能刺謁」。「無能刺謁」四字好像說杜高攀不上郭似的，其實杜與郭的氣味不相投，恐怕杜根本便無「刺謁」的意思。至德二載（七五七年）郭作隴右節度使，杜曾送給他一首詩，其中有兩句說：「徑欲依劉表，還疑厭禰衡」，顯然是瞧不起郭且不願投奔郭的。所以「無能」二字，我覺得應當改爲「不願」纔合事實。他寧可過流浪的生活，也不願投奔與他氣味不合的人，這是杜甫可佩的地方之一，也是他祇能作大詩人而不能作大官的證據之一。

杜甫的作大官的朋友，在政治上十九是失敗的，祇有嚴武、高適二人，算是保功名以終。嚴武死時祇有四十幾歲，要是晚死幾年，以他在四川的所作所爲，是誰也不敢擔保他不生事端的。他死的時候他的母親哭着說：「而今而後吾知免爲官婢矣。」（新唐書一二九嚴武傳）。可見對他的擔心。高適發跡很晚，天寶中他已五十多歲，死時總當在七十歲左右。也許風波經得多了，比較有些官場經驗，還未曾鬧過大亂子。但他的脾氣，也是爲當時要人所討厭的。舊唐書他的傳說：「有唐已來，詩人之達者，惟適而已。」言下嘆爲異數。總之，嚴高二人在政治上的未曾失敗，實在是極少數的例外。如此說來，我們對杜甫的不能作大官，反而應該爲他慶幸了。

原載臺大「事與言」一卷四期，四十三年六月

杜甫的死

關於杜甫的死，最早有兩種說法。一說杜在耒陽吃了縣令的牛炙白酒，因而「飽死」，亦即「脹飫而死」。一說杜在耒陽爲江水溺死。這兩種說法在杜死後不久，即已流傳，但不見於正式傳記，只是些私人筆記及詩上曾提到過，現在就以距杜甫時間最近的李觀及韓愈二人的著作爲例。杜詩詳註卷二十三說：

又唐人李觀作杜甫傳補遺，謂公往耒陽，聶令不禮。一日過江上洲中，醉宿酒家，是夕江水暴漲，爲驚湍漂沒，其尸不知落於何處。洎玄宗還南內，思子美，詔天下求之。聶令乃積空土於江上曰：「子美爲牛肉白酒脹飫而死，葬於此矣。」

同書「詠杜附編」上卷引韓愈的「題杜子美墳」一詩說：

一堆空土煙蕪裏，虛使詩人歎悲起，怨聲千古寄西風，寒骨一夜沈秋水。當時處處多白酒，牛炙如今家家有，飲酒食炙今如此，何故常人無飽死？……捉月走入千丈波，忠諫便沈汨羅底，固知天意有所存，三賢所歸同一水。……墳空飫死已傳聞，千古醜聲竟誰洗，明時好古疾惡人，應以我意知終始。

李觀是唐德宗貞元時人，和韓愈同時。他二人同是否認飽死之說而主張杜甫是溺死的，可見飽死之說來得更早。杜甫是代宗大曆五年死的，距德宗貞元不過十餘年，所以可能杜甫死後不久，飽死之說便流傳了。李文在史實上有極大錯誤，其所說玄宗詔求杜甫一事的荒誕可笑，粗知歷史者即可看出。過子美墳一詩又不見於韓愈的本集。因之後人疑二人的作品為偽作。其實即使真是二人所作，也不是有價值的史料。因為李文之荒唐，直是小說家言；韓詩也乏證據，而且那首詩坦白自稱其目的在為杜洗刷「千古醜聲」，當然是一篇基於情感的作品。所以溺死之說，證據極其薄弱，令人難以置信。關於杜甫事蹟最早最可靠的史料，當然要算憲宗時元稹的「唐故檢校工部員外郎杜君墓誌銘」，但銘裏並未言及杜的死因，祇說杜「扁舟下荊楚，竟以寓卒。」這銘是杜的孫子嗣業拜託元作的，對杜的死因，可能有所隱諱。其後唐文宗時人鄭處誨的明皇雜錄則說杜是飲酒過多而死：

杜甫客耒陽，遊岳祠，大水遽至，涉旬不得食，縣令具舟迎之，令嘗饋牛炙白酒。

後漂寓湘潭間，羈旅於衡州耒陽，頗為令長所厭。甫投詩於宰，宰遂致牛炙白酒以遺甫，甫飲過多，一夕而卒。集中猶有贈聶耒陽詩也。（見杜詩詳註卷二十三註）

此書比較具有歷史價值，至今仍為研究唐史的重要參考書。從文字及內容上看，與兩唐書的杜傳大致相似，可能是兩唐書杜傳的藍本。即使不是，兩唐書杜傳必另有所本，而明皇雜錄也必不會沒有根據。既然正史和比較正式的記載都說杜的死與酒肉有關，那麼這個說法，大致是可信的。但我只承認杜甫的死「與酒肉有關」，却不相信杜是「脹飫而死」，因爲以酒食致死的原因很多，「脹飫」並不是飲酒食肉後惟一可能引起的病症。我寫此文的目的，是在對杜因飲酒食肉所引起的病症作一合理的推測。對於正史的記載，不是翻案文章，只可說是一種補充或註脚。

舊唐書是五代時石晉劉煦所修的，那時正是斯文掃地之秋，而杜生前又不是什麼要人，所以杜傳作得極其馬虎，有不少錯誤，因之影響後人對此書杜傳的信心。舊唐書文苑傳對於杜的晚年記載如下：

永泰元年，（嚴）武卒，甫無所依。及郭英乂代武鎮成都，英乂武人粗暴，無能刺謁。乃遊東蜀，依高適，旣而適卒。是歲崔寧殺英乂，楊子琳攻西川，蜀中大亂。甫以其家避亂荆楚，扁舟下峽，未維舟而江陵亂；乃泝沿湘流，遊衡山，寓居耒陽。甫嘗遊岳廟，爲暴水所阻，旬日不得食。耒陽令知之，自櫂舟迎甫而還。永泰二年，啗牛肉白酒，一夕而卒於耒陽。年五十有九。

傳裏說杜於嚴武死後「遊東蜀，依高適」，而據同書高適傳說高適死在嚴武之前三個月。又說「崔寧殺英乂」，其實殺英乂的是崔旰。又說杜「扁舟下峽，未維舟而江陵亂」，其實杜在江陵住過半年。最可笑的是說杜死於永泰二年（即大曆元年），竟然擅自爲杜減去四年的壽命。杜集中明明有「大曆三年春白帝城放船出瞿塘峽四十韻」的詩，可見爲他作傳的人，竟連他的詩也沒有看見過。因爲這些錯誤，使後人連帶對此傳所說杜甫的死因，也難免懷疑，這當然是不足怪的。

宋仁宗時修成的新唐書，便仔細得多，把舊唐書杜傳的上項錯誤都加以改正。但對杜甫的死因，除加上「大醉」二字外，仍保留舊書的說法。新唐書杜甫傳對杜的晚年，作下列敍述：

> 武卒，崔旰等亂，甫往來梓夔間。大曆中，出瞿塘，下江陵，泝沅湘以登衡山，因客耒陽。遊嶽祠，大水遽至，涉旬不得食，縣令具舟迎之，乃得還。令嘗饋牛炙白酒，大醉，一夕卒。年五十九。

新書對杜甫死因所以仍保留舊書的說法，當然是因爲沒有證據或理由來推翻它，這是史家應具的正確態度，同時更可加强舊書說法的正確性。可是後人對杜甫的這種死法，總表不滿。清人仇兆鰲就說過「牛酒飫死之慘，舊史旣誣於歿後」，好像說老天爺斷不會讓杜甫死得那麼不體面，而是作史的人故意與他爲難似的。這種看法，當然是由於過份愛慕杜甫而起的。至於由來已久的溺死之說，本來也是爲愛護杜甫而產生的，不料後人仍難滿意，認爲「此欲雪牛酒飫死之寃，而反加以水淹身溺之慘，子美何不幸罹此奇禍！」（杜詩詳註卷二十三）。言下大有非給杜甫安排一種好的死法不可之意。

可是要完全推翻正史的記載，談何容易，更何況是情感用事的論證！在一籌莫展之際；乃有人轉而着重考證杜甫去世的地點。因爲如果證明杜不死在耒陽，便可間接證明杜不是在耒陽飫死或溺死，那麼至少也可以弄一個「死因不明」。杜詩詳註曾繁徵博引，翻覆申辯，認爲杜甫在大曆五年的秋天或多天，業已離開耒陽，決不是那年夏天死於耒陽的。此書首卷註說：

鶴譜云：「夏如郴，因至耒陽訪聶令。經方山驛，阻水旬餘，聶致酒肉。」而史云：「令嘗饋牛炙白酒，大醉，一夕卒。」嘗考謝聶令詩有云：「禮過宰肥羊，愁當置清醥。」其詩題云「與盡本韻」，又「且宿留驛近山亭」，若果以飫死，豈復能為是長篇，又復游悤山亭。以詩證之，其誣自可不攻。況元稹作誌在舊史前，初無此說。按是秋下洞庭，故有暮秋將歸秦奉留別親友詩。又有洞庭湖詩云：「破浪南風正，回檣畏日斜。」言南風畏日，又云回檣，則非四年所作甚明。當是是年自衡州歸襄陽經洞庭詩也。

鰲按：五年冬，有送李銜詩云：「與子避地西康州，洞庭相逢十二秋。」西康州即同谷縣，公以乾元二年冬寓同谷，至大曆五年之秋為十二秋。又有風疾舟中詩云：「十暑岷山葛，三霜楚戶砧。」公以大曆三年春適湖南，至大曆五年之秋為三霜。以二詩證之，安得云是年之夏，卒於耒陽乎？

同書卷二十三註又載：

王彥輔塵史：「世言子美卒於衡之耒陽」，寰宇記亦載其墳在縣北二里。唐書稱耒陽令遺白酒黃牛，一夕而死。予觀子美，僑寄巴峽三歲，大曆三年二月始下峽，流寓荆南，徙泊公安；久之，方次岳陽，即四年冬末也。既過洞庭入長沙，乃五年之春。四月，遇臧玠之亂，倉皇往衡陽，至耒陽，舟中伏枕。又畏瘴復沿湘而下，故有回櫂之作。又登舟將適漢陽云：「秋帆催客歸。」蓋回櫂在夏末，此篇已入秋矣。又繼之以暮秋將歸秦留別湖南幕府親友詩。則子美北還之迹，見此三篇，安得卒於耒陽也。

關於杜甫死於夏天的說法，其說不知來自何處，正史根本就沒有這樣的記載。至於仇註所說杜的過洞庭湖一詩是大曆五年杜自耒陽回鄉重經洞庭湖時的作品，此點大有問題。此詩據說本出無名氏之手，後人編入杜集（見杜詩詳註二十三引潘子真詩話）。這且不論。即令果眞是杜的作品，詩中所謂「破浪南風正，回檣畏日斜」兩句，乃是夏天景象；杜預備於大曆五年暮秋返鄉（有「暮秋將歸秦留別湖南幕府親友」一詩爲證），他怎可能在那年夏天即已過洞庭湖。由此可見，這首詩決非杜甫北歸之作。又仇說杜的送李銜詩（即「長沙送李十一」）是大曆五年冬在長沙作的，也說不通。杜既於秋天告別湖南親友，却又在那年冬天在長沙爲別人送行，已覺有點離奇；同時詩中對他本人返鄉的事，隻字未提。詩中「竟非吾土倦登樓」一句，也像是在那裏寄寓許久而非過路的口吻。仇又引此詩的「與子避難西康州，洞庭相逢十二秋」二句爲證，說從乾元二年（西元七五九年）冬天杜甫避難同谷縣起，至大曆五年（西元七七〇年）秋天，是「十二秋」。仇把詩中的「秋」字當作「秋天」講，本身先站不住，因爲從乾元二年冬天到大曆五年秋天，其間祇經過十一個秋天，而不是「十二秋」。這個「秋」字，如果作年字講如「三秋」「千秋」的意思一樣的話，倒還說得過去。因爲杜甫從大曆四年夏天直到五年春天，都在潭州（即長沙）。從乾元二年到大曆五年正是十二個年頭。所以送李銜詩可能是大曆四年深冬或五年年初作的，但決不是五年冬天的作品。仇又以「三霜楚戶砧」來證明杜在大曆五年秋天還活着，這本不成問題，因爲正史及比較正式的杜甫傳記上，都沒有說杜死於夏天。但却不能以此證明杜不死於耒陽。至於王彥輔麈史以「登舟將適漢陽」及「暮秋將歸秦留別湖南幕府親友」二詩來證明杜甫於大曆五年秋已離耒陽，更無理由，難道王連「將」字的意思都不懂？綜合以上各點，可知以杜詩證明杜甫於大曆五年秋天或冬天已離開耒陽的說法，實難成立。此外又無其他材料可以證明杜不死於耒陽，因此我們就不得不承認正史所載杜死於耒陽的說法了。

再看杜甫是否因吃了耒陽縣聶令的酒肉而致死的呢？我說是的。杜甫於耒陽阻水，聶曾送給他酒肉，杜並曾以詩答謝，詩題是「聶耒陽以僕阻水書致酒肉療飢荒江詩得代懷興盡本韻至縣呈聶令陸路去方田驛四十里舟行一日時屬江漲泊於方田」（載杜詩詳註卷二十三）。後人以爲「若果以飫死，豈復能爲是長篇」？這話祇能證明杜並非於阻水被救後吃了聶的酒肉當天便死的，但聶既與杜有舊，而杜又貧困無依，聶送給杜酒肉，當不止一次。同時正史上也沒有說杜甫於阻水被救後當天便死，舊唐書文苑傳甫傳說：

甫嘗遊岳廟，為暴水所阻，旬日不得食。耒陽令知之，自櫂舟迎甫而還。永泰二年，啗牛肉白酒，一夕卒於耒陽。

從這段記載上，我們可以顯然看出杜甫阻水爲縣令迎還是一回事，「永泰二年」啗牛酒而死是另一回事。大概因「旬日不得食」一語而發生聯想作用，纔使人把兩事混爲一談。新唐書杜甫傳說：

遊嶽祠，大水遽至，涉旬不得食。縣令具舟迎之，乃得還。令嘗饋以牛炙白酒，大醉，一夕卒。

「令嘗饋牛炙白酒」一語的意思是說聶令「曾經」送給杜酒肉，當然是指的另一回事。

如果是指聶令於杜甫被救當天送給杜酒肉，那個「嘗」字，便用不着。所以聶令於杜甫被救時送杜的酒肉（即杜甫答謝詩中所說的酒肉），決不是杜甫吃了因而致命的「牛炙白酒」。新唐書所說杜的阻水和杜的吃酒肉致死，祇是杜的兩件事實連貫的敍述，其相互之間並不發生關係。明皇雜錄也明明說聶令送給杜甫兩次酒肉，一次在杜阻水遇救後，一次在杜「羈旅於衡州耒陽」時。所以杜甫無疑的並非死於阻水遇救後的當天晚上。但我們却不能斷言杜甫的死與聶令的酒肉無關。

我們既無法否認杜因吃酒肉而致死，那麼杜是否即是「脹飫而死」呢？我認爲不是的。「脹飫」二字，正史根本沒有提到。而且「脹飫」並不是飲酒食肉後所可能引起的唯一病象，至於「脹飫而死」，更是極少見的事。這事唐人即表懷疑，韓愈的題杜子美墳就說：「當時處處多白酒，牛炙如今家家有，飲酒食炙今如此，何故常人無飽死？」雖然他的「杜甫溺死說」缺乏證據，但這個問題，問得眞有道理。據醫生說，飲食過量所引起的病症是「急性胃擴張」，可是患者痛苦，而不足以致命。除非患者平日患有嚴重的腸胃病如腸胃潰瘍等症，因飲食過量而使腸胃穿孔，纔有致命的危險。再看杜甫，雖是個「多愁多病身」，胃口却極好，在他的詩集中，有許多與人飲宴的詩，如果有腸胃病，怎還能大吃大喝？「脹飫而死」的說法，既不見於正史，從醫學上看又極少可能，我們當然不能對它相信。這種說法，自然是後人的一種錯覺，認爲「飲酒食肉而死」即等於「脹飫而死」，當然是不正確的。

杜甫的死既與酒肉有關，若不是「脹飫而死」，究竟是什麼病致死呢？依我的看法，他是因腦溢血而死。因爲他素患血壓高症，而飲酒最易刺激血壓，因飲酒過量而引起腦溢血，是極可能的事。我們從杜甫詩中可以看出他患過許多種病，其中最嚴重的便是肺病和血壓高症。血壓高症也就是他詩中所說的「風疾」。肢體痲痺，頭目暈眩，是風疾最通常的病象。這些現象在他五十歲左右時，已甚顯著。如乾元二年（西元七五九年）他的「寄贊上人」一詩中說：

年侵腰脚衰，未便陰崖秋。

又上元元年（西元七六〇年）的詩中說：

幽棲地僻經過少，老病人扶再拜難。（賓至）

到了廣德二年（西元七六四年）他的身體已呈痲痺現象，同時並患神經性頭痛。

老妻憂坐痺，幼女問頭風。（遣悶奉呈嚴公二十韻）

大曆元年（西元七六六年），他的足部，已有舉動不靈之感。

臥愁病脚廢，徐步視小園。（客居）

欹傾煩注眼，容易收病脚。（西閣曝日）

大曆二年（西元七六七年）以後，他的視覺模糊、肢體痲痺的程度更形增加。

眼復幾時暗，耳從前月聾。（耳聾，大曆二年秋作。）

汝啼吾手戰，吾笑汝身長。（元日示宗武，大曆三年作。）

此身飄泊苦西東，右臂偏枯耳半聾。（清明二首，大曆四年春作）

春水船如天上坐，老年花似霧中看。（小寒食舟中作，大曆五年作）

恥以風病辭，胡然泊湘岸。（舟中苦熱遣懷呈陽中丞通簡臺省諸公，大曆五年作）

大曆五年他又有「風疾舟中伏枕書懷三十六韻奉呈湖南親友」一詩，有人看作是杜甫的絕筆，其中有幾句令人酸鼻的句子：

葛洪尸定解，許靖力難任，家有丹砂訣，無成涕作霖。

杜詩詳註卷二十三此詩註說：「但云葛洪尸定解，蓋亦自知不久將歿也。」我們拿這幾句詩來與杜的其他敍述頭痛手戰眼暗耳聾的詩相互對證，便可知道杜的「風疾」，在他的暮年嚴重到何種地步。若在今日，慢說是飲酒，醫生一定連油鹽也不會准他吃。這種病至今無藥可治，即使吃「大米齋」，都難保不生危險，更何況飲酒呢？但千餘年前，那有這等的醫學常識。杜甫患着那麼嚴重的血壓高症，却又嗜酒如命，他不死於酒又將何待呢？明皇雜錄說：「甫飲過多，一夕而卒。」明明說酒是他的致命傷。新唐書說他：「大醉，一夕卒。」也是在着重說明他的死與酒有關。同時似乎祇有腦溢血，纔能使他那樣急遽的死去。所以我認爲說杜甫是「腦溢血而死」或「中風而死」，遠比說他「脹飫而死」或「飽死」爲有根據。

假使我爲杜甫作傳的話，我一定要作這麼一個結尾：

他曾遊岳廟，為大水所阻，十來天沒吃飯，後來耒陽縣令聶某親自乘船把他救出來。聶某與他有舊，常送食物給他。他本患有嚴重的血壓高症，而又嗜酒如命，不知節制。一天，聶縣令又送來牛肉白酒，他便乘興痛飲，因飲酒過量，竟引起腦溢血症，當晚不治身死。享年五十九歲。他本想於暮秋還鄉的，可惜他未能達到這個願望。

我所說杜甫的死因，自然僅能說是一種推測。因爲活人的病還有許多診斷不出，何況是死人的病，更何況是死了一千多年的人的病，當然不能作過份的肯定。但我根據杜的病歷，從醫理及史實上來推測他的死因，我認為至少是一種合理的推測。但是否有人會說我是「附會」，那就不得而知了。

附記： 我寫此文，承臺大醫院實習醫生錢煦兄告訴我許多醫學知識，如果沒有他的幫助，這篇文章恐怕寫不成，特此誌謝。

原載大陸雜誌六卷四期，四十二年二月

唐代宦官與藩鎭的關係

一

唐代之宦官與藩鎭，並興於玄宗時。安史亂後，臻於極盛，同爲唐室政治上之毒瘤，禍亂相乘，直至唐亡。就表面看來，唐室信用宦官而畏忌藩鎭，其勢頗似對立。實則有唐後期之大部時間內，兩者之勾結甚力，藩鎭賴宦官以鞏固其割據，宦官倚藩鎭而維持其竊柄，貌似相制相尅，實則相輔相成。藩鎭之中，除安史餘孽如盧龍、成德、魏博、淄青等數鎭，自成一系，爲宦官之勢力所不能達，其餘絕大多數之藩鎭，幾無不與宦官有密切之關係。故盛唐以後之政治，大體說來，可謂宦官與藩鎭合作之政治，此所以宦官愈盛而藩鎭亦愈强者也。

藩鎭之設，由於府兵制之破壞；而宦官之盛，又由於藩鎭之興起。府兵制爲一種區域性之徵兵制，唐初於若干指定之地區設折衝府，徵調其轄區內一部分強健富有之子弟，充當府兵，組成一專司戰鬥之團體。每遇征伐，皆臨時命將，事畢兵歸其府，將上其印，故兵將之關係不密。至玄宗，府兵之制漸壞，遂改行募兵。職司保衞京師之彍騎，與夫扞衞邊疆之節度使麾下之兵卒，率皆來自招募，而沿邊諸鎮將，又多久其任，以是兵將成爲不可分離。唐室爲防武人擁兵自專，遂以宦官爲監軍以監督之。監軍之設，始於何年，不可確知。惟玄宗天寶六載（西元七四七年），唐將高仙芝伐小勃律，其軍中已有監軍。及至安史亂起，其制大行。此輩監軍，與居中用事之宦官，遙通聲息，極爲皇帝所信賴。然此種制度，始終無效果可言，反予宦官以勾結藩鎮之機會。由於宦官之不諳軍事，每參軍謀，無不敗事。其貪橫者又廣收賄賂，干撓軍政。若干不肖之武人，遂利用其貪冒，與之相結，使其虛報戰功，保舉官職。而於功高望重不肯趨附者，監軍反嫉之若仇。所謂「誅殺良將，磨折好人」，實當時絕大多數監軍之寫照。唐室用宦官以制藩鎮，而藩鎮之禍愈演愈烈，良由此也。玆分論之。

安史亂前，即有宦官與藩鎮勾結之事，宦官受藩鎮之賂，爲其隱沒敗狀，掩飾逆謀。玆舉二例：

(一)舊唐書卷一〇三張守珪傳：

（開元）二十六年，（幽州節度使張）守珪裨將趙堪、白眞陁羅管假以守珪之命，逼平盧軍使烏知義，令率騎邀叛奚餘衆於湟水（樂成案：「湟水」應作「潢水」，即今遼河。）之北，將踐其禾稼。知義初猶固辭，眞陁羅又詐稱詔命以迫之，知義不得已而行。及逢賊，初勝後敗，守珪隱其敗狀，而妄奏克獲之功。事頗泄，上令謁者牛仙童往按之。守珪厚賂仙童，遂附會其事，但歸罪於白真陁羅，逼令自縊而死。

(二)舊唐書卷二百上安祿山傳：

楊國忠屢奏祿山必反，（天寶）十二載，玄宗使中官輔璆琳覘之，得其賄賂，盛言其忠。

牛仙童、輔璆琳雖非監軍，其任務則與監軍相若，而竟收受賄賂，掩敗爲勝，譽逆爲忠，則其不可信任，亦甚明矣。

安史亂起，監軍之制大行，宦官與藩鎮之勾結亦愈力，直至唐亡，未嘗稍止。叛逆之奸謀，敗將之劣迹，與夫武夫之貪暴，率由宦官爲之掩飾彌縫。至於取節鉞，獵高位，亦多由此輩之薦擧。玆再以數人爲例：

(一)史思明、許叔冀。舊唐書卷一一一張鎬傳：

時賊帥史思明表請以范陽歸順，鎬揣知其僞，恐朝廷許之，手書密表奏曰：「思明凶豎，因逆竊位，兵強則衆附，勢奪則人離，包藏不測，禽獸無異。可以計取，難以義招，伏望不以權威假之。」又曰：「滑州防禦使許叔冀，性狡多謀，臨難必變，望追入宿衛。」肅宗計意已定，表入不省。鎬爲人簡澹，不事中要。會有宦官自范陽、滑州使還，皆言思明、叔冀之誠懇。肅宗以鎬不切事機，遂罷相位，授荆州大都督府長史。後思明、叔冀之僞，皆符鎬言。

㈡周智光。舊唐書卷一一四周智光傳：

周智光本以騎射從軍，常有戎捷，自行間登偏裨。宦官魚朝恩為觀軍容使，鎮陝州，與之狎昵。朝恩以扈從功，恩渥崇厚，奏請多允，屢於上前賞拔智光，累遷華州刺史、同華二州節度使。……初與陝州節度使皇甫溫（樂成案：皇甫溫亦魚朝恩黨，見舊唐書卷一八四朝恩傳。）不協，監軍張志斌自陝入奏，智光館給禮慢，志斌責其不肅。智光大怒曰：「僕固懷恩豈有反狀，皆由爾鼠輩作福作威，懼死不敢入朝。我本不反，今為爾作之。」因叱下斬之，臠其肉以飼從者。……大曆二年正月，密詔關內河東副元帥中書令郭子儀討智光，許以便宜從事。

㈢盧從史。舊唐書卷一三二盧從史傳：

德宗中歲，每命節制，必令採訪本軍為其所歸者。（李）長榮卒，從史因軍情，且善迎逢中使，（樂成案：通鑑卷二三六謂從史潛與監軍相結，而得節鉞。）得授昭義軍節度使。漸狂恣不道，至奪部將妻妾。……王士真死，從史竊獻誅（王）承宗計，以希上意，用是起授，委其成功。及詔下，討賊兵出，逗留不進，陰與承宗通謀。

㈣韓全義。舊唐書卷一六二韓全義傳：

全義將略非所長，能以巧佞財賄結中貴人，以被薦用。及師臨賊境，又制在監軍。每議兵出，一帳之中，中人十數，紛然爭論莫決。蔡賊聞之，屢求決戰。（貞元）十六年五月，遇賊於溵水南廣利城，旗鼓未交，諸軍大潰。……十七年，全義自陳州班師，而中人掩其敗跡，上待之如初。

㈤嚴綬。舊唐書卷一四八裴垍傳：

嚴綬在太原，其政事一出監軍李輔光，綬但拱手而已。

舊唐書卷一四六嚴綬傳：

綬自率師壓賊境，無威略以制寇。到軍日，遽發公藏以賞士卒，累年蓄積，一旦而盡。又厚賂中貴人，以招聲援。師徒萬餘，閉壁而已，經年無尺寸功。裴度見上，屢言綬非將帥之才，不可責以戎事。乃拜太子少保代歸。

以上諸人，若史思明、許叔冀、周智光、盧從史，均叛逆也，其始皆受宦官之庇護提攜。至韓全義、嚴綬，先後總討伐淮西之任，或喪師失地，或閉壘不戰，而因宦官之助，竟無絲毫之罰，依然保其富貴。則其餘兩者相結、蠹國害政之事，亦可以想見矣。

宦官與藩鎮之狼狽爲奸，已如上述。然藩鎮之中，猶不乏功高望重，忠勇正直之士，宦官以其不肯趨附，又忌其功名，反視之如仇。郭子儀、李光弼以唐軍之元戎，百戰之名將，而爲總監諸軍之宦官魚朝恩及居中用事之宦官程元振所嫉，遂沮撓軍計，橫加讒毀，而致子儀屢失兵柄，光弼不敢入朝。唐室之所以不能肅清河朔，終遺大患者，與此極有關係。舊唐書卷一四八魚朝恩傳：

時郭子儀頻立大功，當代無出其右，朝恩妬其功高，屢行間諜。子儀悉心奉上，殊不介意。

同書卷一二〇郭子儀傳：

中官魚朝恩，害子儀之功，因其不振媒孽之，尋召還京師。……代宗即位，內官程元振用事，自矜定策之功，忌嫉宿將。以子儀功高難制，巧行離間，請罷副元帥。……上元元年九月，以子儀為諸道兵馬都統，管崇嗣副之，令率英武、威遠等禁軍及河西、河東諸鎮之師，取邠寧、朔方、大同、橫野，徑抵范陽。詔下旬日，復為朝恩所間，事竟不行。

舊唐書卷一一〇李光弼傳：

觀軍容使魚朝恩屢言賊可滅之狀，朝旨令光弼速收東都。光弼屢表賊鋒尚銳，請候時而動，不可輕進。僕固懷恩又害光弼之功，潛附朝恩，言賊可滅。由是中使督戰，光弼不獲已進軍，列陣於北邙山下。賊悉精銳來戰，光弼敗績，軍資器械，並為賊所有。時李抱玉亦棄河陽，光弼渡河保聞喜。朝廷以懷恩異同致敗，優詔徵之。……廣德初，吐蕃入寇京畿，代宗詔徵天下兵，光弼與程元振不協，遷延不至。……光弼御軍嚴肅，天下服其威名，每申號令，諸將不敢仰視。及懼朝恩之害，不敢入朝，田神功等皆不稟命，因愧恥成疾。

唐室之討平安史，所以功虧一簣者，由於不能專任郭李；而郭李之未竟全功，由於宦官之沮軍敗計；其事均彰彰明甚。其後唐室委討賊之任於僕固懷恩，亦緣其附魚朝恩之故。史稱懷恩恐亂平寵衰，欲樹黨援，因而保護安史餘孽，建議朝廷，復以河北與之。其事雖不甚可信，然懷恩之忠直，遠遜郭李，要亦不爭之事實。亂定之後，懷恩復與中使駱奉仙交惡，而致叛變，幾釀大禍。凡此種種，皆由宦官輩之妨功害能，排斥異己所致也。此外如令狐彰，對朝廷素著忠勤，亦與宦官結怨。通鑑二二四大曆八年：

> 二月壬申，永平節度使令狐彰薨。彰承滑亳離亂之後，治軍勸農，府廩充實。時藩鎮率皆跋扈，獨彰貢賦未嘗闕。歲遣三千兵詣京西防秋，自齎糧食，道路供饋皆不受，所過秋毫不犯。……遺表稱，昔魚朝恩破史朝義，欲掠滑州，臣不聽，由是有隙。（樂成案：舊唐書一二四令狐彰傳作「頃因魚朝恩欲掠亳州，遂與臣結怨。」新唐書卷一四八彰傳不載其事，僅言與朝恩有隙。）及朝恩誅，值臣寢疾，以是未得入朝，生死愧負。

以上所言宦官與正人之爲敵，猶不過肅代間事。肅代兩朝，宦官之勢雖大，尚未至根深蒂固，故程魚諸豎，代宗猶能誅之，代宗後期，且不以宦官典禁兵。至德宗，懲於涇原兵變，嫉視宿將，遂擴充神策禁軍，由宦官主之，於是宦官之勢復熾。代宗時，置樞密使，職司出納章奏，由宦官任之。德宗以後，樞密使權勢亦盛，漸至干預政事，凌駕宰相。宦官既掌握中央軍政大權，其勢乃不可復制。自德宗後期起，除河北安史諸鎭，爲宦官勢力所不能達，其餘節度使，或出禁軍，或由朝士，莫不以宦官爲奧援，而宦官藩鎭勾結之局，自是遂大定矣。

二

禁軍爲唐後期中央軍隊之主力，宦官之橫，與掌握禁軍有關。自高宗至德宗，禁軍先後成立十軍，即羽林、龍武、神武、神策、神威，各分左右，號「北衙十軍」，而以左右神策為最强。神策軍始置於玄宗天寶，時哥舒翰攻破吐蕃磨環川（今甘肅臨洮縣西），唐以其地置神策軍，以成汝璆為軍使，其始乃邊防軍也。安史之亂，如璆遣其將衞伯玉領千人入援，屯軍於陝（今河南陝縣）。旋以神策故地淪沒，唐遂以陝兵號神策軍，以伯玉為節度使，而由魚朝恩監其軍。其後伯玉罷職，神策軍權輾轉入於朝恩。廣德元年（西元七六三年），代宗奔陝以避吐蕃，朝恩率軍迎扈。及京師平，唐室乃以神策改隸禁軍。其後聲勢漸盛，分為左右廂，漸居諸禁軍之上。朝恩並請以京師附近縣邑，隸於神策，於是其勢益熾。

肅代之時，宦官李輔國、程元振、魚朝恩相繼典掌禁軍。至代宗，三人相繼貶誅，北衙諸軍，遂不委宦官。德宗初，唐室屢以神策出征，强兵勁卒，耗損甚衆。神策軍使白志貞不以奏聞，而受市井富兒之賂，以之充數。其人雖名列軍籍，歲受給賜，而皆在市廛，販鬻為業。涇原兵變，叛軍直入京師，神策軍無一至者，德宗幾至不免。亂定後，德宗忌宿將握兵，稍稍罷之。並整頓神策等禁旅，以宦官竇文場、霍仙鳴等掌之，於是宦官再典禁軍，直至唐亡。舊唐書卷一八四竇文場霍仙鳴傳：

> 時竇霍之權，振於天下。藩鎮節將，多出禁軍；臺省清要，時出其門。

當時禁軍大將之出為節度者，率以巨資賄賂禁軍領袖之護軍中尉而得之。通鑑二四三太和元年：

> 自大曆以來，節度使多出禁軍。其禁軍大將資高者，皆以倍稱之息，貸錢於富室，以賂中尉，動逾億萬，然後得之，未嘗由執政。至鎮，則重斂以償所負。

此輩因賄以進之節度使，時稱「債帥」，其品格才能，不問可知。然以宦官所援引，其地位遂牢不可破。

此外又有「神策行營」之設，其制亦始自德宗。德宗初年，以李晟率禁軍討河北，及涇原兵變，晟還救京師，唐室以晟爲神策行營節度使，屯軍渭北。神策軍之給賜，遠較邊兵爲優，於是邊將紛請遙隸神策，稱神策行營。神策軍乃大爲擴充，而宦官之權勢亦隨之增長。通鑑卷二三五貞元十四年：

> 八月，初置左右神策統軍。時禁軍戍邊，稟賜優厚，諸將多請遙隸神策，稱行營。皆統於中尉，其軍遂至十五萬人。

然神策軍給賜雖厚，戰鬬力則甚薄弱。由於待遇之不公，邊兵之不滿，亦可想見。通鑑卷二四一元和十五年：

> 李光顏發邠寧兵救涇州，邠寧以神策受賞厚，皆慍曰：「人給五十緡而不識戰鬬者，彼何人邪？常額衣資不得而前冒白刃者，此何人邪？」洶洶不可止。光顏親為開陳大義以諭之，言與涕俱，然後軍士感悅而行。

通鑑二五四廣明元年：

> 乙亥，張承範等將神策弩手發京師。神策軍士，皆長安富家子，賂宦官竄名軍籍，厚得稟賜，但華衣怒馬，憑勢使氣，未嘗更戰陣。聞當出征，父子聚泣，多以金帛雇病坊貧人代行，往往不能操兵。

禁軍出身之節將，既多「債帥」，其士卒又不更戰陣，以是外強中乾，徒有其表。神策將領雖間有一二良將如尚可孤、高崇文等，其餘率皆駑材下駟。即以淮西之役爲例，其前後將帥如韓全義、高霞寓等，皆起自禁軍，而遇敵莫不奔敗。其後雖由李愬討平，然以全國之兵，伐三州之地，三年而後克之，唐室武力之不振，亦可知矣。至於憲宗之平定河北，亦實由於安史餘孽本身之衰落，王船山讀通鑑論論之詳矣。憲宗雖號中興，然數年之間，再失河朔，至唐亡不能復取者，豈無故哉！

憲宗以後至宣宗之四十餘年間，國事雖未大壞，而政局始終動盪不安。其所以尚能勉維朝局於不墜者，一則由於朝士雖分黨派，然皆聽命於宦官，宦官與朝士尚能合作。二則由於中央禁軍雖弱，而神策行營與夫禁軍出身之節度使（其中且有不少爲宦官之親屬或假子），遍及要害之區，與宦官亦尚能相安。非禁軍系統之藩帥，則多爲書生朝士，亦較易制。其餘雖間有一二藩鎭與宦官不合，亦不敢冒然擧兵，蓋恐一旦起事，即被叛逆之名，且恐他鎭議其後也。至於河北安史餘孽，爲宦官勢力所不及，唐室固久視爲化外。故有唐後期大部時間之政治，大體說來，實宦官與藩鎭合作之局也。

宣宗以後，宦官系之藩鎭趨於極盛，即以僖宗一朝爲例。當時宦官楊復光之假子爲牧守將帥者，即達數十人。舊唐書一八四楊復光傳：

（復光）諸假子：守亮，興元節度使；守忠，忠武節度使；守信，商州防禦使；守忠，洋州節度使。其餘以守為名者數十人，皆為牧守將帥。

此外如西川節度使陳敬瑄，乃神策中尉田令孜之兄；東川節度使楊師立，原爲神策大將，亦令孜心腹。山南四川，爲有唐後期重要財賦之區，故宦官遍佈黨羽，視如私產。餘如淮南爲東南重鎭，義武爲河北雄藩，其節度使高駢、王處存，亦皆出身禁軍也。雖黃巢亂後，局勢大變，然直至五代，倔強鳳翔之李茂貞，雄據巴蜀之王建，固皆是有唐之禁軍將校也。

安史亂後，唐室仍加意提倡文學，重科舉之選，用以粉飾太平。外朝卿相，固多出身於進士明經，即節度使亦頗用儒臣。此類藩帥，亦大多聽命於宦官，雖亦有與監軍發生衝突之事，如德宗時義成節度使姚南仲之與監軍薛盈珍者，然其例絕少，即偶而有之，最後勝利亦多在宦官也。憲宗時，牛李黨爭起，雙方各以一部宦官爲後援，相互傾軋，一黨得勢，必盡逐其政敵於外，故當時頗有卿相大臣出爲節度使者。迨時勢推移，失敗者復入闕庭，再以其道還之。而居中主其沈浮者，仍爲宦官。李德裕爲李黨領袖，與牛黨之李宗閔、牛僧孺等相敵對。文宗初，裴度薦德裕爲相，而李宗閔得宦官之助，出之於外。及武宗即位，德裕由宦官楊欽義之援手，遂得入相。舊唐書卷一七四李德裕傳：

> 太和三年八月，召為兵部侍郎，裴度薦以為相。而吏部侍郎李宗閔有中人之助，是月拜平章事，懼德裕大用。九月，檢校禮部尚書，出為鄭滑節度使。

通鑑卷二四六開成五年：

> 初，德裕在淮南，敕召監軍楊欽義，人皆言必知樞密，德裕待之無加禮，欽義心銜之。一旦獨延欽義，置酒中堂，情禮極厚。陳珍玩數床，罷酒，皆以贈之，欽義大喜過望。行至汴州，敕復還淮南，欽義盡以所餉歸之。德裕曰：「此何直！」卒以與之。其後欽義竟知樞密，德裕柄用，欽義頗有力焉。

牛僧孺於文宗之初拜相，雖爲李宗閔所引，而李固以宦官爲奧援者。至牛罷相出鎭淮南，雖由文宗不滿其對維州事變之措施而起，而以此事陳訴於文宗之前者，固仍是宦官也。舊唐書卷一七四李德裕傳略云：

（太和）五年九月，吐蕃維州守將悉怛謀請以城降，遣人送款德裕，（樂成按：德裕時為西川節度使。）盡率郡人歸成都。德裕乃發兵鎮守，因陳出攻之利害，時牛僧孺沮議，言新與吐蕃結盟，不宜敗約。乃詔德裕却送悉怛謀一部之人還維州，贊普得之，皆加虐刑。六年，監軍王踐言入朝知樞密，嘗於上前言悉怛謀縛送，以快戎心，絕歸降之義。上頗由僧孺。其年冬，召德裕為兵部尚書，僧孺罷相，出為淮南節度使。

由此可此，大臣之出入將相，兩黨之升沈進退，莫不操於宦官之手，則其權勢之薰炙可知矣。

玆再舉二例，以明宦官與藩鎮之固結：

順宗即位，翰林學士王叔文等用事，頗有善政。叔文欲奪宦官兵權，爲若干宦官所忌。然叔文既得順宗之信任，復有一部宦官如李忠言者之贊助，以是反王之宦官無如之何。既而叔文以丁母憂去職，宦官俱文珍等遂利用太子純欲早日即位之心理，外結藩鎮，以順帝有疾不能視事爲辭，請太子監國。終至順宗被迫遜位，叔文亦遭竄誅，史稱此事爲「永貞內禪」。舊唐書卷一四〇韋皐傳略云：

皐知叔文人情不附，自以大臣可議社稷，乃上表請皇太子監國。太子優令答之，而裴均、嚴綬牋表繼至，由是政歸太子，盡逐（王）伾、（王叔）文之黨。皐在蜀二十一年，重賦斂以事月進，卒至蜀土虛竭，時論非之。

嚴綏賂宦官以招聲援，已如上述；史書亦稱裴均「緣附宦官」（見通鑑卷二三七元和三年）；則韋皐與宦官之關係，雖史無明文，亦可想見爲何如矣！又皐傳謂皐「重賦斂以事月進」，雖指進奉皇帝，然以德宗後期之政情而論，恐亦不能略去宦官也。

文宗時，宰相李訓，欲以京城衞卒及藩鎭兵力，誅除宦官，結果失敗，造成太和九年之「甘露之變」。宦官仇士良擅以神策軍屠滅李訓、王涯、賈餗等大臣數十家，殺金吾衞士及諸司吏卒兩千餘人，造成空前未有之慘劇。而全國藩鎭數十，除昭義節度使劉從諫外，竟無一人聲討宦官之罪，若非平日深相結納，何以至此！且劉從諫之節鉞，固亦賄賂宦官而得，其暴露仇士良之罪，亦因感王涯之私恩，非全激於公義也。舊唐書卷一六一劉悟及其子從諫傳略云：

（敬宗）寶曆元年九月，（悟）病卒，贈太尉。遺表請以其子從諫繼纘戎事。敬宗下大臣議，僕射李絳以澤潞內地，與三鎭事理不同，不可許。宰相李逢吉、中尉王守澄受其賂，曲爲奏請。二年，（從諫）充昭義節度使。（文宗太和）九年，李訓事敗，宰相王涯等四人被禍。悟（樂成按：「悟」應作「從諫」。）素德涯之私恩，心頗不平，四上章請涯等罪名，仇士良輩深憚之。是時中官頗橫，天子不能制，朝臣日憂陷族。賴從諫論列，而鄭覃、李石方能粗秉朝政。

武宗時，從諫死，姪稹自爲留後，唐室遂加以討伐。史稱昭義之伐，李德裕力主之。舊唐書卷一六一從諫及稹傳：

會昌三年，（從諫）卒，大將郭誼等匿喪，用其姪稹權領軍務。時宰相李德裕用事，素惡從諫之姦回，奏請劉稹護喪歸洛，以聽朝旨，稹竟叛。德裕用中丞李回奉使河朔，說令三鎮加兵討稹。乃削奪稹官，命徐、許、滑、孟、魏、鎮、幽、幷八鎮之師，四面進攻。

實則此役之興，必與仇士良有關，德裕不過尸其名耳。通鑑卷二四七會昌三年：

> 初昭義節度使劉從諫屢表言仇士良罪惡，士良亦言從諫窺伺朝廷。及上即位，從諫有馬，高九尺，獻之，上不受。從諫以為士良所為，怒殺其馬，由是與朝廷相猜狠。

新唐書卷二一四藩鎮傳澤潞：

> 從諫畜馬高九尺，獻之帝，帝不納。疑士良所沮，怒殺馬，益不平。益聞士良寵方渥，愈憂惑。欲自入朝，恐不脫禍，因被病卒。

夫武宗爲士良所立，德裕因宦官以進，而澤潞又士良之深仇，如謂昭義之伐，與宦官無關，不可得也。

三

代德以降，直至宣宗，百年之間，爲宦官之鼎盛時期。在此期間。外朝士大夫雖分黨派，但均依附宦官。宦官亦有派系，然無論何派得勢，均可完全掌握中央政府，對外則與藩鎮勾結，故局面尚未大壞。宣宗時，宦官與士大夫漸形對立。此因若干皇帝（如文宗、宣宗），屢次聯士大夫誅除宦官，宦官逐漸發生族類之自覺，團結一致，專意控制外朝。士大夫與宦官積怨既深，亦聯合與宦官相抗，雙方遂同水火。然宦官手握軍符政權，外有藩鎮之聲援，士大夫固無如之何。此種形勢，直至僖宗時之黃巢之亂，始大爲改觀。

僖宗時，流寇猖獗，黃巢攻陷長安，僖宗狼狽幸蜀。其時神策禁軍，損失甚重，宦官之實力漸弱。亂定後，新興之藩鎮，崛起黃河南北，一爲河東節度使李克用，一爲宣武節度使朱全忠，前者爲沙陀酋長，討平黃巢之功臣，後者則黃巢降將也。此兩鎮兵力强盛，非宦官所能制。而太原爲關東重鎮，汴州爲運河要衝，兩地既爲强藩所據，不特北方失一屏蔽，東南財賦亦爲遮絕。宦官所主持之中央政府，因而益衰。

僖宗返蹕後，仍信用宦官田令孜。既而令孜與河中節度使王重榮爭安邑解縣兩鹽池之利，終至兵戎相見。重榮結援河東，令孜則聯邠寧節度使朱玫、鳳翔節度使李昌符討重榮，李克用救之，敗二鎮之師，致使僖宗再幸興元，令孜亦終遭貶逐。僖宗死，宦官楊復恭立昭宗，遂擅朝政。復恭自其叔父玄价、從兄復光（均爲宦官）時即與李國昌、克用父子相結，至是更依河東爲外援，於是克用之勢大盛。惟昭宗痛恨宦官，時欲聯朝士以驅除之，而斯時宦官已不能完全宰制朝廷，外朝士大夫乃乘機勾結藩鎮，與宦官相抗衡。於是藩鎮亦分兩派，往日宦官內制朝廷外控藩鎮之局面，至此破壞。

楊復恭既倚河東爲援，宰相王濬亦與朱全忠相結。大順元年（八九〇年），昭宗以濬統軍討克用，欲外幸成功而內制復恭，結果大敗，昭宗不得已貶濬。濬之失敗，復恭之從中沮撓，爲主要原因之一。通鑑卷二五八大順元年：

是役也，朝廷倚朱全忠及河朔三鎮。及濬至晉，全忠方連兵徐鄆，雖遣將攻澤州，

> 而身不至行營。乃求兵糧於鎮魏，鎮魏倚河東為扞蔽，皆不出兵，惟華、邠、鳳翔、鄜夏之兵會之。兵未交而孫揆被擒，幽雲俱敗。楊復恭復從中沮之，故濬軍望風自潰。

張濬既敗，復恭克用之勢益熾，而昭宗以復恭專擅，必欲除之。乃寵任復恭假子守立，賜姓名李順節，以分其權。繼而昭宗詔復恭致仕，復恭奔興元，依其兄子山南西道節度使楊守亮，起兵叛唐，終被擒斬。於是克用在中央政府之勢力大衰，而朱全忠與外朝交結益固。

楊復恭死後，昭宗仍恨宦官，與宰相崔胤圖謀，頗有誅殺。胤一面與朱全忠相結，一面謀去宦官，於是內外朝益相水火。光化三年（九〇〇年），宦官劉季述謀亂，矯詔以太子裕監國而廢昭宗。崔胤召朱全忠入援，全忠兵不即發。胤乃與神策軍將孫德昭等合謀，誅劉季述及其黨羽，迎昭宗復位。實則全忠最初亦與季述相結，昭宗之廢，其駐京邸官程巖實與其事。後全忠因李振之勸告，始一意與宦官爲敵。新唐書卷二〇八劉季述傳略云：

> （季述）乃外約朱全忠為兄弟，遣從子希正與汴邸官程巖謀廢帝。會全忠遣天平節度副使李振上計京師，巖因曰：「主上嚴急，內外惴恐，左軍中尉欲廢昏立明若何？」振曰：「百歲奴事三歲郎主，常也。亂國不義，廢君不祥，非吾敢聞。」希正大沮。帝夜獵苑中，醉殺侍女三人。明日，季述衞皇太子至紫廷院，左右軍及十道邸官俞潭、程巖等詣思玄門請對，士皆呼萬歲。入思政殿，宮監掖帝出，后以傳國寶授季述，就帝輦，左右十餘人，入囚少陽院。（崔）胤告難於朱全忠，使以兵除君側。全忠封胤書與季述，曰：「彼翻覆，益圖之。」季述以責胤，胤曰：「姦

> 人僞書，從古有之，必以為罪，請誅不及族。」季述易之，乃與胤盟。胤謝全忠曰：「左軍與胤盟，不相害，然僕歸心於公。」幷送二侍兒。全忠得書恚曰：「季述使我為兩面人。」自是始離。季述子希度至汴，言廢立本計；又遣李奉本齎示太上皇誥，全忠狐疑不決。李振入見曰：「豎刁、伊戾之亂，以資覇者。今閹奴幽劫天子，公不討無以令諸侯。」乃囚希度、奉本，遣振至京師，與胤謀。

宦官首領，既屢遭誅殺，神策軍亦不復絕對聽命於宦官，而崔胤得昭宗之信任，復倚强藩爲援，以是權勢薰炙，宦官轉居劣勢。

然宦官亦自有其交通之藩鎭，最主要者爲鳳翔節度使李茂貞。茂貞出身禁軍，與宦官素有淵源，又與崔胤不合，因而支持宦官。劉季述既誅，崔胤等奏請罷宦官兵權，以大臣典禁軍，因茂貞之反對而罷。新唐書卷二〇八韓全誨傳：

> 劉季述之誅，崔胤、陸扆見武德殿右廡。胤曰：「自中人典兵，王室愈亂。臣請主左軍，以扆主右，則四方藩臣不敢謀。」昭宗意不決。李茂貞語人曰：「崔胤奪軍權未及手，志滅藩鎭矣。」帝聞，召李繼昭等，問以胤所請奈何？對曰：「臣世世在軍，不聞書生主衞兵。且罪人已得，持軍還北司便。」帝謂胤曰：「議者不同，勿庸主軍。」乃以（韓）全誨為左神策中尉，（張）彥弘為右。

通鑑卷二六二天復元年正月：

> 以樞密使韓全誨、鳳翔監軍使張彥弘為左右中尉。全誨亦前鳳翔監軍使也。

觀此可知茂貞與全誨等早有過從，全誨等之得主神策，實茂貞之力也。既而茂貞與崔胤惡感益深，雙方之敵對亦益顯。通鑑卷二六二天復元年五月：

崔胤之罷兩軍賣麴也，幷近鎮亦禁之。李茂貞惜其利，表乞入朝論奏，韓全誨請許之。茂貞至京師，全誨深與相結。崔胤始懼，陰厚朱全忠益厚，與茂貞為仇敵矣。

舊唐書劵二〇八韓全誨傳：

全誨等知胤必除己乃已，因諷茂貞留選士四千宿衛，以李繼筠、繼徽主之。胤亦諷朱全忠內兵三千，居南司，以婁敬思領之。

至是雙方衝突，已無法避免，惟有作最後角力，以定勝負。旣而崔胤密召朱全忠西迎車駕，而宦官劫昭宗幸鳳翔。全忠圍攻鳳翔，茂貞無以取勝，遂殺韓全誨等宦官七十餘人，與全忠和解。昭宗返蹕後，崔朱又奏殺宦官數百人，並令全國藩鎮，誅殺監軍。於是內外宦官，屠殺殆盡。而唐室中央遂爲全忠所控制，隨之以亡。

總之，唐室初以宦官爲監軍，以制藩鎮，而宦官一意黨助凶頑，摧折良將。旣而宦官內典禁軍，外結藩鎮，內外膠固，宦官之凶燄益熾，藩鎮之勢力益强。及至唐末，宦官之勢漸弱，士大夫遂聯藩鎮以盡誅之，遂成藩鎮獨盛之局，而唐室亦亡於藩鎮。此有唐後期一百五十年政治演變之大略也。

原載大陸雜誌二十七卷六期，五十二年九月

唐代夷夏觀念之演變

一

資治通鑑卷一九八貞觀二十一年：

（五月）庚辰，上御翠微殿，問侍臣曰：「自古帝王雖平定中夏，不能服戎狄。朕才不逮古人，而成功過之。自不諭其故，諸公各率意以實言之。」羣臣皆稱陛下功德，如天地萬物，不得而名言。上曰：「不然，朕所以能及此者，止由五事耳。自古帝王多疾勝己者，朕見人之善，若己有之。人之行能，不能兼備；朕常棄其所短，取其所長。人主往往進賢則欲寘諸懷，退不肖則欲置諸壑；朕見賢者敬之，不肖則憐之，賢不肖各得其所。人主多惡正直，陰誅顯戮，無代無之；朕踐祚以來，正直之士，比肩於朝，未嘗黜責一人。自古皆貴中華，賤夷狄，朕獨愛之如一，故其種落皆依朕如父母。此五者，朕所以成今日之功也。」

文中所言五事，皆太宗自謂超邁前古之處。其實嘉善納諫，大度包容，歷代賢君，亦優爲之。獨於中華夷狄，兼愛如一，爲前人所無。蓋李唐皇室，起源於北朝胡化之漢人，承異族累葉之政權，於所謂夷夏觀念，本甚薄弱。故建國之後，雖四征不服，既服之後，則視如一國，不加猜防。唐初每定異族，即於其地置羈縻府州，以其酋長任都督刺史，予以高度之自治權。甚至委異族以中央要職，與漢人比肩於朝。貞觀四年（西元六三〇年），太宗既平東突厥，其酋長任職中央，五品以上者百餘人，殆與朝士相半，因而入居長安者近萬家。此種華夷一家之盛況，誠空前未有之事也。

貞觀十三年（西元六三九年），突厥突利可汗之弟結社率反，進犯九成宮。事平之後，言事者多云突厥留河南不便。太宗遂以李思摩爲可汗，率所部建牙於河北。其後思摩因受薛延陀之侵淩，又以不善撫御，其部落棄之，渡河而南，唐以勝夏二州處之。而思摩輕騎入朝，拜爲右武衞將軍。由唐室之不阻突厥部衆南渡，復不責思摩之擅離職守看來，可知太宗之夷夏觀念，並不因結社率事件而有所改變也。

太宗死後，所謂華夷一家之觀念及政策，仍爲唐室所繼續保持。高宗武后之世，異族將才之盛，不減貞觀，如黑齒常之、李多祚、泉獻誠、論弓仁等，皆其傑也。此種現象，愈演愈烈，至玄宗天寶，遂委異族以方面之任，沿邊十節度，率爲胡人矣。以異族出任方面，史書謂其議倡自李林甫。舊唐書卷一〇六李林甫傳：

國家武德貞觀已來，蕃將如阿史那社爾、契苾何力，忠孝有才略，亦不專委大將之任，多以重臣領使以制之。開元中，張嘉貞、王晙、張說、蕭嵩、杜暹皆以節度使入知政事。林甫固位，志欲杜出將入相之源，嘗奏言：「文人為將，怯當矢石，不如用寒族蕃人。蕃人善戰有勇，寒族即無黨援。」帝以為然，乃用（安）思順代林甫領使，自高仙芝、哥舒翰皆專任大將。林甫利其不識文字，無入相由，然而（安）祿山竟為亂階故也。（新唐書卷二二三上李林甫傳及資治通鑑二一六天寶六載所載均略同，惟通鑑更申論曰：「上悅其（按指李林甫）言，始用安祿山，至是諸道節度使，盡用胡人。精兵咸戍北邊，天下之勢偏重，卒使祿山傾覆天下，皆出於李林甫專寵固位之謀也。」）

玄宗之重任蕃將，實形勢使然，非必全由李林甫專寵固位所致。林甫固屬奸佞，而玄宗尚非昏愚，若林甫之言全無根據，玄宗亦不致悅而相從。文人怯當矢石，好樹朋黨，固歷代通有之現象；而當時蕃將之驍勇善戰，要亦不爭之事實。自高宗武后起，盛行科擧，重文章之選，進士科成為漢族士人競趨之對象，往昔尚武之風，逐漸消失。而蕃人識字者少，仍以弓馬為能事，且其部落率居邊區，獷悍之風，依然保持。太宗時之漢人名將，至此泰半凋謝，而漢人既已沾染尚文之風，武將之缺，自不能不以蕃人充選。加以高宗末年以後，北則突厥、契丹，西則吐蕃，同時熾盛，給予唐室甚大之侵擾。太宗以降三十年四夷賓服之局，自此破壞。大戰既起，唐室對於蕃將，倚仗更切。及至玄宗，銳意開邊，於是益重用蕃將，漸至「諸道節度使，盡用胡人」。此種形勢，實由唐室中央提倡文人政治，漢將人才缺乏而造成。安史之亂，乃此種形勢自然演變之結果，豈一李林甫所得為力者哉！玆再引史書二節，以證吾論。

舊唐書卷一九九上高麗傳附泉獻誠傳：

獻誠授右衛大將軍，兼令羽林衛上下。天授中，則天嘗內出金銀寶物，令宰相及南北衙文武官內，擇善射者五人，共賭之。內史張光輔先讓獻誠為第一，獻誠復讓右玉鈐衛大將軍薛吐摩支，摩支又讓獻誠。旣而獻誠奏曰：「陛下令簡能射者五人，所得者多非漢官，臣恐自此已後，無漢官工射之名，伏望停寢此射。」則天嘉而從之。（新唐書一一〇泉獻誠傳載獻誠曰：「陛下擇善射者，然皆非華人，臣恐唐官以射為恥，不如罷之。」資治通鑑卷二〇四天授元年則載獻誠曰：「陛下令選善射者，今多非漢官，恐四夷輕漢，請停此射。」又薛吐摩支，通鑑作薛咄摩，薛延陀人。）

資治通鑑卷二一六天寶八載：

時承平日久，議者多謂中國兵可銷。於是民間挾兵器者有禁，子弟為武官，父兄擯不齒。猛將精兵，皆聚於西北，中國無武備矣。

可知武后之時，漢將之武技，已遠遜蕃將。而玄宗天寶之際，內地重文輕武之風，已蔓延甚烈，與邊區居人之勇武是尚，判然不同。中央與地方在精神文化上之對立，不待安史亂後，田承嗣、李懷仙輩之割據河北而業已完成。總之，唐朝前期，異族人才所以能在中國之政治舞臺上，嶄露頭角，佔有重要之地位者，實有二因：一由唐人夷夏觀念之薄弱，對異族不予猜防，因而能量才錄用。二由科擧制度之盛行，漢族才智之士，多以文章獵取功名，而禦敵安邊之事，乃不得不委諸蕃將。就整個唐朝前期之政治史觀之，此實自然之趨勢也。

此外尚有一事須注意者，即玄宗之時，唐室中央，雖已稍有重文輕武之跡象，然對異族，固仍保持初唐以來之傳統觀念。而異族文化之輸入中國，反於此時至於極盛。蓋自太宗貞觀四年（六三〇年）至玄宗天寶四載（七四五年）之一百一十五年間，外族爲唐所俘或降附唐室因而入居中國者，達一百七十萬人以上，包括突厥、鐵勒、高麗、吐蕃、党項、吐谷渾以及西域諸國之人。此外來華經商傳教者，亦極衆多。波斯、大食以及西域賈胡等，遍及廣州、洪州、揚州諸地。而新羅及崙崑等種人，多爲國人用爲奴隸。由於異族之大量來華，異族文化亦隨之輸入，在中國境內自由發展。擧凡音樂、歌舞、技藝、衣食，皆爲唐人所普遍愛好。自開元末直至天寶末，風靡尤甚，貴族士女，莫不以胡化是尚。舊唐書卷四五輿服志：

> 開元末，太常樂尚胡曲；貴人御饌，盡供胡食；士女皆竟衣胡服；故有范陽羯胡之亂。

開元天寶，正海內承平之日，士女躭於安逸，風氣流於奢靡。其時唐人所吸收之胡化，不出娛樂享受之範圍，於胡人之勇武精神，反棄之若遺。安史之亂，所以能一擧滔天者，正由唐人精神萎靡，貪於享受之故。而此種風氣之造成，又與科擧制度之過分膨脹，有其不可分割之關係也。

二

安史亂後，唐室對於武人，深懷顧忌；夷夏之防，亦因而轉嚴。然一種具有悠久傳統之觀念，往往不易於短時間完全改變，故有唐後期國人之夷夏觀念，猶不若宋人之嚴，如不細心體察，即難知其眞相。故歷來史家，類皆强調唐人華夷一家之精神，以說明此段時間內國人民族思想之特色，然於此種觀念之演變，則鮮有論及。實則有唐後期國人之民族思想，已較前期頗有不同，殊不應混爲一談也。

唐室之疏忌武人，始於安史亂時。宦官之所以能乘時攬權，出任監軍，入統禁旅，朝廷唯其言是聽者，亦即此種思想之具體表現。其後大難雖平，然河北、淄青諸地，猶爲安史餘孽所盤據。唐室既無力加以征服，不得已行姑息之政，視其地如化外，以致禍延後世，此點當於後節詳論之。至於唐室中央對待其嫡系之將領，亦極盡猜防之能事，尤以異族將領爲甚，此可以李光弼、僕固懷恩、李懷光三人之事蹟爲例。

李光弼，契丹人，爲討平安史之主將，再造唐室之元勳，與郭子儀齊名。其對於唐室之忠誠，實無可疑。而初因憤恨文臣之輕慢，擅殺御史崔衆；繼因與宦官程元振不協，擁兵不赴京師之難；復懼宦官魚朝恩之害，致終身不敢入朝。然猜阻至此，必有其內在原因，未可以武人好犯上概之也。舊唐書卷一一〇李光弼傳：

> 肅宗理兵於靈武，遣中使劉智達追光弼、子儀赴行在。授光弼戶部尚書兼太原尹、北京留守、同中書門下平章事，以景城、河間之卒五千赴太原。時節度使王承業軍政不修，詔御史崔衆交兵於河東。衆侮易承業，或裹甲持槍，突入承業廳事，玩謔之。光弼聞之，素不平。至是，交衆兵於光弼。衆以麾下來，光弼出迎，旌旗相接

而不避。光弼怒其無禮，又不即交兵，令收繫之。頃中使至，除衆御史中丞，懷其勑，問衆所在。光弼曰：「衆有罪，繫之矣。」中使以勑示光弼，光弼曰：「今只斬侍御史，若宣制命，即斬中丞；若拜宰相，亦斬宰相。」中使懼，遂寢之而還。翌日以兵仗圍衆至碑堂下，斬之，威震三軍。

同書同傳又云：

觀軍容使魚朝恩，屢言賊可滅之狀，朝旨令光弼速收東都。光弼屢表賊鋒尚銳，請候時而動，不可輕進。僕固懷恩又害光弼之功，潛附朝恩，言賊可滅。由是中使督戰，光弼不獲已，進軍列陣於北邙山下。賊悉衆來戰，光弼敗績，軍資器械，並為賊有。

又云：

廣德初，吐蕃入寇京畿，代宗詔徵天下兵。光弼與程元振不協，遷延不至。十月，西戎犯京師，代宗幸陝。朝廷方倚光弼為援，恐成嫌疑，數詔問其母。吐蕃退，乃除光弼東都留守，以察其去就。光弼伺知之，辭以久待敕不至，且歸徐州，欲收江淮租賦以自給。代宗還京，二年正月，遣中使往宣慰。光弼母在河中，密詔子儀輿歸京師。其弟光進與李輔國同掌禁兵，委以心膂，至是以光進為太子太保兼御史大夫、涼國公、渭北節度使，上遇之益厚。光弼御軍嚴肅，天下服其威名，每申號令，諸將不敢仰視。及懼朝恩之害，不敢入朝，田神功等，皆不稟命，因愧恥成疾。遣衙將孫珍，奉遺表自陳。廣德二年七月，薨於徐州，時年五十七。

崔衆身在河東，朝廷猶遙除爲御史中丞，其爲肅宗所親信，自無疑問。至於程元振、魚朝恩之爲代宗所寵任，史書言之甚詳。三人之所以敢於凌侮大將，實恃朝廷爲後盾，如朝廷對之不過分縱容，則此輩亦焉能至此。朝廷所以對之優寵有加，惟其言是聽者，實因此輩負有監視諸將之責任也。崔衆以侍御小官，光弼猶敢誅之。魚朝恩以觀軍容使之尊，光弼無如之何，邙山之敗，全由朝恩僨事，不聞朝廷有絲毫罪責。光弼與程元振交惡之事蹟不詳，新唐書卷二〇七程元振傳僅謂元振「素惡李光弼，數媒蝎以疑之。」使光弼不能盡忠朝廷，終虧大節者，魚朝恩、程元振雖不能辭其咎，然則迎其母至京師以爲質，出其弟爲節度使以防變，代宗本人對光弼之畏忌，固亦明甚。朝恩、元振之仇視光弼，實不過希旨求寵之手段。元振之貶，雖由藩鎭之不滿而起，其事實出於無奈，並非表示代宗對武人之態度有所改變。觀夫元振既流之後，魚朝恩繼起用事，仍與武人爲敵者，可知之矣。至朝恩之誅，實緣其驕横過甚，代宗慮其難制而除之，更與代宗對武人之態度改變與否無關也。

僕固懷恩，鐵勒人，爲朔方大將。安史亂時，唐室借兵回紇，全由懷恩主持，其後復統率唐軍，掃平河朔。史稱其無役不與，一門死王事者四十六人。亂定後，因與河東節度使辛雲京不協，爲雲京及宦官駱奉先所媒孽，復以朝廷不辨曲直，遂於代宗廣德二年（七六四年）憤而造反。舊唐書卷一二一僕固懷恩傳：

（寶應二年即廣德元年）詔懷恩統可汗還蕃，遂自相州西郭口趣潞州，與回紇可汗會，出太原之北。懷恩初至太原，辛雲京以可汗是其子婿，疑其召戎，閉關不報；且懼可汗相襲，不敢犒軍。及還，亦如之。（新唐書二百二十四上懷恩傳謂「辛雲京內忌懷恩，又以其與回紇親，疑可汗見襲，閉關不敢犒軍。」）懷恩父子，宣力王室，攻城野戰，無役不從。一舉滅史朝義，復燕、趙、韓、魏之地，自以為功無以讓。至是，又為雲京所拒，懷恩怒，上表列其狀，頓軍汾州。會中官駱奉先使於雲京，雲京言懷恩與可汗為約，逆狀已露，乃與奉先厚結歡。奉先迴至懷恩所，其母數讓奉先曰：「爾等與我兒約為兄弟，今又親雲京，何兩面乎？雖然前事勿論，自今母子兄弟如初。」酒酣，懷恩起舞，奉先贈纏頭綵。懷恩將酬其貺，奉先遽告發。懷恩曰：「明日端午，請宿為令節。」奉先固辭，懷恩苦邀之，命藏其馬。中夕謂其從者曰：「向者責吾，又收吾馬，是將害我也。」奉先懼，遂踰垣而走。懷恩驚，遽令追還其馬。奉先使迴，奏其反狀。懷恩累表請誅雲京、奉先，上以雲京有功，手詔和解之，懷恩退有貳於我。

新唐書卷二〇七駱奉先傳：

廣德初，監僕固懷恩軍者，奉先恃恩貪甚，懷恩不平。既而懼其譖，遂叛。事平，擢奉先軍容使，掌畿內兵，權焰熾然。

當時回紇入援，恃恩橫暴，所至鈔掠。辛雲京之閉門不報，措置本未可厚非。然勾結閹宦，誣告人反，則爲卑鄙之行爲。以懷恩之功，橫遭讒口，代宗不爲之辨理曲直，僅令其和解，自難使之心服。代宗之所以袒護辛雲京，實因聽信駱奉先片面之詞，而對懷恩發生疑忌之故。懷恩初無叛志，本擬親身入朝，爲其將范志誠所勸阻，實則懷恩入朝，亦難保不爲來瑱第二。故懷恩之叛，雖由辛、駱之誣陷，而代宗之疑忌，實爲最主要之原因。觀夫懷恩平而奉先擢，可知代宗不特不以奉先之進讒爲非，反奬其告密之功也。

李懷光，靺鞨人，亦朔方名將。德宗時，因涇原兵變，京師淪陷，德宗出奔奉天。時懷光正討河北，聞訊率軍馳救。既而爲奸相盧杞所間，不得陛見，憤而叛亂。舊唐書卷一二一李懷光傳：

明年（建中四年）十月，涇原之卒叛，上居奉天。朱泚既僭大號，遣中使馳告河北諸帥。懷光率軍奔命，時屬泥淖，懷光奮厲軍士，道自蒲津渡河，敗泚騎兵於醴泉，直赴奉天。……懷光性麤厲疎愎，緣道數言盧杞、趙贊、白志貞等奸佞，且曰：「天下之亂，皆此輩也。吾見上，當請誅之。」杞等微知之，懼甚，因說上令懷光乘勝逐泚，收復京師，不可許至奉天。德宗從之。懷光屯軍咸陽，數上表暴揚杞等罪惡。上不得已，爲貶杞、趙贊、白志貞以慰安之。又疏中使翟文秀，上之信任也，又殺之。懷光既不敢進軍，遷延自疑，因謀爲亂。……興元元年二月，詔加太尉，兼賜鐵券。遣李昇及中使鄧鶴齎券喻旨，懷光怒甚，投券於地曰：「凡人臣反則賜鐵券，今授懷光，是使反也。」

李懷光千里赴難，解奉天之圍，功亦偉矣，而咫尺之間，不得覲見天子，其事實悖乎情理。此固由姦臣之間沮，若非德宗對武人早具成見，則事亦何至於此。懷光之罪狀盧杞，全由不得入朝而起。而德宗貶竄杞等之後，仍不召見懷光，故杞等雖貶，懷光之疑懼益甚。太尉之加，鐵券之賜，只能速其反耳。可知懷光之叛，實由德宗之猜忌而激成者也。

三

唐室對於中央之嫡系將領，猶猜防若此，則其對於河北安史餘孽之畏忌，更可想見。史稱安史餘孽所以仍能保有其廣土强兵，由於僕固懷恩欲倚之爲持寵固位之資。新唐書卷二二四上僕固懷恩傳：

初，帝（按指代宗）有詔，但取朝義，其他一切赦之。故薛嵩、張忠志、李懷仙、田承嗣見懷恩皆叩頭，願效力行伍。懷恩自見功高，且賊平則勢輕，不能固寵，乃悉請裂河北，分大鎮以授之，潛結其心以爲助，嵩等卒據以爲患云。

其實懷恩之受降，不過秉代宗之詔命。代宗之所以優容降將，一則因此輩兵力尙强，一時不易征服；又以回紇在中國多爲不法，欲戰爭早日結束，遣返其國。資治通鑑卷二二二廣德元年：

時河北諸州皆已降，（薛）嵩等迎僕固懷恩，拜於馬首，乞行間自效。懷恩亦恐賊平寵衰，故奏留嵩等及李寶臣分帥河北，自爲黨援；朝廷亦厭苦兵革，苟冀無事，因而授之。

文中所謂「朝廷厭苦兵革」，不外指此二事。以懷恩之强直，未必有此機心，「持寵之說，當係後來唐室諉過之辭。觀夫懷恩之叛，只與回紇、吐蕃勾結，河北藩鎭，並無一兵一卒以響應者，亦可知其事之誣矣。

唐河北藩鎭，其將士多爲胡人，故其所控制之地區，日益胡化，卑棄文敎，崇尙武力。唐室中央，則仍以科擧取士，德宗尤獎勵文辭，以粉飾太平。故雖戰亂頓仍，而當時文學之盛，猶能上追貞觀、開元。以是河北藩鎭與唐室中央所直接控制之地盤，在精神文化上形成兩個截然不同之區域。由於精神文化之不同，此兩地區，漸形敵對，裂痕日深。憲宗時，河朔一度歸命，然唐室之文治手段，終不能爲河朔人士所悅服。穆宗長慶元年（八二一年），盧龍首叛，成德、魏博繼之。數月之間，河山變色，上距諸鎭順從，不過二三年耳。其後終唐之世，不復禀中央號令。而盧龍之叛，實緣中央所委派之節度使張弘靖，不知適應當地之風習所致。舊唐書卷一二九張弘靖傳：

> 弘靖之入幽州也，薊人無老幼男女，皆夾道而觀焉。河朔軍帥，冒寒暑多與士卒同，無張蓋安輿之別。弘靖久富貴，又不知風土，入燕之時，肩輿於三軍之中，薊人頗駭之。弘靖以祿山、思明之亂，始自幽州，欲於事初，盡革其俗。乃發祿山墓，毀其棺柩，人尤失望。（新唐書一二七弘靖傳：「俗謂祿山、思明為二聖，弘靖懲始亂，欲變其俗，乃發墓毀棺，衆滋不悅。旬一決事，賓客將吏，罕聞其言，委成於參佐。」）從事有韋雍、張宗厚數輩，復輕肆嗜酒，常夜飲醉歸，燭火滿街，薊人所不習之事。又雍等詬責吏卒，多以「反虜」名之，謂軍士曰：「今天下無事，汝輩挽得兩石力弓，不如識一字丁。」軍中以意氣自負，深恨之。劉總歸朝，以錢一百萬貫賜軍士，弘靖留二十萬貫，充軍府雜用。薊人不勝其憤，遂相率以叛。

張弘靖曾任宣武節度使，以寬簡得衆心。韋雍輩，弘靖之參佐，亦非闒茸，其輕狂嗜酒，卑視武夫，固亦當時文人之常態。夫以弘靖朝廷之重臣，內地之能吏，而一帥盧龍，立釀巨變者，可知河朔獷悍之風，其基既深且固，非中央尚文之政，所得而化之者也。

由於內地尚文之風蔓延，中央嫡系藩鎮之節度使，亦多用文臣。其中雖不乏豪傑之士，究以怯懦委靡者爲多。河朔既叛，唐室所以不能復取，與此亦甚有關係。舊唐書卷一七四李德裕傳：

德裕曰：「澤潞國家內地，不同河朔，前後命帥，皆用儒臣。」

資治通鑑卷二五〇咸通三年：

初王智興既得徐州，募勇敢之士二千人，號銀刀、雕旗、門槍、挾馬等七軍。常以三百餘人自衛，露刃坐於兩廡夾幕之下，每月一更。其後節度使多儒臣，其兵浸驕，小不如意，一夫大呼，其餘皆和之，節度使輒自後門逃去。

澤潞徐州，皆關東重鎮，而其節度使率用儒臣，則其餘諸鎮如何，可想而知。儒臣爲節度之結果，至於驕兵一呼，輒倉皇逃去，則欲其克敵定難，肅清河朔，豈非夢想！故河北三鎮再叛之後，唐室中央，自知無力征服，遂採放任態度，視如化外。新唐書卷一四八史孝章傳：

孝章見父（憲誠）數奸命，內非之，承間諫曰：「大河之北號富強，然而挺亂取地，天下指河朔若夷狄然。」

資治通鑑卷二七四會昌三年：

李德裕獨曰：「……河朔習亂已久，人心難化，是故累朝以來，置之度外。」

全唐文卷七五四杜牧罪言：

天寶末，燕盜徐起，出入成皋函潼間，若涉無人地。郭李輩常以兵五十萬，不能過鄰。自爾一百餘城，天下力盡，不得尺寸，人望之若回鶻、吐蕃，義無有敢窺者。

新唐書卷二一〇藩鎮魏博：

安史亂天下，至肅宗，大難略平，君臣皆幸安。故瓜分河北地，付授叛將，護養孽萌，以成禍根。亂人乘之，遂擅署吏，以賦稅自私，不獻於朝廷。效戰國肱髀相依，以土地傳子孫。脅百姓，加鋸其頸，利怵逆汚，遂使其人，自視由羌狄然。一寇死，一賊生，訖唐亡百餘年，卒不為王土。

河北三鎮之轄區，除盧龍外，成德、魏博均屬內地。其境內之人，雖染胡風，究以漢人居多；而天下視之如夷狄，其與唐初華夷一家之思想，相去何遠！此實安史亂後，唐人夷夏之辨漸嚴之明證也。五代之時，石敬瑭父事契丹，一舉而割燕雲十六州。其地居民，因沾染胡化，在精神上反與異族接近，以是割地時竟無絲毫阻礙。而中國之人，反視其地為戎墟，棄之若遺者久矣。

四

玄宗時，唐帝國西北兩大強鄰，一為吐蕃，一為回紇。吐蕃與唐為敵，回紇則與唐親善。安史亂起，吐蕃於數年之間，侵陷唐河西、隴右數十州。回紇則四次遣兵入援，唐賴以掃平大難。然回紇在中國，所為多橫暴，致激起國人之不滿。杜詩詳註卷七留花門：

花門天驕子，飽肉氣勇決，高秋馬肥健，挾矢射漢月。自古以為患，詩人厭薄伐，修德使其來，羈縻固不絕。胡為傾國至，出入暗金闕，中原有驅除，隱忍用此物。

公主歌黃鵠，君王指白日，連雲屯左輔，百里見積雪。長戟鳥休飛，哀笳曙幽咽，
田家最恐懼，麥倒桑枝折。沙苑臨清渭，泉香草豐潔，渡河不用船，千騎常撇烈。
胡塵踰太行，雜種抵京室，花門既須留，原野轉蕭瑟。（杜臆注：題曰「留花門」，
言不當留也。）

此詩寫於肅宗乾元二年（七五九年），正唐軍遭鄴城之敗，戰局危殆之時。而老杜不嘉其赴援救難之功，反以傾國而至爲慮，原野蕭瑟爲憂，而謂其不當留，則唐人對回紇之忌視，亦可知矣。

回紇於安史亂時，雖有助戰之功，然每戰必索報酬，至於克服城池後，大肆殺掠。故唐室唯冀戰事早日結束，遣還其國。唐室之招納安史降將，與此大有關係。此外回紇又與唐室成立一種國際貿易，以其特產之馬，向唐傾銷。馬一匹易絹四十匹（或謂五十匹），而其馬體質弱劣，多無所用。唐室以其助戰有功，不得已與之交易。然此事引起唐人之不滿，自在意中。白居易長慶集卷四陰山道：

陰山道，陰山道，紇邏敦肥水泉好，每至戎人送馬時，道傍千里無纖草。草盡泉枯
馬病羸，飛龍但印骨與皮。五十匹縑易一匹，縑去馬來無了日，養無所用去非宜，
每歲死傷十六七。縑絲不足女工苦，疏織短截充匹數，藕絲蛛網三丈餘，回鶻訴稱
無用處。咸安公主號可敦，遠為可汗頻奏論。元和二年下新敕，內出金帛酬馬直，
仍詔江淮馬價縑，從此不令疎短織。合羅將軍呼萬歲，捧授金銀與縑絲，誰知黠虜
啓貪心，明年馬來多一倍。縑漸好，馬漸多，陰山虜，奈爾何！

白詩極言回鶻之貪，其中雖亦道及唐室之詐，然所謂「縑漸好，馬漸多」，蓋直言不必以誠實之道待回鶻矣，亦可見忌視之甚也。

安史亂後，吐蕃方熾。唐室不敢再樹一敵，以是代宗採納郭子儀之建議，一意聯絡回紇，備禦吐蕃，局勢始漸好轉。至德宗，此項政策一度遭遇阻礙。因安史亂時，德宗爲雍王，曾爲回紇所辱，深恨之。而若干唐軍將領，亦深惡回紇之驕橫，思加制裁。故建中元年（七八〇年）德宗即位之初，振武留後張光晟，即擅殺過境之回紇使者突董等九百餘人。其時幸回紇合骨咄可汗新立，不敢與唐爲敵，始未成大釁。其後德宗仍與回紇絕交，而與吐蕃謀和。貞元二年（七八六年），唐與吐蕃盟於原州。吐蕃伏兵盟所，殺唐官兵數百人，擒千餘人。自經此變，唐室始恢復聯回抗吐之政策，與回鶻修好，前後數十年未啓邊釁。文宗時，回鶻爲黠戛斯所破，諸部逃散。其中一支南逃，於武宗時進窺邊境，屢爲唐室所敗，降者數萬人。舊唐書卷一九五迴紇傳：

（會昌）二年冬三年春，迴鶻……七部共三萬衆，相次降於幽州，詔配諸道。

新唐書卷二一七下回鶻傳：

分其兵（指回鶻）賜諸節度，虜人悍隸食諸道，據滹沱河叛，劉沔坑殺三千人。

此種處置回鶻之辦法，實深含防制之意，較之唐初以北方邊區，委諸突厥者，迥不侔矣。

唐代後期，唐人對異族文化，亦漸有歧視之意。玄宗時，士女多衣胡服。胡服之特徵，爲窄衣短袖。安史亂後，唐人衣著已恢復舊風，改尚寬長。此點近人已先言之，茲不復贅。（參看陳寅恪：元白詩箋證稿第五章新樂府上陽人。）然胡風尚未盡滌，國人猶有椎髻赭面之習。白居易長慶集卷四時世妝：

圓鬟無鬢椎髻樣，斜紅不暈赭面狀；昔聞被髮伊川中，辛有見之知有戎，元和妝梳君記取，髻椎面赭非華風。

夫椎髻爲北狄裝束，赭面爲吐蕃習俗，而樂天以其非華風，至以被髮伊川喻之，則其對胡風之厭惡，可想見之。此與盛唐士女之觀念，又大不同矣。至如韓昌黎之痛斥佛教，實亦有濃厚之夷夏觀念，存於其間也。

唐末，沙陀漸强。懿宗時，龐勛之亂，賴沙陀酋長李國昌助戰，始得討平。僖宗時，又賴國昌子克用平黃巢之亂。昭宗時，鳳翔節度使李茂貞，鎮國節度使韓建稱兵入京，擅殺宰相，謀廢昭宗，亦賴李克用入援，始得無事。綜其前後事蹟，對唐室可謂有功。雖亦有時跋扈不聽命，然較之其他諸鎮，對唐猶稍具忠心。而唐之朝臣，寧與盜匪出身之朱全忠合縱，而拒克用於千里之外，實緣克用爲外族故也。資治通鑑卷二五八大順元年，克用曾上表責昭宗曰：

朝廷阽危之時，則譽臣為韓、彭、伊、呂；及既安之後，則罵臣為戎羯胡夷。

此當時實況，非虛語也。其後宰相崔胤，密召朱全忠以兵迎車駕。宦官聞訊，劫昭宗至鳳翔，依李茂貞。朱全忠率軍西進，圍攻鳳翔。新唐書卷二一七下回鶻傳：

昭宗幸鳳翔，靈州節度使韓遜，表回鶻請率兵赴難。翰林學士韓偓曰：「虜為國仇舊矣。自會昌時伺邊，羽翼未成不得逞。今乘我危以冀幸，不可開也。」遂格不報。

夫於圍城危急之時，唐室君臣，猶拒回鶻之援，其中固尚有其他原因，然唐人之夷夏之防，固彰彰明甚也。

五代時，後唐、後晉、後漢三朝，皆沙陀人所建。沙陀居中國既久，沾染漢化，亦漸重夷夏之防，身雖爲夷，而自居爲夏。故石敬瑭借兵契丹，劉知遠不欲其稱子。而後唐廢帝寧自與敬瑭決戰，亦不願與契丹和親而借其力。石晉既立，成德節度使安重榮以奉事契丹爲恥，屢與爲敵。至晉出帝，更拒絕稱臣。及耶律德光滅晉，劉知遠據太原自立。郭威以漢人建後周，至世宗，遂有伐遼之舉。綜上所論，唐代後期，夷夏之防已漸嚴。五代時，胡人雖據中原，然此種觀念並未因而廢絕。至宋，復尚科舉，形成文人政治；又因遭契丹、女眞之侵略，夷夏觀念遂益嚴矣。

原載大陸雜誌二十五卷八期，五十一年十月

突厥大事繫年

序言

關於突厥史料，中國史書如北史及周、隋、兩唐諸書所載，可稱詳備。資治通鑑更逐年繫錄其事，析辨精審，條貫分明。然此諸書於西突厥之記述，間有錯誤遺漏，每致疑難，是其失也。近世法人沙畹（E. Chavannes），著西突厥史料（Documents sur les Tou-Kiue Occidentaux）一書，取中國及西洋之此類文獻，綜合比較，頗獲新見；於突厥及西域地名，訂正亦多。尤難得者，即其中引述西突厥與其西方鄰國如波斯、東羅馬等國關係之記載，足補我國史書之缺略。作者近年講授隋唐史，每至突厥部分，輒感卷帙過繁，不便初學。久思取通鑑所記突厥事迹，加以簡化；並補入沙書所載資料，成為一編。求其文省事增，易於閱讀。上月中着手寫作，歷二十日，始成初稿。謹先付梓，以應編者之命；增訂刪削，容俟來日。玆編記事力求簡要，於其必須詳加詮釋之處，則附以註解。遇有新舊史料發生矛盾，是非莫判；或史家考證，諸說不一，而尚乏定論者；亦並記於附註中，以備參考。至於確信通鑑記事或繫年有誤之處，則予改正；重要地域，則標今名。惟作者以才力所限，辨誤之中，或更有誤，幸讀者諒之。

作者謹序　四十八年三月五日

魏太武帝太延五年（西元四三九年）

魏太武帝拓跋燾滅北涼，突厥部酋阿史那率其族五百家北奔柔然（又名茹茹或蠕蠕）。突厥蓋北涼勢力範圍（今甘肅張掖縣一帶）內之一小部落，中國舊載或謂其先爲「平涼雜胡」①，或謂爲「匈奴別種」②，或謂爲「古匈奴北部」③，莫衷一是。至其習俗，則大體與匈奴同④。

---

① 見隋書八四突厥傳。

② 見周書五十突厥傳。

③ 見新唐書二一五上突厥傳。

④ 據隋書突厥傳等所載突厥之習俗與史記、漢書匈奴傳等所載匈奴之習俗加以比較，其相同處，約有八點：一、突厥俗以畜牧為事，隨逐水草，不恒厥處；匈奴亦然。二、突厥賤老貴壯，匈奴亦然。三、突厥父兄死，子弟妻其群母及嫂，匈奴亦然。四、突厥於每年五月中，多殺羊馬以祭天；匈奴亦於五月大會龍城，祭其先天、地、鬼、神。五、突厥無文字，刻木為契；匈奴亦無文字，以言語為約束。六、突厥有死者，家人親屬，繞帳號哭，以刀劃面，血淚交下；匈奴亦有此俗。七、突厥可汗妻可賀敦可參預軍謀，匈奴單于妻閼氏權亦甚重。八、突厥每候月將滿，輒為寇抄。匈奴舉事，亦常隨月盛壯以攻戰，月虧則退兵。

柔然時爲北方大國，其地西至焉耆（今新疆焉耆縣一帶），東至朝鮮，北則渡沙漠窮瀚海（今外蒙古沙漠），南則臨大磧（當指今內蒙古沙漠）。⑤阿史那既至，柔然居之於金山（今阿爾泰山）下。金山狀如兜鍪，俗呼兜鍪爲突厥，因以爲號；後世且以阿史那爲氏焉。突厥人擅於鐵作，爲柔然鐵工。

西魏文帝大統十一年（東魏孝靜帝武定三年、西元五四五年）

二月，西魏丞相宇文泰遣酒泉胡安諾槃陀始通使於突厥。時其酋土門在位，勢漸强大，頗侵魏西邊。

大統十二年（東魏武定四年、西元五四六年）

㈠土門遣使獻方物於西魏。

㈡鐵勒⑥將伐柔然，土門率所部邀擊破之，盡降其衆五萬餘家。

大統十七年（北齊文宣帝天保二年、西元五五一年）

㈠三月，魏文帝殂。土門遣使來弔，贈馬二百匹。

㈡六月，土門恃其强盛，求婚於柔然，柔然不許。土門怒殺其使者，遂與之絕，而求婚於魏。魏丞相宇文泰以長樂公主妻之。

廢帝元年（北齊天保三年、西元五五二年）

---

⑤ 見北史九八蠕蠕傳。

⑥ 鐵勒即敕勒，其部落有迴紇、薛延陀、同羅、僕固等十五種，散居於今西伯利亞貝加爾湖沿岸。

正月，土門發兵擊柔然，大破之。柔然可汗阿那瓌自殺，其子菴羅辰奔齊，餘衆復立阿那瓌叔父鄧叔子爲主。土門遂自號伊利可汗，號其妻爲可敦，子弟謂之特勤⑦，別將將兵者皆謂之設。

廢帝二年（北齊天保四年、西元五五三年）

㈠二月，伊利可汗卒，子科羅立，號乙息記可汗⑧。三月，乙息記獻馬五萬匹於魏；再破柔然。同月，乙息記卒，捨其子攝圖而立其弟俟斤，號木杆可汗。⑨木杆善用兵，鄰國畏之。建牙於都斤山（今外蒙古杭愛山之一部）。

㈡十一月，突厥復攻柔然，柔然大舉奔齊。齊文宣帝自晉陽（今山西陽曲縣）北擊突厥，迎納柔然。立阿那瓌子菴羅辰爲可汗，置之馬邑川（今名灰河，在今山西寧武縣境）；親追突厥於朔州（今山西朔縣），突厥請降，許之而還，自是貢獻相繼。

恭帝二年（北齊天保六年，西元五五五年）

㈠十二月，木杆可汗擊柔然鄧叔子破之，鄧叔子收其餘燼奔魏。先是菴羅辰叛齊，文宣帝屢擊破之，部衆喪失殆盡。至是突厥來伐，遂滅其國。木杆恃其强，請盡誅鄧叔子等於魏，使者相繼於道。魏太師宇文泰遂收鄧叔子以下三千餘人，付其使者，盡殺之於長安青門外。

---

⑦ 特勤（tegin），中國史書多作「特勒」，誤。

⑧ 沙畹西突厥史料馮譯本頁四一謂，據日玉連（S. Julien）所選突厥史料，土門（Boumin）歿於西元五五二年。

⑨ 隋書八四突厥傳云：「（伊利）卒，弟逸可汗立。」今從周書及北史突厥傳。

㈡木杆既滅柔然，復西破嚈噠⑩，東走契丹⑪，北併契骨⑫，威服塞外諸國。其地東至遼海（當指今渤海北部），西至西海（當指今裏海），長萬里；南自沙漠（今內蒙沙漠）以北至北海（今貝加爾湖），五六千里皆屬焉。

恭帝三年（北齊天保七年、西元五五六年）

木杆可汗襲擊吐谷渾（今青海湖沿岸），假道於魏，魏使涼州刺史史寧帥騎隨之。虜吐谷渾征南王，並獲其可汗夸呂妻子。

北周武帝保定三年（北齊武成帝河清二年、西元五六三年）

周人與木杆可汗連兵伐齊，周並許納木杆女為后。十二月，周師會突厥十萬騎，進逼晉陽。

保定四年（北齊河清三年、西元五六四年）

㈠正月，齊人悉銳師迎戰，周師敗還。突厥引兵出塞，大掠而歸；自晉陽以北，七百餘

---

⑩ 嚈噠即梁書五四所載之「滑國」，亦即隋書突厥傳所謂之「挹怛」；居今裏海以東之烏滸河（今 Amu Darya）上。西突厥史料頁一六〇謂嚈噠素恃柔然為外援而與波斯為敵，柔然既滅，波斯遂聯突厥攻滅嚈噠。又謂嚈噠之滅，當在西元五六三至五六七年之間；而親征嚈噠之突厥可汗，實為西部可汗室點密而非木杆。特以木杆為突厥之最高可汗，故以其在位時（西元五五三至五七二年）之勝利屬之。

⑪ 契丹時居今熱河省及遼河上游一帶。

⑫ 契骨古稱「堅昆」，亦即唐時之「結骨」或「黠戛斯」，初居於西域伊吾（今新疆哈密縣）以西焉耆以北地區。

里，人畜無遺。

㈡九月，突厥寇齊幽州(今河北省北部地區)，入長城大掠而還。閏月，突厥再寇齊幽州。

保定五年（北齊後主天統元年、西元五六五年）

㈠二月，周遣使詣突厥可汗牙帳逆女。

㈡五月，突厥遣使至齊，始與齊通。

天和二年（天統三年、西元五六七年）

㈠突厥西部可汗室點密遣康居人曼尼牙克（Maniach）出使東羅馬，謁其帝查士丁二世(Justin II) 於君士坦丁堡，欲於其國銷售絲絹。蓋其時波斯人欲壟斷海上絲利，方抵制陸地絲物之輸入也⑬。

---

⑬ 馮譯西突厥史料頁一六六至一六八略謂，突厥於烏滸河北破嚈噠而據其地之時，其境與波斯接，而於裏海之北，又可與東羅馬帝國相交通；由是與二國遂漸發生貿易關係。中國之絲絹貿易，為當時亞洲重要商業之一。其商道有二，其一最古，為出康居（今蘇聯 Samarkand 及 Bukhara 一帶地）西行之陸路，其一為經由印度諸港西行之海路。絲絹顧客，多為羅馬人及波斯人；居間販賣者則為中亞之游牧民族及印度洋之商船；而波斯人同時又為東羅馬之絲絹掮客。東羅馬政府為避免居間販賣之弊，曾提倡養蠶，惜無大效。西元五三一年，東羅馬政府並曾遣使至阿剌伯西南之牙門（Yemen），與其地之希亞利人（Himyarites）約，命其往印度購絲，而轉售之於羅馬人，蓋其地時有舟航赴印度也。然波斯欲完全壟斷印度諸港之海上絲利，遂一面阻止希亞利人為羅馬人居間販絲，一面妨碍陸地運絲民族之貿遷。其時於西亞貿遷絲物者，以康居人為衆。康居初臣屬於嚈噠，及嚈噠亡，乃移屬於突厥。適值波斯人壟斷絲業，以是康居人要求室點密可汗轉請波斯許在波斯管領諸國之中經營絲業，室點密遂遣曼尼牙克使於波斯，交涉此事，為波斯所拒。其後室點密復遣使，又多為波斯毒死，由是與波斯修怨，遂有曼尼牙克使東羅馬事。

㈡室點密者，伊利可汗之弟，木杆可汗之叔。初從伊利，有兵十萬，往平西域諸胡國；自爲可汗，號十姓部落，世統其衆。在本蕃爲莫賀咄葉護⑭。

天和三年（北齊天統四年、西元五六八年）

㈠二月，木杆可汗貳於周，更許齊人以婚，稽留周使，數年不返。會大雷風，壞其穹廬，木杆以爲天譴，始備禮送其女於周。

㈡東羅馬皇帝查士丁二世遣返曼尼牙克，並遣使報聘突厥，謁室點密於白山（Ektag當在新疆庫車以北）。自此雙方信使屢通，謀制波斯，其後東羅馬與波斯攻戰，亘二十年（西元年五七一至五九〇年），突厥之策動實有力焉。⑮

建德元年（北齊武平三年、西元五七二年）

木杆可汗卒，復捨其子大邏便而立其弟，是爲佗鉢可汗。佗鉢以攝圖爲爾伏可汗，統其東面；又以其弟褥但可汗之子爲步離可汗，居西面⑯。周人與之和親，歲給繒絮錦綵十萬段；齊人亦畏其爲寇，爭厚賂之。佗鉢益驕。

建德二年（北齊武平四年、西元五七三年）

---

⑭ 參看舊唐書一九四下突厥傳下及新唐書二一五下突厥傳。

⑮ 參看馮譯西突厥史料頁一六八至一七〇。

⑯ 突厥係分邦自治，最高可汗（大可汗）之下，尚有若干小可汗，若爾伏步離者皆小可汗。小可汗各有一定之地盤及武力，僅於名義上服從大可汗，實際等於獨立。周書五十突厥傳所謂「雖移徙無常，而各有地分」者是也。突厥西面可汗為室點密，此處所謂步離可汗之居西面者，當係居爾伏可汗之西。

突厥求婚於齊。

建德四年（北齊武平六年、西元五七五年）

突厥西部可汗室點密卒於是年末或翌年初，子玷厥繼立，號達頭可汗。⑰

建德五年（北齊隆化元年、西元五七六年）

㈠周伐齊，齊遣使求救於突厥。

㈡東羅馬遣佛蘭亭（Valentin）出使突厥，晉謁西部可汗達頭，告以泰伯瑞牙斯（Tiberius）之即帝位，並說突厥討擊波斯。時室點密新喪，佛蘭亭從其俗剺面致哀⑱。

建德六年（北齊幼主承光元年、西元五七七年）

周滅齊，突厥救之無及。齊定州刺史范陽王高紹義奔突厥，佗鉢立之爲齊帝。

宣帝宣政元年（西元五七八年）

四月，突厥寇周幽州。五月，周武帝率諸軍伐突厥，會殂，停軍。十一月，突厥圍酒泉（今甘肅酒泉縣）。

大成元年（靜帝大象元年、西元五七九年）

㈠佗鉢可汗請和於周，周以宗女千金公主妻之；且命執送高紹義，佗鉢不從。

㈡突厥寇周并州（今山西省中南部地區）。六月，周發山東諸州民修長城以備之。

---

⑰ 見馮譯西突厥史料頁一七三。

⑱ 參看馮譯西突厥史料頁一七一。

靜帝大象二年（西元五八〇年）

二月，突厥入貢於周，且迎千金公主。六月，周遣長孫晟等送千金公主於突厥。七月，突厥送還高紹義⑲。

隋文帝開皇元年（西元五八一年）

㈠突厥佗鉢可汗卒，子菴羅繼立。佗鉢原欲傳位大邏便，及卒，攝圖持異議，國人遂立菴羅。菴羅尋以國讓攝圖，號沙鉢略可汗，而自降為第二可汗。沙鉢略既立，以大邏便為阿波可汗。沙鉢略勇而得衆，北方諸國皆畏附之。

㈡隋文帝既立，待突厥禮薄，突厥大怨。千金公主時為沙鉢略可敦，傷其宗祀覆滅，日夜言於沙鉢略，請為周室復仇。突厥因為寇，文帝患之，敕緣邊增修守備。

㈢初長孫晟送千金公主入突厥，留居竟歲，得與突厥諸貴人相親友。沙鉢略弟處羅侯，號突利設，尤與晟善。晟與之遊獵，因察山川形勢，部衆强弱，靡不知之。及突厥入寇，晟上書略曰：「玷厥之於攝圖，兵强而位下；外名相屬，內隙已彰，鼓動其情，必將自戰。又處羅侯者，攝圖之弟，姦多勢弱，曲取衆心，國人愛之；因為攝圖所忌，其心殊不自安，迹示彌縫，實懷疑懼。又阿波首鼠，介在其間，頗畏攝圖，受其牽率，唯强是與，未有定心。今擬遠交而近攻，離强而合弱；通使玷厥，說合阿波，則攝圖廻兵，自防右地；又引處羅，

---

⑲ 北史九九突厥傳謂佗鉢迎公主及遣返高紹義事俱在大象三年（即隋文帝開皇元年）。今從周書突厥傳。

連奚霫，則攝圖分衆，還備左方⑳。首尾猜疑，腹心離阻，十數年後，乘釁討之，必可一舉而空其國矣。」㉑文帝用之，遣太僕元暉出伊吾道，詣達頭，賜以狼頭纛㉒。達頭使來，引居沙鉢略使上。又以晟出黃龍（今熱河朝陽縣）道，齎幣賜奚、霫、契丹，遣爲嚮導，得至處羅侯所，深佈腹心，誘之內附。反間既行，突厥果相猜貳。

開皇二年（西元五八二年）

五月，突厥悉發諸可汗控弦之士四十萬人入長城，盡隋西北二邊，無不被寇。十二月，沙鉢略、達頭自蘭州（今甘肅皋蘭縣一帶地）入，屢敗隋師，緣邊諸地，六畜咸盡。沙鉢略更欲南入，達頭不從，引兵而去。長孫晟又說處羅侯之子染干㉓，詐告沙鉢略曰：「鐵勒等反，欲襲其牙。」沙鉢略懼，廻兵出塞。

開皇三年（西元五八三年）

㈠二月，突厥寇隋北邊。四月，隋八道出師擊突厥，大敗之，隋軍死者亦衆。

㈡五月隋師與阿波可汗相拒於涼州（今甘肅武威縣一帶地）邊外，阿波屢敗。長孫晟因

---

⑳ 右地謂突厥西面地，左方謂突厥東面地。蓋其時達頭阿波居西面，處羅居東面。然隋書五一長孫晟傳謂阿波居地為「北牙」，則知阿波領土當為突厥之西北面也。

㉑ 長孫晟上書詳見隋書晟傳。

㉒ 突厥以狼為國徽，相傳突厥之祖與狼交而生十男，其後各為一姓，阿史那即其一也。旗纛上施金狼頭，示不忘本也。參看北史九九突厥傳。

㉓ 隋書八四突厥傳謂染干為沙鉢略子，今從隋書長孫晟傳。

遣使勸阿波附隋，阿波然之，遣使隨晟入朝。沙鉢略素忌阿波驍悍，又聞阿波貳於隋，先歸襲阿波牙帳，殺阿波之母。阿波還無所歸，西奔達頭。達頭大怒，遣阿波帥兵而東，其部落歸之者十萬騎，復得故地，兵勢益强。達頭既助阿波，亦與沙鉢略攻戰不已，突厥遂分裂爲二國。史稱沙鉢略爲東突厥或北突厥，達頭爲西突厥㉔。

㈢西突厥據烏孫故地（今伊犂流域及其附近地區），東拒都斤山與東突厥爲鄰，西越金山至雷翥海（今鹹海或裏海）；南至疏勒（今新疆疏勒縣），龜茲（今新疆庫車縣）、伊吾及西域諸胡悉附之；北至瀚海（今外蒙古沙漠西北部）。自焉耆國西北七日行至其南庭，又

㉔中國史書記突厥分裂事，有誤以西突厥始祖爲阿波者，如隋書八四突厥傳云：「西突厥者，木杆可汗之子大邏便也。與沙鉢略有隙，因分爲二，漸以强盛。」有誤爲木杆者，如舊唐書一九四下突厥傳下云：「初木杆與沙鉢略有隙，因分其國爲二。」惟新唐書二一五下突厥傳云：「西突厥其先訥都陸之孫吐務，號大葉護。長子曰土門伊利可汗；次子曰室點密，亦曰瑟帝米。瑟米之子曰達頭可汗，亦曰步迦可汗。始與東突厥分烏孫故地有之。」所記爲正確。蓋室點密自土門以來，即爲西部可汗，其子達頭繼之；達頭以後之西突厥可汗，亦皆室點密父子之後裔；而阿波不過爲直接導致突厥正式分裂之肇事者而已。馮譯西突厥史料頁一引闕特勤(Kul-tegin)突厥文碑文云：「人類子孫之上，有吾輩之祖先布民可汗(Boumin kagan，按即土門可汗）及伊室點密可汗（Istämi kagan，按即室點密可汗）。」可知土門與室點密實爲東西兩支突厥民族之始祖，而其分裂之形勢，固早形成於突厥民族起源之時也。又西突厥史料以突厥分裂於西元五八二年（隋開皇二年）頃，資治通鑑則記其事於陳長城公至德三年（隋開皇五年、西元五八五年）。按突厥分裂既由阿波而起，而阿波於開皇三年（西元五八三年）奔達頭（據通鑑，隋書突厥傳及長孫晟傳均不詳），則以其事繫於此年爲是。

正北八日行至其北庭㉕。

開皇四年（西元五八四年）

[東]九月，沙鉢略可汗數為隋所敗，乃請和親；千金公主自請改姓楊氏，為文帝女。隋遣使赴突厥。更封千金公主為大義公主。

[西]二月，達頭可汗請降於隋。

開皇五年（西元五八五年）

[東]七月，沙鉢略既為達頭所困，又畏契丹，遣使告急於隋，請將部落度漠南，寄居白道川（今綏遠歸綏縣北）。文帝許之，命晉王廣以兵援之；沙鉢略因西擊阿波破之。沙鉢略與隋立約，以磧為界，並上表願永為隋藩附，且遣其子庫合真入朝。自是歲時貢獻不絕。

開皇六年（西元五八六年）

[東]正月，隋頒曆於突厥。

開皇七年（西元五八七年）

[東]沙鉢略可汗死，弟處羅侯立，是為葉護可汗㉖。以沙鉢略子雍虞閭為葉護。隋使長孫

㉕　參看隋書突厥傳及舊唐書突厥傳下。據二書所載，可知東突厥領土，東至渤海北部，北至西伯利亞，南至內蒙古，西至外蒙杭愛山。西突厥則領有杭愛山以西阿爾泰山以南之整個伊犂流域，南至天山南路疏勒一帶，西至裏海以東附近地區。

㉖　隋書突厥傳云：「處羅侯竟立，是為葉護可汗。」同書長孫晟傳則謂：「（開皇）七年，攝圖死，遣晟持節拜其弟處羅侯為莫何可汗。」通鑑因之，亦作莫何可汗。然同書突厥傳又謂沙鉢略於開皇五年上表，自稱「大突厥伊利俱盧設始波羅莫何可汗臣攝圖」，是莫何乃攝圖汗號而非處羅侯號甚明，晟傳誤。

晟持節拜之，賜以鼓吹幡旗。葉護勇而有謀，西擊阿波，擒之㉗。

開皇八年（西元五八八年）

[東]十二月，葉護可汗西擊鄰國，中流矢而卒。國人立雍虞閭，號頡伽施多那都藍可汗。

[西]西突厥遣軍與東羅馬夾擊波斯，突厥衆達三十萬，由康居小王統之。時波斯王赫米玆四世(Hormizd IV)在位，遣大將伯拉 (Bahram Tschoubin) 拒戰，敗突厥兵。㉘

開皇十三年（西元五九三年）

[東]突厥大義公主為詩敘陳亡以自寄，文帝惡之。都藍可汗亦不修職貢，頗為邊患。時處羅侯之子染干號突利可汗，居北方。隋遣裴矩說突利譖公主於都藍，餌之以婚姻。突利從之，都藍因發怒殺公主，更表請婚。隋不許，而許突利尚公主。

開皇十七年（西元五九七年）

[東]七月，突利可汗至隋逆女，隋妻以宗女安義公主。文帝欲離間都藍，故特厚其禮。突利本居突厥北方，既尚公主，長孫晟說其率衆南徙，居度斤舊鎮㉙。都藍怒絕朝貢，亟來抄掠邊鄙。突利伺知動靜，輒遣使奏聞，由是隋每先有備。

開皇十八年（西元五九八年）

[西]㈠達頭可汗遣使致國書於東羅馬皇帝馬莱士 (Maurice)，書中自稱為「七姓大首領、

㉗ 馮譯西突厥史料頁四一以沙鉢略及處羅侯皆歿於西元五八七年之前，未知何據。

㉘ 參看馮譯西突厥史料頁一七三至一七四。

㉙ 資治通鑑一七八註曰：「度斤舊鎮蓋即都斤山，突厥沙鉢略舊所居也」。

世界七國之主人」，並述征服回紇等族及戡定內亂諸事，頗事矜耀㉚。

㈡波斯王庫薩和（Khosrou Parwiz）遣將討擊嚈噠，貴霜（即大月氏），突厥援軍三十萬渡烏滸河，敗波斯軍。突厥旋退軍，波斯軍復攻貴霜，大掠而歸。庫薩和者，赫米兹四世之子也㉛。

開皇十九年（西元五九九年）

[東]㈠二月，都藍可汗與西突厥達頭可汗結盟合兵，掩襲突利，大戰長城下。突利大敗，都藍盡殺其兄弟子姪。四月，長孫晟挾突利朝隋，隋遣師擊破都藍、達頭。十月，隋以突利為意利珍豆啓民可汗，華言意「智健」也。時安義公主已卒，隋復以宗女義成公主妻之。並徙啓民之衆於勝（今綏遠托克托縣一帶地）、夏（今陝西橫山縣一帶地）二州間黃河以南地，其地東西至河，南北四百里，令處其內，使得任情畜牧。

㈡十二月，都藍為部下所殺。隋遣啓民部下分道招慰都藍部衆，降者甚衆。

[西]達頭自立為步迦可汗，其國大亂。

開皇二十年（西元六〇〇年）

[西]四月，步迦可汗犯塞，隋擊破之。步迦復遣其弟子俟利伐攻啓民，隋發兵助啓民，俟利伐退走。

㉚ 參看馮譯西突厥史料頁一七五至一七八。

㉛ 參看馮譯西突厥史料頁一八。

仁壽元年（西元六〇一年）

東五月，突厥男女九萬口降隋。

西正月，步迦可汗犯塞，敗隋師於代州（今山西代縣一帶地）。隋以楊素長孫晟挾啓民北征步迦。

仁壽二年（西元六〇二年）

東突厥思力俟斤等南渡河，掠啓民男女六千口，雜畜二十萬而去，隋師追擊大破之。自是突厥遠遁，磧南無復寇抄。

仁壽三年（西元六〇三年）

西步迦可汗所部大亂，鐵勒、僕固等十餘部皆叛步迦，降於啓民。步迦衆潰，奔吐谷渾。長孫晟送啓民置磧口，啓民於是盡有步迦之衆。

煬帝大業元年（西元六〇五年）

西初，阿波可汗為東突厥葉護可汗所虜，國人立鞅素特勤㉜之子，是為泥利可汗。步迦之奔，泥利亦敗；及死㉝，其子達漫立，號泥橛處羅可汗。其母向氏，本中國人。處羅居無恒處，然多在烏孫故地。復立二小可汗分統所部，一在石國（今蘇聯 Tashkent）北，以制諸胡國；一居龜玆北，其地名鷹娑。處羅撫御失道，國人多叛，外復為鐵勒所困。

㉜ 據馮譯西突厥史料頁二考證，鞅素特勤即咄陸可汗，為步迦之子。

㉝ 同上頁四四謂泥利可汗之死，應在西元六〇三及六〇四年之間，或即在六〇三年。

大業三年（西元六〇七年）

[東] 正月，啓民可汗入朝。四月，煬帝北巡。八月，幸啓民可汗帳。

大業四年（西元六〇八年）

[西] 二月，隋遣使慰諭處羅，處羅貢汗血馬。

大業五年（西元六〇九年）

[東] 正月，啓民可汗來朝。十一月，啓民卒。隋立其子咄吉，是為始畢可汗。表請尚義成公主，詔從其俗。

大業七年（西元六一一年）

[西] 初，煬帝西巡，處羅可汗不赴召，帝怒。會西突厥酋長射匱遣使求婚，隋諷諭其使，使叛處羅，餌以婚姻，並許立之為大可汗。射匱遂興兵襲處羅，大敗之。十二月，處羅奔隋。射匱者，咄陸之子，泥利之弟，初統西突厥西部以及西突厥治下最西諸國㉞；處羅既敗，射匱遂獨主西突厥。拓地東至金山，西至海（當指雷翥海），玉門（今甘肅玉門關）以西諸國多役屬之，建庭於龜茲北三彌山㉟，與東突厥為敵。

大業八年（西元六一二年）

㉞ 參看馮譯西突史料頁一八七。

㉟ 馮譯西突厥史料頁一八八謂三彌山似在今新疆省帖克斯河流域。昔日東羅馬使臣謁射匱曾祖室點密及其祖父達頭之 Ektag，似即此處。

[西]隋分處羅可汗之衆為三：使其弟闕達設㊱將羸弱萬餘口，居於會寧（今甘肅靖遠縣西北）；又使特勤大奈㊲別將餘衆，居於樓煩（今山西靜樂縣一帶地）；命處羅將五百騎常從車駕巡幸，賜號曷薩那可汗。

大業十一年（西元六一五年）

[東]始畢可汗怨隋欲以宗女妻其弟叱吉設，復怨隋誘殺其臣下；二者皆裴矩之策，欲以削弱東突厥者也。八月，煬帝北巡，始畢率騎數十萬圍煬帝於雁門（今山西代縣），急攻之，矢及御前。帝遣間使求救於義成公主，公主遣使告始畢云北邊有急。九月，始畢解圍去。

大業十二年（西元六一六年）

[東]突厥數寇北邊，隋以晉陽留守李淵等擊之。

恭帝義寧元年（西元六一七年）

[東]五月，突厥數萬寇晉陽。同月，李淵於晉陽擧兵。劉文靜勸淵結突厥為援，淵從之，遂遣文靜使突厥請兵，並稱臣於突厥㊳。八月，始畢可汗以兵五百人馬二千匹助淵。

㊱ 闕達設，新唐書八六李軌傳作「達度闕設」；同書二一五下突厥傳作「闕達度設」。隋書八四突厥傳作「達度闕」。今從舊唐書一九四下突厥傳下。

㊲ 特勤大奈即史大奈，新唐書一一〇有傳。

㊳ 李淵稱臣於突厥事，史書雖無正面記載，然舊唐書六七李靖傳云：「太宗初聞靖破頡利，大悅，謂侍臣曰：『朕聞『主憂臣辱，主辱臣死。』往者國家草創，太上皇（按指高祖）以百姓之故，稱臣於突厥；朕未嘗不痛心疾首，志滅匈奴，坐不安席，食不甘味。今者暫動偏師，無往不捷，單于款塞，恥其雪乎？」足可為證。

〔西〕七月，西突厥阿史那大奈（即特勤大奈）率其衆從李淵。

唐高祖武德元年（西元六一八年）

〔東〕五月，始畢可汗遣骨咄祿特勤使唐，高祖宴之於太極殿。時中國人避難者多入東突厥，東突厥益強，東自契丹、室韋㊴，西盡吐谷渾、高昌（今新疆吐魯番縣）諸國皆臣之，控弦百餘萬。帝以初起資其兵馬，前後餉遺，不可勝紀。突厥恃功驕倨，每遣使者至長安，多橫暴，帝每優容之。

〔西〕㈠三月，隋煬帝被弒於江都（今江蘇江都縣），曷薩那可汗隨宇文化及北上。十二月，曷薩那自宇文化及所降唐，唐封之為歸義王。

㈡射匱可汗卒，弟統葉護可汗立。

武德二年（西元六一九年）

〔東〕閏二月，始畢可汗會梁師都兵於夏州，以五百騎授劉武周㊵，欲寇太原。會始畢卒，弟俟利弗設立為處羅可汗，復尚隋義成公主。六月，突厥遣使來告始畢之喪，高祖為之舉哀，廢朝三日，復厚賻之，突厥兵始退。

〔西〕㈠七月，統葉護可汗遣使入貢。統葉護勇而有謀，北併鐵勒，西拒波斯，南接罽賓（

㊴ 室韋，契丹別種，居契丹東北，今外蒙古東部及黑龍江北部一帶；北魏時始通中國。

㊵ 梁師都劉武周均隋末之起兵者，梁據朔方（今陝西榆林縣西北），劉據馬邑（今山西馬邑縣），均依附東突厥。

今巴斯坦 Kabul 河下流一帶地）悉歸之。控弦數十萬，據烏孫故地，又移庭於石國北千泉（今蘇聯 Talass）。西域諸國皆臣之，統葉護各遣吐屯監之，督其征賦㊶。

㈡東突厥遣使於唐，請殺曷薩那可汗。九月，高祖縱東突厥使者殺之㊷。

武德三年（西元六二〇年）

[東]㈠二月，處羅可汗迎隋煬帝蕭后及齊王暕之子政道於竇建德所㊸，立政道為隋王，隋末中國人在突厥者悉隸於政道，行隋正朔，置百官，居於定襄（今山西平魯縣西北），有衆一萬。

㈡十一月，處羅死，弟莫賀咄設立，號頡利可汗；復尚義成公主。頡利遣使告哀於唐，高祖禮之如始畢之喪。

㊶ 馮譯西突厥史料頁一八九謂室點密時之西境，以烏滸河為界，六世紀末年拓地烏滸之南，至是遂霸西域諸國。

㊷ 新唐書二一五下突厥傳云：「明年（按指武德二年）射匱使使來，以曷薩那有世憾，請殺之。帝（中略）縱使者戕之，不宣也。」按同傳謂射匱死於武德元年，又謂明年使使來，顯有錯誤。舊唐書一九四下突厥傳下云：「（曷薩那）先與始畢有隙，及在京師，始畢遣使請殺之。」按始畢死於武德二年閏二月，九月始殺曷薩那；果係始畢請唐殺之，則何以唐不殺之於始畢生前，而必殺之於始畢已死半年之後？故舊書所云，亦有未洽。當係處羅遣使殺之。

㊸ 竇建德，隋末起兵群雄之一，據今山東河北二省黃河以北地區，亦附突厥。蕭后及楊政道（煬帝孫）等於煬帝被弒後，為宇文化及挾而北上；其後化及為竇建德所破，蕭等為竇所得。

【西】統葉護可汗遣使於唐，貢條支㊹巨卵。高祖厚加撫結，與之併力，以圖東突厥。統葉護許以五年冬大軍將發，頡利聞之大懼，與之通和。

武德四年（西元六二一年）

【東】三月，頡利可汗承父兄之資，士馬雄盛，有憑陵中國之志。義成公主弟善經避亂在突厥，與王世充㊺使者共說頡利伐唐，頡利乃數入寇。

武德五年（西元六二二年）

【東】二月，唐高祖遣使賂頡利可汗，且許結婚。頡利亦遣使於唐以修好，然自春至冬，仍屢次入寇。

武德六年（西元六二三年）

【東】梁師都、高開道、苑君璋㊻等先後引突厥寇唐。

武德七年（西元六二四年）

㊹ 舊唐書一高祖紀云：「（武德）三年，三月癸酉，西突厥葉護可汗、高昌王麴伯雅遣使朝貢；突厥貢條支巨鳥。」今從同書突厥傳下。又西突厥史料頁二三謂希爾特 Hirth 考訂條支為巴比倫 Babylonie。

㊺ 王世充，西域人，本隋大臣，煬帝末年守東都（今河南洛陽）。及煬帝死，世充於武德二年自立，國號鄭；四年五月降唐。其時唐軍攻王，進圍東都，故王求援於東突厥。

㊻ 高開道、苑君璋皆隋末起兵者，高於武德元年據漁陽（今河北薊縣），自立為燕王，七年為部下所殺。苑為劉武周妹婿，武周於武德三年為唐所敗，奔突厥，旋為突厥所殺。苑遂據朔州（今山西朔縣），仍受突厥支持，與唐為敵，後降唐。

[東]七月，唐高祖欲徙都樊鄧（今河南省西南一帶地）以避突厥，秦王世民諫止。八月，頡利可汗與始畢子突利可汗㊼傾國入寇，唐以秦王世民、齊王元吉將兵拒之於長安城西，世民遣使說突利以利害，突利悅而從之；頡利欲戰，突利不可。頡利乃遣突利與其從叔夾畢特勤阿史那思摩見世民請和親。世民與突利結為兄弟，與盟而去。唐賜思摩爵為和順王，並遣裴寂使於東突厥。

武德八年（西元六二五年）

[東]東突厥入寇不已，四月，唐復置十二軍，簡練士馬，擬大舉擊突厥。

[西]統葉護可汗遣使請婚，唐許之。遣高平王立（高祖從子）至其國，統葉護大喜。

武德九年（西元六二六年）

[東]八月，梁師都為東突厥畫策，勸令入寇。於是頡利突利合兵十餘萬入寇，進抵渭水便橋（在長安西北）之北，京師戒嚴。時太宗初即位，親與頡利盟於便橋之上，啗以金帛，東突厥始引兵退。

太宗貞觀元年（西元六二七年）

[東]初，突厥政令質略，頡利可汗得華人趙德言，委用之。德言多變更舊俗，政令煩苛，國人不悅。頡利又好信任諸胡而疎突厥，胡人多反覆，以是兵革歲動。會大雪深數尺，雜畜多死，民皆凍餒。由是內外離怨，兵勢浸弱。初西突厥處羅可汗方強，鐵勒諸部皆臣之。處

㊼突利可汗建牙直幽州之北，主突厥之東偏，管奚、霫等數十部。

羅徵稅無度，鐵勒相率叛之，附於東突厥。及頡利政亂，薛延陀與回紇、拔野古等叛之，頡利不能制㊽。

西㈠統葉護可汗遣使來唐迎公主，東突厥阻之，婚未成。

㈡東羅馬聯西突厥及可薩突厥㊾夾攻波斯。先是波斯於隋大業十年（西元六一四年）寇鈔東羅馬屬亞洲行省，陷耶路撒冷。兩國遂於武德五年（西元六二二年）再啓戰端，連亙數年；至是西突厥參戰，助東羅馬。九月，聯軍進入波斯境，西突厥畏冬季將屆，相率逃亡，終至全軍遁走。東羅馬軍續進。

貞觀二年（西元六二八年）

東㈠頡利可汗遣突利可汗討薛延陀、回紇等部，突利兵敗，頡利怒而撻之，突利由是怨；上表於唐，請入朝。頡利發兵攻突利，四月，突利遣使求救於唐。

㈡四月，唐遣軍圍朔方，殺梁師都；突厥來救，唐擊破之。

㈢東突厥北邊諸姓，多叛頡利歸薛延陀。十二月，唐遣使冊拜薛延陀俟斤夷男為真珠毗伽可汗，以圖頡利。夷男建牙於大漠之鬱督軍山（今外蒙古杭愛山北）下，東至靺鞨㊿，

㊽ 前已謂西突厥統葉可汗「北併鐵勒」，今又謂鐵勒諸部叛頡利。蓋鐵勒分佈甚廣，其為統葉護所併及叛頡利者皆非其全部。隋書八四鐵勒傳所謂「分屬東西兩突厥」者是也。

㊾ 可薩突厥（Khazirs）居裏海沿岸，可能臣於西突厥，但係另一種突厥，不能與西突厥相混。參看馮譯西突厥史料頁一八一至一八四。

西至西突厥，南接沙磧（應係今外蒙古沙漠），北至俱倫水（可能屬於今鄂爾渾河）；回紇、拔野古、同羅、僕骨、霫、諸部皆屬焉。

西㈠年初，波斯都城變起，其王庫薩和遇害。其子科瓦（Kavadh）繼立，與東羅馬議和。其時西突厥國勢隆盛，其境界已抵信度河（今 Indus）上。然東羅馬及波斯戰爭既久，國勢皆弱，而大食遂興矣[51]。

㈠統葉護可汗自負強盛，無恩於國，部衆咸怨；十二月，為其伯父莫賀咄所殺。莫賀咄自立，是為屈利俟毗可汗[52]。國人不附，弩失畢部迎統葉護子咥力特勤於康居而立之，是為乙毗鉢羅肆葉護可汗。與莫賀咄相攻，連兵不息，於是西域諸國及鐵勒先沒屬西突厥者皆叛之。

貞觀三年（西元六二九年）

東㈠八月，薛延陀毗伽可汗遣其弟入貢，頡利可汗大懼，始遣使稱臣，請和親。唐以其援梁師都，遣李靖等討之。

㈡十二月，突利可汗入朝於唐。靺鞨亦遣使入貢。

貞觀四年（西元六三〇年）

---

[50] 靺鞨，種族名，凡分七部，居今黑龍江下游及松花江下游一帶。

[51] 參看馮譯西突厥史料頁一八四。

[52] 舊唐書一九四下突厥傳下謂統葉護伯父自立為「莫賀咄俟屈利俟毗可汗」。今從新唐書二一五下突厥傳。

東(一)正月，李靖襲破定襄，獲隋蕭后及煬帝孫政道。二月，李靖破頡利可汗於陰山。三月，唐擒頡利。頡利部落或北附薛延陀，或西奔西域，其降唐者尚十萬口。太宗用溫彥博策，處突厥降衆，東自幽州（今河北薊縣），西至靈州（今寧夏靈武縣）；分突利故地，置順、祐、化長四州都督府；又分頡利之地為六州，置定襄、雲中兩都督府以統其衆。五月，以突利為順州都督，使帥其部落之官；以阿史那思摩為北開州都督，使統頡利舊衆。其餘酋長至者，皆拜將軍、中郎將，布列朝廷；五品以上百餘人，殆與朝士相半；因而入居長安者近萬家。

(二)東突厥既亡，東北諸夷奚、霫、室韋等十餘部，皆內附。九月，伊吾城主入朝於唐。隋末，伊吾內屬，置伊吾郡。隋亂，臣於突厥。頡利既滅，擧其屬七城來降；唐因以其地置伊西州。

西(一)五月，唐以舊西突厥特勤史大奈為豐州（今綏遠五原縣一帶地）都督。

(二)肆葉護可汗引兵擊屈利俟毗可汗，俟毗逃於金山，為泥孰設53所殺，諸部兵推肆葉護為大可汗。

貞觀五年（西元六三一年）

東(一)五月，唐以金帛贖隋末中國人之沒於東突厥者，凡得八萬口。

(二)突利可汗病卒。

---

53 泥孰設為莫賀設之子，據西突厥史料頁二考證，莫賀設當為統葉護可汗之弟。

貞觀六年（西元六三二年）

〔東〕十月，唐以頡利可汗為右衛大將軍。

〔西〕七月，肆葉護可汗發兵擊薛延陀，為薛延陀所敗。肆葉護猜狠信讒，素忌泥孰，陰欲圖之，泥孰奔焉耆。於是部下叛之，肆葉護奔康居，尋卒。國人迎泥孰而立之，是為咄陸可汗，遣使內附。唐遣使立咄陸為阿婁拔奚利邲咄陸可汗。

貞觀七年（西元六三三年）

〔東〕十二月，唐太宗從上皇置酒故漢未央宮㊹。上皇命頡利可汗起舞，又命南蠻酋長馮智戴詠詩。既而笑曰：「胡越一家，自古未有也。」

貞觀八年（西元六三四年）

〔東〕正月，頡利可汗卒，唐命國人從其俗，焚尸葬之。贈歸義王，諡曰荒。

〔西〕咄陸可汗卒，其弟同娥設立，是為沙鉢羅咥利失可汗。

貞觀九年（西元六三五年）

〔西〕㈠咥利失可汗上表請婚於唐，獻騎五百疋。唐厚加撫慰，未許其婚。

㈡十月，處月初遣使入貢。處月、處密，皆西突厥之別部㊺也。

貞觀十年（西元六三六年）

㊹ 漢故未央宮在長安太極宮城北，禁苑之西偏。

㊺ 處月居今新疆廸化縣以東，博克達鄂拉山以北；處密居廸化以西瑪納斯河沿岸。

[東]正月，唐以東突厥拓設阿史那社爾（處羅可汗子）為左驍衛大將軍，尚皇妹南陽公主，典兵屯於苑內。

貞觀十二年（西元六三八年）

[西]㈠初西突厥咥利失可汗分其國為十部，每部有酋長一人，仍各賜一箭，謂之十箭。又分為左右廂，一廂各置五箭。左廂號五咄陸，置五大啜(56)，居碎葉（今蘇聯 Tokmak 南）以東；右廂號五弩失畢，置五大俟斤(57)，居碎葉以西。通謂之十姓。

㈡咥利失失衆心，東部立欲谷設(58)為乙毗咄陸可汗，與咥利失大戰，殺傷甚衆；因中分其地，自伊列水（即伊犁河）以東屬乙毗咄陸，以西屬咥利失(59)。

貞觀十三年（西元六三九年）

---

(56) 咄陸五啜為處木昆律啜、胡祿屋闕啜、攝舍提暾啜、突騎施賀邏施啜、鼠尼施處半啜。見新唐書二一五下突厥傳。

(57) 弩失畢五俟斤為阿悉結闕俟斤、哥舒闕俟斤、拔塞幹暾沙鉢俟斤、阿悉結泥孰俟斤、哥舒處半俟斤。亦見新唐書二一五下突厥傳。

(58) 馮譯西厥史料頁二謂欲谷設似與咥利失為同輩，確否難斷。然欲谷設為西突厥可汗之子弟，則無疑問，蓋突厥「設」(chad)之官號，非可汗子弟不能有之。

(59) 兩唐書突厥傳皆謂伊利水以西屬咄陸，以東屬咥利失。細審後文，即知其誤。馮譯西突厥史料頁二六辯證甚詳，茲不贅。同書頁一九〇又謂，咄陸五部，居熱海（今蘇聯 Issyk Koul）以東；弩失畢五部，居熱海以西。

【東】(一)四月，唐太宗幸九成宮，突利可汗弟結社率謀反，擁突利子賀邏鶻及故部落數十人進犯行宮，事未成，為部下所殺。唐投賀邏鶻於嶺表。

(二)自結社率之反，言事者多云突厥留河南不便。七月，唐以李思摩（即阿史那思摩）為乙彌泥孰俟利苾可汗，率所部建牙於河北（今套外地）。時薛延陀強盛，突厥憚之，不肯出塞。唐賜薛延陀璽書，戒勿犯突厥。

【西】咥利失可汗之臣俟利發作亂，咥利失走死鏺汗（今蘇聯 Fergana）。弩失畢部落迎其弟子薄布特勤立之，是為乙毗沙鉢羅葉護可汗。建庭於雎合水北，謂之南庭，自龜茲、鄯善（今新疆羅布諾爾南）、且末（今新疆且末縣北）、吐火羅（今阿富汗 Kabul 北）、焉耆、石國、史國（今蘇聯 Karshi）、何國（今蘇聯 Samarkand 北）、穆國（今 Amu Darya 西）、康國（今蘇聯 Samarkand）皆附之。咄陸建庭於鏃曷山西⑥⓪，謂之北庭；自厥越失、拔悉彌、駮馬、結骨、火燖、觸木昆等國皆附之⑥①。以伊列水為境。

貞觀十四年（西元六四〇年）

【東】三月，唐置寧朔大使，以護突厥。

【西】唐以侯君集討高昌，咄陸可汗遣其葉護屯可汗浮圖城（今新疆孚遠縣）為高昌聲援。

---

⑥⓪ 雎合水及鏃曷山地位均不詳。

⑥① 厥越失、火燖居地均不詳。結骨即黠戛斯，見前註。拔悉彌在葛邏祿（今新疆烏倫古河及喀喇額爾齊斯河沿岸）以西。駮馬在突厥之北。觸木昆即處木昆，為咄陸五部之一。參看馮譯西突厥史料頁二七及三十，資治通鑑卷一九五註。

及君集至，咄陸懼而西走千餘里，葉護以城降。

貞觀十五年（西元六四一年）

東㈠正月，俟利苾可汗始率部落濟河，建牙於定襄故城，有戶三萬，勝兵四萬，馬九萬匹。

㈡初，東突頡利可汗既亡，薛延陀真珠可汗率其部落移庭於獨邏水（今外蒙古土拉河）南之都尉揵山[62]。勝兵二十萬，其勢甚強。及俟利苾北上，十一月，真珠發同羅、僕骨、回紇、靺鞨、霫等部兵，合二十萬渡漠南以擊突厥；俟利苾不能禦，率部落入長城，保朔州。十二月，唐兵敗薛延陀，追至漠北。

西㈠沙鉢羅葉護可汗，數遣使入貢於唐。七月，唐遣使即其所號立為可汗。

㈡乙毗咄陸可汗與沙鉢羅葉護相攻，乙毗咄陸浸強大，西域諸國多附之。未幾，乙毗咄陸使石國吐屯擊沙鉢羅葉護，擒之以歸，殺之。

貞觀十六年（西元六四二年）

西乙毗咄陸可汗擊吐火羅滅之，自恃強大，遂拘留唐使者，侵暴西域，遣兵寇伊州（今新疆哈密縣），唐安西郭護郭孝恪擊敗之。乙毗咄陸又遣處月、處密二部圍天山縣（今新疆

---

[62] 都尉揵山即烏德鞬山。新唐書四三地理志云：「烏德鞬山左右嗢昆河獨邏河，皆屈曲東北流；至（回紇）衙帳東北五百里合流。」按獨邏河為今外蒙古土拉河，嗢昆河為今鄂爾渾河。據此，烏德鞬山當屬今都蘭哈拉山。

吐魯番縣西南），孝恪擊走之，追奔至遏索山[63]，降處密之衆而歸。旋乙毗咄陸部下為亂，弩失畢諸部遣使於唐，請廢乙毗咄陸，更立可汗。唐更立莫賀咄之子為乙毗射匱可汗，乙毗咄陸西奔吐火羅。

貞觀十八年（西元六四四年）

【東】俟利苾可汗不善撫御，衆不愜服。十一月，悉棄俟利苾南渡河，請處於勝夏二州之間，唐許之。俟利苾輕騎入朝，唐以為右武衛將軍。

貞觀二十年（西元六四六年）

【西】六月，乙毗射匱可汗遣使入貢於唐，且請婚，太宗許之；且使割龜玆、于闐（今新疆和闐縣）、疏勒、朱俱波（今新疆葉城縣）、葱嶺（今新疆蒲犁縣）五國，以為聘禮。

貞觀二十一年（西元六四七年）

【東】十一月，車鼻可汗遣使入貢。車鼻名斛勃，本突厥同族，世為小可汗。頡利之敗，車鼻歸薛延陀；後叛去，建牙於金山之北，自稱乙注車鼻可汗。突厥餘衆稍稍歸之，數年間，勝兵三萬人；及薛延陀敗，其勢益張。

貞觀二十二年（西元六四八年）

【西】初，乙毗咄陸可汗以阿史那賀魯[64]為葉護，居多邏斯水（今新疆喀喇額爾齊斯河），

---

[63] 馮譯西突厥史料頁二八謂此遏索山應在廸化西三百餘里之哈屯 Katoun 諸山之中。

[64] 阿史那賀魯為咥利失可汗弟步利設子。

在西州（今新疆吐魯番縣附近）北千五百里，統處月、處密、姑蘇、葛邏祿、弩失畢五姓之衆。乙毗咄陸奔吐火羅，乙毗射匱可汗遣兵逐之，部落散亡。四月，賀魯率其餘衆數千帳內屬，唐處之於庭州（今新疆奇臺縣附近）。十二月，唐以賀魯為泥伏沙鉢羅葉護。

貞觀二十三年（西元六四九年）

[東] 正月，車鼻可汗不入朝，唐發回紇、僕骨等兵擊之。諸部落相繼來降，拔悉密吐屯肥羅察降，以其地置新黎州。以突厥所部置舍、利等五州，隸雲中都督府；蘇、農等六州，隸定襄都督府。

[西] 二月，唐置瑤池都督府，隸安西都護；以阿史那賀魯為瑤池都督。

高宗永徽元年（西元六五〇年）

[東] 六月，唐高侃擊擒車鼻可汗於金山。九月，唐處車鼻餘衆於鬱督軍山，置狼山都督府以統之，於是突厥盡為唐封內之臣。分置單于、瀚海二都護府，單于領狼山、雲中、桑乾三都督，蘇、農等二十四州[65]；瀚海領瀚海、金徽、新黎等七都督，仙、蕚等八州；各以其酋長為都督、刺史。

永徽二年（西元六五一年）

---

[65] 舊唐書一九四上突厥傳上作「蘇農等一十四州」；今從新唐書二一五上突厥傳。資治通鑑卷一九九註云：「舊書作一十四州，又考是後調露元年，溫傅、奉職二部反，二十四州皆叛應之，則二字為是。」又謂單于都護府所領，見於史者，僅十九州，其五州逸無所考。

[西]阿史那賀魯招集離散，廬帳漸盛；聞太宗崩，謀襲取西庭二州，未果。賀魯擁衆西走，擊破乙毗射匱可汗，併其衆，建牙於雙河（今新疆博羅塔拉河）及千泉，自號沙鉢羅可汗，咄陸五啜、弩失畢五俟斤皆歸之，勝兵數十萬，與乙毗咄陸連兵，處月、處密及西域諸國多附之。七月，沙鉢羅寇庭州，唐以梁建方、契苾何力等率兵三萬及回紇五萬騎以討之。

永徽三年（西元六五二年）

[西]梁建方等大破處月。

永徽四年（西元六五三年）

[西]乙毗咄陸可汗卒。其子頡苾達度設號真珠葉護，始與沙鉢羅可汗有隙，與五弩失畢共擊沙鉢羅，破之[66]。

永徽五年（西元六五四年）

[西]唐以處月部置金滿州。

永徽六年（西元六五五年）

---

[66] 馮譯西突厥史料頁一九〇謂西突厥自統葉護可汗死後，兩廂幾常各立可汗。弩失畢除在短期之中臣屬於同一可汗外，常自有其可汗，如肆葉護、咥利失、葉護、射匱、真珠葉護皆是已。其特為咄陸之可汗者，則有莫賀咄、乙毗咄陸、賀魯諸人。蓋賀咄殺統葉護而自立，國人不附，弩失畢立肆葉護可汗，則莫賀咄僅主東方五部。肆葉護走死康居，泥孰繼立，似長十部；咥利失在位之初亦然。惟至六三八年，乙毗陸分主東方五部。六三九年，咥利失死，弩失畢迎立葉護。後咄陸殺葉護並其國，弩失畢不服叛去。賀魯似統咄陸、弩失畢十姓，然真珠葉護則主五咄失畢與之對立。

西 六月，唐以程知節討沙鉢羅可汗。十一月，唐遣使册拜頡苾達度設（即真珠葉護）為可汗，沙鉢羅發兵拒之，禮臣竟不册拜而歸。

顯慶元年（西元六五六年）

西 十二月，程知節破西突厥於鷹娑川，旋以逗留追賊不及免官。

顯慶二年（西元六五七年）

西 閏正月，唐以蘇定方等發回紇兵，自北道討沙鉢羅可汗。並以前西突厥酋長阿史那彌射（室點密五世孫）及族兄步真為流沙安撫大使，自南道招集舊衆。十二月，蘇定方至金山北，破處木昆部。繼破沙鉢羅於曳咥河西[67]，十姓皆降。沙鉢羅西走石國，為石國人執送於唐。唐遂分西突厥地，置濛池崑陵二都護府。以阿史那彌射為崑陵都護興昔亡可汗，押五咄陸部落；阿史那步真為濛池都護繼往絕可汗，押五弩失畢部落。諸姓降者，準其部落大小，位望高下，授刺史以下官。

顯慶三年（西元六五八年）

西 十一月，唐分沙鉢羅種落[68]為六都督府。其所役屬諸國，皆置州府，西盡波斯，並隸安西都護府。沙鉢羅尋死於長安。

顯慶四年（西元六五九年）

---

[67] 曳咥河在伊犁河東，似為博羅塔拉河。

[68] 謂沙鉢羅前所統多邏斯水上之種落。

[西]三月，與昔亡可汗與真珠葉護戰於雙河，斬真珠葉護。

龍溯二年（西元六六二年）

[西]十二月，繼往絕可汗誣告興昔亡可汗謀反，唐颸海道大總管蘇海政殺興昔亡。繼往絕尋卒[69]，十姓無主，其酋阿史那都支及李遮匐收餘衆，附於吐蕃。

麟德元年（西元六六四年）

[東]正月，唐改雲中都護府為單于大都護府，以殷王旭輪為單于大都護。

咸亨二年（西元六七一年）

[西]四月，唐以阿史那都支為匐延都督[70]，以安集五咄陸之衆。

調露元年（西元六七九年）

[東]十月，單于大都護府突厥阿史德溫傅、奉職二部俱反，立阿史那泥熟匐為可汗；二十四州酋長皆叛應之，衆數十萬。唐討之大敗。十一月，唐再以裴行儉等率兵三十餘萬討之。

[西]十姓可汗[71]阿史那都支及其別帥李遮匐，與吐蕃連和，侵逼安西。時吐蕃雄強，咸亨初，陷西域十八州，唐罷安西四都督府（龜玆、于闐、焉耆、疏勒）；復敗唐師於大非川（今青海湖西）；以是西突厥附之。七月，唐遣裴行儉以計擒都支，遮匐亦降。十姓自是日衰。

永隆元年（西元六八〇年）

[69] 新唐書二一下突厥傳謂繼往絕死於乾封（西元六六六至六六七年）時。

[70] 顯慶二年平沙鉢羅，以處木昆為匐延都督府。

[71] 新書二一五下突厥傳謂「儀鳳（西元六七六至六七八年）中，都支自號十姓可汗。」

[東]三月，裴行儉大破突厥於黑山（在今綏遠省境內），擒其酋長奉職，可汗泥熟匐為其下所殺㉒。

開耀元年（西元六八一年）

[東]正月，裴行儉軍既還，頡利從兄子阿史那伏念復自立為可汗，與阿史德溫傅連兵為寇，唐復以裴行儉討之。閏七月，伏念執溫傅降，並斬於東京。

永淳元年（西元六八二年）

[東]突厥餘黨阿史那骨咄祿、阿史德元珍等復叛，入寇幷州及單于府之北境；唐以薛仁貴破之。

[西]二月，西突厥阿史那車薄率十姓反，四月，唐安西都護王方翼連破之於伊麗水（即伊犁河）及熱海，西突厥遂平。

弘道元年（西元六八三年）

[東]三月，阿史那骨咄祿、阿史德元珍圍單于都護府，殺司馬張行師。五月，寇蔚州（今山西靈丘縣一帶地），殺刺史李思儉。

則天皇后光宅元年（西元六八四年）

[東]七月，阿史那骨咄祿等寇朔州。

垂拱元年（西元六八五年）

㉒ 舊唐書一九四上突厥傳上謂奉職被擒，泥熟匐被殺均在調露元年。今從新唐書一一五上突厥傳。

東四月，突厥寇代州，敗唐軍於忻州（今山西忻縣）。

西初，與昔亡繼往絕二可汗既死，十姓無主，部落多散亡。唐乃以興昔亡之子元慶為崑陵都護，襲興昔亡可汗，押五咄陸部落。

垂拱二年（西元六八六年）

東九月，突厥入寇，唐以黑齒常之拒之。

西九月，唐以繼往絕可汗之子斛瑟羅為濛池都護，襲繼往絕可汗，押五弩失畢部落。

垂拱三年（西元六八七年）

東七月，骨咄祿等寇唐朔州，黑齒常之等大破之。十月，唐以爨寶壁引精兵萬三千人出塞擊骨咄祿，全軍盡沒。唐誅寶壁，改骨咄祿為不卒祿。

永昌元年（西元六八九年）

東五月，唐以僧懷義北討突厥，至紫河（今綏遠和林格爾縣南），不見虜而還。九月，復以懷義討之。

天授元年（西元六九〇年）

西西突厥十姓自垂拱以來，為東突厥所侵掠，散亡略盡。濛池都護繼往絕可汗斛瑟羅收其餘衆六七萬人，入居內地。則天以斛瑟羅為右衛大將軍，改號竭忠事主可汗。

如意元年⑦³（西元六九二年）

---

⑦³是年四月，改元如意；九月，改元長壽。自四月以前，猶是天授三年。

[西]興昔亡可汗阿史那元慶為酷吏來俊臣誣謀反，被害；其子獻配流崖州（今海南島瓊山縣東南）⑭。

延載元年（西元六九四年）

[東]東突厥可汗骨咄祿卒⑮，弟默啜自立為可汗。正月，則天以僧懷義討之，未行，虜退而止。

[西]二月，武威道總管王孝傑破吐蕃勃論讚刃及突厥可汗俀子⑯等於冷泉及大嶺（在今青海省東境）。碎葉鎮守使韓思忠破泥熟俟斤等萬餘人。

天冊萬歲元年（西元六九五年）

[東]十月，默啜遣使請降，則天冊授為左衛大將軍歸國公。

萬歲通天元年（西元六九六年）

[東]九月，東突厥寇涼州，執都督許欽明。旋默啜請為則天子，並為其女求婚；願悉歸河西降戶，率其部衆為中國討契丹。則天冊授默啜左衛大將軍、遷善可汗。十月，則天進拜默啜為頡跌利施大單于、立功報國可汗。

---

⑭ 新唐書一一五下突厥傳謂獻流振州（今海南島崖縣）；今從舊書一九四突厥傳下。

⑮ 舊唐書一九四上謂骨咄祿死於天授（西元六九〇至六九一年）中；新唐書一一五突厥傳則謂死於天授初。通鑑繫於此年。

⑯ 阿史那俀子，阿史那元慶之子，獻兄；為吐蕃所冊立。見舊唐書九七郭元振傳。

【西】九月，吐蕃將論欽陵請罷安西四鎮戍兵，並求分十姓突厥之地[77]；則天不許。

神功元年（西元六九七年）

【東】正月，突厥寇靈州、勝州。三月，默啜求豐、勝、靈、夏、朔、代六州降戶及單于都護之地。六州降戶，皆咸亨中突厥人之降中國者。則天許之，遂悉驅六州降戶數千帳以與默啜，並給穀種四萬斛，雜綵五萬段，農器三千事，鐵數萬斤；並許其婚。默啜由是益強。

【西】來俊臣誣告斛瑟羅反，諸酋長詣闕割耳剺面訟冤者數千人。六月，來俊臣以罪誅，事乃得免。

聖曆元年（西元六九八年）

【東】六月，則天命淮陽王武延秀入突厥，納默啜女為妃；並以閻知微等齎金帛巨億以送之。八月，武延秀至默啜南庭，默啜以其非李氏子而拘之。以閻知微為南面可汗，言欲使之主唐民。遂入寇，陷定州，殺刺史孫彥高及吏民數千人。九月，則天改默啜為斬啜。默啜圍趙州（今河北趙縣）。則天以太子為河北道元帥，狄仁傑副之以討突厥。默啜盡殺所掠趙定等州男女萬餘人，大掠而回。默啜還漠北，擁兵四十萬，據地萬里，西北諸夷皆附之。閻知微還，則天殺之。

聖曆二年（西元六九九年）

---

[77] 則天時東突厥、吐蕃俱盛，並侵西突厥。中國雖於長壽元年復安西四鎮，得以屯兵拒吐蕃；而東突厥披猖，中國無以制之，其後遂有默啜委派可汗主西突厥之事。

[東] 默啜立其弟咄悉匐為左廂察，骨咄祿子默矩為右廂察，各主兵二萬餘人。其子匐俱為小可汗，位在兩察上，主西突厥處木昆等十姓兵四萬人，又號為拓西可汗。

[西] 八月，西突厥突騎施⑱部酋烏質勒，遣其子遮弩入見。則天亦遣使安撫烏質勒及十姓部落。

久視元年（西元七〇〇年）

[東] 十二月，突厥掠隴右諸監馬萬餘匹而去。

長安元年（西元七〇一年）

[西] 則天以西突厥竭忠事主可汗斛瑟羅為平西大總管，鎮碎葉⑲。

[東] 八月，默啜寇邊。則天以相王旦統諸軍擊之，未行而虜退。

長安二年（西元七〇二年）

[東] 正月，突厥寇鹽（今寧夏鹽池縣）、夏二州。三月，寇并州。七月，寇代州。九月，寇忻州。

長安三年（西元七〇三年）

[東] 六月，默啜遣其臣莫賀干來，請以女妻皇太子之子，則天許之。

[西] ㈠則天召還阿史那獻於崖州，襲興昔亡可汗，充安撫招慰十姓大使。獻以本蕃為默啜

---

⑱ 突騎施原為咄陸五部之一。

⑲ 新唐書二一五突厥傳載此事於聖曆二年。

及烏質勒所侵，遂不敢返國。

㈡斛瑟羅用刑殘酷，諸部不服。烏質勒本隸斛瑟羅，號莫賀達干，能撫其衆，諸部歸之，斛瑟羅不能制。後攻陷碎葉，徙其牙帳居之。斛瑟羅部衆離散，因入朝，不敢復還。烏質勒悉併其地⑳。

長安四年（西元七〇四年）

〔東〕八月，默啜遣淮陽王武延秀還。

〔西〕正月，則天以斛瑟羅之子阿史那懷道為西突厥十姓可汗㉑。

中宗神龍二年（西元七〇六年）

〔東〕十二月，默啜寇鳴沙（今寧夏中衛縣），唐軍死六千人。復進寇原（今甘肅鎮原縣一帶地）、會（今甘肅靖遠縣一帶地）等州，掠隴右牧馬萬餘匹而去。

〔西〕正月，唐以突騎施酋長烏質勒為懷德郡王。十二月，烏質勒死，唐以其子娑葛襲嗢鹿

---

⑳ 資治通鑑卷二〇七繫其事於此年，同書同卷註曰：「天授元年書斛瑟羅入居內地；神功元年書來俊臣誣陷斛瑟羅；則其入朝必不在是年。此因書烏質勒事，敘其得國之由，遂及斛瑟羅失國事耳。」按新唐書二一五下突厥傳斛瑟羅於聖曆二年為平西大總管後，以烏質勒張甚，不敢歸。然資治通鑑二〇七久視元年略謂是年阿悉吉薄露反，則天以田揚名等討之，軍至碎葉。揚名又引斛瑟羅之衆攻其城，於九月誘斬之。據此斛瑟羅似又返其故地，而碎葉至少於久視元年九月尚未為烏質勒所陷。故仍繫斛瑟羅事於此年。

㉑ 舊唐書九七郭元振傳略謂「頃年斛瑟羅及懷道俱為可汗，亦不能招脅得十姓，却遣碎葉數年被圍。」據此可知懷道為可汗，亦徒擁虛名。

州都督懷德王。

景龍元年（西元七〇七年）

〔東〕十月，唐朔方道大總管張仁愿擊突厥，大敗之。

景龍二年（西元七〇八年）

〔東〕三月，唐張仁愿築三受降城於河北（今套外地），以絕突厥南寇之路。拓地三百里，自是朔方無復寇掠。

〔西〕十一月，突騎施酋長娑葛自立為可汗，殺唐使者；唐討之而敗，娑葛遂陷安西[82]，斷四鎮路。唐赦娑葛罪，冊為十四姓可汗[83]。

景龍三年（西元七〇九年）

〔西〕七月，突騎施娑葛遣使請降，唐拜之為欽化可汗，賜名守忠。

睿宗景雲二年（西元七一一年）

〔東〕正月，突厥可汗默啜遣使請和，唐許之。三月，以宋王成器女為金山公主，許嫁默啜。默啜遣其子楊我支及國相隨逢堯入朝。後帝以傳位，婚竟未成。

---

[82] 安西都護府時在龜玆，今新疆庫車縣。

[83] 資治通鑑二〇九註云：「西突厥先有十姓，今併咽麪、葛邏祿、莫賀達干、都摩支為十四姓。」按咽麪部落在今蘇聯 Ala-Kul 及 Balkhash 兩湖之間。葛邏祿見前註。莫賀達干、都摩支為突騎施兩大部落。日人松田壽男「焉耆與碎葉」一文（載西北古地研究）以為十四姓應係西突厥九姓（除去突騎施），外加突騎施之黃黑二姓及葛邏祿之謀落、熾俟、踏實力三姓。

西㈠十二月，唐以興昔亡可汗阿史那獻為招慰十姓使。

㈡突騎施可汗守忠之弟遮弩，恨所分部落少於其兄，遂叛入東突厥，請為嚮導以伐守忠。默啜遣兵擊擒守忠，與遮弩並殺之㉞。

玄宗開元元年（西元七一三年）

東八月，默啜遣其子楊我支來求婚，許以蜀王女南和縣主妻之。

開元二年（西元七一四年）

東二月。默啜遣其子同俄特勤及妹夫火拔頡利發石阿失畢將兵圍北庭都護府㉟，唐斬同俄。閏二月，石阿失畢奔唐。四月，默啜復遣使求婚於唐，自稱「乾和永清太駙馬天上得果報天男突厥聖天骨咄祿可汗」。

西㈠西突厥十姓酋長都擔叛，三月，唐磧西節度使阿史那獻克碎葉等鎮，擒斬都擔，降其部落二萬餘帳。

㉞ 資治通鑑繫默啜伐守忠事於玄宗開元二年（西元七一四年），然馮譯西突厥史料頁三十八謂「考闕特勤碑文，默啜討突騎施一役，事在闕特勤之第二十六年（西元七一一年）。」按新唐書二一五上突厥傳謂：「景雲（西元七一〇至七一一年）中，默啜西滅娑葛。」與突厥碑文所記正合，故繫於此年。又西突厥史料頁二〇四至二〇五略謂「默啜既以其子匐俱為小可汗，典處木昆等十姓，突騎施亦應隸之；則其於七一一年殺娑葛，乃以主君之名義行之矣。」

㉟ 北廷都護府在廷州（今新疆迪化縣）。

㈠葛邏祿㉘等部及突厥十姓胡祿屋等諸部，以默啜衰老昏虐而叛之，分詣涼州及北庭，請降於唐，唐撫存之。

開元三年（西元七一五年）

㊄㈠突厥十姓降者，前後萬餘帳，唐皆以河南地（今套內地）處之。而葛邏祿、胡祿屋、鼠尼施等部屢為默啜所破，唐發兵援之。

㈡突騎施守忠既死，默啜兵還。守忠部將蘇祿，鳩集餘衆，為之酋長；十姓部落，稍稍歸之，有衆二十萬。是歲遣使入見，唐以蘇祿為左羽林大將軍、金方道經略大使。

開元四年（西元七一六年）

㊍六月，默啜北擊拔曳固，大破之於獨樂水（今外蒙古土拉河），恃勝輕歸，為拔曳固迸卒所殺。骨咄祿之子闕特勤盡殺默啜諸子，立其兄左賢王默棘連，是為毗伽可汗。毗伽以闕特勤為左賢王，專典兵馬；以暾欲谷為謀主；國人附之。

㊄突騎施蘇祿自立為可汗。

開元五年（西元七一七年）

㊄七月，突騎施引大食、吐蕃謀取四鎮，圍鉢換（今新疆阿克蘇縣）及大石城（今新疆烏什縣）；唐發葛羅祿兵與阿史那獻擊之。

㉘　葛邏祿為隸於西突厥咄陸之其他部落。新唐書二一七下謂其「本突厥諸族，在北廷西北，金山之西，跨僕固振水。」按僕固振水為今新疆喀喇額爾齊斯河。

開元六年（西元七一八年）

【東】正月毗伽可汗請和，許之唐。

開元七年（西元七一九年）

【西】十月，唐册拜突騎施蘇祿為忠順可汗。

開元八年（西元七二〇年）

【東】十一月，突厥破拔悉密；繼而寇甘（今甘肅張掖縣一帶地）、涼等州，大敗唐兵於删丹（今甘肅山丹縣）。毗伽由是大振，盡有默啜之衆。

開元九年（西元七二一年）

【東】二月，毗伽可汗復遣使求和於唐。

開元十年（西元七二二年）

【西】十二月，唐以西突厥十姓可汗阿史那懷道女為交河公主，嫁突騎施可汗蘇祿。

開元十二年（西元七二四年）

【東】七月，毗伽可汗遣其臣哥解頡利發求婚於唐；唐以其使者輕，禮數不備，未許婚。

開元十三年（西元七二五年）

【東】毗伽可汗遣使入貢，唐仍不許婚。

開元十四年（西元七二六年）

【東】四月，唐於定、恒（今河北獲鹿縣東南）、莫（今河北任丘縣北）、易（今河北易縣）、滄（今河北滄縣東南）五州置軍，以備突厥。

[西] 唐安西都護杜暹以事杖突騎施交河公主使，蘇祿大怒，發兵寇四鎮，人畜儲積，皆為所掠，安西僅存。時暹已入相，蘇祿聞之始退，尋遣使入貢。

開元十五年（西元七二七年）

[東] 九月，吐蕃寇唐瓜州（今甘肅安西縣東），遣毗伽可汗書，欲與之俱入寇。毗伽遣其大臣梅錄啜入貢，並獻吐蕃書；玄宗嘉之，聽於西受降城外為互市，每歲齎縑帛數十萬匹，就市戎馬，以助軍旅。

開元十八年（西元七三〇年）

[西] 突騎施遣使入貢於唐。

開元十九年（西元七三一年）

[東] 三月，突厥左賢王闕特勤卒(87)，唐玄宗賜書弔之。

開元二十年（西元七三二年）

[東] 毗伽可汗為其大臣梅錄啜所毒死(88)，子伊然可汗立，尋卒(89)；弟登里可汗立。

開元二十三年（西元七三五年）

[西] 十月，突騎施寇北庭及安西撥換城。

---

(87) 舊唐書一九四上突厥傳上謂闕特勤死於二十年。今從新唐書二一五上突厥傳。

(88) 毗伽之死，資治通鑑繫於開元二十二年十二月。然舊唐書一九四上突厥傳上謂毗伽死於二十年。新唐書二一五下突厥傳於毗伽之死，不着年月；惟云毗伽於闕特勤卒後不久被毒死。故繫其事於此年。

(89) 新唐書突厥傳謂「伊然可汗立八年卒」。今從舊唐書突厥傳上。

開元二十四年（西元七三六年）

[西]正月，唐北庭都護蓋嘉運擊突騎施，大破之。八月，突騎施遣其大臣胡祿達干請降，唐許之。

開元二十六年（西元七三八年）

[西]突騎施可汗蘇祿以三國女為可敦(90)，又立數子為葉護，用度浸廣，不復悉分部下，由是諸部離心。酋長莫賀達干(91)、都摩支兩部最強；其部落又分黃姓黑姓(92)，互相乖阻。莫賀達干夜襲蘇祿殺之，都摩支立蘇祿之子骨啜為吐火仙可汗，收其餘衆，與莫賀達干相攻。吐火仙與都摩支據碎葉城，黑姓可汗爾微特勤據怛邏斯城（今蘇聯 Talass），相與連兵以拒唐。

開元二十七年（西元七三九年）

[西]八月，唐磧西節度使蓋嘉運攻碎葉城，擒突騎施吐火仙可汗。分遣夫蒙靈詧與拔汗那（即鏺汗）王阿悉爛達干，潛引兵突入怛羅斯城，擒黑姓可汗爾微；遂入曳達城（當在怛羅斯城附近），取交河公主；悉收散髮之民數萬，以與拔汗那王，威震西陲。

開元二十八年（西元七四〇年）

---

(90) 三可敦一為阿史那懷道之女交河公主，次為東突厥毗伽可汗女，三為吐蕃王女。

(91) 馮譯西突厥史料頁二〇六考證，莫賀達干時為處木昆闕律啜。又謂蘇祿應死於回曆一一九年（西元七三七年），與通鑑相差一年，殆因蘇祿死訊次年始達中國之故。

(92) 新唐書二一五下突厥傳：「（突騎施）種人自謂葛娑後者為黃姓，蘇祿部為黑姓。」

［西］三月，唐立阿史那懷道之子昕為十姓可汗。四月，以昕妻李氏為交河公主。十一月，突騎施莫賀達干以唐立阿史那昕為可汗，率諸部叛。唐遂立莫賀達干為可汗，使統突騎施之衆。十二月，莫賀達干降。

開元二十九年（西元七四一年）

［東］七月，登利可汗為其從叔判闕特勤所殺，立毗伽可汗之子為可汗，俄為骨咄葉護所殺；更立其弟，尋又殺之；骨咄葉護自立為可汗。唐以突厥內亂，遣使招諭回紇、葛邏祿、拔悉密等部落。

天寶元年（西元七四二年）

［東］八月，拔悉密、回紇、葛邏祿三部共攻骨咄葉護殺之，推拔悉密酋長為頡跌伊施可汗；回紇、葛邏祿自為左右葉護。突厥餘衆共立判闕特勤之子為烏蘇米施可汗。唐朔方節度使王忠嗣遣使說拔悉密等部使攻之，烏蘇遁去。突厥降唐者甚衆，東突厥遂微。

［西］四月，唐發兵納十姓可汗阿史那昕於突騎施，至俱蘭城(93)，為莫賀達干所殺。突騎施大纛官都摩支來降。六月，唐冊都摩支為三姓葉護。

天寶三載（西元七四四年）

［東］八月，拔悉密攻斬突厥烏蘇可汗。國人立其弟鶻隴匐白眉特勤，是為白眉可汗，於是

---

(93) 俱蘭城，資治通鑑二一五註曰：「俱蘭國所都城也。俱蘭或曰俱羅弩；或曰屈浪拏；與吐火羅接。」按俱蘭城在怛邏斯東六十里。

突厥大亂。回紇、葛邏祿共攻拔悉密頡跌伊施可汗，殺之；回紇骨力裴羅自立為骨咄祿毗伽闕可汗。唐冊拜裴羅為懷仁可汗。於是懷仁南據突厥故地，立牙帳於烏德鞬山；舊統藥邏葛等九姓，其後又幷拔悉密、葛邏祿凡十一部，各置都督以統之。

西 五月，唐河西節度夫蒙靈詧討斬突騎施莫賀達干。六月，唐冊拜黑姓伊里底蜜施骨咄祿毗伽為十姓可汗，數通貢使。

天寶四載（西元七四五年）

東 正月，回紇懷仁可汗擊殺突厥白眉可汗。毗伽可敦率衆降唐，唐封可敦為賓國夫人，歲給粉值錢二十萬。東突厥故地，盡入回紇，於是北邊晏然，烽燧無警矣。

天寶八載（西元七四九年）

西 七月，唐冊突騎施移撥為十姓可汗。

天寶十二載（西元七五三年）

西 九月，以突騎施黑姓可汗登里伊羅蜜施為突騎施可汗(94)。

原載幼獅學報一卷二期，四十八年四月。

---

(94) 資治通鑑記西突厥事至此止，蓋因安史亂後，西突厥與中國隔絕，資料缺略，無法編年。僅新唐書二一五下突厥傳略有記載云：「至德（西元七五六至七五七年）後，突騎施衰，黃黑姓皆立可汗相攻，中國方多故，不暇治也。乾元（西元七五八至七五九年）中，黑姓可汗阿多裴羅猶能遣使者入朝。大曆（西元七六六至七七九年）後，葛邏祿盛，徙居碎葉川；二姓微，至臣役於葛祿斛瑟羅，餘部附回鶻。」同書二一七葛邏祿傳亦云：「至德後，葛邏祿寖盛，與回紇爭強；徙十姓可汗故地，盡有碎葉、怛邏斯諸城。然限回紇故，朝會不能自達於朝。」

突厥的文化和它對鄰國的關係

一　緒論

中國舊日的史書，對異族一向「夷狄遇之」，採取輕視的態度。因此舊史關於異族的記載，不夠詳盡，有時且有許多錯誤，使人不易得到清楚正確的概念。近人的著作，則又過分著重敷陳前人對外的功業聲威，把前人對異族艱苦奮鬥的事蹟，又說得容易而又簡單，有時去事實較舊史尤遠。陳寅恪先生在他的唐代政治史述論稿一書中，曾慨乎言之：「唐代武功，可稱爲吾民族空前盛業，然詳究其所以與某甲外族競爭，卒致勝利之原因，實不僅由於吾民族自具之精神及物力，亦某甲外族本身之腐朽衰弱有以召致中國武力攻取之道，而爲之先導者也。國人治史者於發揚讚美先民之功業時，往往忽略此點，是既有違學術探求眞實之旨，且非史家陳述覆轍，以供鑑誡之意。」因此我們研究異族的歷史，首先應屏除情感和成見，纔不致使研究結果與事實有背道而馳的危險。

關於歷史上的北方異族，無論我們把國界放在長城或陰山，總得把我們國界以北的異族區，看作是個與我們平等的獨立世界。他們有自己的文化，同時他們的文化也不是全無作用的。（大陸雜誌四卷四期姚從吾先生契丹漢化的分析一文，認爲契丹與中國是以「長城與山海關爲分野的兩個世界與兩種文化」，這種見解，是値得治史者所採納的。）所謂「漢化」祇是指與中國鄰接的極小範圍的少數異族而言，事實上中國的文化，始終未能穿越蒙古大沙漠而發生作用。他們也和我們一樣，有盛衰興廢，也有分裂和統一。同時中國與他們雙方的盛衰起伏，也常是互爲因果的，一方之衰，常是另一方强盛的原因。歷來中國的對外戰爭，多半不是乘人之危，便是爲人所乘。其間雖然也有兩强相遇拚個你死我活的時候，如漢武帝之與匈奴者，但却是頗少見的。由於戰術、地勢、社會狀況等各方面的關係，中國與北方異族的戰爭，中國常處於被動形勢，「戎狄交侵」遠較我們「犂庭掃穴」的次數爲多。中國雖然也有若干次主動的出擊，且曾造成輝煌的戰蹟，却不是純以武力對付異族的，中國對付異族最主要且有成效的辦法，乃是政治外交策略的運用，而非全恃武力。

就以突厥來說，在六世紀中葉（北齊北周分立時期），突厥已是個强大的帝國，到七世紀初（隋末唐初）更成了東亞大部民族的主人。它的勃興雖說是領導得人，也顯然是由於中國內部的分裂；其後唐太宗能一擧而覆滅突厥，主要的原因，還是在突厥本身的內亂及天災。隋唐的兩度征服突厥，其所用的政治外交策略，往往有驚人的效果，最著名的是分化及和親政策（和親有時亦爲分化手段之一種）。這些辦法，曾導致突厥多次的分裂及內鬨。而唐朝對被征服民族的處置，尤具有泱泱大國的風度，與近世帝國主義不能相提並論。所以唐代的武功，並不是完全建築在「武」字上的。突厥的文化，對中國也有相當的影響。唐初中國北方的「胡化」，與唐室的衰亡，有直接關係，而突厥便是影響唐朝「胡化」諸異族中有力的一員。這些都是值得注意的問題。此外，突厥除開與中國的關係外，尚與許多其他異族發生廣汎而密切的關係，我們也應當認爲突厥與他們的關係和與我們的關係有同樣的重要。同時我們必須明瞭突厥與他們的關係，纔能對突厥與我們的關係有更深刻的瞭解。此文便是根據以上幾個觀點寫成的。

二　突厥的文化——起源與習俗

突厥的來源，據周書五十突厥列傳說：「突厥者，蓋匈奴之別種，姓阿史那氏。」隋書八十四突厥列傳說：「突厥之先，平涼雜胡也，姓阿史那氏。」新唐書二一五突厥列傳說：「突厥阿史那氏，蓋古匈奴北部也。」此外北史與周書的說法相同，舊唐書則沒有說明。「胡」字在中國舊史上是一個變化多端的字，例如漢朝的胡是指匈奴而言，到南北朝時便幾乎指所有北方的異族。唐朝的胡人，則又大致指西域諸國人，如所謂「西域賈胡」等；而「雜胡」則是指突厥與契丹的混合種。因其混亂至此，所以隋書所說的「平涼雜胡」究竟是指那些異族，不得而知。至於周書和新唐書所說的「匈奴之別種」和「古匈奴北部」，雖不一定完全正確，但就突厥的習俗與匈奴相比較，則頗有相似之處。雖然對突厥的種屬，至今已無法深究，但就這一點理由，可以說周書與新唐書的說法，比較正確。

五世紀初年，那時正是「五胡亂華」的時代，突厥祇是一個處於北涼匈奴沮渠氏勢力範圍（今甘肅張掖一帶）之下的小部落。西元四三九年魏太祖滅沮渠牧健，突厥首領阿史那率部族五百家投奔當時的大國柔然（又名茹茹或蠕蠕），定居於金山（今阿爾泰山）之下。據隋書突厥列傳說：「金山狀如兜鍪，俗（按當係指柔然）呼兜鍪爲突厥，因以爲號。」這便是突厥名稱的來源。

關於突厥的習俗（或者說文化），隋書突厥列傳說：

> 其俗畜牧為事，隨逐水草，不恆厥處。穹廬氈帳，被髮左衽，食肉飲酪，身衣裘褐，賤老貴壯。官有葉護，次設特勒，次俟利發，次吐屯發，下至小官凡二十八等，皆世為之。有角弓鳴鏑甲矟刀劍，善騎射，性殘忍。無文字，刻木為契，候月將滿，輒為寇抄。謀反叛殺人者皆死，淫者割勢而腰斬之。鬥傷人目者償之以女，無女則輸婦財。折支體者輸馬，盜者償贓十倍。有死者，停屍帳中，家人親屬多殺牛馬而祭之，遶帳呼號，以刀劃面，血淚交下，七度而止。於是擇日置屍馬上而焚之，取灰而葬，表木為塋，立屋其中，圖畫死者形儀及其生時所經戰陣之狀。嘗殺一人，則立一石，有至千百者。父兄死，子弟妻其羣母及嫂。五月中多殺羊馬以祭天。男子好樗蒱，女子踏鞠飲馬酪取醉，歌呼相對。敬鬼神，信巫覡，重兵死而恥病終。大抵與匈奴同俗。

從這段記載看來，可知突厥人過的完全是一種游牧生活。至於所謂與「匈奴同俗」，除掉游牧民族共有的特徵外，最顯著的要算「父兄死子弟妻其羣母及嫂」這件事了。雖然以妻羣母及嫂爲習慣法的民族並不止匈奴和突厥，例如契丹女眞也都有這種「蒸母報嫂」的習俗，但根據中國史書對異族的記載，可以看出這種習俗究不是一般的現象。所謂「貴壯賤老」的風俗，也可能在匈奴與突厥兩民族中特別顯著，因爲這一點也是史書特別標明的。而突厥的可敦（可汗之妻的官稱）能過問國家大事，也很像匈奴的閼氏。（以上所述匈奴的諸種風俗，史記漢書匈奴傳均有記載。）這幾點很可以爲周書新唐書所載匈奴與突厥同種的說法，作一註脚。

突厥的文化水準，誠然是低落的，但我們尙不能把它看作是個野蠻民族。他們雖無文字，但「刻木爲契」，至少也有一種類似文字的符號。而且二十八等的官階，也並不是十分簡單的政治組織。同時突厥是一個擅長鐵工的民族，它最初以此種技術爲柔然服役，可以知道柔然至少在這一方面是不如它的。它之以五百家崛起，倂呑北亞强國的柔然，可能即因爲他們能製造較優良的武器而補給又快的關係。沙畹教授在「西突厥史料」中，曾敍述羅馬使臣謁見西突厥室點密可汗的情形。那個使臣在可汗帳中看到許多豪華陳設如兩輪金椅、金牀、金瓶、以及銀盤和銀製動物肖像等（沙書馮譯本一六九至一七〇頁）；也可以說明突厥並非如通常所想像的野蠻民族一樣。所以沙氏稱突厥是「半開化的民族」，這種說法是比較正確的。

三　突厥的強大和分裂

突厥的强大，應從西元五四六年開始。自然它不是於那一年突然强起來，而前此須經過培養實力的一段長時間，祇是從那年起，它的實力纔開始有所表現。那年居住於現在貝加爾湖附近的鐵勒部落準備進攻柔然，而爲突厥酋長土門（即伊利可汗）所邀擊，鐵勒投降者五萬人，因此突厥的實力大增。五五〇年，土門向柔然求婚未遂，一怒脫離柔然而獨立。柔然在五世紀初年，已是大國。據北史蠕蠕列傳說，它的版圖是：「西則焉耆（今新疆焉耆縣一帶地）之地，東則朝鮮之地，北則渡沙漠窮澣海（今外蒙古沙漠），南則臨大磧（當指今內蒙古沙漠）。」至六世紀中，依然强盛。但突厥脫離柔然五年後，突厥的木杆可汗，則一舉攻滅柔然。同時突厥又擊敗和併吞了若干鄰國，北史九十九突厥傳說它：「西破嚈噠，東走契丹，北幷契骨，威服塞外諸國。其地東自遼海以西，西至西海萬里，南自沙漠以北至北海，五六千里皆屬焉。」嚈噠即梁書所說的滑國，居於裏海以東的烏滸河（Oxus）上，遼海則當是指現在渤海的北部，北海指今貝加爾湖，而這裏所說的「沙漠」，無疑的是現在的內蒙沙漠，這是多麼遼闊的版圖。

就在突厥開始强大的時候，也開始與中國發生來往。那時中國正值魏分東西齊周二國行將形成殺得難分難解的時候，這種局勢，給予突厥一個極其有利的南進機會。齊周兩方都不惜出極大代價來爭取這個强大的外援，五四五年，周太祖宇文泰（那時是西魏丞相）且把西魏的長樂公主嫁給土門。周書四二突厥傳說：

朝廷既與和親，歲給繒絮綿綵十萬段。突厥在京師者，又待以優禮，衣錦食肉者常以千數。齊人懼其寇掠，亦傾府藏以給之。他鉢彌復驕傲，乃至率其徒屬曰：「但使我在南兩兒孝順，何憂無物邪！」

周齊拉攏突厥的手段，畢竟以周爲高，因此突厥曾於五六四派騎兵十萬，助周伐齊，使齊國遭受嚴重的損失。但突厥是不希望把齊國滅掉的，它知道必須維持「兩兒」的均勢，然後纔能不憂無物。所以它自此以後即依違於齊周之間，想長久的坐享漁人之利。但沒有料到周竟於五七七年迅速滅齊，等到突厥出兵援齊，爲時已晚。於是突厥又立齊范陽王高紹義爲齊帝，想貫澈「兩兒」的政策，但周既已滅齊，便不像從前那樣聽話。次年，周高祖準備親自統軍大舉討伐突厥，因病死而未果。其後周又修築長城，以便防守。大概突厥也看到北周實力的不可侮，於是又和周表示親善，周以千金公主嫁給他鉢，突厥把高紹義交還給周。這可以說是突厥外交的大失敗，從此他對中國失去了控制的力量。等到隋文帝簒周以後，突厥在外交上更處於被動的地位，軍事也因之連連失利，終至造成內部的分裂與衰亂。

突厥的分爲東西二國，「西突厥史料」說是在西元五八二年（即陳宣帝太建十四年，隋文帝開皇二年）開始，資治通鑑則記於陳長城公至德三年（隋文帝開皇五年，西元五八五年）中，但按諸資治通鑑記載這件事的口吻，是在追述往事，所以應以西突厥史料所說的時間爲正確。突厥分裂的原因，則因有大邏便者，是突厥已故木杆可汗的兒子，與當時的突厥可汗沙鉢略有隙，投奔當時西面可汗達頭，達頭給他十萬兵以攻沙鉢略，大邏便兵勢益强。但從此沙鉢略與達頭連兵不息，終至分爲二國，西方是達頭的勢力，東方是沙鉢略的勢力。在西方的突厥史稱西突厥，東方的仍稱突厥，又稱北突厥或東突厥。突厥的分裂，與隋室的離間政策有莫大關係。西突厥史料說：

當時中國固以離間政策制馭突厥者也，見達頭勢強於沙鉢略，乃以狼頭纛賜達頭，謬為欽敬。達頭使臣至中國，則引居攝圖之上（按攝圖為沙鉢略之名）。反間旣行，果相猜貳。五八四年，煬帝幸隴州（按煬帝係文帝之誤），達頭遂降。嗣後達頭勢強，中國又助北突厥以與之抗。」（一五五頁）

隋朝對突厥施行離間的經過，留待下章詳述。但有一可注意的地方，應先加以認識，就是當時突厥帝國尚未發展至中央集權的地步，而是分邦自治的。原來突厥的最高領袖可汗（大可汗）之下尚有若干可汗（小可汗），他們各統有一定的地盤和武力，祇是名義上服從大可汗，實際是獨立的。周書四二說突厥「雖移徙無常而各有地分」，就是指這種現象而言。由此可知突厥並不是一個集權的帝國，僅具有一種聯邦性質。西方突厥自達頭的父親室點密起，便處於獨立狀態，隋書八四說達頭「舊爲西面可汗」，顧名思義，即知他是個獨霸一方的突厥領袖。又如隋書五一長孫晟傳說：

晟先知攝圖、玷厥、阿波、突利等叔姪各統強兵，俱號可汗，分居四面，內懷猜忌，外示和同，難以力征，易可離間。

因此我們可以知道，突厥早已先具有分裂的因素，而後隋人的計策，纔得以施展。

隋書記載西突厥的最大錯誤，便是認爲大邏便是西突厥的始祖。其實西突厥的始祖應爲室點密，達頭是室點密之子，達頭以後的西突厥可汗，也都是室點密和達頭的子孫。大邏便並不是西突厥的可汗，祇是惹起突厥東西分裂的肇事者。舊唐書因襲隋書的說法，更把大邏便誤爲木杆。直到新唐書，纔改正了上項的錯誤。

至於西突厥的版圖，隋書的記載不詳，兩唐書記載較詳且大致相同。舊唐書一九四下突厥傳下說：

其國即烏孫之故地，東至突厥國，西至雷翥海，南至疏勒，北至瀚海，在長安北七千里。自焉耆國西北七日行至其南庭，又正北八日行至其北庭。

據西突厥史料說，烏孫故地爲今伊犁河流域及其附近，雷翥海爲裏海或鹹海，瀚海則爲外蒙古沙漠的西北部。但舊唐書沒有說明西突厥在何處與東突厥接境。隋書突厥列傳則說西突厥「東拒都斤，西越金山，龜茲伊吾及西域諸胡悉附之。」據西突厥史料說，都斤山爲杭愛的一部。其地本爲木杆可汗建牙之地，當係東西突厥的邊界。金山則爲外蒙古的阿爾泰山，亦即阿史那奔柔然後所世居狀如兜鍪的金山。至此，我們對東西突厥的版圖，大致可得到一個印象。東突厥的領土，東到渤海北部，北到西伯利亞，南到內蒙沙漠，西到外蒙的杭愛山。西突厥則領有杭愛山以西阿爾泰山以南的整個伊犁河流域，南至天山南路的疏勒一帶，西至裏海的東部。

這兩大帝國，東西對峙了一百五十年，他們不但對外或相互發生了多次的戰爭，其自身內部也經過了無數變亂。直到唐玄宗時，他們都失却對北方民族的領導權，而爲後起者取而代之。

四　突厥與隋唐

中國歷史上對於北方外族的戰爭，在軍事方面，中國常居於被動地位。因爲游牧民族，習於騎射，來去自如，而沙漠又是他們最好的藏身之所。中國是農業社會，人雖多而大規模的軍隊不易調動。國防線又長，軍隊不易集中。欲大舉進攻，則馬隊少，而最大的困難，則是糧食之不易運輸。因此異族進攻中國極容易，他們經常的戰術是突襲，以騎兵突破一點，殺掠而去。中國派兵去打他，他便在沙漠中和中國軍隊捉迷藏，等到中國軍隊的糧食一盡，即使他們不反攻，中國軍隊也得撤退。唐開元時東突厥謀主暾欲谷有幾句話說：

> 王晙（唐朔方大總管）兵馬，計亦無能至此。必若能來，候其臨到，即移衙帳向北三日，唐兵糧盡，自然去矣。（舊唐書突厥傳上）

這眞是高明的戰略，無怪當時的人比他爲李靖李勣了。開元八年，唐兵即因此而遭大敗，這件事也正是中國對北方異族作戰的最大困難的實例。

在這種形勢之下，中國能固守邊防，已極不容易。若要作主動的出擊，則非出極大的代價不可；即使打勝仗，也往往得不償失。漢武帝伐匈奴，即是一例。隋文帝開始改變軍事上的硬拚辦法，盡量利用政治外交策略，以促成或助長突厥內部的分裂或不安；或引起突厥與其他異族的衝突，然後以武力取之；或迫其不得不服從中國。這辦法自然是比較進步的。突厥對中國也有他的策略，主要的不外乘虛寇邊或是利用中國人打中國人，使中國同時出現兩個或兩個以上的政權，以造成或延長中國的分裂局面，這些辦法也曾給予中國多次的困擾與災害。這是他們比匈奴高明的地方。匈奴充其量不過是利用中行說一流的人物作政治軍事顧問，還沒有突厥這樣的政治頭腦。這些辦法此後成爲異族侵略中國的慣技，其實也正是隋朝對付突厥的策略；不過雙方對這些辦法的運用，突厥是遠不如隋朝的。

現在先談隋朝對突厥所發動的離間政策。這個政策的主持人是長孫晟。他是唐太宗的岳父，所以唐人修撰的隋書難免對他有過分渲染的地方。但無論如何，他總算得上是當時的外交奇才和偉大的戰略家。他於周宣帝時，護送千金公主往突厥，以擅長彈射深得當時突厥沙鉢略可汗的歡心，因此得與突厥可汗的諸子弟和貴人們相親友。沙鉢略的弟弟處羅侯（號突利設）素以得衆心爲沙鉢略所忌，長孫晟便對他竭力籠絡，並利用處羅侯爲掩護從事調查突厥的內部情形。隋書五十一長孫晟傳說：

> 晟與之（指處羅侯）遊獵，因察山川形勢，部衆強弱，皆盡知之。

其後至五八一年（隋開皇元年），他上書給隋文帝，主張對突厥採取離間政策。書中對突厥內部的人事糾紛，說得極其透澈：

> 玷厥之於攝圖，兵強而位下，外名相屬，內隙已彰，鼓動其情，必將自戰。又處羅侯者，攝圖之弟，姦多而勢弱，曲取衆心，國人愛之；因爲攝圖所忌，其心殊不自安，迹示彌縫，實懷疑懼。又阿波首鼠，介在其間，頗畏攝圖，受其牽率，惟強是從，未有定心。今宜遠交而近攻，離強而合弱。通使玷厥，說合阿波，則攝圖廻兵，自防右地。又引處羅連奚霫，則攝圖分衆，還備左方。首尾猜嫌，腹心離阻。十數年後，承釁討之，必可一擧而空其國矣。（隋書長孫晟傳）

攝圖即沙鉢略可汗，爲木杆可汗兄子。玷厥即達頭，是沙鉢略的從父，當時突厥的西面可汗。阿波則是木杆之子大邏便。從長孫晟的上書看，達頭的勢力最強，沙鉢略祇是他名義上的領袖。阿波的領地，雖然史無明文，但隋書長孫晟傳又稱阿波的所在地爲「北牙」，再參看上文，可知阿波的領土是突厥的北部或西北部。處羅侯則領有突厥的東部地方。文帝採納長孫晟的意見，首先拉攏達頭，派太僕元暉賜以狼頭纛。後來於宴會時又故意把達頭使者的座位，排在沙鉢略使者上面，因此沙鉢略與達頭種下嫌隙。果然五八二年（開皇二年），沙鉢略以四十萬騎攻隋而達頭不從。此後長孫晟又設計離間阿波與沙鉢略，結果阿波西奔達頭，因而造成突厥的正式分裂。隋朝的離間政策，成功得如此順利，自然歸功於長孫晟的洞察敵情和巧妙的運用。沙畹對此曾作結論說：

總之中國始終用其遠交而近攻，離強而合弱之政策，是為妨礙突厥建設一持久帝國之要因。設無此種反間政策，突厥之國勢不難推想得之，數百年後蒙古之得勢，可以例已。（西突厥史料一五六頁）

這個評論，大致是公允的。

東西突厥分裂互戰的結果，迫使沙鉢略上表投誠，願爲藩附，並且遣子入朝和不斷的入貢。於是隋朝又幫助沙鉢略打西突厥。五八七年（開皇七年），東突厥生擒阿波，至此東西突厥的戰爭暫時穩定下來。同年，沙鉢略死掉，由其弟處羅侯繼承汗位，處羅侯於五九三年（開皇十三年）西征戰死，傳位於沙鉢略子雍虞閭，是爲都藍可汗。至此長孫晟又設計離間都藍可汗與其弟突利可汗（隋書說突利是沙鉢略之子，但資治通鑑則說是處羅侯之子）的情感。五九七年（開皇十七年），隋以宗女安義公主下嫁突利，都藍自以爲是大可汗，反不如突利，因此老羞成怒，斷絕對隋的朝貢。突利本居突厥的北部地方，長孫晟又勸他率衆南下，居於度斤舊鎮，監視都藍而爲隋作耳目。自此以後，都藍每有所行動，隋室總先知道而有所準備。氣得都藍與達頭聯合攻打突利，突利全軍覆沒，隻身隨長孫晟入朝。隋朝封他爲意利珍豆啓民可汗，在黃河南岸勝夏二州（今綏遠南部及陝西北部）之間，劃出四五百里的地方，作爲他部落的畜牧居地。同時隋室趁突厥內亂，對東西突厥作大規模的進攻。混戰了四、五年，把東突厥打跑到內蒙沙漠以北去，打得西突厥也發生內亂，達頭跑到吐谷渾去。六零三年（仁壽三年），長孫晟又把啓民遷出塞外，接收了達頭的部衆，正式作了突厥的大可汗。啓民的地位，完全是隋朝一手造成的，對隋朝自然惟命是從。這是隋朝離間政策的又一大成功。六零九年（煬帝大業五年）啓民死，其子始畢可汗立，對隋朝仍表忠順。直到六一五年（大業十一年）纔開始叛亂。那時隋朝因煬帝的驕奢黷武，亂亡之象已充分暴露出來，故突厥敢於反叛。兩三年後隋室便告覆滅，隋文帝經營二十年始獲成果的突厥政策，至此也隨着告終。

隋室對付突厥的另一策略，是和親政策。這辦法常爲後人所非笑，但在當時，也確有它的用處。突厥的可敦，權威甚大，有左右軍國大事的力量。資治通鑑一八二說：「突厥之俗，可賀敦預知軍謀。」可以爲證。隋文帝篡周，周千金公主即曾勸沙鉢略入寇以復仇。其後始畢可汗叛隋，圍煬帝於雁門，事先隋義成公主曾遣使告變，其後又遣使詐告始畢北邊有急，纔解雁門之圍。從這些地方看，突厥可敦是頗能左右可汗的。所以當時中國對突厥的和親政策，至少有兩種直接作用：一是以中國籍的可敦左右可汗，使之勿侵擾中國。其次是以中國可敦，監視可汗，假如一旦戰爭爆發，可敦可以爲中國的內應，而且也許可以先期告變，使中國獲得可靠的情報。由此可見和親政策並非全爲敦睦邦交，而是具有極大的政治作用的。

此外還有一種重要的意義，那就是用和親作爲利用某一可汗的手段。因爲異族文化落後的關係，對中國總不免存着些自卑感。他們的首領，認爲能娶到中國皇室小姐作太太，便是無上的光榮；可以因此傲視羣倫，其同類對之也常刮目相看，這光景恰似中國舊日市井暴發戶之攀婚士族一般。隋人看清這一點，就以和親來拉攏所要拉攏的突厥首領，而達到分化的目的。例如五九三年（開皇十三年）東突厥都藍可汗求婚於隋，長孫晟認爲：

雍虞閭（都藍名）反覆無信，特共玷厥有隙，所以依倚國家；縱與為婚，終當必叛。今若得尚公主，承藉威靈，玷厥，染干（即突利可汗）必又受其徵發；強而更反，後恐難圖。（隋書長孫晟傳）

因此隋朝把公主（安義公主）嫁給突利；一方面弄得突利受寵若驚，對隋朝惟命是從；一方面氣得都藍斷絕朝貢，終至發生內戰。可見和親與異族領袖的榮譽與地位，是有重大關係的。隋煬帝時裴矩又獻策以宗女嫁給始畢可汗之弟叱吉設，叱吉設不敢受。不然的話，都藍突利的事件，可能又要重演。所以隋朝的和親政策，也可以說是離間政策的一種。裴矩的策略，雖與長孫晟並無二致，但用於煬帝末年，不但無效，反而惹起雁門之圍的大禍；便是因裴的政策，已沒有足夠的實力來支持了。不僅如此，隋朝的亂亡，更給予突厥一個極好的發展機會。

隋末唐初的幾年中，正是東突厥最得意的時候。那時因中國內亂，中國人紛紛逃入突厥避難，因此東突厥的實力大增。舊唐書突厥傳上說那時的突厥：

東自契丹、室韋（今中國東北一帶地），西盡吐谷渾、高昌（今新疆東南部及青海北部），皆臣屬焉。控弦百餘萬，北狄之盛，未之有也。

當時中國北部起兵的羣雄、如薛擧、竇建德、王世充、劉武周等都向東突厥稱臣；東突厥並封他們爲「可汗」。唐高祖自亦無法例外，初起兵時，曾接受過東突厥的軍援，也向東突厥稱臣納貢過，爲的是使東突厥不要阻礙他的統一工作。但唐室的統一，不但爲東突厥所不願，同時隋室餘孽也抱定「寧贈外國，不予家奴」的心理，鼓動東突厥入寇。而與李氏同起逐鹿的劉武周、梁師都等，也都向東突厥借兵。在這種種的情勢之下，東突厥焉有不捲入漩渦的道理。從六二一年（唐高祖武德三年）到六二六年（武德九年），這幾年之中，東突厥的頡利可汗無歲不發兵入寇，每次都是飽載而歸。六二四年（武德七年）高祖被逼得幾乎徙都鄧樊。六二六年（武德九年）後，東突厥內亂及天災的關係，對唐室的侵略纔停頓下來，給予唐室一個喘息與準備的機會。

東突厥的衰亂，主要是內因華人趙德言的亂政及六二七年（貞觀元年）的大雪災，外因薛延陀的叛亂，遂致授予唐室以絕好的復仇機會。但六二四及六二六年（武德七年及九年），正値突厥全盛之時，頡利曾前後兩次擧國入侵，均出乎意外的與唐室結盟而退，而沒有動武。不管唐太宗事後如何吹噓，或是史書對他如何讚美，當時如果眞正動起手來，唐室是絕無取勝把握的，因爲雙方的實力太懸殊了。但唐太宗何以能夠不戰而却敵呢？實則仍是得力於離間政策。唐太宗利用東突厥頡利可汗（始畢之弟）和突利可汗（始畢之子）中間的矛盾，拉攏突利，與之結爲兄弟，以致頡利懷疑，不敢作戰。終於頡利與突利發生衝突，突利於六二九年（貞觀三年）率衆奔唐。這一來東突厥的實力，更大爲減損。因此唐太宗乃能乘其內憂外患之際，於六三〇年（貞觀四年）一舉攻滅東突厥，生擒頡利可汗。東突厥滅亡後，其殘餘部落除北附薛延陀和西奔西域者外，投降唐朝的尚有十餘萬口。關於這些降衆的處置，朝臣各有不同的意見，大致可以分爲三派：一派以魏徵、顏師古、李百藥爲代表，主張把降衆遣返「河北」（指今陝甘寧黃河上游以北）的老家；「樹首長俾統部落，視地多少，令不相臣；國小權分，終不得亢衡中國。」另一派以溫彥博爲代表，主張把降衆置於沿邊地方，使爲中國守門；「如漢建武時置降匈奴，留五原塞，全其部落，以爲捍蔽。不革其俗，因而撫之，實空虛之地，且示無所猜。」還有一派主張把降衆置於今山東河南一帶之「內地」，使與中國人同化。認爲應「悉籍降俘，內兗豫閑處，使習耕織，百萬之虜，可化爲齊人，是中國有加戶而漠北遂空也。」（引文均見新唐書突厥傳上）。結果，唐太宗採納了溫彥博的意見，把東起幽州（今河北一帶），西至靈州（今甘肅寧夏一帶）的邊塞地區，作爲安置東突厥降衆之用。並委任突利爲順州都督，以統理其部落；以阿史那思摩（即李思摩）爲北開州都督，以統頡利舊衆。二人皆聽命於唐室。此外東突厥諸酋長拜官在五品以上的有一百多人，入居長安城的近一萬家。但到六三九年（貞觀十三年），結社率（突利之弟）在京師謀反，唐室纔感到突厥寄居中國的嚴重性；因此封李思摩爲乙彌泥孰俟利苾可汗，建牙於「河北」，將東突厥降衆遣返東突厥故地。可是不數年俟利苾又因薛延陀的侵逼，帥部南移。結果唐室又把他們安置在勝、夏二州之間，其後又把他們分置於雲中、定襄兩都督府的管制之下，俟利苾則入居京師。這是唐太宗對突厥的最後措施了。

俟利苾南下後，東突厥故地爲突厥酋長車鼻可汗所盜有。直至六五零年（高宗永徽元年），唐兵擒車鼻於金山，處其餘衆於鬱督軍山，並設狼山都督府以統之，至此東突厥可以說全部降服。唐朝又於是年設立單于、瀚海二都護府，單于領狼山、雲中、桑乾三都督，蘇、農等二十四州；瀚海領金徽、新梨等七都督，仙，蕚等八州。這些州府的都督刺史都由突厥酋長來擔任，並授予高度的自治權；但最高長官的都護，則須由唐人出任。都護府的任務，主要在監視及指導各部落，以防其入寇；此外並維持各部落之間的秩序，如調處部落之間的衝突，鎮壓各部落內部之叛亂，以及保護弱小，救濟災害等等。這些措施，有時簡直是賠本生意；但對中國邊防的鞏固以及各部落間和平秩序的維持，則確有其貢獻。六四六年（貞觀十八年），唐太宗曾預言在五十年內中國無突厥之患。（新唐書突厥傳作五十年，資治通鑑一九七則作十五年，當以新唐書爲正確。就習慣說，對某事作時間的推測，其時間較長久者，多用整數，如十年二十年等，甚少有掛零者。且唐太宗好誇大，區區十五年，似不過癮也。）他作此保證的最大理由，即是他對突厥有恩。他說：「突厥貧弱，吾收而養之，計其感恩，入於骨髓，豈肯爲患！」（資治通鑑一九七）。從這幾句話裏，也可以看出唐朝對被征服民族的處置態度，這是值得讚美的。唐太宗的預言，結果有一大部份兌現；自貞觀以降，東突厥未發生問題者達三十年之久。

六七九年（調露元年），正值高宗末年武則天當權的時候，單于大都護管內的東突厥首領阿史德溫傅、奉職二部叛變，立阿史那泥熟匐爲可汗，諸州的突厥酋長，都羣起響應，共有衆數十萬人。唐室以四十八萬人討之，雖將溫傅奉職等或擒或殺，但突厥餘衆的叛亂，此覆彼起，不可遏止。其後幾乎年年寇邊，唐室對它祇有征伐一途。但唐室對命將太無選擇，甚至以僧懷義帶兵去打突厥，結果只有使局面更形惡化。六九零年（天授元年）武后稱帝後，突厥對唐的外交也漸次取得主動。因契丹首領李盡忠、孫萬榮的反叛，東突厥的默啜可汗，便以此對唐發動和平攻勢，於六九六年（萬歲通天元年）請爲太后子，爲唐討伐契丹。武后立即拜默啜爲頡跌利施大單于立功報國可汗。次年又被默啜騙去突厥降戶數千帳，穀四萬斛，鐵數萬斤。默啜的和平攻勢獲勝後，實力大爲增强，態度便又轉强硬。六九八年（聖曆元年），武則天派淮陽王武延秀入突厥納默啜女爲妃，默啜以其非李氏子，將武拘留，一面入寇，一面揚言將立李氏子爲帝，而不承認武氏政權。嚇得武后趕快立廬陵王（中宗）爲皇太子，然後派兵討伐突厥，所以中宗的復位，東突厥也幫了不小的忙。結果東突厥大肆殺掠而去。此役以後，東突厥的聲勢益壯，對中國也益加輕視。終武則天之世，突厥連年寇邊，達十餘年之久。

直到唐玄宗開元初年，默啜因衰老昏虐，內部漸有亂象。七一四年(開元二年)，東突厥十姓胡祿屋等部率衆來降，前後萬餘帳，唐朝皆以「河南地」(今陝甘寧黃河上游以南地)處之。七一六年（開元四年），默啜爲其部屬拔曳固部卒所殺，其兄左賢王默棘連立爲毗伽可汗，因知人善任，國內復趨穩定，曾於七二零年（開元八年）大敗唐兵。他的謀主暾欲谷老成持重，主張與唐連和，故自七二零年以後，終毗伽之身，與唐和平相處者十餘年。這十餘年突厥與中國可以說同處於和平繁榮之中。七三四年（開元二十二年），毗伽爲臣下毒死，其後突厥諸酋長以爭奪領袖地位發生過多次流血政爭。直至七四二年（天寶元年），東突厥的拔悉密、回紇、葛邏祿三部聯合擊殺突厥可汗骨咄葉護，而立拔悉密的酋長爲頡跌伊施可汗，突厥餘衆則共立了一位烏蘇米施可汗。唐朔方節度使王忠嗣勸烏蘇內附，烏蘇遷延不行，王於是說拔悉密、回紇等共擊之，東突厥降者甚衆，從此衰微下去。七四四年（天寶三載）拔悉密攻殺烏蘇可汗，突厥人又立烏蘇之弟爲白眉可汗。同年回紇、葛邏祿又聯合攻殺拔悉密頡跌伊施可汗，唐朝乃册拜回紇酋長骨力裴羅爲懷仁可汗。七四五年（天寶四載）回紇懷仁可汗攻殺東突厥白眉可汗，毗伽可汗的可敦率餘衆歸降唐室，東突厥的阿史那氏王朝，自此滅亡。其土地及權威都爲回紇所代替。

再說西突厥，自達頭奔吐谷渾後，西突厥於七世紀初分爲兩個勢力，一爲最高領袖處羅可汗，居伊犂河流域；一爲射匱可汗（達頭之孫、處羅之叔），其勢力範圍爲西突厥西部以及西突厥治下的最西諸國。隋朝以婚姻爲誘餌，勸射匱背叛處羅。六一一年（大業七年）射匱擊敗處羅，處羅率數千人奔隋，煬帝賜號爲曷薩那可汗。後來煬帝在江都被弑，曷薩那自宇文化及處投奔唐高祖。那時東突厥正强，遣使赴唐請殺曷薩那，高祖不得已，把他交給東突厥使者，因而被害。西突厥自射匱取得領袖地位後，舊唐書突厥傳下說它的版圖「東至金山，西至海，玉門以西諸國皆役屬之。」又說：「遂與北突厥爲敵，乃建庭於龜兹（今新疆庫車）北三彌山。」射匱死後，其弟統葉護繼立，國勢更强，舊唐書突厥傳下說他：

北幷鐵勒，西拒波斯，南接罽賓（今印度克什米爾一帶地）悉歸之。控弦數十萬，霸有西域，據舊烏孫之地，又移庭於石國北之千泉（今蘇聯 Alma Ata 東）。其西域諸國悉授頡利發，並遣吐屯一人監視之，督其征賦。西戎之盛，未之有也。

那時也正是東突厥的黃金時代，如果不受西突厥的牽制，對唐的威脅必然更大。當時唐高祖仍沿用「遠交近攻」的策略，拉攏西突厥。六二零年（武德三年），雙方約定於六二二年（武德五年）冬聯合進攻東突厥。東突厥的頡利可汗大恐，乃與統葉護講和。其後統葉護遣使向唐求婚，並遣人迎接公主，但因頡利屢次遣兵遮斷西突厥通唐的道路，因此未能成婚。六二八年（貞觀二年），統葉護爲其伯父所殺，此後國內連年戰亂，終於六三八年（貞觀十二年）西突厥又分裂爲東西二部。原來西突厥的十個政治區域「十部」（又名十箭或十姓），由東西分轄五部，以伊列水（今伊犂河）爲界。東部可汗建庭於睢合水北，謂之「南庭」；西部建庭於鏃曷山西，謂之「北庭」。西域諸小國，也分附於兩部。六四一年（貞觀十五年），西突厥西部的沙鉢羅葉護可汗，屢次遣使入貢，唐遣使即依其自號立之爲可汗。但就在那一年，沙鉢羅葉護可汗爲東部乙毗咄陸可汗所擊殺。次年，乙毗咄陸滅吐火羅，拘留唐使者，侵暴西域，並進寇伊州，結果爲唐兵擊敗，乙毗咄陸因部下作亂逃奔吐火羅。其葉護阿史那賀魯率衆數千帳於六四八年（貞觀二十二年）內屬，唐室把他安置於庭州（今新疆迪化一帶），次年又任命他爲瑤池都督。六五一年（永徽二年），阿史那賀魯擁衆西走，重新統一了西突厥的東西兩部，又廻兵入寇。唐室派兵討伐，直到六五七年（顯慶二年）纔擒住賀魯，將西突厥的土地分爲濛池、崑陵二都護府。以突厥酋長阿史那彌射爲崑陵都護與昔亡可汗，管理東部五部（又名五咄陸）；以阿史那步眞（彌射族兄）爲濛池都護繼往絕可汗，統治西部五部（又名五弩失畢）。至於原來阿史那賀魯所統多邏斯水（今新疆北端喀喇額爾齊斯河）上的種落和他所役屬諸國，西至波斯，皆設州府，一起置於安西都護府的治下。

六六二年（唐高宗龍朔二年）繼往絕可汗唆使唐颶海道大總管蘇海政殺興昔亡可汗，繼往絕不久亦死，十姓無主，由部酋阿史那都支及別帥李遮匐收拾餘衆，附於吐蕃。六七一年（咸亨二年），唐以阿史那都支爲左驍衞大將軍兼匐延都督以安集突厥餘衆。到了六七九年（調露元年），阿史那都支自號十姓可汗，與李遮匐連和吐蕃，侵逼安西。唐以裴行儉計擒阿史那都支，並招降李遮匐，自此西突厥日漸衰落下去。到了六八五年（武則天垂拱元年），西突厥兩部人衆日益離散，唐以興昔亡之子元慶襲興昔亡可汗，押五咄陸部落。次年又以繼亡絕之子斛瑟羅襲繼往絕可汗，押五弩失畢部落。那時東突厥正是默啜可汗在位的時候，西突厥十姓被他侵略得死亡殆盡。最後於六九零年（天授元年）由繼往絕可汗收集餘衆六七萬人，入居內地，改號爲竭忠事主可汗。次年，又以之爲平西大總管，鎭碎葉（碎葉城在今蘇聯吹河 Chu 南岸，靠近伊斯色克庫爾湖）。過了三年，西突厥別種突騎施的酋長烏質勒，攻破碎葉，把斛瑟羅趕回唐朝。烏質勒又把牙帳移至碎葉，他的地盤東北與東突厥爲鄰，西南與西域諸胡相接，東至唐朝的西南廷州。西突厥的阿史那王朝，自此乃告結束。

七零八年（唐中宗景龍二年），烏質勒子娑葛自立爲可汗，並侵陷安西。次年請降，唐朝封他爲欽化可汗，賜名守忠。七一四年（玄宗開元二年），東突厥默啜攻殺守忠，守忠部將蘇祿鳩集餘衆，自立爲可汗。七一九年（開元七年），唐拜蘇祿爲忠順可汗，雖也與唐發生過若干次衝突，但大體相安者十餘年。直到七三五年（開元二十三年），纔大舉入寇。次年，蘇祿爲唐兵所破而請降，不久爲其部下所殺。其子繼立爲吐火仙可汗，又爲唐兵所擒。開元末唐朝復立阿史那昕爲十姓可汗，以統突厥餘衆，但不久便爲突騎施所殺。以後十餘年，西突厥故地的主人是突騎施。肅宗至德以後，突騎施發生內亂漸至衰落，唐朝也因內亂而無暇過問他們的事。代宗大曆以後，突騎施已衰微不堪而臣役於葛邏祿，西突厥阿史那氏的餘衆，則歸附了回紇。

五　西突厥與波斯東羅馬

突厥與中國的來往，不過是其國際關係的一環，除中國外，他們尚與許多國家發生往來。尤其是西突厥，它與吐蕃、西域諸國以及東羅馬、波斯等國的關係，比較與中國的關係，更爲密切。但因中國歷史記載的簡略，故不能得知其詳，對當時西突厥與東羅馬、波斯等國的關係，尤爲隔閡，有加以敍述的必要。同時可以幫助我們瞭解東方與西方文化交流的眞象。

遠在六世紀中葉，突厥在烏滸河北攻破嚈噠而據有其地的時候，即開始與波斯接境；同時在裏海之北，又可與東羅馬帝國相交通；因此突厥即與兩國逐漸發生貿易關係。中國的絲絹貿易，是當時亞洲的重要商業之一。絲絹由中國向西方輸入，有兩條主要的路線：一是出康居向西走的陸路，也是最古的一路；一是經過印度諸港向西行的海路。當時絲絹的顧客，多爲羅馬人和波斯人，而居間販賣的則是中亞的游牧民族和印度洋的商船，而波斯人同時又爲東羅馬的絲絹掮客。

東羅馬皇帝查斯提年（Justinien）爲避免居間販賣的種種剝削，曾提倡養蠶；但在當時蠶業並不發達。他並於五三一年（梁武帝中大通三年）遣使到阿剌伯西南的牙門（Yémen）地方與希亞利人（Himyarites）商議，請他們往印度購絲，轉售於羅馬人；因爲當地常有去印度的船隻，可以辦這件事。但波斯則想完全壟斷印度諸港的海上絲利，因此一面阻止希亞利人爲羅馬人居間販絲，一面妨礙陸地運絲民族的貿遷。當時在西亞貿遷絲物的，以康居人爲最多。康居最初臣屬於嚈噠，等到嚈噠滅亡康居人移屬於突厥時，正值波斯人壟斷絲業，因此康居人要求突厥室點密可汗轉請波斯允許他們在波斯管領的諸國中經營絲業，室點密乃派康居人曼尼牙克（Maniach）出使波斯，交涉這件事，而爲波斯所拒絕。後來突厥又派若干使臣赴波斯交涉，結果不但沒有達到目的，使臣們更多半爲波斯所毒害，因此突厥與波斯結下仇怨。其後曼尼牙克又得突厥允許出使東羅馬以求通商，他穿越高加索，於五六七年（陳臨海王光大元年）到達東羅馬首都君士坦丁堡，覲見東羅馬皇帝查士丁（Justin），陳述可汗賀詞並呈獻了大量絲絹。次年，查士丁送曼尼牙克返國，並派遣使臣報聘。其後雙方信使往還，邦交日固，東羅馬因有此强大與國的支持鼓勵，終至與波斯展開歷時二十年（五七一至五九零）的大戰。

東羅馬、波斯戰爭的末期，西突厥也加入戰團，於五八八年（隋文帝開皇八年）派兵三十萬進攻波斯，同時東羅馬自敘利亞沙漠進兵。時波斯王赫米茲四世（Hormizd）在位，遣大將伯拉（Bahram Tschoubin）抵禦突厥，突厥戰敗。後來伯拉受人中傷，又在高加索東部爲東羅馬擊敗，波斯王對他加以侮辱，因此一怒而造反，廢赫米茲並於五九零年（開皇十年）擁立赫米茲子庫薩和（Khosrou）。不久伯拉又於麥丁（Madaiu）自立爲王，庫薩和乃求救於東羅馬。五九一年（開皇十一年），東羅馬皇帝馬來士（Maurice）派兵援助庫薩和，把伯拉擊敗，伯拉逃奔突厥，庫薩和厚賂突厥的可敦把伯拉殺掉。波斯、東羅馬的戰爭，也告一段落。

其後從五九七到五九八年（開皇十七到十八年），波斯王庫薩和遣兵討擊貴霜（大月氏）等國，突厥援兵三十萬渡烏滸河敗波斯軍。但突厥兵迅速撤回，波斯軍於突厥人去後又復進攻貴霜，大掠而歸。此後波斯又藉故攻擊東羅馬，六一四年（隋煬帝大業十年）攻陷耶路撒冷。六二二年（唐高祖武德五年），東羅馬乃與波斯再度決戰。這場戰爭連續七年之久（六二二至六二八），最後突厥又加入戰團。居於裏海沿岸的可薩突厥（Khazars）可汗（可薩突厥可能臣於西突厥，但係另一種突厥，不能與西突厥相混）與西突厥葉護可汗，皆出兵援東羅馬。六二八年（唐太宗貞觀二年），波斯都城發生變亂，庫薩和遇害，其子科瓦（Kavadh）繼立，與東羅馬議和。

因了羅馬與波斯的長期戰爭，結果兩敗俱傷，兩國皆無法抵禦新興的大食。六三六年（貞觀十年），東羅馬敘利亞省為大食所侵佔，其後波斯王也被大食逼得棄國而走。同時西突厥也因與中國構釁屢遭敗創，以致不能維持統一的局面。七世紀中葉，西突厥已不能稱為帝國，其境內僅是若干小國割據的局面。這三個龐大帝國，竟同時趨於衰落。

上面已說過，中國的絲，在六世紀中葉輸入歐洲，以西突厥為陸路轉運地，也可以說它是當時中國、東羅馬、波斯、印度四大國間商業交際的仲介人。除此以外，西突厥對於中西宗教思想的交流，也有相當貢獻。「西突厥史料」二一一九頁：

> 六二八年（貞觀二年）玄奘通行突厥國境，自北而南，安抵信度河者，賴西突厥統葉護之保護，有以致之。六二六年（武德九年）光智等未隨唐使至長安以前，曾受

統葉護之旦夕祇奉。六二一年（武德四年），初建火祆寺于長安。六三一年（貞觀五年），祆教師何祿始莅中國。六三五年（貞觀九年），景教師阿羅本自敍利亞經西突厥境而來至長安。此類年月之相近，並非出諸偶然，其事可證明西突厥帝國之存在，便利通行亞洲之往來商人。賴其便利行人，遂有助火祆、基督、摩尼三大宗教之發展。前二者樹植於中國，而後一教則更見隆盛焉。

此外回教的得以發展於波斯，也與西突厥有一點間接關係。因為波斯人所崇奉的火祆教本是與回教相衝突的，當然為波斯所抵制。但因波斯遭受西突厥和東羅馬的夾攻而衰落，回教乃隨着大食的勢力迅速擴展於波斯。從這些史實看來，我們不難看出當時西突厥在西亞國家中所處的地位，比較它在東方更具有重要性。

六　突厥與唐代中國北方的胡化

突厥在他接境的諸大國之間，文化是比較落後的，因此它的文化不易對這些文明國家發生影響，却不是毫無影響的。例如唐初宮廷以及中葉以後河北藩鎭的「胡化」，都與突厥有關。固然影響唐朝胡化的不止突厥一族，但突厥是與中國邊境接壤最廣，關係亦最密切的外族，所以它對中國的影響也最大。從文化的觀點上看來，這種影響是消極的，其價值是副號的。現在就以唐室的胡化為例證，說明低文化的影響。不過一個民族對一種外來文化的感染，其過程是漸進的，且常是潛移默化的。所以過程的轉折細節，有時不易看得出來。這裏僅能就唐室胡化的幾個比較明顯的跡象，加以論述。

唐室的胡化，如果推本溯源，則六三零年（貞觀四年）的處置東突厥的降衆，實爲重要關鍵；唐太宗對於這件事應負很大的責任。太宗用溫彥博的建議，將十萬突厥的大部安置於東自幽州西至靈州的邊塞地區，並留一部於京師。資治通鑑一九三說：

突厥諸酋長拜官五品以上者百餘人，殆與朝士相半，因而入居長安者近萬家。

這種爲華夷主的尊榮地位，凡是好大喜功的君主，沒有不喜歡幹的。溫彥博的言論主張，不過是腐儒大言，而太宗獨排衆議而採用溫的辦法者，即因此辦法甚爲迎合太宗的心理。

突厥人在唐朝爲官和入居長安的既有這麼多，唐太宗本人又好與突厥人接近，例如頡利的從叔李思摩和頡利的姪兒突利都是他的好友。此外他更以突厥人充任侍衞，突利之弟結社率便是以郎將宿衞，因而鬧出六三九年（貞觀十三年）九成宮的叛變的。所以當時的朝廷和長安城，是「華洋雜處」的。因此唐朝的宮庭中也不知不覺染上了若干胡化色彩，太宗的廢太子承乾沾染突厥習俗，便是最好的例子。新唐書八十常山愍王承乾傳說：

承乾……又好突厥言及所服，選貌類胡者被以羊裘，辮髮。五人建一落，張氈設，造五狼頭纛，分戟爲陣，繫幡旗，設穹廬自居。使諸部斂羊以烹，抽佩刀割肉相啖。承乾身作可汗死，使衆號哭剺面，奔馬環臨之。忽復起曰：「使我有天下，將數萬騎到金城，委身思摩當一設，顧不快邪！」

這完全是兒童對某種事物的好奇及模仿的表現。但承乾身爲太子，生長於深宮之中，其行動不會如常人的自由，如果不是在宮中常與突厥人接近，則其好奇心與模仿舉動從何而來？由此可知突厥人之能出入掖庭者，必不在少數，而胡俗竟亦因此深入宮庭中。至於突厥人對當時京師風氣的影響，自也不難想像。

唐室於六三九年（貞觀十三年）徙突厥餘衆於黃河上游以北，太子承乾也於六四三年（貞觀十七年）被廢，因此唐室中央的胡化，迅速遏止，其影響尚不嚴重。但到唐玄宗時，唐帝國的東北部地方（大致爲黃河下游以北地方）開始了範圍更廣程度更深的胡化，時間也極長。直至唐亡，胡化仍在持續着。這個區域的胡化，其關鍵在於安史之亂。但安祿山輩所以能覇佔河北操當地軍政全權者，則由於李林甫之以蕃人出任方面所致，自然最大的責任應由唐玄宗來負。舊唐書一零六李林甫傳：

> 國家武德貞觀已來，蕃將如阿史那社爾、契苾何方，忠孝有才畧，亦不專委大將之任，多以重臣領使以制之。開元中，張嘉貞、王晙、張說、蕭嵩、杜暹皆以節度使入知政事。林甫固位，志欲杜出將入相之源。嘗奏曰：「文士為將，怯當矢石，不如用寒族蕃人。蕃人善戰有勇，寒族即無黨援。」帝以為然，乃用（安）思順代林甫領使，自是高仙芝、哥舒翰皆任大將。林甫利其不識文字，無入相由，然而祿山竟為亂階，由專得大將之任故也。

安祿山、哥舒翰皆有突厥血統（安母爲突厥，哥舒父爲突厥），史思明則係純粹突厥人。而安祿山既專方面，即自建立一獨立而善戰的新軍事集團，漸與唐室的武力抗衡。這個集團的份子，包括多種外族，如同羅、奚、契丹等，而以突厥人爲主力。開元末年東突厥內亂，東突厥西葉護阿思布等帥部衆千餘帳於七四二年（天寶元年）投降唐朝，而東突厥從此衰落。因此我們可以推知阿思布的部衆，當是東突厥的精銳。玄宗待阿思布甚厚，賜名李獻忠，累遷爲朔方節度副使，爲安祿山所嫉。七五二年（天寶十一載），祿山發兵擊契丹，奏請阿思布率同羅（同羅爲鐵勒諸部之一，與突厥同類）騎兵助戰，阿思布因恐爲祿山所害，因而叛變。次年阿思布爲回紇所破，祿山招降其部落，實力大增。資治通鑑二一六說：「由是祿山精兵，天下莫及。」阿思布的部衆，究有多少，史書並未說明，但據通鑑二一六所載，祿山於七五三年（天寶十二載）五月招降阿思布部落，九月阿思布窮蹙被擒時麾下尚有數千人；由此可揣知突厥散失而爲祿山接收的部衆，當遠過此數。祿山於七五一年（天寶十載）曾大敗於契丹，自接收阿思布的部衆，乃能於十三載十四載兩年之間連破奚、契丹，而以兵精聞天下，可知突厥實爲安軍的主力。同時祿山如不能破奚、契丹，亦必不敢傾巢而西。因此也可以說突厥是安祿山叛唐的最大資本。通鑑二一七說：

祿山發所部兵及同羅、奚、契丹、室韋凡十五萬衆，號二十萬，反於范陽。

這裏所說安祿山「所部兵」（即基本隊伍）之中，必有一部或大部是阿思布的精兵。

安史之亂平後，河北諸鎭始終在安史餘孽的掌握中，安史部衆既多胡人，因此胡人所控制的地區，乃隨之逐漸胡化。因此輩胡人全係以軍權來維持政權，自易影響當地的習俗。新唐書一四八史孝章傳：

大河之北號富強，然而挺亂取地，天下指河朔若夷狄然。

同書二一零藩鎭傳又說：

遂使其人自視由羌狄然，一寇死，一賊生，訖唐亡百餘年卒不為王土。

所謂胡化的主要特徵，即是卑棄文教而崇尚武力，養成一種好勇鬥狠的風氣。所以當時軍人第一的河北與以詩賦取士的長安，在文化上是兩個截然不同的區域。不但如此，即連黃河南岸的若干區域，也曾經沾染上胡風，蔡州即其一例。通鑑二四零說：

（蔡州）雖居中土，其風俗獷戾，過於夷貊。故以三州之衆，擧天下之兵，環而攻之，四年然後克之。

即因蔡州最初的首領李忠臣、李希烈等，也是安祿山部下的原故。蔡州的地方勢力雖於憲宗時討平，但河北諸鎭則始終處於半獨立狀態。實因河北因胡化而培植成的武力，過於强大，唐室中央武力無法與之對抗，因此不得不採取放任政策。河北的胡化，不但直接影響唐帝國的分裂與衰亡，若詳細論之，就是對唐朝以後數百年的政局，都不能說沒有關係，自然這已是本題以外的話了。

原載邊疆文化論集（中），四十二年十二月

迴紇馬與朔方兵

——唐朝與迴紇外交關係的討論

杜甫的諸將詩有兩句說：「豈謂盡煩迴紇馬，翻然遠救朔方兵。」這兩句詩原是對安史之亂時迴紇出兵助唐一事所發的感慨，但在無意中指出了唐朝中葉一個極大的外交問題，那就是迴紇與唐室外交關係的問題。這個問題，又包括兩件事：一件是迴紇馬的對唐大量傾銷，一件是唐朔方軍人的主持對迴紇外交政策。這兩件事對中唐以後的外交、經濟、軍事、政治等方面，都有極大的影響，可以說是關係整個國家的安危。老杜的諸將詩是代宗大曆初年他寓居夔府時作的，那時正是迴紇馬向唐大批輸入獲致暴利，同時也是朔方軍人忠誠謀國主持親善迴紇的外交政策的時候。杜詩對迴紇馬充滿「不敢領教」的意味，對朔方軍人更有「諸君何以答昇平」的責備。自然這兩句詩的原意未必即指此二事，同時我們也不應以杜甫詩的態度去論列這兩件事，因爲這兩件事的眞正得失，是不易遽下論斷的。迴紇馬的輸入，至少到文宗時纔停止，迴紇馬對唐朝的各種影響，必須要在代宗一朝以及代宗以後五十年的歷史中找答案。朔方軍人所主持的親迴政策，至少須到德宗時纔能看出它的功效。現在我們即就這兩件事加以討論，以求能夠多明瞭一點唐朝與迴紇外交關係的眞象。

迴紇（又稱回紇或回鶻）本屬所謂「敕勒諸部」，其部落共有薛延陀、同羅、僕固等十五種，居住於今西伯利亞貝加爾湖沿岸一帶地方，迴紇乃是其中的一種。元魏時總稱爲鐵勒（敕勒之訛）部落，突厥强盛後，迴紇乃臣屬於突厥。到了隋煬帝大業中，迴紇因不堪東突厥處羅可汗的橫暴，一度叛變，其後又復臣於東突厥始畢可汗。到了頡利可汗，迴紇與薛延陀、拔野古等部一起叛變。頡利派兵討伐他們，於唐太宗貞觀元年（西元六二七年）被迴紇酋長菩薩大敗於馬鬣山，從此迴紇的聲勢大振。不過當時敕勒諸部最强大的是薛延陀，迴紇祇是依附於薛延陀。次年，唐太宗册派薛延陀俟斤夷男爲眞珠毗伽可汗，與之共圖頡利。當時薛延陀的版圖是東至靺鞨（松花江下流一帶地），西至西突厥，南接沙磧（應係外蒙古沙漠），北至俱倫水（可能屬於今鄂爾渾河），迴紇則居於薛延陀北境的娑陵水上（今色楞格河）。貞觀四年（六三零年），東突厥頡利可汗被擒，北方異族祇有薛延陀和迴紇爲最强。貞觀十五年（六四一年），薛延陀眞珠可汗以三十萬人渡沙漠，南擊新自唐朝邊區遷至黃河以北的突厥俟利苾可汗，唐朝派兵擊敗薛延陀。十九年（六四五年），薛延陀的多彌可汗乘唐伐高麗而南侵，又被唐兵大敗於夏州。因此薛延陀的內部發生騷動，迴紇酋長吐迷度乃乘機與僕固、同羅共擊薛延陀，殺掉多彌可汗。迴紇於是佔領了薛延陀的地盤，並和鐵勒其他部落，相繼遣使入貢於唐。二十一年（六四七年），唐改鐵勒諸部爲府，以迴紇爲瀚海府，唐朝的北邊，至此名義上算是完全平定。但吐迷度對唐朝却是陽奉陰違，私下裏自稱爲可汗，政治組織也一律仿效突厥。其後迴紇與唐室保持了十餘年的和平關係，並曾派兵幫助唐朝討伐不服。如高宗永徽二年（六五一年），迴紇曾派兵五萬助唐討伐西突厥叛酋阿史那賀魯。永徽六年（六五五年），又派兵隨蕭嗣業討高麗。但到了龍朔元年（六六一），與唐室親善的迴紇酋長婆閏死掉，他的姪子比粟毒代領其衆，會合同羅、僕固等部前來犯邊，結果仍爲唐室所平服。三年（六六三年），唐朝徙燕然都護府於迴紇，更名瀚海都護府（其後又改爲安北都護府），管理沙漠以北的所有州府，迴紇酋長相繼受都督官號以統理蕃州。

武則天時，東突厥的勢力復强，迴紇又臣屬於突厥。此後迴紇本身的力量也日益强大，玄宗開元中曾殺唐涼州都督王君㚟，斷安西諸國入長安的通路，唐派兵討逐，迴紇退保烏德鞬山（在今外蒙古鄂爾渾河附近）。開元末，東突厥內亂，唐乃招諭迴紇、葛邏祿、拔悉密等部。天寶元年（七四二年），三部共攻殺東突厥首領骨咄葉護，事後三部共推拔悉密酋長爲可汗，而迴紇、葛邏祿爲左右葉護。三載（七四四年），唐朔方節度史王忠嗣會合迴紇、葛邏祿攻殺拔悉密可汗，唐朝册拜迴紇酋長骨力裴羅爲懷仁可汗。次年懷仁可汗又擊殺東突厥餘孽的白眉可汗，至此迴紇盡有東突厥故地，立牙帳於烏德鞬山，它的地盤是「東際室韋（今松花江上游一帶地），西抵金山（阿爾泰山），南跨大漠」（資治通鑑二百十五），成爲當時中國北方的第一强國。

天寶十四載（七五五年）安史亂起，其後肅宗爲迅速恢復失地，於至德元載（七五六年）派敦煌王李承寀與僕固懷仁使於迴紇，請兵入援。懷仁可汗以騎兵二千入援，與唐朔方節度使郭子儀合兵，大破安史叛衆於榆林河北。次年，懷仁可汗又派其子葉護將精兵四千人入援，克復西京。其後又兩次助唐收復東京，對唐朝確實幫了不少的忙。但迴紇是個貪財的民族，舊唐書一九五迴紇傳說它：「人性凶忍，善騎射，貪婪尤甚，以寇抄爲生。自突厥有國，東西征討，皆資其用，以制北荒。」迴紇既然貪財，自然不會白替唐室打仗，所以每戰必索報酬。克西京時要掠財貨，廣平王俶（即後來的代宗）親拜於葉護馬前，纔算了事。至德二載（七五七年），首次克復東京時，父老獻羅錦萬匹，纔免掉搶掠。同時唐朝除封葉護爲司空忠義王外，每年還送迴紇絹二萬匹以爲酬勞。寶應元年（七六二），第二次克東京時便大大的殺掠了一陣。但唐人在當時那種情形下是不敢得罪這個友邦的，因此一切忍讓。迴紇人在當時眞是「天之驕子」（杜甫的留花門詩便稱迴紇爲「天驕子」），在中國作出種種的不法行爲。除此以外，迴紇更與唐朝成立一種國際貿易，就是以他們特產的馬，來換取唐朝的絹。但這種交易是不公平的，其中含有濃厚「敲竹槓」的意味。因爲迴紇馬索價甚高，一匹馬要換四十匹絹，而馬的體質又劣，沒有用處，可是唐朝却又無法拒絕。新唐書二一七上回鶻傳說：

> （回鶻）自乾元後益負功，每納一馬，取直四十縑，歲以數萬求售，使者相躡，留舍鴻臚。駘弱不可用，帝厚賜欲以愧之，不知也。

這段話眞是舊唐書所說迴紇「貪婪尤甚」四字的最好註脚。當時唐室財政困難，代宗被迴紇馬弄得焦頭爛額，拿不出絹來，只好賒賬，因此欠了迴紇許多的馬債。德宗建中三年（七八二年)，迴紇曾要求唐室償還所欠馬值絹一百八十萬疋，但這只是欠賬，至於代宗時與迴紇「現錢交易」所用去的絹究有多少呢？史書並沒有確實數目記載。但據新唐書五一食貨志說：

迴紇有助收西京功，代宗厚遇之。與中國婚姻，歲送馬十萬匹，酬以縑帛百餘萬匹，而中國財力屈竭，歲負馬價。

我們可以此作個最愼重的估計，拋開肅宗不管，僅就代宗一朝而論，從代宗廣德元年(七六三年)起，到大曆十四年(七七九年)，凡十七年，每歲給迴紇馬價絹一百萬匹，那麼代宗一朝因買馬用去的絹已有一千七百萬匹。除去欠賬一百八十萬匹，「現錢交易」的應在一千五百萬匹以上。如果從肅宗乾元元年(七五八年)算起，則當在二千萬匹左右，這是何等龐大的數字。

唐室在德宗時既已欠了迴紇一百八十萬匹絹的馬債，但交易仍繼續進行，建中三年以後又欠了迴紇多少絹，史無明文，想像之中自然是愈欠愈多。這且不論，我們僅看唐室對這一百八十萬匹絹的馬債，究竟償還了多少。茲將兩唐書及資治通鑑所載代宗以後唐室給予迴紇的馬價，綜列於下：

德宗建中三年(七八二年)詔以帛十萬匹，金銀十萬兩償其馬直。

貞元三年(七八七年)歸其馬價絹五萬疋。

貞元六年(七九〇年)賜馬價絹三十萬匹。

貞元八年(七九二年)給迴紇市馬絹七萬匹。

穆宗長慶二年(八二二年)二月，賜迴紇馬價絹五萬匹。

三月、又賜馬價絹七萬匹。

文宗大和元年（八二五年）以絹二十萬匹賜迴紇充馬價。

大和三年（八二八年）以絹二十三萬匹充馬價。

以上共計絹九十萬匹、帛十萬匹、金銀十萬兩。

代宗時所欠的馬債，唐朝還了五十年，纔湊上以上的數目，代宗以後的馬債，自然是更沒有還。若不是文宗以後迴紇衰落下去，這種債務糾紛，恐怕一直要持續到唐亡。至此我們可以得到另外一個結論，那就是迴紇向唐賣馬固然「敲竹槓」，但唐室却也賴掉不少的債。

從上面的史實看，迴紇向唐朝傾銷馬匹，唐室寧願吃大虧來維持這項交易，而唐室賴債，迴紇也沒有過分逼索，雙方居然沒有發生過嚴重的事故。至少在表面上，雙方的邦交是相當穩固的。我們不免要問兩國的邦交何以能臻此呢？這裏我們就不能不談到安史亂後唐室與迴紇的外交問題了。安史亂時，唐朝求助於迴紇之處甚多，亂平之後，又因吐蕃的猖獗，仍不得不拉攏迴紇以爲外援。故自代宗時，唐室即確立一種外交政策，其基本方針是「聯絡迴紇，抵抗吐蕃」，這個外交政策的建立人就是唐朔方軍人領袖郭子儀。吐蕃在唐初即已强大，唐朝受其威脅，因此竭全國之力經營西北，而致無法充分經營東北。唐太宗征高麗的無功，高宗征高麗的得而復失，都與吐蕃的牽制有關。玄宗開元時，迴紇又强盛起來。天寶時唐朝持重邊將如王忠嗣等，鑒於這種情勢的險惡，即主張對吐蕃採取守勢。可惜玄宗未能採納這種意見，命哥舒翰攻吐蕃石堡城，損失數萬人。及安史亂起，唐朝竟無足夠的兵力來抑平禍亂，這一點與玄宗經營西北的過分浪費，也不無關係。唐朝本身既無平亂能力，乃不得不借重外力，於是有向迴紇借兵之舉，而主持交涉借兵事務以及其後與迴紇並肩作戰者，均爲朔方軍人。

朔方節度使是唐玄宗開元十年所設置的，其任務爲拱衞首都長安的北部，管理十州一府的地方（據舊唐書三十八地理志），其地區大致在今陝西北部綏遠南部，和甘肅寧夏東部一帶，爲關內重兵的屯駐區。安祿山破西京，肅宗不西竄巴蜀而北走朔方軍總部所在地的靈州（今寧夏靈武），即想就此重要兵站，重整武力，以圖恢復。開元時鐵勒諸部，尙臣服於唐室，迴紇、契丹、思結、渾等部，都在唐河西節度使的治下。迴紇因與朔方鄰近，關係也很密切。天寶初，唐朔方節度使王忠嗣曾聯絡迴紇等部攻擊東突厥，東突厥因之衰亡。肅宗時，派僕固懷恩主持向迴紇借兵事務。懷恩在朔方軍中的地位，僅次於郭子儀，其女爲迴紇登里可汗可敦，因爲他系出鐵勒，所以唐朝以他拉攏迴紇。此外，郭子儀的德威，也極受迴紇的敬仰。凡此種種，均可看出迴紇與朔方軍曾發生長時間的往來，且有相當濃厚的情感。再看吐蕃，安史之亂給予它一個良好的入侵機會，於數年之間，侵陷唐西北數十州，將舊日唐河西隴右兩節度使的轄地，盡行佔去。朔方節度使設置的目的，本在「捍禦北狄」，至此因河隴的失守，平空又添了一個「西戎」，更加重了朔方軍的任務。朔方軍的統帥郭子儀（郭於肅宗初年爲朔方節度使，其後雖屢次升遷，而朔方軍始終受其節制），權衡時勢，力主備禦吐蕃，對迴紇則百計籠絡，以免使朔方陷於兩面受敵的境地。資治通鑑二二二說：

（廣德元年夏四月）郭子儀數上言吐蕃党項不可忽，宜早爲之備。

同書二二三又說：

（永泰元年春三月）庚戌、吐蕃遣使請和，詔元載杜鴻漸與盟於興唐寺。上問郭子儀：「吐蕃請盟何如？」對曰：「吐蕃利我不虞，若不虞而來，國不可守矣。」

同書二二四又說：

（大曆八年八月）壬申、迴紇遣使者赤心，以馬萬匹來求互市。……有司以迴紇赤心馬多，請市千匹。郭子儀以為如此逆其意太甚，自請輸一歲俸為國市之。上不許。十一月戊子，命市六千匹。

郭子儀對吐蕃與迴紇的態度，甚爲明顯。但郭的這種聯迴抗吐的政策，因受宦官程元振的離間，最初並未得到代宗的注意。廣德元年（七六三年）乃有吐蕃入寇攻陷長安之事發生，逼得代宗出奔陝州。及吐蕃兵退，代宗回到長安，纔對子儀致「用卿不早故及於此」的歉語。次年，僕固懷恩引誘迴紇吐蕃入寇，仗了郭與迴紇的人緣，纔說服迴紇，未成大變。至此以後，郭的政策始爲代宗所採納。

此外唐的聯廻抗吐，還有另一重要意義，那就是唐室對迴紇馬的依賴。唐朝爲備禦吐蕃，必需大量的馬匹，唐朝內部又不產馬，國外的來源祇有迴紇，迴紇馬雖然貨不眞價不實，但總有幾匹能用的，換句話說也就是「聊勝於無」。唐朝雖在財政極其困難之時，仍無法斷絕與迴紇的馬的交易，這也是主要原因之一。從天寶時起，唐朝即與迴紇發生馬的交易，當時名將王忠嗣即曾購迴紇馬而用之備禦吐蕃。舊唐書一零三王忠嗣傳說：

先是忠嗣之在朔方也，每至互市時即高估馬價以誘之，諸蕃聞之，競來求市。來輒買之，故蕃馬益少而漢軍益壯。及至河隴，又奏請徙朔方河東戎馬九千匹以實之，其軍又壯。迄於天寶末，戰馬蕃息。

文中所說「諸蕃」自應以迴紇爲主，因爲它與朔方接境而又盛產馬匹。由此可見唐室備禦吐蕃，雖於天寶盛時猶須從他地購馬來充實戰備。肅代之時，因戰亂而馬匹益少，因此對抗吐蕃，時常失利。我們可以代宗大曆八年（七七三年）與吐蕃的宜祿之戰爲例，資治通鑑二二四：

冬十月，……吐蕃衆十萬寇涇邠，郭子儀遣朔方兵馬使渾瑊將步騎五千拒之。庚申，戰於宜祿。瑊登黃菅原望虜，命據險布拒馬，以備其馳突。宿將史抗、溫儒雅等意輕瑊，不用其命。瑊招史擊虜，則已醉矣，見拒馬曰：「野戰焉用此為！」命撤之。叱騎兵衝虜陣，不能入而返，虜躡而乘之，官軍大敗，士卒死者十七八。……郭子儀召諸將謀曰：「敗軍之罪，在我不在諸將。然朔方兵精聞天下，今為虜敗，何策可以雪恥？」

我們可以看出這場戰爭失敗的原因，主要在雙方實力的懸殊，而唐朝騎兵的軟弱，也於此表露無遺。例如渾瑊命佈拒馬以防吐蕃騎兵之馳突，以及唐騎兵衝吐蕃陣之不能下，皆可證明唐騎兵的弱於吐蕃。故雖朔方精兵，亦無法抗此實力懸殊的強敵。次年，子儀入朝，備述與吐蕃作戰的艱苦，急得老淚縱橫，他並且上封事說出兵源馬匹的不足。舊唐書一二零郭子儀傳：

（大曆）九年入朝，代宗召對延英。語及西蕃充斥，苦戰不暇，言發零涕。既復上封論備吐蕃利害曰：「朔方國之北門，西禦犬戎，北虞獫狁，五城相去三千餘里。

開元天寶中，戰士十萬，戰馬三萬，纔敵一隅。自先皇帝龍飛靈武，戰士從陛下收復兩京，東西南北，曾無寧歲。中以僕固之役，又經耗散，人亡三分之二，比於天寶有十分之一。今吐蕃充斥，勢強十倍，兼河隴之地，雜羌渾之衆，每歲來窺近郊。以朔方減十倍之軍，當吐蕃加十倍之騎，欲求制勝，豈易為力。入近內地，稱四節度，每將盈萬，每賊兼乘數四。（新唐書一三七郭傳作虜來稱四節度，將別萬人，人兼數馬。）臣所統將士不當賊四分之一，所有征馬不當賊百分之二，誠合固守，不宜與戰。」

根據上文，我們即算吐蕃沿朔方邊境所駐的四節度的軍力為兵四萬人，馬十六萬匹，則朔方軍僅有兵一萬人，馬三千二百匹。從代宗廣德元年至大曆九年，共有十二年之久，若以新唐書食貨志「歲送馬十萬匹」的話爲準，迴紇在這段時間內輸入唐朝的馬，應該已經有一百二十萬匹，而「國之北門」的朔方重鎮，竟祇有馬三千匹，可見迴紇馬的騙人與唐朝損失的慘重。但唐朝在「敦睦邦交」與「聊勝於無」的雙重條件的逼迫下，仍不得不維持這項交易，這滋味恐也不亞於「啞子吃黃蓮」。但從另一方面看，唐朝的損失雖大，却換來與迴紇之間的和平，而可專心一意的對付吐蕃。

廣德元年（七六三年）以後，終代宗之世，唐朝對郭子儀的政策，可以說是完全實行的。對迴紇始終委曲求全，對吐蕃則堅決抵抗，因此朔方諸將成了吐蕃的死敵。但到了德宗時，郭的政策一度受到阻礙。因德宗爲雍王時，曾受迴紇之侮辱，因此極恨迴紇。同時一部分朔方軍人，因恨迴紇的驕橫，也想利用德宗的心理，對迴紇加以制裁。因此德宗即位之初

（建中元年，西元七八〇年），振武留後張光晟即殺迴紇使者突董等九百餘人。當時所以未成大釁，一因迴紇內亂，合骨咄祿可汗新立，不敢遽與唐爲敵，二因想與唐和親，以增聲價，因此仍欲與唐和好。但德宗因恨迴紇過甚，故一面與迴紇絕交，一面歸還吐蕃俘虜而與之議和。建中四年（七八三年），並與吐蕃結盟。誰知結盟不久，吐蕃又於貞元二年（七八六年）大舉入寇，爲朔方軍所敗。吐蕃的大臣尙結贊，視朔方軍人如眼中釘，想設計除去唐朝名將李晟、渾瑊（李渾皆朔方軍人）、馬燧等。當時三人中李晟是朔方軍統帥，對吐蕃主戰最烈，尙結贊乃首先散佈謠言，中傷李晟，使多疑的德宗對李不敢信任。繼之又向馬燧求和，並請修盟而後歸返所佔去的唐朝土地。馬燧與當時的宰相張延賞因與李晟不協，皆主與吐蕃和親。德宗也想聯合吐蕃進攻迴紇，因此解除李晟的兵權，決心與吐蕃結盟，並派渾瑊爲代表，與吐蕃盟於平涼。其實吐蕃之意，乃在乘結盟時，生擒渾瑊而出賣馬燧。資治通鑑二三二：

初吐蕃尚結贊惡李晟、馬燧、渾瑊，曰：「去三人，則唐可圖也。」於是離間李晟，因馬燧以求和，欲執渾瑊以賣燧，使並獲罪，因縱兵直犯長安，會失渾瑊而止。

這個計策可謂巧妙之極，幸而渾瑊自盟所單騎逃出，使吐蕃未完全達到目的。但當時在盟所唐朝官兵被殺的數百人，被擒的千餘人，而李晟馬燧也都失掉兵權，這自然是吐蕃的極大收穫。

德宗自吃了這次大虧後，對吐蕃纔完全絕望。當時的宰相李泌，乘機進言，主張恢復「

聯迴抗吐」的政策。資治通鑑二三三說：

（貞元三年）迴紇合骨咄祿可汗屢求和親，且請昏，上未之許。會邊將造馬乏，無以給之，李泌言於上曰：「誠用臣策，數年之後，馬賤於今十倍矣。……臣願陛下北和迴紇，南通雲南，西結大食、天竺，如此則吐蕃自困，馬亦易致矣。」上曰：「三國當如卿言，至於迴紇則不可。」泌曰：「臣固知陛下如此，所以不敢早言，為今之計，當以廻紇為先，三國差緩耳。」……上曰：「朕與之為怨已久，又聞吐蕃劫盟，今往與之和，得無復拒我，為夷狄之笑乎？」對曰：「不然，臣曩在彭原，今可汗為胡祿都督，與今相國婆帝，皆從葉護而來，臣待之頗親厚，故聞臣為相而和，安有復相拒乎？臣今請以書與之約，稱臣為陛下子，每使來不過二百人，印馬不過千匹，無得携中國人及商胡出塞，五者皆能如約，則主上必許和親。如此威加北荒，旁讋吐蕃，足以快陛下平昔之心矣。」……上從之。既而迴紇可汗遣使上表稱兒及臣，凡泌所與約五事，一皆聽命。

李泌乘邊馬告乏的機會，與德宗討論和迴紇復交的問題，終至德宗不得不允其所請，可見迴紇馬對唐室的重要性。唐室既允與迴紇和親，吐蕃對唐朝的寇擾，乃受到極大牽制。資治通鑑二三三說：

（貞元四年九月）迴紇合骨咄祿可汗得唐許婚，甚喜，遣其妹咄祿毗伽公主及大臣妻並國相跌跌都督以下千餘人，來迎可敦。辭禮甚恭，曰：「昔為兄弟，今為子婿，半子也。若吐蕃為患，子當為父除之。」因詈辱吐蕃使者以絕之。

同時唐朝不但可專意對付吐蕃，且獲得迴紇的援助。貞元七年（七九一年）吐蕃寇靈州，迴紇即曾出兵助唐，擊敗吐蕃。此後，唐朝對吐蕃更改變戰略，南攻北守，一面命劍南西川節度使韋皐聯絡雲南，搗吐蕃腹心；一面命朔方大將楊朝晟先後築鹽州、方渠、合道、木波等城，以資防守。唐朝對吐蕃，至此纔由劣勢而漸居上風。吐蕃雖曾多次入寇，但始終未能給予唐朝嚴重威脅，直至其國家衰亂而後已。至宣宗時，唐朝遂能收復河湟。而唐朝與迴紇的修好，亦歷順、憲、穆、敬、文諸朝而不輟，前後數十年未啓邊釁。直至武宗時其國衰亂，始於邊境發生衝突。然當時迴紇國已不國，不久滅亡，唐室不過收其亂衆，實已算不上國際戰爭。而於懿宗咸通七年（八六六年）殺吐蕃元惡尙恐熱而致吐蕃加速滅亡的，乃北庭都護治下迴紇僕固俊的功勞。至此唐朝聯迴抗吐政策的功效，纔完全表露出來。可知一種政策的得失，有時是不易於短期間下論斷的。新唐書二一六下吐蕃傳說：

> 贊曰：唐興，四夷有弗率者，皆利兵移之，蹶其牙犂其庭而後已。惟吐蕃迴鶻號彊雄，為中國患最久。贊普遂盡盜河湟，薄王畿為東境，犯京師，掠近輔，殘馘華人。謀夫虓帥，圜視共計，卒不得要領。晚節二姓自亡，而唐亦衰焉。

其實唐朝所用的「聯迴抗吐」的政策，甚爲有效，怎能說是「不得要領」呢？吐蕃的亡，唐朝與迴紇的夾攻，是一重要因素，又怎能說是「自亡」呢？以代德時唐朝內部的紊亂，如果不能握這個政策，其結果是不難想像的。我們讀唐史，每每嘉歎朔方軍人的爲國苦戰，不知這麼一個眼光遠大的外交政策，竟也是由他們創畫和建立，他們的見識也是同樣值得欽佩的。

原載邊疆文化論集（中），四十二年十二月

沙陀之漢化

一

沙陀源出西突厥，自唐太宗時即附中國。憲宗時，爲吐蕃所敗，其酋朱邪執宜率餘衆歸唐，唐居之鹽州（今寧夏鹽池縣北），隸靈鹽節度使范希朝。希朝徙鎭太原，執宜從之，居於定襄神武川（今山西朔縣一帶）。執宜死，子赤心繼統其衆。懿宗時，龐勛亂起，赤心率沙陀部衆助戰，擊滅龐勛，唐賜赤心姓李名國昌，並以之爲振武節度使（治所在今綏遠和林格爾縣）。赤心子克用，善騎射，從討龐勛。勇冠諸將。僖宗乾符中，黃巢亂起，而國昌父子以擴地未遂，舉兵叛唐。其後國昌父子爲唐兵所敗，逃入韃靼（屬靺鞨種，時居陰山一帶），而黃巢勢焰日熾，竟陷長安。克用遂乘機南下，陷忻（今山西忻縣）、代（今山西代縣）二州。唐欲藉其力以滅黃巢，遣使赦國昌父子之罪。克用乃率所部萬七千人入援，會諸路唐兵，攻克長安，巢亦隨之敗滅。此役克用之功最多，唐以之爲河東節度使，以酬其勳，其後並封晉王。

既而，克用與宣武節度使朱全忠交惡，相互攻伐。昭宗之世，雙方各以聯絡宦官朝士爲手段，以擴張勢力。惟克用派之宦官楊復恭不久失勢，而與朱全忠勾結之朝士崔胤，則甚受昭宗之信任，以是克用之勢力大弱。而全忠復威服河北諸鎭，併吞河中、淄青，克用遂轉居劣勢。天祐四年（西元九〇七年），全忠篡唐，克用無如之何。次年，爲梁所逼，憂勞而卒。子存勗晉嗣王位，存勗嫻於軍事，嗣位不久，連敗全忠之師。其後更併吞河朔，與梁人夾河大戰，終於龍德三年（九二三年），一舉滅梁，建國號曰唐，定都洛陽，是爲莊宗。於是沙陀種人，始稱帝於中原之區，儼然全國之主宰矣。

其後晉漢代興，亦皆沙陀所建。然至周，其政權竟輕易復歸漢人。周太祖郭威以一漢卒，何以能位至將相，取沙陀人之皇位如拾芥？竊以爲欲解答此一問題，必先明瞭沙陀人之逐漸漢化。蓋自李克用鎭河東，即開始沾染漢俗。及莊宗滅梁，徙都洛陽，沙陀種人，相率入居漢化中心之河南地區，遂展開大規模之漢化。其後沙陀之漢化，愈演愈烈，至周，沙陀幾與漢人無明顯之界線；至宋，則已完全同化於中國矣。沙陀入中國後所以能迅速漢化，揆其原因，不外五點：一、沙陀人數過少，因討龐勛、黃巢，及與朱全忠爭衡，大肆擴軍，其軍隊遂吸收不少漢人。二、梁亡後，沙陀人建中央政府於漢化中心之河南地區，所採制度，全係漢制；政府官員，亦多漢人。三、沙陀酋長，多娶漢女，唐、晉、漢三朝后妃，諸如李克用次妃曹氏，唐莊宗劉后，明宗魏后，閔帝孔后，廢帝劉后，晉出帝馮后，漢高祖李后，皆為漢人。至沙陀士衆之與漢人連婚，雖史無明文，想亦為數不少。四、沙陀酋長，因受環境影響，亦好尚漢化。五、沙陀種人，自相殘殺，其衆愈少，受漢化之感染因而愈速。至於沙陀漢化之經程，史書所載，歷歷可考，茲特述而論之，以見中國同化力之偉大也。

二

沙陀最初入居中國時之人數，已不可確考。史稱其隨范希朝至河東時，不過萬騎；黃巢亂時，李克用勤王之師，亦不過一萬七千。（見新五代史卷四唐本紀）是其種人繁殖，始終未至大盛。然其能以少數兵力，連滅巨寇，則其族之勇武可知也。而僖宗以前，沙陀雖居漢境，猶未沾染漢俗，亦可知也。揆諸史實，龐勛亂後，李國昌克用父子盤據代北之十餘年，實為沙陀漢化之開端；至黃巢亂後，克用節度河東，其漢化乃益趨明顯。茲分論之。

克用正室劉氏，代北人；次妃曹氏（莊宗母），太原人。按沙陀助唐討龐勛時，克用不過十五歲，故劉氏當娶於亂平之後不久。復按莊宗約生於僖宗光啓二年（八八六年），而克用於中和三年（八八三年）任河東節度使，故曹氏當娶於克用鎮太原後不久。曹氏為漢人無疑，劉氏籍貫，見歐陽修新五代史，歐史於沙陀或其他異族之人，莫不標明其族類，劉氏雖籍隸代北，然歐史未言其為外族，則亦似為漢人。夫克用不娶沙陀之女，而必與漢人聯姻，則其具有漢化之傾向，實甚顯然。而克用據代北時，更廣收雄傑之士為養子，號義兒軍，其份子亦多為漢人。新五代史卷三十六義兒傳，卷六明宗紀及卷二十五唐臣傳，載此輩之身世如下：

1李嗣昭，本姓韓，汾州大谷人。（舊五代史卷五十二嗣昭傳云：「不知族姓所出」。）
2李嗣本，本姓張，雁門人。
3李嗣恩，本姓駱，吐谷渾部人。
4李存信，本姓張，其父君政，回鶻李思忠之部人。
5李存孝，代州飛狐人，本姓安。
6李存進，振武人，本姓孫。
7李存璋，身世不詳。（舊五代史卷五十三存璋傳作「雲中人」。）
8李存賢，許州人，本姓王。
9李存審，陳州人，本姓符。
10李嗣源（即唐明宗），世本夷狄，無姓氏。

以上十人，其源出胡族者，不過李嗣恩、李存信、李嗣源三人。義兒之外，其餘佐命立功之士，亦以漢人爲多。玆再據新五代史卷二十五及二十八唐臣傳，三十八宦者傳，列擧數人：

1張承業，原唐宦官。（舊五代史卷七十二承業傳作「同州人」。）
2李襲吉，洛陽人，原唐進士。
3盧汝弼，父簡求嘗爲唐河東節度使，爲唐名家。
4周德威，朔州馬邑人。
5史建瑭，雁門人。

以上諸人，或爲克用創業之輔佐，或爲麾下之猛將，亦皆爲漢人。其時胡族將領之知名者，除三義兒外，不過康義誠、藥彥稠等人而已。

克用雖曾叛唐，然自鎮河東後，對唐稍具忠心，較之朱全忠及關中諸節度使，迥乎不同，此點當係受張承業之影響。承業，僖宗時宦官，昭宗時，爲河東監軍。崔胤誅宦官，詔命宦官在外者悉就所在殺之，克用憐承業而匿之。昭宗崩，乃出承業，復爲監軍。克用臨終，以莊宗屬承業，莊宗常兄事之。承業忠於唐室，梁既篡唐，承業志切恢復。其後莊宗稱帝，承業悲戚而卒。通鑑卷二七一龍德元年，載其事甚詳：

> 蜀主吳主，屢以書勸晉王（即莊宗）稱帝，晉王以書示僚佐曰：「昔王太師亦嘗遺先王書，勸以唐室已亡，宜自帝一方。先王語余曰：『昔天子幸石門，吾發兵誅賊臣，當是之時，威震天下。吾若挾天子，據關中，自作九錫禪文，誰能禁我？顧吾家世忠孝，立功帝室，誓死不為耳。汝它日當務以復唐社稷為心，慎勿效此曹所為。』言猶在耳，此議非所敢聞也。」因泣。既而將佐及藩鎮勸進不已，乃令有司市玉造法物。……張承業在晉陽聞之，詣魏州諫曰：「吾王世世忠於唐室，救其患難，所以老奴三十餘年，捃拾財賦，召補兵馬，誓滅逆賊，復本朝宗社耳。今河北甫定，朱氏尚存，而王遽即大位，殊非從來征伐之意，天下豈誰不解體乎？王何不先滅朱氏，復列聖之深仇，然後求唐後而立之，南取吳，西取蜀，汎掃宇內，合為一家。當是之時，雖使高祖太宗復生，誰敢居王上者？讓之愈久，則得之愈堅矣！老奴之志無他，欲為王立萬年之基耳。」王曰：「此非余所願，奈羣下意何！」承

業知不可止，慟哭曰：「諸侯血戰，本為唐家，今王自取之，誤老奴矣！」即歸晉陽，邑邑成疾不復起。

夫違天子詔命以匿之，臨死又託之以孤，則克用對承業之信任可知；如謂克用完全不受承業之影響，殆不可能。昭宗之世，克用實有保障王室之志。所惜者，中央朝士，夷夏之觀念過嚴，對之始終猜防，至於寧與盜匪出身之朱全忠合從，而拒克用於千里之外，終至覆滅宗社。昭宗時，克用嘗上表，謂「朝廷當阽危之時，則譽臣爲韓、彭、伊、呂；及既安之後，則罵臣爲戎羯胡夷。」（表載通鑑卷二五八，大順元年）實當時唐室中央對克用態度之寫眞也。

克用之延攬漢族之文人武將，亦係形勢使然。因沙陀種人，爲數過少，既有建功立業之志，則不能不廣延英俊，擴充軍隊；沙陀既不敷用，則只有取材於漢人。故如謂克用之延攬漢人，爲一種自動自發之漢化，亦不甚允當。而克用久居邊陲，生長戎馬之間，勇悍之氣，至死未除，故其鎭河東後，雖有顯著之漢化形式，然實質上仍未脫胡族之氣習。所以其兵力始終强勁，能於其身後一舉而滅梁者也。

克用雖任用漢人，對沙陀胡人，實甚寵借。史書言其麾下親軍，多以胡人任之，優寵之餘，至於驕縱不法。據此可知克用親軍以外之鎭兵，多爲漢人；而克用對其節制之軍隊份子，尚有胡漢之分也。茲舉二例以證之。通鑑卷二六三天復二年：

克用親軍，皆沙陀雜虜，喜侵暴良民，河東甚苦之。其子存勖以為言，克用曰：「此輩從吾攻戰數十年，比者帑藏空虛，諸軍賣馬以自給。今四方諸侯，皆重賞以募士，我若急之，則彼皆散去矣！吾安與同保此乎？俟天下稍平，當更清治之耳。」

同書卷二六六開平二年：

先王之時，多寵借胡人，侵擾市肆。（李）存璋旣領職，執其尤橫暴者戮之，旬月間，城中肅然。

故克用之兵，實以沙陀爲核心，而其子存勖之胡漢觀念，則較克用爲淡薄也。

三

唐莊宗李存勖之漢化程度，遠較其父爲深。其於弓馬之外，習音律，好俳優，可爲明證。舊五代史卷二十七莊宗紀：

帝洞曉音律，常令歌舞於前。十三習春秋，手自繕寫，略通大義。及壯便騎射，膽略絕人。

新五代史卷三十七伶官傳：

莊宗旣好俳優，又知音能度曲。至今汾晉之俗，往往能歌其聲，謂之御製者，皆是也。

通鑑卷二七二同光元年：

帝幼善音律，故伶人多有寵，常侍左右。帝或自傅粉墨，與優人共戲於庭，以悅劉夫人。（按：莊宗劉后，魏州成安人。）

夫知音度曲，粉墨登場，豈胡族車馬客所能爲者；而莊宗精通之，足見其漢化之深矣。又莊宗每以唐太宗自擬，蓋晉陽乃唐室龍興之地，其本人亦甚英武，故以太宗自況。其稱帝於魏州，建國號曰唐，實爲自然之結果。然莊宗旣謂紹唐統，則其不以夷狄自居，彰彰明甚。通鑑卷二六九乾化四年：

或說趙王鎔曰：「大王所稱尚書令，乃梁官也，大王旣與梁爲讎，不當稱其官。且自太宗踐阼已來，無敢當其名者。今晉王爲盟主，勳高位卑，不若以尚書令讓之。」鎔曰：「善。」乃與王處直各遣使推晉王爲尚書令。晉王三讓，然後受之。始開府置行臺，如太宗故事。

同書卷二六九貞明三年：

契丹乘勝進圍幽州，聲言有衆百萬。……周德威遣使詣晉王告急。王方與梁相持河上，欲分兵，則兵少；欲勿救，恐失之。謀於諸將，獨李嗣源、李存審、閻寶勸王救之。王喜曰：「昔太宗得一李靖，猶擒頡利；今吾有猛將三人，復何憂哉！」

莊宗旣自比太宗，蓋久有帝制自爲之意，其心不待諸將之勸進而後生，張承業猶喋喋以復唐宗社勸之，其迂甚矣！而莊宗旣自比太宗，復以契丹況頡利，蓋自居爲夏，反視契丹爲夷狄矣。

莊宗滅梁後，定都洛陽。河南之地，素爲漢化之中心，莊宗旣都其地，又自以紹繼唐統，欲復唐政之舊觀，以是展開大規模之漢化。其延攬士流，寵任宦官，皆其欲復唐政之表現也。其大臣如豆盧革、盧程、韋說等，皆唐代士族，莊宗特以虛名而延攬之。通鑑卷二七二同光元年：

豆盧革、盧程，皆輕淺無他能，上以其衣冠之緒，霸府元僚，故用之。

新五代史卷二十八唐臣傳：

豆盧革，父瓚，唐舒州刺史。豆盧為世名族，唐末天下亂，革避地之中山。唐亡，為王處直掌書記。莊宗在魏，議建唐國，而故公卿之族，遭亂喪亡且盡，以革名家子，召為行臺左丞相。莊宗即位，拜同中書門下平章事。革雖唐名族，而素不學問，除拜官吏，多失其序，常為尚書郎蕭希甫駁正，革頗患之。莊宗已滅梁，革乃薦說為相。說唐末為殿中侍御史，坐事貶南海，復事梁為禮部侍郎。革以說能知前朝事，故引以佐己。而說亦無學術，徒以流品自高。

莊宗重視流品，風氣所及，至於郭崇韜以代北之武夫，河東之元從，亦以門第相尚。舊五代史卷五十七郭崇韜傳：

豆盧革謂崇韜曰：「汾陽王代北人，徙家華陰，侍中世在雁門，得非祖德歟？」崇韜應曰：「經亂失譜牒，先人嘗云，去汾陽王四世。」革曰：「故祖德也。」因是旌別流品，援引浮薄，委之心腹；佐命勳舊，一切鄙棄。舊寮有干進者，崇韜謂之曰：「公雖代邸之舊，然家無門閥；深知公才技，不敢驟進也，慮名流嗤余故也。」及征蜀之行，于興平拜尚父子儀之墓。

此外莊宗復寵任宦官，唐代後期宦官干政之惡習，於是再見。通鑑卷二七三同光二年：

敕內官不應居外，應前朝內官及諸道監軍，并私家先所畜者，不以貴賤，並遣詣闕。時在上左右者已五百人，至是殆及千人，皆給贍優厚，委之事任，以為腹心。內諸司使，自天祐來，以士人代之，至是復用宦者，浸干政事。既而復置諸道監軍，節度使出征，或留闕下，軍府之政，皆監軍決之。陵忽主帥，怙勢爭權，由是藩鎮皆憤怒。

而郭崇韜痛恨宦官，亦唐末士流仇視內朝之舊習。舊五代史卷五十七郭崇韜傳：

> （崇韜）嘗從容白繼岌曰：「蜀平之後，王為太子，待千秋萬歲，神器在手，宜盡去宦官，優禮士族。不唯疏斥閹寺，騸馬不可復乘。」內則伶官巷伯，怒目切齒；外則舊寮宿將，戟手痛心。

郭崇韜以開國重臣，名流自居，壓抑勳舊，仇視宦官，至於內外切齒。唐末朝局之亂象，復萌之於後唐開國之初。其後崇韜伐蜀，竟為宦官所殺。其實即崇韜不死，後唐亦未有不亂之理。蓋莊宗大規模漢化之結果，諸如寵信伶宦，獎掖浮華，勢必引起未完全漢化之沙陀軍人以及唐末以來若干胡化藩鎮餘孽之不滿。故皇甫暉鄴都一呼，河北變色；李嗣源倒戈相向，兩京不守；而暉者魏博之小校，嗣源則沙陀軍人之領袖也。莊宗欲以伶人所將之禁卒，抵禦勇悍未除之勁兵，又焉有不敗之理！此與北魏末年之「六鎮之變」頗有相似之處也。

莊宗雖醉心漢化，然其本人仍具有小部分之胡人習慣及意識，莊宗之好獵，即其一端。此外史書載一有趣之事，亦可證明莊宗之胡人意識，並未全泯。新五代史卷三十七伶官傳：

> （敬）新磨常奏事殿中，殿中有惡犬，新磨去，一犬起逐之。新磨倚柱而呼曰：「陛下勿縱兒女嚙人。」莊宗家世夷狄，夷狄之人諱狗，故新磨以此譏之，莊宗大怒。

然如莊宗不死，大規模之漢化，必繼續進行，則沙陀人之完全同化，將不待北宋而完成。因明宗李嗣源之入統，晉漢之繼立，而後沙陀人之漢化，始稍呈遲緩。然此輩沙陀，既居河南，仍無法抗禦此種同化之趨勢。故二三十年後，沙陀種人，遂在中國史上，消失於無形矣。

四

明宗李嗣源，爲克用養子，素以善戰著稱。克用嘗以其所將五百騎號「橫衝都」，而其麾下大將如石敬瑭、劉知遠輩，皆沙陀人；故嗣源所將之兵，即克用之沙陀親軍，當屬無疑。滅梁之役，嗣源首入汴州，莊宗至有「天下與爾共之」之言，則其軍隊之精強，聲勢之浩大，皆可以想見。莊宗之世，嗣源歷鎮橫海、宣武、成德諸鎮，軍隊始終未大量沾染中央政府漢化之風習，其勇悍之氣亦因而未滅。莊宗末年，嗣源以名盛位高見忌，故其於同光三年（九二五年）末入朝後，莊宗即留而不遣。鄴都之叛，大臣皆請遣嗣源討賊，莊宗不許；羣臣屢請，莊宗始不得已而遣之。嗣源至鄴，其部下欲「令公帝河北」，遂與叛軍合勢。及其反戈南下，月餘而至洛陽，時莊宗已死，遂取帝位。故魏州之叛，明宗之反，實爲沙陀軍人與胡化藩鎮對中央漢化不滿之表現。觀夫河北諸鎮乘亂攻殺監軍，而明宗即位不久，復下詔悉誅宦官一事可知矣。通鑑卷二七四天成元年：

> 時近侍為諸道監軍者，皆恃恩與節度使爭權。及鄴都軍變，所在多殺之。安義監軍楊繼源，謀殺節度使孔勍，勍先誘而殺之。武寧監軍以李紹真從李嗣源，謀殺其元從，據城拒之；權知留後淳于晏，帥諸將先殺之。

同書卷二七五天成元年：

又罷諸道監軍使，以莊宗由宦官亡國，命諸道盡殺之。

同書同卷同年又云：

宦官數百人，竄匿山林，或落髮為僧。至晉陽者七十餘人，詔北都指揮使李從溫悉誅之。

以宦官外任監軍，乃有唐舊制，莊宗復之，實爲後唐中央政府漢化之主要措施；而諸鎭乘亂攻殺監軍，可爲河北諸鎭不滿中央漢化之明證也。

明宗之夷夏觀念，遠較莊宗爲深。莊宗自比太宗，以華夏自居，幾已忘其爲何族人；明宗則因畢生在戎馬中，漢化之沾染不深，故仍保持明顯之胡人性格。及身爲天子，始知漢族文化之不可輕視，故頗知尊重師儒，有時且流露胡人之自卑感。新五代史卷二四唐臣傳安重誨傳：

明宗為人雖寬厚，然其性夷狄，果於殺人。

同書卷六唐本紀：

（明宗）夷狄性果，仁而不明，屢以非辜誅殺臣下。

同書同紀又云：

（明宗）嘗夜焚香，仰天而祝曰：「臣本蕃人，豈足治天下。世亂久矣，願天早生聖人。」

可知明宗之胡人性格，始終未除，且始終未以漢人自居。雖亦深感漢族文化之重要，因而尊重師儒，喜聞經義，其目的亦只在有助於政治，對整個漢族文化，實無深切之愛好。且以莊宗為鑑，力戒子弟學習文章。然其諸子，如秦王從榮、愍帝從厚，皆習染漢化甚深，而從榮尤好文學。新五代史卷十五唐家人傳：

（秦王從榮）其人輕雋而鷹視，頗喜儒學，為詩歌，多招文學之士，賦詩飲酒。故後生浮薄之徒，日進諛佞，以驕其心，自將相大臣皆患之。明宗頗知其非，而不能制裁。從榮嘗侍側，明宗問曰：「爾軍政之餘習何事？」對曰：「有暇讀書，與諸儒講論經義爾。」明宗曰：「經有君臣父子之道，然須碩儒端士，乃可親之。吾見先帝好作詩歌，甚無謂也。汝將家子，文章非素習，必不能工，傳於人口，徒取笑也。吾老矣，於經義雖不能曉然，尚喜屢聞之，其餘不足學也。」

舊五代史卷十四唐閔帝紀：

帝髫齓讀春秋，略通大義。

新五代史卷七唐本紀：

愍皇帝，明宗第五子從厚也，為人形質豐厚，寡言好禮。

其後愍帝繼位，頗有求治之心，然失之寬柔，致有「菩薩」之稱。通鑑卷二七八長興四年：

帝自終易月之制，即召學士讀貞觀政要、太宗實錄，有致治之志。然不知其要，寬柔少斷。

夫以寬柔好禮之君，值藩鎮跋扈之時，而欲上儕貞觀，雖有求治之心，其愚亦可憫矣。宰相朱弘昭輩復輕率以激怒藩鎮，乃至立不數月，而鳳翔兵起，帝業旋亡。其所以至此者，實由愍帝傾心漢化，其威武不足以慴藩鎮故也。

廢帝李從珂，原鎭州王氏子，幼時爲明宗所掠，養以爲子。雖爲漢人，然長於沙陀戎馬之中，勇敢善戰，有「生鐵」之號，其氣質蓋已同於胡人矣。既取帝位，亦逐漸傾向漢化。玆以一事爲例。通鑑卷二七九清泰二年：

> 太常丞史在德，性狂狷，上書歷詆內外文武之士，請徧加考試，黜陟能否。執政及朝士大怒，盧文紀及補闕劉濤、楊昭儉等，皆請加罪。帝謂學士馬胤孫曰：「朕新臨天下，宜開言路，若朝士以言獲罪，誰敢言者？卿為朕作詔書宣朕意。」乃下詔，略曰：「昔魏徵請賞皇甫德參，今濤等請黜史在德，事同言異，何其遠哉！在德情在傾輸，安可責也！」

以廢帝之剛嚴，而知廣開言路，其受漢化之影響，自無疑問。五代之際，沙陀武人，勇悍絕倫，然一入河南，立染漢化。此由於中央制度，皆爲漢制；朝中文武，多爲漢人；雖沙陀之雄，亦不能不陶冶於漢化之中，不能自拔。然則漢族同化力之强，於此亦可見一斑矣！其後石敬瑭反，廢帝寧拒契丹之援，而不與之和親，終喪社稷。通鑑卷二八〇天福元年：

> 端明殿學士給事中李崧，退謂同僚呂琦曰：「吾輩受恩深厚，豈得自同衆人，一概觀望耶？計將安出？」琦曰：「河東若有異謀，必結契丹為援。契丹母以贊華在中國，屢求和親，但求萴剌等未獲，故和未成耳。今誠歸萴剌等，與之和，歲以禮幣，約直十餘萬緡遺之，彼必驩然承命。如此則河東雖欲陸梁，無能為矣！」崧曰：「此吾志也，然錢穀皆出三司，宜更與張相謀之。」遂告張延朗，延朗曰：「如學

士計，不惟可以制河東，亦省邊費之什九，計無便於此者。若主上聽從，但責辦於老夫，請於庫外之財，捃拾以供之。」它夕，二人密言於帝，帝大喜，稱其忠，二人私草貽契丹書以待命。久之，帝以其謀告樞密直學士薛文遇，文遇對曰：「以天子之尊，屈身奉夷狄，不亦辱乎？又虜若循故事，求尚公主，何以拒之？」因誦戎昱昭君詩曰：「安危託婦人。」帝意遂變。一日急召崧、琦至後樓，盛怒責之曰：「卿輩皆知古今，欲佐人主致太平，今乃為謀如是！朕一女尚乳臭，卿欲棄之沙漠耶？且欲以養士之財，輸之虜庭，其意安在？」二人懼，汗流浹背。……自是羣臣不敢復言和親之策。

廢帝之拒和契丹，恥於「安危託婦人」一語耳。隋唐盛世，屢與外族和親，又何嘗以之為恥哉！然唐中葉以後，懲於安史之亂，夷夏之防漸嚴，遂有此等外交觀念。廢帝之拒和，實受此種觀念之影響也。

五

晉高祖石敬瑭，其先世或謂出於沙陀（通鑑卷二七一貞明五年），或謂出於西夷（新五代史卷八晉本紀）。其父臬捩雞，曾從朱邪赤心入居陰山，後從李克用征伐有功。敬瑭少長沙陀中，即令其先世出於西夷，其本人實已與沙陀無異。敬瑭為明宗麾下勇將，明宗以女妻之，明宗鄴都反戈，入即帝位，敬瑭之謀居多。明宗之軍，為克用父子軍隊之主力，而敬瑭與廢帝，又為明宗軍隊之兩大支柱。敬瑭之胡人氣質，始終未除。廢帝末，敬瑭舉兵叛唐，為求契丹之援，對之稱臣稱子而不以爲恥者，實由其視契丹爲同類，而並未接受漢人之觀念也。及敬瑭稱帝，對契丹仍奉事惟謹，乃至朝野咸以爲恥。通鑑卷二八一天福三年：

> 帝事契丹甚謹，奉表稱臣，謂契丹為父皇帝。每契丹使至，帝於別殿拜受詔敕。歲輸金帛三十萬之外，吉凶慶弔，歲時遺贈，玩好珍異，相繼於道。……小不如意，輒來責讓，帝常卑辭謝之。晉使者至契丹，契丹倨傲多不遜語，朝野咸以為恥，而帝事之曾無倦意。

夫以朝野咸以爲恥之事，而敬瑭恬然行之而不顧，此中原因，只可以對外觀念之不同解釋之。玆舉數事，以見晉臣之仇視契丹。通鑑卷二八一天福二年：

> 契丹主自上黨過雲州，大同節度使沙彥珣出迎，契丹主留之，不使還鎮。節度判官吳巒在城中，謂其衆曰：「吾屬禮義之俗，安可臣於夷狄乎？」衆推巒領州事，閉城不受契丹之命，契丹攻之不克。應州馬軍都指揮使，亦恥臣契丹，挺身南歸。

通鑑卷二八一天福三年：

> 帝遣兵部尚書王權，使契丹謝尊號。權自以累世將相，恥之，謂人曰：「吾老矣！安能向穹廬屈膝！」乃辭以老疾。帝怒，戊子，權坐停官。

通鑑卷二八二天福六年：

> 成德節度使安重榮，恥臣契丹。見契丹使者，必箕踞慢罵；使過其境，或潛遣人殺之。契丹以讓帝，帝為之遜謝。六月戊午，重榮執契丹使者拽剌，遣騎掠幽州南境，軍於博野。上表稱吐谷渾、兩突厥、渾、契苾、沙陀各帥部衆歸附。……表數

千言，大抵斥帝父事契丹，竭中國以媚無厭之虜。上之觀念如彼，而下之行事如此，故敬瑭未及身歿，而內亂已起。敬瑭外脅於契丹，不得不討殺重榮。然晉臣反契丹之意識，始終未除，至出帝，遂與契丹兵戎相見矣。

晉出帝石重貴，爲敬瑭兄子，其人仍頗具胡人性格。舊五代史卷八十一少帝（即出帝）紀略云：

> 帝少而謹厚，但性好馳射，有祖禰之風。高祖鎮太原，命瑯琊王震以禮記教帝，不能領其大義。謂震曰：「此非我家事業也。」是歲六月十三日乙丑，高祖崩，承遺制命柩前即皇帝位。庚午，遣左驍衛將軍石德超等，押先皇御馬二匹，往相州西山撲祭，用北俗禮也。

出帝對契丹初無仇視之心，而朝臣則頗有反契丹者，尤以景延廣爲最。出帝初即位，告哀於契丹，延廣力請致書稱孫而不稱臣，出帝從之，卒以此挑起戰端。然出帝對契丹之和戰，實無主見，觀其與契丹開戰不久，即起用主和之桑維翰而出延廣於外，繼而復向契丹稱臣可知矣。然晉軍初與契丹戰，竟能屢破之；白溝之役，耶律德光僅以身免，亦可見晉軍之敵愾同仇。晉之終於敗亡者，實由出帝無死戰之決心，且狃於始勝，以爲天下無虞；復沾染漢人之惡習，奢侈驕泰，寵愛優伶，政事日非，乃至軍心瓦解，不可收拾。通鑑卷二八五開運二年：

> 帝自陽城之捷，謂天下無虞，驕侈益甚。四方貢獻珍奇，皆歸內府，多造器玩，廣宮室，崇飾後庭，近朝莫之及。作織錦樓以織地衣，用織工數百，期年乃成。又賞

賜優伶無度。桑維翰諫曰：「曏者陛下親禦胡寇，戰士重傷者，賞不過帛數端；今優人一談一笑稱旨，往往賜束帛萬錢，錦袍銀帶；彼戰士見之，能不觖望？……」帝不聽。

出帝行事，正蹈唐莊宗之覆轍。其後杜重威一降契丹，二十萬人遽爾解甲，其軍心之渙散，亦猶鄴都變起之時也。終至出帝身爲降虜，擧家北遷。唐晉以來，沙陀之君，自相殘殺，益以其族之漸染漢化，故雖君臨中原，而日以孤弱。及出帝北遷契丹，沙陀名族之在中國者，惟餘一劉氏矣。

漢高祖劉知遠，沙陀人，原爲石敬瑭親將，其智略則高出敬瑭遠甚。唐廢帝時，敬瑭叛於晉陽，北結契丹，以君父事之，並許以土地，惟知遠反對稱子割地。通鑑卷二八〇天福元年：

石敬瑭遣間使求救於契丹，令桑維翰草表，稱臣於契丹主，且請以父禮事之。約事捷之日，割盧龍一道及雁門關以北諸州與之。劉知遠諫曰：「稱臣可矣，以父事之太過。厚以金帛賂之，自足致其兵，不必許以土田，恐異日大為中國之患，悔之無及。」敬瑭不從。

及敬瑭即位，以知遠鎭守河東。契丹攻晉，知遠困守晉陽，未曾出擊。出帝旣降，知遠遂即帝位，乘契丹北歸，南復汴洛，建國號曰漢。知遠之敵視契丹，與夫敬瑭之曲意奉承，迥不相同；且建國曰漢，則其自居爲漢者明矣。然其人之漢化程度，究不甚深，可以其卑視書生一事見之。新五代史卷十八漢家人傳：

初（隱）帝與（郭）允明等謀誅楊邠、史弘肇等，議已定，入白太后。太后曰：「此大事也，當與宰相議之。」李業從旁對曰：「先皇帝（按先皇帝謂知遠）平生言朝廷大事，勿問書生。」太后深以為不可。

知遠即位不久而死，子承祐繼立，是爲隱帝。帝年幼，大臣郭威、史弘肇、楊邠、王章等掌政，國家粗安。劉氏雖以沙陀暴興，然隱帝之外，僅帝叔劉崇及其子贇，威望復不及郭等，故其勢甚孤，而隱帝復親狎優伶，暱近小人。既殺史弘肇、楊邠等，而郭威舉兵鄴都，遂取漢之帝位如拾芥。雖劉崇據河東，建北漢以與周抗，然亦不過困守一隅，僅延劉氏數十年之祀耳。自此而後，中原帝位，沙陀不復能問津矣！

六

周太祖郭威以一漢卒，老於沙陀戎馬之中，位至將相，終乃取沙陀三朝二十八年之帝位。即位之後，曾親謁孔子祠，以表其厭武修文之忱。通鑑卷二九〇廣順二年：

六月乙酉朔，帝如曲阜，謁孔子祠。既奠，將拜，左右曰：「孔子陪臣也，不當以天子拜之。」帝曰：「孔子百世帝王之師，敢不敬乎！」遂拜之。又拜孔子墓，命葺孔子祠，禁孔林樵採。訪孔子、顏淵之後，以為曲阜令及主簿。

此舉於五代之君，實爲空前未有之事。顯示中原五朝，已由崇武轉向尙文之途，而後唐以來沙陀所建之政權及其所遺之習俗，亦隨之煙消霧散。至世宗，制禮作樂，遂奠北宋文治之始基。北宋之初，沙陀遺種之可考者，除北漢劉氏外，不過石曦、郭從義、楊承信、白重贊等數人而已，其餘蓋全無痕跡矣。

自唐憲宗初至郭威建號，不過一百五十年，至北宋亦不過一百六十年，而此一威臨中國，連建三朝之異族，竟爲中國所完全同化，亦可見漢族同化力之偉大矣！

原載華岡學報第二期，五十四年十二月

唐型文化與宋型文化

一 唐代文化的淵源

唐代文化，上承魏晉南北朝。魏晉南北朝時代的文化對唐代文化直接發生影響的重要因素，不外三端：即老莊思想、佛教、和胡人習俗。其中後兩種因素自外族傳入，而且是經歷數百年的流播而形成的。唐代對這三種文化因素的承襲，也以後兩種爲主。在有唐三百年的大半時間中，它們是文化的主流，造成唐代文化的異彩特色。至於中國傳統文化的儒學，從魏晉開始，即受這三種文化因素的壓制，日漸衰微；在唐代大半時間的情形，仍是如此。直到唐代後期，儒學始開啓復興的機運。茲將這三種文化因素的起源及發展情形，敍述如下：

中國文化，至東漢末年已呈衰象。由於自西漢武帝以來，儒學定於一尊，缺乏新思想學術的激蕩；到東漢末年，儒學漸成爲一種無靈魂的軀殼。學者着重於煩碎的考據，已無義理可言，使思想界幾乎變成眞空狀態；而儒者所講究的名節禮法，也漸流於虛僞；都不足以饜學者之望。當時較有獨立思想的人，大都依附於老莊。同時平民的迷信也日漸加深，道教會便在這時成立。

由於老莊思想的發展，逐漸造成魏晉南北朝時代的清談之風。這種風氣流行於當時的士大夫之間，也就是一種拋開現實專尙理辯的談論。清談的起因，一方面固由於傳統儒學的衰微；另一方面，也由於政治的黑暗。東漢末年，宦官軍閥無惡不作，國事已到絕望地步，爲有識者所不滿。因此乃有兩種反動思想發生，一是崇法務實的申韓思想，一是率性自然的老莊思想。曹操是前派思想的代表，他一生始終以法術治國，摧抑豪强，整肅政風。而他的部下崔琰、毛玠之流，也都是法治的倡導者。後者在東漢末年尙找不出一個代表人物，但孔融、禰衡一般狂士的言論，已頗與儒家思想相背馳。例如孔融便曾否認父母與子女因血統關係而產生的情感①，這種論調，已爲魏晉人士歸依老莊的先導。

曹操的法治，及身而斬。由於他在政治上過重現實，因此其部下也是勢利之徒多而守正之士少。至其子魏文帝曹丕，雅好文辭，而又慕尙通遠，以致法令寬緩，政事漸至廢弛。其後直至西晉，政治始終黑暗腐化，法治精神也始終無法建立，於是老莊思想日益蔓延。一般學者，因灰心於現實政治，爲免干犯忌諱，相率以談論哲理爲務，清談之風大盛，事實上這也是對現實環境的一種消極反抗。

① 參看後漢書卷一百孔融傳。

初期的清談者，以評論人物爲重心，還沒有正式提倡老莊。這種風氣，導源於東漢末期的鄉黨清議。但他們不敢議及朝政，也不願涉及當時人物，只能捨近求遠，以古人爲其月旦的對象。同時避實就虛，不作具體事實的評判，只着重於分析人才的理論。魏時劉劭的人物志，便是此派的代表作。到魏正始時代（西元二四〇至二四八年）的何晏、王弼，已開始祖述老莊。何晏註論語，王弼註易，都以道家的主旨，解釋儒家的典籍。此外王弼曾註老子，何晏曾作道德論，都闡揚老莊學說。老莊周易，號稱「三玄」，便是清談的主要內容。何王二人，遂被後代稱爲清談的始祖。何王以後的清談者，以阮籍、嵇康等人爲代表。他們正值魏晉易代之際，忌諱滋多，清談遂純務玄虛。同時清談者在行爲上更流於放誕，他們的生活，通常是縱酒和不遵禮節。例如阮籍曾因司馬昭爲其子炎求婚，而一連沈醉六十日以拒絕之；其母去世時，他尚在與人奕棋。嵇康則是「頭面常一月十五日不洗」。此外，若干清談者竟至於經常裸體。這種行爲可以說是對禮法的一種諷刺，而所謂禮法，也正是當時的篡竊者及其佐命功臣所加意提倡的。②

清談本是對現實政治的一種逃避，阮嵇等人在政治上均未負過實際責任。但到西晉時代，清談之風，竟蔓延到政治舞臺上去。當時不少達官貴人，一方面手握重權，一方面又大談出世的玄理。把兩種相反的事，揉在一起，造成西晉政治上的種種怪象，王衍便是這類人物的代表。從晉室南渡到南朝時代，清談竟與一般世族的日常生活無法分開。這種風氣對政

② 參看林尹：中國學術思想大綱頁一一三至一三一。

治的影響是苟且偷安，不務實際；對社會的影響則是造成一種消極頹廢的人生觀。東晉時期王羲之所作的蘭亭集序，充滿人生哀樂相隨的感慨，足可代表當時一般士大夫的心理。東晉南朝的始終不能恢復故土，不能說與這種風氣無關。

東晉以後，佛學也滲入淸談的範圍中，與老莊相互發明。老莊思想，以虛無爲主；佛學宗旨，則以寂滅爲歸。兩者的理論，本有若干相通之處，因而漸趨融合。若干佛教僧侶，爲順乎潮流，多以老莊之言，闡釋佛典的精義。他們每每假借淸談，與士流周旋。如東晉中期的佛徒支遁，便以淸談著名於時，爲勝流權貴所崇敬。所以東晉南朝時代的淸談，已大致是老莊思想與佛學的化合物。至於對淸談不滿的士大夫，也頗不乏人，但習尙已成，非少數人的力量所能挽回。宋文帝時，設立玄學館，與史、文、儒並列爲四學，淸談益盛。梁武帝始崇經學，儒術稍振；但當時的經學，也受淸談的影響，只充作談辯之資。直到隋朝統一，淸談纔趨衰落。

道教會雖然成立於東漢末年，但其源流，則可上溯至戰國時代。戰國晚期，有所謂「黃老」思想出現，究其內容，只是老子的政治論。從戰國末到漢初，著名的黃老學者多出於齊國，而齊國又是陰陽家的發源地，因此兩者難免相互影響。漢人以老子爲道家，但漢代有些所謂道家者流，實際就是求仙採藥的方士。他們多依附老子以自抬身價，因此使老子日趨神化，最後竟做了道教的始祖。

漢初著名的黃老學者，有趙人田叔和齊人蓋公。曹參爲齊相時，曾受敎於蓋公。其後他於惠帝時，繼蕭何爲相國，便謹守無爲的政治原則。文帝與其后竇氏，也都好黃老家言。文帝死後，竇后仍有左右政治的力量，因此文景兩世的政治作風，都是恭儉恬退的。從惠帝到景帝的五十幾年，是黃老思想最流行的時期。到武帝提倡儒術，黃老的政治思想開始消沈。但另一方面他崇信神仙，於是陰陽家一流的方士，也隨之興起。方士與道家本有久遠的關係，老子在古代名人中又是最具神秘性的，因此方士多自託爲道家。他們已不知老子的政論爲何物，只知以神仙丹藥獵官詐財而已。

因方士們的依附，道家逐漸走向宗教之路。到東漢末年，黃老被尊奉爲神，道家的宗教色彩更濃。桓帝曾派中常侍左悺到苦縣爲老子立祠，宮中也有黃老祠。這類淫祀又漸被巫師所利用，因此道家於求神鍊丹之外，平添許多中國傳統的巫術，諸如祈雨、厭詛、捉鬼、以符水治病等。道家不僅本身的迷信程度加深，其流佈也越來越廣，終至民間有道教會的產生。

道教會的初創，始於順帝時張陵所創的五斗米道。他曾客居蜀土，學道鵠鳴山中，造作符書，爲人治病降魔。入道者須納米五斗，故當時又稱「米賊」。張陵傳子衡，衡傳子魯，魯盤據漢中（今陝西南鄭縣），因深得下層社會的信仰，成爲漢末割據的羣雄之一。與張陵同時的，又有道士于吉，琅邪郡人，自稱得神書百餘卷，名「太平青領道」（即太平經），內容多陰陽災異之說。他也以符水治病，尤好結交士大夫。靈帝時，鉅鹿郡（治所在今河北晉寧縣西南）人張角，根據太平經創立太平道，也以符水治病，熒惑細民。他的信徒極衆，終於釀成黃巾之亂。亂平後，太平道消滅，而張魯尚雄據漢中，自稱師君，下設祭酒以治民，其法術與太平道相似。他割據凡三十年，至獻帝末纔爲曹操所平。漢中的居民受他的影響，直到南北朝時還非常迷信。但五斗米道和太平道，都還沒有奉老子爲始祖。老子正式被尊爲道教始祖的時代，不可確考，大概是魏晉以後的事了。

道教在晉時稱天師道，士大夫信奉的甚多。例如東晉名族王氏，便世奉此道。當時道家可分丹鼎、符籙二派，前者以燒鍊服食爲事，後者以經咒醮禱爲務。同時因玄學盛行，道家者流，常竊取易經、老子的義理，以自文飾。晉初葛洪所著的抱朴子，便是拿鍊丹服藥的理論，來附會易老。這類道書，甚合江左士大夫的脾胃。東晉東南沿海地區，道教尤爲盛行。東晉末年的孫恩、盧循，都是以道教惑衆而倡亂的。但道教雖盛行於南方，其聲勢究不如佛教，南朝君主信道的也不多。梁武帝少時曾受道法，初即位時猶崇信道士陶弘景；陳武帝因世居吳興（今浙江吳興縣），受當地風俗影響，也信道教；但二人後來均改信佛教。

北魏君主自道武帝起，開始奉佛。至太武帝，應崔浩之請，改信道教，並奉道士寇謙之爲天師，於是道教盛行於北方。其時道教若干經典儀式，多取法於佛教，但其教義仍不出符籙丹鼎的範圍，不如佛法的淵微。太武曾親至道壇受符籙，其後魏室歷朝君主即位時，也必受符籙，成爲定例。東魏末年，高澄崇道，曾置館宇於鄴，使道者居之。北齊君主，多不信道。北周則崇信道教，但到周武帝時，與佛教同遭摧殘。道教與佛教在北方同時盛行，因此雙方屢次發生衝突。崔浩世奉天師道，因勸太武帝信道，遂有滅佛之舉，其後更演爲劇烈的政治鬪爭③。周武帝的滅佛，則係用道士張賓之言，因沙門力爭，乃並罷道教。南朝因道教

③ 參看牟潤孫：崔浩與其政敵（載輔仁學誌十卷一、二期合刊）。

的勢力，不敵佛教，始終沒有發生劇烈的衝突。

就以上所言，清談與道教，都與老莊具有不可分割的關係；同時又都受佛教的影響，而漸變其理論和儀式。道佛兩教，雖然處於敵對地位，却也有相互影響之處。

佛教自東漢初年正式傳入中國，但當時社會安定，佛教並沒有多大的發展餘地。到東漢末年及魏晉時代，國內大亂，人民生活痛苦，精神上也缺乏寄託；加以儒學衰微，思想界幾乎成眞空狀態，因此佛教遂得乘虛而入。兩晉南北朝的三百年間，佛教大盛。在其發展過程中，雖也曾遭遇若干頓挫，但始終未能嚴重影響其蔓延流佈。佛教的若干重要宗派，也於此時萌芽。

漢時僧侶皆來自西域，大都以譯經爲務。最初的譯經大師，爲桓靈二帝時的安世高（安息人）和支婁迦讖（月氏人）。魏文帝時，始准人民受戒爲僧。其時南方的吳國境內，佛教也很流行。西晉時有竺法護者，通曉多種外國語文，從事譯經四十餘年，卷帙之多，世所罕有。他的先世，出自月氏，但他本人則生於敦煌。助他譯經的則爲漢人聶承遠、道眞父子，均名著當世。所以竺法護也可以說是最早自譯梵文經典的中國人。西晉末年，西域僧人佛圖澄來華。他善誦神咒，並精圖讖先知之術。其後諸胡叛變，北方混亂，他以方術爲石勒、石虎所崇信，並以報應之說戒其殘殺，蒙其益者甚多，諸胡遂大都奉佛。其時佛徒所譯經文，多不易索解，學者講佛，不過述其大意，以便誦習。至佛圖澄的弟子道安（常山人），始註釋佛經，詮解文義，並編纂佛教譯經的目錄。他對佛教的發揚廣大，其功實不可沒。

晉室南渡後，佛學也開始影響南方的思想界。其時南方盛行清談，佛教僧侶如竺法深、支遁等，與名士們辯論玄理，因此士流思想，沾染了不少佛家色彩。中國僧侶第一位入天竺求法的，則爲法顯。他於晉安帝隆安三年（三九九年），自後秦的首都長安西行，經三十餘國，至中天竺（今印度北部）；遊學數年，於義熙十年（四一四年）自海道返囘中國北方。佛教教義有大小乘之別，小乘專修個人，大乘則兼度他人。最初傳譯至中國的佛經，以小乘居多。至晉安帝時，西域僧人鳩摩羅什受後秦主姚興的敦聘，前來長安，始以傳譯大乘經典爲主，並校正舊譯之誤。一時譯經之風大盛，佛教也自此成爲一種普遍性的宗教。

到南北朝時代，佛教益盛，南北都瀰漫着侫佛之風。當時的君主，不少是佛門弟子。南朝如宋明帝、齊明帝、梁武帝、陳武帝等皆篤信佛教；其中梁武帝迷信之深，更爲曠世希有。北朝則自道武帝入中原，便開始信佛。至太武帝，因改信道教，並懷疑沙門謀反，遂有滅佛之舉，佛法被廢棄者達七年之久。到文成帝，又恢復佛法。其後獻文、孝文、宣武諸帝，莫不信佛，對佛事的靡費也越來越大。北齊的幾位君主都信佛，北周則到武帝時，又有滅佛之舉。至於士大夫和平民信佛的，也極普遍，因此寺廟的建立，遍於南北。史載梁武帝時，僅建康一地，即有佛寺五百餘所，僧尼十餘萬人。而北魏孝明帝時，寺院竟多達三萬餘所，僧尼二百餘萬人。周武帝於太建六年（五七四年）禁斷佛教，經像皆毁，沙門勒令還俗；寺院及其財貨，均賞賜臣下。九年（五七七年）滅齊後，關東佛教也遭遇同樣的浩刼。總計武帝時寺廟被充公者四萬餘所，僧尼還俗者近三百萬人④。至宣帝，又復佛法。其後隋

④ 見南史七十郭祖深傳，魏書卷一一四釋老志，房錄卷十一。

文帝、煬帝均信佛，佛教乃恢復從前的盛況。

南北朝時代的佛教宗派，主要可分六宗，即成實、淨土、三論、律、禪、天台六宗；其中除成實爲小乘教義，其餘皆爲大乘。玆簡述六宗的建立經過及其宗義：

成實宗得名於成實論，它的作者訶梨跋摩，生於佛滅後九百年。鳩摩羅什來華後，把它譯出。齊梁之世，研究成實之風甚盛，梁武帝即皈依此宗。此宗認爲萬有皆空，並把空分爲三個階段。第一段以爲物我二者，皆是假相，是爲「人空」。第二段以爲物我因係假相，即所以集合而呈現假相的若干實體，亦皆是空，是爲「法空」。第三段主觀上有一切皆空的思想，實際上仍非眞正的空，必須使主觀與客觀均入於絕對的空，始爲涅槃。

淨土宗以教人奉行念佛法門，求生極樂世界清淨佛土爲宗旨，亦即由念佛而成佛。其主要根據爲無量壽經、阿彌陀經及觀無量壽經，世稱淨土三經。漢桓帝時，已漸行於中國。至東晉，慧遠結社廬山，其宗風儀式因而大著。北魏中期，有曇鸞者，爲此宗大師，與慧遠成南北二派。

三論宗係依據天竺佛徒龍樹（約爲西元二百至三百年間之人）所創的中論、十二門論及其弟子提婆所創的百論而開宗派。鳩摩羅什爲提婆三傳弟子，他至長安後，盡譯三論，遂成中國三論宗之祖。鳩摩羅什以後，三論宗漸衰，但仍流行於南朝。此宗主張破邪顯正，歸結於空。亦即破除一切「有所得」之見，而以「無所得」爲歸。

律宗於東晉末年傳入中國北方。佛法可分三部：佛之教法謂之經，佛之教誡謂之律，弟子學者宗佛之經律而有所著述謂之論，合稱「三藏」。此宗的要旨，則以修持佛門戒律爲主。東晉末，中天竺人曇無讖來華，始譯律宗經典。但其初入中國時，尚無中心準則，因而不盛。

禪宗初祖爲菩提達摩（天竺人），於梁武帝普通年間（五二〇至五二六年）由南海至廣州，曾晉謁武帝，講說禪要。武帝不解，遂去北魏，至嵩山（在今河南省中部）少林寺，專修禪法。其宗義的特點是屏棄儀式，不立文字，直指本心，見性成佛。但南北朝時，其義尙不甚顯。

天台宗的宗師爲智者（即智顗），南北朝末期的人，他棲身於天台山（在今浙江省東部），傳經說法，因以爲宗名。又因以法華經爲旨歸，故又名法華宗。此宗是中國佛敎諸宗首先對佛敎經典作系統之整理判釋的一宗，用以闡明法華經在羣經中的地位。可以說集判釋的大成，並爲後世判釋的準則。其宗義有「一心三觀」、「圓融三諦」諸說，以爲諸法不離空假，以中道觀之，始能圓融無礙。並創「止觀」法門，以爲吾人普通對於宇宙人生的見解，皆是迷妄，煩惱由是而生。欲破除迷妄，則須用修行功夫，以顯現本心中的淨性。⑤

總之，兩晉南北朝時代的佛敎雖日見盛行，但當時的佛學大師，多着重於佛經的翻譯和敎義的傳播；至於發揮佛理，推陳出新，則功效不宏。由於佛徒們對佛經未曾致力於深入的研究，所以當時雖有若干宗派萌芽，但其基礎尙不穩固，無法到達輝煌燦爛的境地。

南北朝時代的社會風氣，顯然受老莊思想和佛學的支配。但兩者之外，還有第三種力量

⑤ 參看范壽康：中國哲學史綱要頁二二六至二九一。

影響着當時的社會，便是胡人的習俗。魏晉南北朝時代的胡化，其根源應上溯至西漢中期。自漢武帝始通西域，其後中國更長期掌握西域的霸權，因此這個地區逐漸成爲東西文化交流的孔道。中國的絲綢，輸向西方；西方的文化也大量傳入中國，除佛敎外，尚有音樂、歌舞、技藝等。東漢末年至魏晉時代，胡族披猖，逼晉室偏安於江左。整個東晉南北朝二百七十餘年間，中國北方始終淪於外族。西域文化的輸入，較前更爲便利；而胡族的習俗，也在無形中感染着漢人。胡俗再與佛老思想相混合，形成了這個時代中若干獨特的社會風氣，是以往儒家社會中所罕見的。

佛敎之外，祆敎於北魏末年自中亞傳入中國，當時稱爲「胡天」。北魏、北齊及北周帝室，均有信奉者，傳佈日廣；長安、洛陽以及磧西諸州，均有祆寺。北魏盛時，西域人歸化者達萬餘家。北魏分裂後，寄居洛陽西域人大部爲東魏、北齊所得，因此北齊的宮廷最爲西域化。其時中國最流行的音樂是龜茲樂，直至隋唐，盛況不減。工藝技術方面，也受西域極大的影響。隋代的三大技術家宇文愷、閻毗、何稠都含有西域的血統，隋代許多宏麗精妙的建築，都是他們以西域的奇技來附合中國的規制而完成的。隋代若干偉大工程如大興城、洛陽城、仁壽宮、廣通渠、通濟渠等，也都是他們的傑作⑥。至於受胡俗影響而形成的社會風氣，可分以下三點說明。

殘殺是南北朝時代主要的社會風氣之一。胡俗本好武嗜殺，這種風氣自西晉末年傳入中

⑥參看隋書卷六八，宇文愷、閻毗、何稠傳。

國。北朝所有胡族或胡化的君主，除了少數傾慕漢化的，其餘莫不嗜殺。魏太武帝和北齊諸帝的兇殘，尤著名於史册。南朝君主，雖不及胡族君主的殘暴，但骨肉屠戮的事，也層出不窮。這種現象受胡族感染的成份較少，而與佛教有相當關係。佛教的主張出家，便是背棄倫理，根本否認血統上的情感。另一方面，佛教雖然戒殺，但有超渡寃魂和贖罪的辦法，爲殺人者作護符。甚至有在殺人之前，先燒香火，以贖罪愆的，齊明帝便慣做這種事。因此佛教雖然戒殺，却無法止殺。

淫亂之風，也南北一致風行。這種風氣的起因，北方主要受胡俗的影響，南方則受老莊思想的影響。胡族的倫理觀念比較薄弱，因此北朝的君主及貴族，大都荒淫無度。北朝帝室最淫亂的，以北齊爲最，其烝報醜行，爲歷代所罕見；后妃失德的，也所在多有。但胡族的男女地位，比較平等，影響所及，漢人女權也爲之提高，這可以當時的「妬風」之盛爲證。史稱北齊時代的婦女，莫不「以制夫爲婦德，能妬爲女工」⑦，這與儒家社會以三從四德爲信條相較，不能說不是一種解放。南朝雖是當時中國文化的正統，但環境優裕，人情耽於逸樂，又受老莊卑視禮法的影響，因而養成一種淫靡放蕩的習氣。當時的高門大家，雖猶知禮法，但內外的防閑，已較往昔爲疏，名門婦女，有時也可與士大夫接談。帝室婦女，則多不講禮法，行爲淫亂者頗不乏人。在這方面最有名的是宋前廢帝姊山陰公主，她曾公開擁有「面首」三十人。至於公主們的跋扈驕縱，凌制夫家，更爲習見，以致當時士大夫以聯姻帝室

⑦　見北齊書卷二八元孝友傳。

爲畏途。

另一種風氣是過度的功利主義，這種風氣由來已久。南朝士大夫所最重視的，是門第和旣得權位的保持，對改朝換代，則漠不關心。至於在位者的貪汚好貨，更屬常事。北朝功利主義的流行，則無疑與胡俗有關。胡俗本尙功利，其入據北方，宰制漢人，自以滿足其功利慾望爲最大目標。西晉末年，胡族倡亂，莫不以殺戮刼掠爲務，遂使長安、洛陽等名城大都，化爲墟丘。其後晉室南渡，胡族混戰，北方糜爛更甚。後趙石虎都鄴，大興土木，窮奢極侈；北魏太武帝南伐，赤地千里；可想其搜括之甚和刼掠之慘。魏孝文帝漢化，風俗稍正，但其後風氣又壞。貴族們的貪汚腐化，愈演愈烈，至北齊，竟到達官商不分的地步。社會上也瀰漫着重利之風，所謂「財婚」，便是最好的例證。至於這段時間殺父弒君的事特多，自然也是功利思想擴展到極致的結果。

二　唐代的佛化與胡化

唐代文化，淵源於魏晉南北朝，其主要因素爲佛老思想及胡俗，已於上節說明。本節則敍述這三種文化因素與唐代文化的關係。

老莊思想，在魏晉南北朝時代，一方面造成淸談的風氣，另一方面充實了道敎的內容。淸談之風，自西晉以後，盛行於江左。隋朝承胡族累世的政權，以武力統一南北，南朝士大夫淪爲降虜，失去政權的憑藉以及優美的物質環境，無復悠游談玄的餘暇，淸談之風，因而遽衰。其後李唐繼隋而起，仍以武力定天下，雖太宗崇奬學術，但當時的文化精神，已與淸談的消極思想相背馳，以是清談無由再振。雖然如此，清談的流風餘韻，仍一直維持到中唐⑧。至於唐代的道教，雖不如佛教的昌盛，却一直流行不衰。

道教在唐代，大體說來，是始終爲皇室所尊奉的。李唐皇室之所以支持道教，一來因爲老子姓李，李唐皇室，加以攀附，自謂是老子的後裔。二來因道士能製丹藥，可以滿足一般人祈求長生的心理。唐代皇帝之喜食丹藥者，頗不乏人。由於以上兩種原因，道士們乃能與皇帝接近而受其崇信。道教的缺點，在其除道德經以外，缺少益人智慧的經典，較之佛藏的淵博精微，相去甚遠。而其若干儀節，也不如佛教合理。因此道教不但無法博取知識階級的尊奉，也難以獲得平民大衆的普遍信仰；雖有皇室爲後盾，其流佈仍遠不如佛教爲廣。

隋文帝雖然信佛，對道教也很尊崇，曾下詔予以保護。唐高祖雖對佛道都不感興趣，但也曾親謁終南山的老子廟。太宗時，佛道均流行，而道教比較尊崇，當時道士女冠的法定地位在僧尼之上。高宗乾封二年（六六七年），追號老子爲太上玄元皇帝，道教的地位益隆。到武后臨朝，因其出身於佛教家庭，久受薰染，遂加意提倡佛教。此外她並利用某些佛經，作其稱帝的理論根據，廣爲宣傳，因而佛教大盛。她稱帝後，更把佛教的地位，提升至道教之上，道教的聲勢，乃大爲低降。

到玄宗，又提倡道教，一面淘汰沙門，一面尊崇道士。他一度命道士女冠隸屬於宗正寺，把他們視爲宗室。又設崇玄學，置大學士一人，以宰相兼任，並領兩京玄元宮及道院。

⑧ 參看舊唐書卷一一九楊綰傳。

當時全國的道觀，共一千六百八十餘所；公主妃嬪，多入道院爲女冠，受「金仙」、「玉眞」等封號。這時的道教，可以說達到極盛時代。肅代二宗時，因國內戰亂，對佛道都沒有加意提倡。德宗與憲宗，則採佛道兼信的態度。武宗在藩邸時，即好道術。他即位後，寵信道士趙歸眞、劉玄靖等，並因歸眞等人的慫恿，禁斷佛教。其後不久，宣宗又崇佛教，殺道士劉玄靖等十二人，道教的地位，再度降低。懿宗佞佛益篤，施捨無度，佛教益盛。但道教憑藉其與皇室的關係，終唐之世，從未遭受嚴重的挫折。

清談之風，雖至中唐而斬，道教在唐代也不如佛教之盛，但老莊思想對唐人仍不能說沒有影響。唐代士大夫，大都生活放縱，不拘小節，其原因雖甚複雜，但受魏晉南北朝以來老莊思想的感染，實爲主要原因之一。對唐人的生活和思想最具影響力的，則無過於佛教與胡俗。

佛教的宗派，至唐而大興。南北朝時代，佛教雖已有若干宗派，但大都在始創階段，僅具雛形。到唐，信仰的狂熱已減，才智之士，羣趨於佛學的研究，其學益趨邃密，方法各有不同，因而宗派大盛。其時佛教的成實、淨土、三論、律、禪、天台六宗，除成實就衰外，餘均盛行於世。此外又有不少新宗派興起，重要的有法相、華嚴、密、俱舍諸宗；前三者爲大乘教義，後者則爲小乘。這許多舊有和新興的宗派，互爭雄長，它們的興衰起伏，把唐代的佛教世界，裝點得空前燦爛。

唐代佛教各宗派的興衰，可分前後兩期：前期由唐初至玄宗，後期由安史之亂至唐亡。

前期佛教，極盛於北方。唐初，法相、華嚴二宗，同盛於京師。法相宗又名唯識宗，其宗師爲玄奘，曾至天竺遊學十七年，歷五十六國。他於太宗貞觀末年返國，其後譯經說法，創立法相宗。此宗着重心理學（唯識）及論理學（因明）的研究，認爲宇宙萬有，皆是吾人識的表現，亦即吾人心的所變或所造，可以說是極端主觀的唯心論。它以因明的方法，分析心理，多至六百六十法，是在作純學理的探討，已全無宗教的意味。這派思想，在天竺有其甚久的淵源，玄奘則受敎於天竺的戒賢大師。

玄奘又是俱舍宗的創立者，此宗得名於天竺佛徒世親的「阿毘達磨俱舍論」。俱舍爲梵文音譯，原義爲「藏」，故俱舍論亦可譯爲「藏論」。此論倡行「無我」說，以爲一切萬有皆是因緣和合的假像，並非實在；既非實在，自然無我。由此推之，人死後亦無靈魂。陳時，僧眞諦曾譯俱舍論，但信者不多。至玄奘，復譯此論，研究者日衆，漸至蔚成宗派。但此宗僅以註釋俱舍論爲務，未能發揮新義。

華嚴宗以研究華嚴經得名，此宗始創於天竺佛徒龍樹。龍樹的時代，約當中國的曹魏和西晉。其後，世親繼之。隋時，華嚴宗傳入中國，初祖杜順（即法順），甚受煬帝及唐高祖的敬重。二祖智儼，居於長安城南的終南山，努力弘揚師說。至三祖法藏（即賢首大師），與玄奘同時，華嚴宗趨於極盛。此宗亦以研究心理學爲主，但持論與法相不同。主張立一常恒不變的眞心，爲一切現象的根本，世上每一事物，皆是眞心全體的表現。但它認爲客觀的世界，可以脫離主觀而存在。

當法相、華嚴二宗盛時，其他宗派均爲之失色，只有天台宗流行於南方，但聲勢不及。武后以後，法相、華嚴漸衰，大概因它們的理論過於深邃，常人不易領會所致。繼二宗而起的，則有北派禪宗和密宗。禪宗到武后時，分爲南北派，北派的宗師爲神秀，南派爲慧能。密宗以秘密「眞言」立宗，故又名眞言宗。此宗特重實踐，自誦咒以至供養、設壇等儀式，皆有一定規範，不能逾越。玄宗開元時，天竺僧侶善無畏、金剛智及金剛智的弟子不空，相偕來華，世稱「開元三大士」。他們携有不少密宗經典，加以翻譯，因而一時稱盛。此外，律宗自唐太宗時，道宣大師依四分律樹立佛徒生活規範後，基礎漸固。此宗雖未極盛，但持續的時間則甚久。

後期的佛敎中心在南方。安史亂後，北禪衰微，而南派禪宗大盛於江南，天台宗受其侵逼，日趨沒落。其宗義則南禪主頓悟，北禪主漸修；但兩派思想的主旨，並沒有多大差別。佛敎的其他各宗，莫不重視拜佛，講究禮儀。惟禪宗不然，它不但屏棄一切拜佛的禮節，有時甚至呵佛罵祖。它認爲人人自有佛性，只須求諸自身，即可悟道成佛。而現性悟道是一種神秘境界，不是知識的研究可以求得的。⑨

禪宗思想，與天竺的佛敎思想頗不相同；與法相宗的科學思辨，更不相類。倒是與儒家和老莊思想，某些地方有相近之處。禪宗思想的光大，可以說是佛敎史上的一大革命。它使佛敎從繁文縟節，煩瑣的思辨和天竺的形式中解放出來，加以簡易化和中國化。前期的法相宗，因崇尚細密的思辨，其宗派又淵源於天竺，因此其工作着重於留學和佛經的翻譯。到禪宗昌盛，佛徒們大規模的譯經和留學的狂熱，都告終止；繼之而起的，是生活的體驗和心性

⑨ 參看馮芝生：中國哲學史頁七〇二至七九九；巴壺天：禪宗的思想（載中國文化論集第一集）。

的講求。這種思想，可以說是宋代理學的先驅。唐武宗滅佛後，各宗衰微，惟有禪宗以秉守簡樸的宗風，受禍較輕，仍爲士大夫所普遍崇信，漸至儒學高度的禪化。此外淨土宗也以宗義簡單，得以流傳於民間。

佛教對中國文化的最大貢獻，是佛教經典的翻譯。天竺的佛教思想，藉着這些翻譯的經典在中國散播，使中國人的思想和生活都發生了劇烈的變動。從東漢末年到盛唐時代的六百年間，因翻譯佛經而創造的新字彙和成語，便有數萬之多，對中國語文的辭彙、形式和內容，無疑有極大的助益。同時，佛教思想與以儒道爲主的中國傳統思想，經數百年的激盪揉塑，而於唐代逐漸融合，形成一種新文化。唐人的詩，如王維、白居易等人的作品，已含有濃厚的佛學色彩。至於宋代的理學，則是儒學與佛學的結晶，所以禪宗也可以說是中國化的佛教。

佛教徒的譯經工作，從兩晉南北朝直到唐朝，從沒有間斷過。而唐代的譯經工作，其規模的龐大，成就的高超，又遠過前代。唐代第一位譯經大師是玄奘，他於貞觀十九年（六四五年）自天竺返國，携回佛經六百五十七部，凡五千二百卷，多爲大乘經典。他回國後，從事譯經，並有高僧多人助譯，前後歷十九年，共譯經、律、論七十五部，一千三百三十卷。從譯經的數量，可以看出他的熱誠和精力的超人。玄奘以鳩摩羅什等前人的舊譯，錯誤甚多，因此他譯經專以傳信爲主。他的譯品，文字不如舊譯流暢，但忠於原著，務求存眞，具有崇高的價值。唐代的譯經事業，在玄奘時代達到最高潮，其後譯事稍衰，但仍有不少成就。玄奘以後的著名譯經者，有義淨、實叉難陀、不空等人。安史之亂後，禪宗興起，譯經之風漸衰。德宗之後，譯經事業，始完全中斷。

除了經典的翻譯，唐代僧侶在學術上尚有許多其他方面的貢獻。由於他們的長途跋涉，遠赴天竺求學，他們的親身經歷，便是極好的地理資料。唐代有不少僧侶，曾把他們所經歷的國家和見聞，紀錄成書。這類書籍，不但對唐人的地理知識，大有助益，更成爲後世研究唐代國際交通的重要資料。例如玄奘的大唐西域記，義淨的大唐西行求法高僧傳和南海寄歸內法傳，都是這一類的名著。

唐代的天文學和數學，都受天竺的影響，而其媒介人也是佛敎僧侶。宗敎與天文學有密切的關係，天文又與數學不可分，因此不少這類的書籍，隨着佛敎傳入中國。唐代曾屢次改易曆法，開元時，僧一行作大衍曆，最稱精密，這是唐代天文學進步的結果。醫學也隨着佛敎輸入中國，其中最爲中國人士所稱許的是眼科醫學。此外如催眠術、按摩法、長生術等，也都自天竺傳入；並有不少天竺醫籍，譯爲漢文。繪畫也受天竺畫法的影響，例如天竺的暈染法（即陰影法），自南北朝時傳入中國，對後來中國繪畫的風格技巧，有甚大的影響。又如中國建築中常見的牌樓，也仿自天竺。這類藝術，大都隨佛敎東來。總之，在整個中國歷史上，再沒有一種外來思想，和佛敎一樣影響中國人如此大而且久的了。

唐代的胡化，乃承襲魏晉南北朝而擴大之。唐代武功特盛，四境大闢。李唐皇室，起源於北朝胡化的漢人，對所謂夷夏觀念，本甚薄弱。唐帝國建立後，雖然對外屢次征伐，但等到外族降服，便視如一國，不加猜防。由於這種「華夷一家」觀念的影響，外族入居中國的爲數極多。估計從太宗貞觀初至玄宗天寶初的一百二十年間，外族被唐俘虜或歸降唐室因而入居中國的，至少在一百七十萬人以上，包括突厥、鐵勒、高麗、吐蕃、党項、吐谷渾以及西域諸國之人，他們並有不少在中國朝庭中做官。外族來華經商傳教的，也極衆多。波斯、大食人以及西域賈胡等，遍及廣州、洪州、揚州諸地；新羅及崑崙等種人，多爲國人用爲奴隸。這些外族，定居中國，不少與中國人通婚。他們的文化也隨之傳入，在中國境內自由發展。所以唐代無論在血統或文化上，都是大規模與外族混合的時代。

當時諸外族，以西域的文化水準最高，所以唐人吸取的外來文化，仍以西域文化爲主。唐代的外來宗教，除佛教、祆教來自唐代以前，其餘如景教、摩尼教、回教，皆於唐代自中亞傳入。景教爲基督教別派，於貞觀中傳入，太宗並下詔於長安建寺，名爲「波斯寺」，其後諸州均各建寺。玄宗時，以景教出自大秦（即東羅馬帝國），下詔改名爲大秦寺。德宗時，大秦寺僧景淨等，立「大秦景教流行中國碑」，陳述其教德業之盛。至於景教經典，唐時譯成中國文字的，數達三十五種。摩尼教傳入中國，始自武后時代。安史亂起，回紇入援，回紇人多信此教，因此日盛。其寺院自長安及於諸州，稱「大雲光明寺」。回教約於高宗初自海道傳入中國，最初只在廣州一帶流行。安史亂後，大食人自海路來華經商者日衆，寺院益多，但仍限於南方。另一方面，回教隨大食勢力的東漸，傳入中亞及天山南路。其後在中國西北及南方地區，日益擴展。

以上各教，在中國的流傳，雖不如佛教的久遠廣大，但都具有某種程度的影響，尤以摩尼教和回教爲最。唐武宗排佛，並禁斷各外國宗教，祆教、景教因而衰落。摩尼教在諸新教中實力最强，其教徒也最頑悍。自遭唐武宗禁止，各地紛起反抗，以致京師摩尼教徒死者七十二人，各地死者過半。其後摩尼教與其他秘密宗教，雖仍爲唐室所禁，但人民暗自私組教會，相互傳習。其末流趨於妄誕，遂至發生叛亂。五代後梁末帝時，陳州（今河南淮陽）曾有摩尼教徒之亂。其秘密活動，至宋元猶未止息；其教義及儀式，亦與佛教相揉合。回教於唐宋時期，並不甚盛，至元朝統一後，始流傳中國各地。

宗教之外，西域的音樂、歌舞、技藝、衣食，也大都爲唐人所普遍愛好。唐時，胡樂依然流行。技藝方面，如擊鞠（又名波羅球，類似今之馬球）、繩技、雙陸（大食棋戲）等，舞蹈方面，如柘枝舞、胡旋舞等，都自西域傳來。此外胡食（如葡萄酒、沙糖、燒餅等）、胡服（其特徵爲窄領、小袖、短衣、長靴等），也都風靡一時。胡化之盛，至玄宗時達於極點。據史書記載，玄宗時，國家的禮樂機關太常，也以演奏胡曲是尚；一般貴族仕女，都喜好胡衣、胡食。可以看出唐人醉心胡化的一斑。⑩

至於魏晉南北朝的社會風氣，在唐代仍未稍改。唐代刑罰與隋制大致相同，用法雖較隋爲審慎，但殘殺之風，仍未能完全戢止，而在唐代的大部分時間中出現。太宗於高祖末年，發動玄武門政變，殺其兄建成及弟元吉，並盡殺建成元吉諸子十人，手段可謂殘酷。但太宗稱帝後及高宗時代，用法頗稱寬和。至武曌垂簾及稱帝時代，爲鞏固其政權，採取恐怖政策，任用酷吏，大肆誅殺，寃濫達於極點。史載僅武曌稱制時代，即「先誅唐宗室外戚數百

⑩ 參看舊唐書卷四五輿服志。

人，次及大臣數百家；其刺史郎將以下，不可勝數。」⑪其後中宗時代，韋后、安樂公主亂政，也承襲武曌作風，濫事屠戮。玄宗天寶時，李林甫當政，屢興大獄，冤死甚多。安史亂後，各地藩鎮跋扈，目無法紀，屠殺之風，遍及全國，愈演愈烈。唐室中央，也視殺人爲兒戲。如懿宗時，流寇亂起，國如累卵，而帝因其女同昌公主死，遷怒醫官，一擧而殺翰林醫官韓宗劭二十餘人，收捕其親族三百餘人。總之，唐朝後期，屠殺之慘，較之南北朝時代，實不多讓。

淫亂之風，到唐代亦不稍止。唐代的社會，充滿色情，歌臺妓館，到處林立。文人士子，大都風流自賞，有不少韻事，流傳於後代。以杜甫的嚴正，也有挾妓的詩篇，其餘概可想見。李氏皇室的淫亂，也名著史册。太宗於玄武門政變殺建成、元吉後，並娶元吉妻楊氏爲妃。高宗皇后武曌，本係太宗才人，致父子有「聚麀」之譏。而玄宗貴妃楊氏，原係玄宗子壽王瑁妃。武曌的荒淫，更屬空前，他即帝位後，竟設控鶴監（後改名奉宸府），廣蓄男妾，不以爲恥。推其原因，一方面由於李唐皇室出身於北朝胡化的漢人，不甚講究倫理；另一方面也是受南北朝風氣的薰染。至於唐室公主，性行驕縱，不讓前代。而公主改嫁，也習以爲常，有多至四五次者。但唐代因男女地位比較平等，婦女受教育的機會較多，其知識水準，也顯然提高。

功利主義，更是唐人立身處事的準則。唐室自高祖起，至於唐亡，皇位繼承權的爭奪，

⑪ 參看資治通鑑卷二〇五。

幾於無代無之。骨肉屠戮，史不絕書。究其原因，自是爲權力慾所驅使。唐代官吏，大都通達權變，勇於進取，因此能臣極多；但欲求高風亮節，謙讓恬退之士，則不可多見。此種風氣，更瀰漫於知識界，文人學士，爲求顯達，多鑽營奔競，不擇手段。狂傲如李白，亦曾上書韓荊州，祈求援引。一代文宗如韓愈，當其不得意時，也曾屢次上書宰相，以求委用，措辭極爲謙卑。而其作品中，更多諛墓之文。至於科舉士子，於應試前之干謁權貴，以冀高中，更視爲當然。由於嗜慾多，而致天機淺；唐代除若干僧侶外，所以缺乏第一流的思想家者，實與此種風氣有關。

總之，唐代社會上若干獨特風氣的形成，實直接承自南北朝。從好的方面看，自魏晉以降，思想界脫離儒家的束縛而得到解放，同時又注入胡族的勇敢進取的精神。佛老思想與胡人習俗，經數百年的揉塑混合，乃能下開隋唐的盛世，文治武功，均極輝煌。從壞的方面看，儒學究不失爲維持社會政治秩序的較好辦法，儒學既衰，以佛老胡俗形成的政治秩序，始終動蕩不安。隋帝國維持不久即告亂亡，固不待言；而唐帝國的盛世，遠不如兩漢的長久，也正由於這種文化的缺陷。

三　唐代民族思想的滋長與儒學的復興運動

唐代雖是大量吸收外來文化的時代，但安史之亂後，唐人的夷夏觀念，漸趨嚴格，對外來文化也開始採取敵對態度。國人的民族思想所以在中唐以後日漸滋長，最主要的原因有二：一是由於外族叛亂及侵凌的刺激。安史之亂，是中國境內胡族的大叛亂，幾使唐帝國趨於瓦解。經八年血戰，亂事雖勉强平定，但唐代前期的盛世，已一往而不可復。繼之而起的是安史餘孽的割據河朔，外族如吐蕃、南詔的乘機入侵，由是引起國人對外族的仇視。二是科擧制度的發達。唐自太宗施行科擧，歷朝諸帝，均大力提倡，用以籠絡英俊，粉飾太平。才智之士，羣趨科擧考試以取富貴，社會上逐漸形成重文輕武的風氣，進而產生中國文化至上的觀念。對外族的尙武精神及其文化，自然輕視卑棄。基於上述兩點原因，國人仇視外族及其文化的態度，日益堅決；相反的對中國傳統文化產生熱愛，逐漸建立了以中國爲本位的文化。這兩種現象，從唐朝後期直到明淸，持續了一千餘年。

李唐皇室，起源於北朝胡化的漢人，他們的民族思想，亦即所謂夷夏觀念，本甚薄弱。唐太宗曾說：「自古皆貴中華，賤夷狄，朕獨愛之如一。」⑫貞觀初，唐平東突厥，其酋長任職中央，五品以上者達百餘人，突厥人入居長安的也將近一萬家。這種華夷一家的盛況，可以說是空前未有的。太宗以後，華夷一家的觀念和政策，仍爲唐室所繼續保持。高宗、武后之世，科擧始盛，國人逐漸棄武就文，風氣所趨，唐初百戰百勝的漢將雄才，至此已不可多見。武后天授中，泉獻誠以高麗亡國降虜，其弓馬便捷竟列中央武官第一，其次則爲薛延陀人薛咄摩。⑬當時漢將的武技，既已遜於蕃將，漢人將才之凋零，從而可知；而民族尙武精神的日見消失，由此亦可得一證明。

---

⑫　見資治通鑑卷一九八貞觀二十一年。

⑬　參看舊唐書卷一九九上高麗傳附泉獻誠傳。

玄宗時，漢人尚文之風，達於極點。杜甫「遊何將軍山林」詩云：「將軍不好武，稚子總能文。」⑭按何當爲彍騎十二衞之將軍，徒知悠遊山林，不理武事；而童稚亦復附庸風雅，則世風之萎靡可想。又史稱玄宗天寶中期，「承平日久，議者多謂中國兵可銷。於是民間挾兵器者有禁，子弟爲武官，父、兄擯不齒。猛將精兵，皆委於西北，中國無武備矣。」⑮在這種情形下，異族將領的重要性日增，武將之缺，邊防之任，遂不得不由此輩充選。加以高宗末年以後，突厥、契丹、吐蕃諸族，同時熾盛，給予唐室莫大的侵擾。而玄宗復銳意開邊，對蕃將的倚仗更殷，遂至沿邊十節度使，率由胡人充任。胡人屯聚邊疆，勇武是尙；而內地尙文之風，蔓延益烈；雙方在精神文化上的對立，於天寶承平之日而業已形成。又以府兵制的廢壞，內地成眞空狀態。因此安史之亂，能一舉滔天，幾亡中國。這種情勢，實是唐室提倡文人政治自然演變的結果。

安史亂起，唐室怵於禍害，對武人深懷顧忌；夷夏之防，也因而轉嚴。宦官所以能乘時擅權，出任監軍，入統禁旅，朝廷惟其言是聽，便是唐室此種觀念所造成的結果。其後大亂雖勉强平定，但河北、淄靑等地，仍爲安史餘孽所盤據。此輩實力强固，非尙文的中央政府所能征服，終於迫使唐室予以放棄，視同化外，儼然敵國。至於唐室中央對待其嫡系的將領，也極盡猜防的能事，尤以異族將領爲甚。安史亂後，若干有功異族將領如僕固懷恩、李

⑭ 見杜詩詳註卷二。
⑮ 見資治通鑑卷二一六天寶八載。

懷光等人的叛變，都與受中央的猜忌歧視有關。河北藩鎮的將士，多爲胡人，他們控制的地區，因之日益胡化，而胡化區遂由邊疆展延至內地。胡化的特徵，是卑視文敎，崇尚武力。而北方民性强悍，亦最易感染胡風。唐室中央，仍一貫的盛倡科擧，崇獎文辭。河北藩鎮與唐室中央所直接控制的地盤，在精神文化上旣已形成兩個截然不同的敵對地區，唐帝國名義上雖仍是一統，實際上已是分裂之局。

憲宗時，因代德兩朝的積儲，對藩鎮痛加撻伐，河朔一度歸命。但唐室仍以文治手段，管理其地，終不能爲河朔人士所悅服。穆宗時，以張弘靖節度盧龍，而弘靖不知適應當地的風習，仍以內地簡靜迂緩的作法治軍理政。其從官韋雍等，輕狂嗜酒，卑視武夫，動輒詈之爲「反虜」；又謂軍士曰：「汝輩挽得兩石力弓，不如識一字丁。」⑯由是盧龍突叛，諸鎮繼之，數月之間而河北變色。其時上距憲宗時諸鎭從服，不過兩三年。弘靖本爲內地的能吏，而一帥盧龍，立釀巨變；可知河朔獷悍之風，業已根深蒂固，非中央尚文之政所能感化。至於唐室中央嫡系藩鎮的節度使，也多用文臣，且多由宦官的推引而膺選。其中雖不乏豪傑之士，但究以怯儒貪瀆不任軍事者居多。河朔再叛，所以終唐之世不能復取，與此甚有關係。唐室旣棄河朔，而擧國視其地如夷狄，不屑與同。這與唐初華夷一家的思想，已有極大的距離，也是安史亂後唐人夷夏之辨漸嚴的明證。到五代，石敬瑭父事契丹，一擧割燕雲十六州。當地居民，久染胡化，精神上反與異族接近，因此割地時竟無絲毫阻礙。

---

⑯ 見舊唐書卷一二九張弘靖傳。

安史亂起時，吐蕃乘機入侵，數年之間，侵陷河西、隴右數十州。另一外族回紇，則與唐親善，曾四次遣兵入援。但回紇恃功而驕，行爲橫暴，甚爲國人所厭惡。亂平後，回紇又與唐室成立一種國際貿易，以他們特產的馬，向唐強迫傾銷。當時回紇馬一匹可換唐絹四十匹，但馬的體質劣弱，多無用處，唐室亦爾虞我詐，將絹疏織短截，以充匹數。唐人對回紇的印象，極爲惡劣，大詩人杜甫、白居易都有罵回紇人的詩。杜的「留花門」，以回紇傾國而至，損毀田原，引爲深憂，認爲不當留其人於中國。白的「陰山虜」，更直言不必以誠實之道待回紇。德宗時，振武留後張光晟更曾一擧殺回紇使者突董及其隨員九百餘人。但大體說來，安史亂後，唐室一直維持「聯回抗吐」的政策，一意籠絡回紇，備禦吐蕃。這政策甚有成效，終使中國轉危爲安。文宗時，回紇爲黠戞斯所破，諸部逃散。其中一支南逃，於武宗時進窺邊境，屢爲唐室所敗，降者數萬人。唐室把回紇降衆拆散，分交全國各地的節度使統轄。這辦法深含防制之意，與唐太宗平東厥後，把整個中國北邊交給突厥人居住的措施，已不大相同。

中唐以後，國人的民族思想滋長，對異族的仇視防制，已如上述。此外唐人對異族文化，也漸有歧視之意。對胡俗漸感厭惡，對佛教也由狂熱的信仰變爲公開排斥。由於這種文化意識上的自覺，逐漸引起儒學的復興運動。

玄宗時，士女多衣胡服。胡服的特徵，爲短衣窄袖。安史亂後，唐人的衣着，已恢復舊觀，改尚寬長。此點近人已有論述，不必贅言。但當時胡風並未盡除，國人仍有椎髻赭面的風習。白居易詩云：「圓鬟無鬢椎髻樣，斜紅不暈赭面狀。昔聞被髮伊川中，辛有見之知有戎，元和妝梳君記取，髻椎面赭非華風。」椎髻爲北狄裝束，赭面爲吐蕃習俗，而居易以其非華風，至以「被髮伊川」喻之，則其對胡風的厭惡，可以相見。這與盛唐士女的觀念，完全相反。⑰

安史之亂以前，佛教僧侶的地位極高。當時南北朝時代佛徒傳教譯經的狂熱已減，才智之士，多沉潛於佛學的研究，因此宗派大興，佛學益趨精微。但佛教雖盛，同時却也遭遇兩種中國傳統文化力量的無形抗拒。其一是科擧。因科擧須考試經書，知識份子爲求取功名，參加考試，不能不讀儒家經典，因而無法專究佛藏。二是中國人的家族觀念。國人素來重視家庭，以結婚生子爲無可推卸的天職，至有「不孝有三，無後爲大」的典訓。因此對佛教的出家修行，大都不敢嘗試。這兩種力量，是佛教在中國始終無法克服的困難問題。安史亂後，禪宗盛行，此派不重儀式、文字，主張明心見性，頓悟成佛。因此國人不必出家，亦可信佛，又可讀孔子之書，獵取功名。而禪宗宗義，與儒家心性之學，頗有相通之處，不特兩者並無違礙，而禪學且可有助於儒學的深入研究，爲儒學闢一新境，因此士大夫多好禪學。這種現象，固然使儒學漸受佛學的浸潤，但從佛教在中國的發展過程來看，禪宗之興，也可說是佛教對中國傳統文化的一種妥協表現。同時自禪宗盛行後，佛學的研究之風漸息，也是佛教衰落的象徵。佛教既衰，遂啓儒學復興的機運。若干士大夫，爲提倡儒學，遂排斥佛教。禪學雖漸入於儒，但佛教宗派，不止禪宗一宗，其天堂地獄因果報應之說，以及拜佛求

⑰參看本書「唐代夷夏觀念之演變」篇。

福的種種儀節形式，皆與儒學不合。若干士大夫復受民族意識的驅使，遂起而排佛。唐代第一位公開排佛的，是中唐時期的大文豪韓愈。

憲宗曾命人迎佛骨於鳳翔（今陝西鳳翔縣），留宮中三日，以求福祉。朝臣韓愈上表論諫，痛詆佛教，被貶爲潮州（今廣東潮安縣）刺史。韓愈闢佛的理論，純以傳統的儒家思想爲依據，他對佛學並無深刻的認識，所言甚爲俚淺。他的結論，只是認爲佛教來自夷狄，非先王之教，不宜崇信；對佛家的因果報應之說，表示懷疑而已⑱。這類批評，在當時並沒有發生多大影響。但其在舉世滔滔之際，言人之所不敢言。其民族思想的濃烈，對中國傳統文化態度的忠實，實爲有唐以來的第一人。

韓愈並提倡古文，主張爲文應效法古代經典以及秦漢時代文章的體例，反對魏晉南北朝以來的駢儷文體。他並主張「文以載道」，他所謂的道，也就是儒家思想。他的提倡古文，實際也是對佛教的一種排斥。因爲自南北朝以來，駢文盛行，佛經的翻譯，也無形中受了這種文體的薰染，不少譯成的佛經，文辭優美，深具駢偶風格。他主張屏棄駢文，自然也包括佛經文字在內，實含有「正本清源」的用意。到宋代，古文大盛，風靡一世，雖不能說是韓愈一人之力，但他確是開風氣的先驅。蘇軾說他「文起八代之衰，道濟天下之溺」。⑲可見宋人對他的崇拜。總之，韓愈是唐代科舉制度培養成的士大夫對外來文化發動猛擊的第一人，

⑱ 韓愈諫迎佛骨疏，載舊唐書卷一六〇韓愈傳。

⑲ 見蘇軾：潮州修韓文公廟記（載蘇東坡全集續集卷十二）。

他闡發了儒學的權威性和正統性，也開啓了唐代及其以後儒學復興的機運。

談到唐代儒學的復興運動，不能不追溯魏晉南北朝以及唐代前期的儒學概況。東漢以後，儒學漸趨衰微，玄學與佛學繼之而興。雖然如此，儒學却始終有它自己的領域，經書仍是不少人研究的寶典。玄學和佛學，遠不如儒學與政治的關係來得密切；儒家政治理論的完整，更非佛老所能及；因此它們無法取代儒學的政治地位。歷代的中央政府，無論尊儒與否，總有借重儒學之處。所以不管道教或佛教，在政治上如何爲統治階級所崇信，在社會上如何流行，儒學仍能衰而不絕。魏晉南北朝時代如此，隋唐也是一樣。

東漢的儒學以鄭玄集大成，他治經兼重古文和今文。所謂古文，是漢代陸續發現的秦以前的古本儒家經典，今文則是漢人以當時文字追憶記錄而成的經書。其後曹魏的王肅，極端相信古文，風向所趨，所有古文家的學說，都有人研究。而漢代古文經學未立學官的，魏時也都列入學官。古文盛行以後，諸家又各分派別。例如周易有王弼、鄭玄二家，毛詩有鄭玄、王肅二家，左傳有服虔、杜預二家，立說頗多不同。東晉以後，經學又分爲南北二派，各有所宗。南派周易宗王弼，尙書宗孔安國，左傳宗杜預；北派則尙書、周易宗鄭玄，左傳宗服虔；詩則南北同宗毛公，禮記同宗鄭玄。大體說來，南派多宗魏晉人的傳註而雜以玄學，北派則猶宗晚漢經說。兩派的治學方法，也不相同，大抵「南人簡約，得其精華；北學深蕪，窮其枝葉。」⑳這可以看出南學深受玄學的影響，北學猶襲東漢儒者考據的遺風。

⑳見北史卷八一儒林傳。

隋統一後，南學漸盛。陸德明作經典釋文，偏重南學，風行一時。至唐太宗，以經籍文字，謬誤甚多，乃於貞觀四年（六三〇年）命顏師古考訂五經。七年（六三三年），頒行全國，是爲五定經本。其後又詔孔穎達與諸儒撰定五經義疏，至十六年（六四二年）書成。復經考正損益，至高宗永徽二年（六五一年）始頒行全國，是爲五經正義。五經指周易、尚書、左傳、毛詩、禮記，正義於前三者的註疏，均採南派；因此經學統一，北併於南。此後五經正義成爲中央官學的讀本以及科擧考試經書的依據。此外太宗於貞觀二年(六二八年)，始立孔子廟堂於中央官學。高宗時，兩京國子監及天下諸州，均設孔廟。㉑由此可見，唐室雖在佛敎風靡之時，而對儒家的尊崇和儒家經典的整理，仍勉盡其力。

五經正義頒行後，經學定於一尊。其優點在於廓清雜說，使學者有所遵循；同時無形中抵拒佛學的薰染，保持儒學思想與研究上的獨有領域。其缺點則因官學及科擧（以明經科爲主）考試，不能與正義學說相違背，因有此種拘束，反而阻礙經學研究的進步。因此唐代除孔穎達、賈公彥等人外，竟沒卓異的經學家。但一部書絕不可能毫無錯誤，也不可能永遠爲人尊奉，因此高宗以後，漸有反對五經正義的言論出現。武后長安三年（七〇三年），王元感上尙書糾繆、春秋振滯、禮記繩愆等書，皆與正義立異。武后命弘文、崇賢兩館學士審查，評價甚高，因而下詔褒美。此後正義漸不爲人所重，儒學界形成一種懷疑舊註、崇尙新說的風氣。而正義在經學界的權威地位，前後不過五十年而告動搖。

㉑參看舊唐書卷一八九上儒學傳及唐會要卷三五。

代宗大曆以後，經學者多標新立異，不守舊說。例如啖助作春秋集傳，雜採三傳，各取所長。陸淳作春秋纂例等書，抨擊三傳，自以臆說解經。此外如成伯璵的毛詩指說，李翺的易詮等，皆尙新說。這類著作，因過逞私意，本身並無多大學術價値。但影響所及，遂開後世懷疑古經的風氣。另一方面，因學者不遵舊說，自創新意，儒家經典舊日註疏的堤防盡失，佛學遂得日益浸潤於儒學的領域中。所以雖有人致力於儒學的復興運動，但儒學的內容，已滲入大量的禪學思想，在本質上已非先秦兩漢之舊。

韓愈致力於儒學的提倡，可於其原道一文中見其精義。他闡明堯、舜、禹、湯、文、武、周公、孔、孟一貫的道統，並極其推尊孟子，認爲得孔子的正傳。自揚雄以後，孟子不爲儒者所重者達數百年，經韓愈的推崇，孟子的地位陡增，其說大行。由於儒學受禪學的影響，有唐後期的儒者多注重心性之學的研究。而孟子爲先儒論性最爲用力之人，其談心性及修養方法等所引起的若干問題，於禪學中可以覓得相當的解答。因此孟學旣盛，無形中加深儒學與佛學的關係。孟子一書，遂成爲宋代理學家所依據的重要典籍。又因大學有「正心」、「誠意」之說，韓於原道一文中也特別提及。但他說：「古之所謂正心而誠意者，將以有爲也，今也治其心而外天下國家。」這幾句話在着重說明儒佛「治心」的用意和結果的不同。此後大學一書也成爲宋代理學家主要依據。㉒此外他曾作原性一文，主張發揮孔子性說之長，並無新義。同時文中對於雜用佛老學說而言性者，表示不滿。

㉒參看馮芝生：中國哲學史頁八〇一至八〇四。

就以上所言，可知韓愈雖也談論心性，但仍堅決排佛。他被貶至潮州後，因與高僧大顛往還，頗受影響，其排佛的態度，乃漸不如以前的强厲。但終其一生，他對佛學始終抱「不服輸」的態度，而諱言其對佛學的興趣。事實上自韓以後，儒學與佛學的關係，日趨密切，漸至於融合。而韓的弟子如李翺等以及後來的宋儒，也都採韓愈的態度，他們的儒學，雖已兼採佛學，但仍堅不承認受佛學的影響。總之，韓愈可以說是宋明理學家的先驅，他的「道統」之說以及對孟子、大學的尊崇，皆爲後儒所保持，而「道學」一詞更成爲宋明新儒學的專名。他也可以說是中古時代從事建立學術道統亦即中國本位文化工作的第一人。

李翺曾與高僧惟儼論學，頗有警悟。他曾作復性書，表面遠攀儒家經典如中庸等書，而不及佛典，實際其中已雜有許多佛家理論。例如書中所謂「聖人」，乃是以盡人倫，行禮樂，而達到其至高的修養境界者。這種與宇宙合而爲一的境界，與佛學的涅槃，並無二致。此外他認爲修養成聖的方法，第一步爲「知心無思」，與佛學所謂的「眞心無覺」，其意也正相吻合。但李翺雖援引佛理，仍講求修齊治平，並未喪失其儒家的立場。他的用意，只是使佛學儒化，而非儒學佛化，所以他認爲最高的境界，仍須於人倫日用中修成。宋代理學家也遵循此意，雖援佛入儒而依然排佛。總之，韓愈、李翺已確定了宋代理學的基礎及輪廓，而李的貢獻，較韓尤大。㉓

㉓ 參看馮芝生：中國哲學史八〇四至八一一。

四　宋代中國本位文化的建立及其影響

唐亡於藩鎮，繼之而起者爲五代。五代時期的政府，則是唐代藩鎮的延續。其中後唐、後晉、後漢三朝，均是沙陀人所建。在五代時期的五十餘年中，是純粹的武人政治，文人的地位大爲低降。但中唐以後漸趨嚴格的夷夏觀念，却未因此而廢絕。沙陀人因久居中國，沾染漢化，身雖爲夷，而每每自居爲夏。當時契丹强大，控制中國的北方政權，而唐、晉、漢君臣，曾有不少表現出强烈的民族意識，與契丹對抗，雖身死國亡而不惜。後唐廢帝時，石敬瑭反，帝寧拒契丹之援，而不與之和親。晉出帝初即位，納朝臣景延廣的建議，對契丹稱孫而不稱臣，卒以此挑起戰端，淪爲降虜。此類史實，皆沙陀以中國自居的明證。其後郭威以漢人建立後周，曾親赴闕里，祭祀孔子，開始表示對中國傳統文化的尊重。到世宗，延聘儒學之士，考察制度，訂正禮樂刑法，翻然有偃武修文之志。他是五代惟一有計劃的消滅武人政治的君主，從而奠定了北宋文人政治的始基。㉔

宋代提倡文人政治，科舉轉盛，而儒學益尊，科舉制度逐漸成爲發展儒家思想學說的工具。加以外患不息，宋人的民族意識也日益深固。民族意識、儒家思想和科舉制度是構成中國本位文化的三大要素，這些要素都在宋代發展至極致。儒家思想學說受了民族意識和科舉制度的保護支持，成爲舉世獨尊的顯學。從北宋起，儒學支配中國的政治動向及社會人心垂

㉔ 參看本書「沙陀之漢化」篇。

千年之久，其尊崇與强固，較兩漢猶有過之。

宋室爲矯唐末五代武人亂國的積弊，提倡文人政治，嚴禁武人干政。由是科舉復興，科舉出身的士大夫的地位益爲隆崇。但因矯枉過正，造成重文輕武的現象，以致國勢不振。宋代科舉考試的科目內容，也漸有統一的趨勢。唐代科舉考試，每年舉行，約分十餘科，而以進士、明經兩科的應試者爲最多。進士重文學，明經重經學，每年以明經進身者約一百人，而進士不過一、二十人，因此進士科最爲世人所重。宋代科舉考試的時間，初無定制，至英宗始定爲三年一考。其科目雖有多種，但其獨重進士的程度，較唐猶有過之，其餘不過聊充點綴。朝廷對進士倍加寵重，錄取人數也遠較唐代爲多，因此進士科成爲士人競趨的對象。

神宗時，王安石變法，改革科舉制度，罷除諸科，獨存進士。此外又立明法，作爲不能業進士的舉子的進身之地。考試內容，則廢除帖經墨義，改試諸經大義。與試者必須通經而有文采，始能中格，與帖經墨義的粗解章句不同。安石並訓釋詩、書、周禮三經，號稱「新義」，以爲經義考試的標準。此外自京師至各州縣，均設學校，宦家子弟，可免試入學。在校成績最優的，可免除初試，直接參加最後的「殿試」，用以提高進士科的水準。其後黨爭激烈，辦法屢有更易，但經試大義，則相沿未改。南渡以後，科舉仍重進士。考試內容，則分兩科：一以試經爲主，一以試詩賦爲主；但前者仍兼試詩賦，後者仍兼試經義。這種辦法，初行於北宋哲宗時，南渡後始成定制。進士之所以分科，實因當時北人素好經學，南人擅長文詞，不得不行此法，以爲調劑。

至於宋人的民族意識，也日益强烈。科舉制度與文人政治造成士大夫的自尊以及對中國文化的竭誠崇拜和擁護，因此自然卑視外族文化。加以契丹、女眞等外族的侵凌，遂使宋人對異族於卑視之外，益以仇視。宋人好談春秋，如孫復、胡安國等，皆以春秋之學名世。孫著春秋尊王發微一書，主張「安不忘危，治不忘亂，講武經而教民戰。」安國曾進高宗政論二十一篇，其論立志，謂「當必志於恢復中原，祗奉陵寢；必志於掃平讎敵，迎復兩宮。」㉕朱熹以理學名世，但其所著資治通鑑綱目，踵事春秋，而以蜀漢爲正統，其意即在否定北方外族政權的正統性及合法性。此外宋人雖然因對外戰敗，屢訂屈辱條約，但從未效法漢唐，與外族和親，這些都是宋人民族思想的具體表現。而北宋屢次伐遼，南宋屢次伐金，也都是宋人不甘受外族侵凌的明證。

北宋神宗時，王安石變法，整頓軍隊，創保甲法，對百姓施以軍事訓練。八年之間，得民兵七百萬。及安石去職，舊黨當政，盡廢新法，既練的民兵，全無所用。但到南宋初年，岳飛、韓世忠、張浚諸將，皆圖恢復中原，而宋室的兵力驟強，迭立功績。岳飛提一旅之師，屢挫金人的百戰精銳，幾復中原。宋室武力於此時突然強勁，固由於宋人的憤恨外侮，敵愾同仇，而安石保甲法教民習戰的成果及影響，當亦爲主要原因之一。如非高宗怯懦，信任主和的奸臣秦檜，且狃於重文輕武的積習，深恐一旦功成，武人難治，遽爾下詔班師，與金人議和，則河山再造，指日可期。及岳飛被殺，韓世忠解除兵權，宋室的武力，從此不振。結果惟有稱臣納幣，以苟延歲月。

㉕ 參看重編宋元學案卷二「泰山學案」及宋史卷四三五胡安國傳。

金宋議和後，宋人的民族思想，並未中斷。孝宗即位後，銳意恢復。但高宗時代的名將，至此業已凋謝殆盡，碩果僅存者，只一張浚。浚雖忠誠謀國，但其勇略較之岳飛、韓世忠等人，相去甚遠。孝宗以張浚北伐，不旋踵而有符離之敗，不得已再與金人議和。和約改金宋爲叔姪之國，宋主稱金主爲叔，不再稱臣。並改「歲貢」爲「歲幣」，且較前略有減免。宋雖未能收復失土，但從此兩國外交立於平等地位。設宋室不敢一戰，則必仍稱臣納貢如舊。和約未立時，張浚已死。浚臨終手書付二子曰：「吾嘗相國，不能恢復中原，雪祖宗之恥。即死不當葬我先人墓左，葬我衡山下足矣！」㊱其忠慨遺恨，躍然紙上。

南宋時，理學昌盛，爲世所宗。但永康學派諸子如薛季宣、陳傅良、葉適、陳亮等，皆反對理學家的高談心性，不切實用，而以經綸當世之務相號召。此派對朝廷的偏安一隅，士大夫的宴安苟且，深爲不滿。葉適、陳亮，尤主恢復金甌，以雪國恥。寧宗時，韓侂胄專權，欲伐金立功，葉適諸人，多所贊助；愛國詞人辛棄疾，詩人陸放翁均親附之。但侂胄不諳軍略，伐金敗績，致爲朝臣石彌遠所殺，函首於金，再訂屈辱條約。侂胄奢侈驕橫，輕舉妄動，其誤國之罪，固不可辭，但其不忘仇敵，志切恢復，其勇氣亦自可嘉。惟因其生前，倡「僞學」之禁，敵視理學家朱熹等人，爲清議所不容，遂橫被一世惡名。侂胄死後，宋室於敗喪之餘，不敢再戰，而國勢益形不振。

自侂胄北伐失敗，金亦因蒙古勃興，屢遭侵略而日趨衰微，雙方相安無事者六七十年。

㊱見宋史卷三六一張浚傳。

宋理宗時，金益不振，宋室遂聯蒙古滅金。夙仇雖復，而新敵益强。蒙古橫跨歐亞，所向無敵，但其侵宋，却遭遇空前未有的困難。宋以名將孟珙鎭江陵，余玠守四川，固守上流，保障東南，局面一時甚安。余玠於四川採「山城設防」之策，與蒙古大小三十六戰，皆有勞效。其後孟、余相繼死，蒙古遂大規模入侵。元憲宗蒙哥於理宗寶祐六年（一二五八年），領兵十萬侵宋。次年，進圍合州釣魚城，守將王堅、張珏拒守，苦戰數月，蒙哥傳爲飛矢所中，死於釣魚城下。此一擧世無敵的大汗，竟死於一座孤城的攻防戰中，堪稱奇蹟。其後宋室因奸臣賈似道亂政，名將凋謝，國事日非，但猶戰鬬二十年，始告滅亡。總計自金亡至宋室傾覆，宋人與蒙古苦戰凡四十五年，較之蒙古的橫掃歐陸，所向無前，實不能同日而語。而南宋之亡，陸秀夫負帝昺蹈海於厓山，從死者數萬人，其壯烈可謂史無前例。如非當時士大夫具有高度的自尊心和民族意識，焉能至此！

北宋的儒學，仍盛行唐中葉以後以新說解經的疑古風氣。王安石著三經新義，其解釋自與傳統的注疏不同。此外如歐陽修、蘇軾等，對古代某些經典的部分內容，抱懷疑態度，自然也都是受這種風氣的影響。這種風氣的持續，所以如此之久，主要由於唐宋時代的政府和社會，崇尚文學，明經並非士人的唯一出路；加以思想比較自由，學者不願死守傳統的經註，而思自創新見。又受佛學的影響，儒學的內容也因而發生變化。這種風氣，最初是懷疑古經，發揮新義，漸而形成一種新學派，即所謂「理學」或「道學」，也可以說是一種新儒學。理學家的最初目的，本在中興儒學，抵制佛道。但他們所討論的若干問題，諸如心性和宇宙問題，先儒多不常論及，因而無形中蹈襲了佛道的理論和方法。尤以佛家的禪宗理論，對理學的影響最大。

宋代理學的初興，約在眞仁之際。初期的理學家，以周敦頤、邵雍、張載爲最著。周是宋代理學的開山祖，從他起宋儒開始談宇宙問題，就宇宙的本體，推論到人生的正道。他以易、中庸二書爲骨幹，雜以佛老，建立其本體論。他的太極圖說，可稱爲代表作。此外邵的皇極經世，張的正蒙，都是這方面的名著。周邵之學，淵源於五代末年的道士陳摶；張載少時，也曾致力於佛老。從這些地方，可以看出他們與佛老的密切關係。周於討論宇宙問題之外，更闡明心性義理的奧祕。他所謂的「人極」亦即做人的最高理想，是仁義中正。修養的方法，在靜與思，靜始能無欲，思始能通微。通微可以漸達於無思，無思始合於誠，合於誠者便是聖人。張載在這方面，也有很多發揮。他認爲聖人視萬物爲一體，破除我與非我的界限，亦即是天人合一的境界。以此推之，人體即宇宙之體，人性即宇宙之性。吾人應以宇宙爲父母，衆人作兄弟，萬物爲同類。自親親之道，擴充至大公無我，汎愛一切，始爲對宇宙萬物應有的態度。

繼起的理學家，以程顥、程頤爲首。二程少時曾受學於周敦頤，博覽諸家，出入佛老者近十年，然後研習六經，發爲學說。二程皆有語錄，頤並著易傳一書，爲畢生精心之作。他們雖也探討宇宙問題，但重點則在心性。因爲人對宇宙的瞭解有限，由宇宙轉論人生，實太牽强，不如直接從實際的生活經驗，來建立人生的理論；這是二程在理學上的最大貢獻。他們以「持敬」、「致知」兩點爲學說的主旨，主張存養在誠敬，致知在格物。依據實際的生活和內心的經驗，敎人在修養上選擇自己的方向，而求身心與道一致。宋代理學，到二程纔開始確立系統。二程的學說，大同之中，也有小異。例如程顥主張「敬以直內，義以方外」，以爲學者須先認識「仁」的原理，然後以誠敬保持之，自可到達「仁」亦即天地萬物合一的境界。這種理論，實開南宋陸象山心學的端緒。程頤則主張「涵養須用靜，進德在致知。」比較注重格物窮理，可以說是南宋朱熹一派學說的先驅。

到南宋光寧時代，理學趨於極盛，最著名的理學家爲朱熹。他少從大儒李侗問學，侗學則淵源於程頤。熹平生著述極富，包羅至廣。爲學側重致知，認爲求學必先窮理，窮理至於其極，即可豁然貫通。他所謂的窮理，乃是「推究天下萬事萬物的究竟」，亦即大學所謂「致知在格物」，程頤「進德在致知」之意。他以爲天下的物理精蘊，已具備於聖賢之書，因此敎人以信古人讀古書爲格物窮理的入手方法。古書則以論語、大學、中庸、孟子爲最重要，他定爲四子書，特爲作集注與章句。他的退五經而進四書，是當時學術界空前的創擧。此外，他並創「道統」之說，亦即「道」的一脈相傳，猶之政治上的所謂正統。他認爲四子以下，直接周、張、二程。他的道統說，雖是繼韓愈原道一文的主旨而擴延之，但從他起，道統說纔正式確立。

與朱熹同時而學說立異的，有陸九淵。他特別注重持敬的內向工夫，主張心即是理，不容有二。他的修養方法，以爲人性至善，首應明白本心，然後加以發揮，即可到達至善的仁的境界。至於窮理工夫，並不必要。他曾說：「學苟知道，六經皆我註脚。」與朱子讀書窮理的見解，大異其趣。朱學博大精微，而敎人的方法，則極平易淺近，因此能集宋代理學的大成，爲衆流所歸，歷元明清三朝，學者不能逾其範疇。至於陸的思想學說，直到明代中葉

的王守仁，纔發揚光大。㉗

宋儒因專講修養，砥礪名節，有「餓死事小，失節事大」之說。這個說法，對後世影響極大，不特男子重視節操，女子夫死而守節不嫁者，也自此而盛。此外宋儒對個人修養，主張躬行實踐，但把道與事分開，除個人修養外，對世事並不注意。對政治社會，更無遠大的計劃和理想，正如韓愈所說的「治其心而外天下國家」。宋代理學家之居官者，莫不潔身自好，操守出衆，但大都反對政治的革新，主張保持現狀。對外雖亦有濃厚的民族意識，但反對戰爭，僅求苟安。因此節操雖勵，無益於政治的進步；夷夏之辨雖嚴，而不能報仇雪恨，恢復故土。

北宋王安石變法，遭受舊黨司馬光、富弼等人的堅決反對，而理學家的程顥，實爲舊黨的一份子。顥弟頤於神宗時雖未用事，但神宗以後亦爲舊黨中一派（洛黨）的領袖，其反對改革，自無疑問。南宋寧宗時，韓侂冑專權，謂朱熹迂濶不可用，罷熹侍講。侂冑並與理學家爲敵，而倡「僞學」之禁。所謂「僞學」，乃指學者的「言行相違」者，以爲廉潔好修，違人眞情，其人不過文詐沽名，以自標榜。因此士大夫稍涉義理者，皆遭黜落。當時理學正盛，理學家隱然爲物望所歸，太學生從而和之，聲勢益熾。他們的論調，每能左右時局，執政者更是他們經常攻擊的對象。但當時所謂賢者，行爲不免矯僞，議論也嫌空疏；一般太學生，更多驕橫不法。士大夫仍蹈襲北宋黨爭的惡習，形成政治上一大病根。侂冑的倡「僞

㉗ 參看范壽康：中國哲學史綱要頁三〇六至三三九。

學」之禁，行動固然過分，但亦有所爲而發，並非完全意氣用事。侂胄此舉，最爲當時的清議所不容。其後伐金敗績，身死名裂，皆與禁「僞學」有關。但理學雖盛，而無補於國事，不能不說是宋代文化上的一種缺陷。

大體說來，唐代文化以接受外來文化爲主，其文化精神及動態是複雜而進取的。唐代後期的儒學復興運動，只是始開風氣，在當時並沒有多大作用。到宋，各派思想主流如佛、道、儒諸家，已趨融合，漸成一統之局，遂有民族本位文化的理學的產生，其文化精神及動態亦轉趨單純與收斂。南宋時，道統的思想既立，民族本位文化益形強固，其排拒外來文化的成見，也日益加深。宋代對外交通，甚爲發達，但其各項學術，都不脫中國本位文化的範圍；對外來文化的吸收，幾達停滯狀態。這是中國本位文化建立後的最顯著的現象，也是宋型文化與唐型文化最大的不同點。

蒙古滅宋，建立元帝國。元的制度，一部分襲取漢制，一部分則保持蒙古舊法。但蒙古人吸取漢化的態度，並不積極；漢化的程度，也不深厚。仁宗時，開始以科舉考試籠絡漢人，這可看出科舉制度在中國已奠定不可動搖的基礎。但元室忌視漢人，未能善用這種制度，以致無法使漢人與之充分合作。其政治的腐敗落伍，也與此大有關係。蒙古人的文化，尚未完全脫離游牧民族的本色。元時中國本位文化仍具深厚的潛力，因此元室雖不積極提倡漢化，但蒙古本身的文化對漢人可謂毫無影響。到明室建立，漢官威儀，隨即恢復，異族的統治痕跡，幾無可尋。

明代的中國本位文化，從外貌看仍是非常強固。科舉的形式與內容，至此亦告統一。唐宋時代科舉的名目繁多，明代則只存進士。進士爲科舉考試的最高階級，此外雖有秀才、舉人等名目，但地位均低於進士；舉人的與試者必先具秀才資格，進士的與試者必須先具舉人資格。所以三者是科舉考試的三個階段，而非並行的不同科目。至於三者考試的內容，主要爲八股文，通稱制義。命題專取四書五經，文分八段，每段各具一定的格式，並須起承轉合，前後呼應。這種考試方法，亦爲淸代所因襲。

科舉考試，對中國本位文化的建立與強固，確有莫大的助力；但明淸時代的科舉考試，對中國文化的進展，又是一種極大的阻礙。中國文化從明朝起，漸走上衰落之途。因爲八股文體，既極其板滯；內容又只許代聖賢立言，而不能發揮個人的思想見解。知識份子埋頭於空洞的形式和口頭禪中，以獵取功名，日久年深，至於民族的智慧，爲之蔽塞。明淸五百年間，大思想家與大政治家的幾至絕跡，實與八股文的考試有直接的關係。一般讀書人，除學習八股文以期應試做官外，對其他方面的學問技藝，殊少學習的興趣，幾乎一無所能，而讀書人的出路也因之轉狹。另一方面，胸襟見識也隨之偏隘淺薄，認爲除了中國古代的經典文學，其他一切學問都不足道。明淸時代，中國士大夫的排斥西化，仇視洋人，都與此有關。

科舉制度的盛行，影響所及，更產生一種奇異的現象，即是國人民族意識的低落。民族意識本爲科舉制度的支柱，但由於國人的過分熱中科舉，遂使科舉在國人的心目中，駕國家民族觀念而上之。異族入主中國，如能善用科舉制度，籠絡漢人，則國人亦「夷狄而中國則中國之」，羣起應試爲官，對異族政府盡其忠悃。元人歧視漢人，科舉不公，致國人不予擁戴，國祚短促。至淸入中原，鑒於元人的覆轍，採羈縻之策，大開科舉，於是舉國士子，盡入彀中。遺老碩儒，其不應「博學鴻詞」之舉者，又有幾人？雖顧炎武、王夫之諸大儒，誓不事清，亦只能及身而止。抗敵復國之責，轉賴於無知大衆的秘密組織，自不能於短期內發生作用。而清人以異族入主，垂統竟至於二百六十八年，豈非怪事！清末屢敗於外國，而中國本位文化亦衰弱不堪，科舉制度已無法抵禦外來文化的入侵。西洋文化亦如千餘年前的佛教，挾雷霆萬鈞之勢，乘虛而入中國。遂使中國的本位文化，發生根本的動搖。㉘

附記：拙文之完成，曾得國家科學會之補助；並承廖文眞、黃敏枝兩位同學代爲謄清拙稿；一併誌謝。

民國六十一年十月傅樂成識於臺北。

原載國立編譯館館刊一卷四期，六十一年十二月

㉘　參看本書「中國民族與外來文化」篇。

中國民族與外來文化

一 民族混合與文化混合

中國民族，從有史以來，就經常與外族相混合。至遲從夏朝開始，中國的歷史上即已有民族混合的記載。中國民族的形成與擴張，實際是多種民族混合的結果。夏、商、周三朝的建立者，便是三個源流不同的民族。它們先後統治了中國北方的所謂中原地區，相互同化，同時又各與其勢力所及地方的土族同化，經過一千數百年（約自西元前二十一世紀初至前八世紀中）的揉塑，漸而摶結成一大民族。它們對異族，覺得自爲一整體，自稱爲「諸夏」，有時也被稱或自稱爲「華」，至遲在西周末年，這種型態已經成立。這種民族混合最主要的推動力便是文化，文化的混合使許多不同的民族結成一體。相反的，某些民族雖與諸夏種姓相同，但因文化的差異，也被擯斥於諸夏之外。例如周代的羌戎（在今山西介休縣一帶），與周王室母系的姜姓同族；驪戎（在今陝西臨潼縣一帶）則與周室同姓；但它們被視爲異族，這自然與文化不同有關。大體說來，諸夏文化已進至農業和城邦的階段，而所謂戎狄則尚處於游牧部落的狀態。由於生活方式的不同，雙方的禮俗、言語、飮食、服飾、戰術等方面也連帶發生顯著的差異。因此諸夏與戎狄之別，主要是一個文化的分野，種族的不同尚在其次。①至於戎狄盤據的地區，也並不全限於邊疆，即使在諸夏的中心地區，也有若干尚未被同化的異族存在。

商周行封建制，民族的混合甚爲遲緩，而且是局部性的。到東周，封建制度漸壞，大規模而急遽的民族混合隨之開始。春秋時代（西元前七二二年至前四八一年），「諸夏」的範圍仍是相當狹小，不但秦、楚、吳、越等國都被諸夏國家視爲異類；即使諸夏地區中，如齊、晉、鄭、衞等國，也還有多種的戎狄雜居着。到戰國時代（前四八〇年至前二二二年），內地戎狄大都被諸夏國家征服或同化，使諸夏內部的種族日趨單純；而邊疆的國家如秦、楚、越等也因長期吸收諸夏文化，漸而進入諸夏集團，使諸夏的範圍擴大了不少，這範圍又被稱爲「中國」。同時中國集團的若干份子，在外型與內容兩方面都發生了大變化。它們從封建式的國家，進而爲軍國主義式的强國。領土完整，不再分割；政權集中於國君，不再爲貴族所壟斷。同時它們對境內和鄰近的異族地區，從事經營開拓，版圖日益擴張，國勢也日益强盛，齊、楚、秦、燕以及分晉而成的韓、趙、魏，都是這一類型的國家。他們所以能有這樣

① 參看錢穆：國史大綱上册，頁三六至三九。

輝煌的成就，則與採用法家的政治原則與技術有莫大的關係。

法家之學，大致說來是一種專以富國强兵、君主集權爲目的的學說，它興起於戰國初期，可分東西兩派：東派起於齊國，這一派法家思想的書，有管子、晏子等。其作者並不是春秋時代的管仲和晏嬰，而是後人所假託的，但其中當有一部分是管晏的政治思想和施政方針。其論點着重於經濟，即如何使國家人民致富用富等。西派爲三晉，其論點則着重在政治，即如何執法立信，加强政府的權威等。這一派法家的代表人物，有李克、商鞅、愼到、申不害、韓非子等。秦實行法家的政策時間最長，也最澈底；但爲它設計和執行政策的人，則來自三晉。論者謂法家起源齊、晉、秦等地的學政習法和典刑者，這種說法大致可以成立。②但齊、秦、三晉等國，何以宜於法家之興起？這一點可能與外族的刺激有關。以上諸國，類皆華戎雜居。晉國境內遍佈戎狄，齊有維夷、萊夷等異種，秦則居於西戎之中。它們與外族日處於鬥爭之中，必須加强軍力，統一政令，始能克敵致果，外族的風氣本來質樸强悍，列國的人民與之雜居，難免受其影響；加以不斷的鬥爭，更增加其尚武的精神。而法家的嚴刑峻法，養成他們服從命令恪守紀律的習慣，驅使他們「併力於耕戰」，國家乃隨之富强。到外族歸附，內部鞏固之後，它們又展開對外的擴張，更須造成一種力大而易驅使的民俗。在這種環境中，法家的思想最易滋長，其政策也最易被接納。

春秋時，齊、晉、秦、楚四國，境內外族龐雜，日事經營開拓，軍力也隨之擴充。齊國

② 參看傅孟真：戰國子家敍論第九節「齊晉兩派政論」（載傅孟真先生集第二冊頁四四至五〇）。

最初的領土，本是今山東省的北部，膠東半島地區，則爲華萊夷所盤據，與齊人不時鬥爭。到桓公（前六八五年至前六四三年），齊國東境已擴展至海，內部已沒有種族問題，因此纔有能力西向稱霸。晉處於戎狄之中，四向開闢疆土，獻公（前六七六至前六五一年）致力擴軍滅國，掩有整個汾水流域，曾討伐驪戎，大獲克捷。但他晚年荒於酒色，身死國亂，狄人的勢力復熾。文公（前六三五至六二八年）母爲狄人，且曾居狄十二年，因此即位後能和輯狄夏，擊敗楚師，而迅速定霸。文公以後，晉室致力於狄人的征服，赤狄以及肥鮮、虞鼓、中山諸狄，皆爲晉所滅，疆土大擴。秦則於東周之初，驅逐犬戎，取得周王畿的西部。其後又伐邽冀戎，闢土至今甘肅省東境。至穆公（前六五九至前六二一年），因東向發展爲晉所阻，乃改變方針，致力於西戎的經營。結果滅國十二，闢地千里，掩有渭水流域的大部。楚於西周末年稱荆蠻，爲周患害，曾爲周宣王所撻伐。春秋初，諸夏國家，猶以蠻夷視之。其後屢次北進，爲齊、晉所阻，不能得志，轉而經營南方。楚人也以蠻夷自居，一味以武力兼併爲務，因此滅國甚多，如弦、黃、江六等國，都是南方土族，從未沾染華風。楚莊王（前六一三至前五九一年）時，又滅庸、舒等國，伐陸渾戎（今河南嵩縣），並擊敗晉師而稱霸中原。莊王以後，楚人逐漸改變其極端的武力兼併政策，並要求加入諸夏集團，這自與長期吸收諸夏文化有關。總之，以上四國，致力於開拓事業最爲成功。外族地區給予它們廣大的發展空間和經濟資源，而民族間的鬥爭及同化，也養成其國人的勇武精神，因此國家富强，蔚爲霸主。到戰國，這些國家又採用法家的政治學說，厲行軍國主義，於是國勢益强而戰爭也愈烈，整個世局也隨之發生巨變。

戰國初期，晉分裂爲韓、趙、魏三國。魏據有晉的中部和西南部，地盤最大。其開國君主魏文侯（前四〇三至前三九七年），以李克製訂新法，改定稅制，國家大治。因此魏國成爲戰國初期最强的國家。至惠王（前三七〇至前三一九年），齊國興起，魏始衰落。齊於威王（前三五五至前三二〇年）時奮起圖强，曾兩敗魏師。其後宣王（前三一九至前三一〇年）重創燕國，湣王（前三〇〇至前二八四年）滅宋，國勢極盛。齊國受東派法家學說的影響，早有開發利源裕民富國的傳統，戰國時又建立以軍功得官的制度，以是國富兵强。但湣王滅宋後，志氣驕盈，因濫事征伐，爲燕所乘，國勢大衰。燕僻處東北，國力不强，但亦曾大敗齊國，並擊敗東胡，拓地至今遼東半島。楚於戰國初期，曾以吳起變法，推行新政。同時不斷四向擴展地盤，於列國中版圖最大。但至楚懷王（前三三八至前二九九），兩敗於秦，勢力大挫。楚國因地大人稀，生活環境優越，文事大興，而法令漸趨寬緩，政治也日見腐敗，國勢因而不振。韓國於昭侯（前三五八至前三三三年）時，以申不害爲相，厲行法治，內修政教外應諸侯者十五年。但因地狹人少，始終未見强大。趙於武靈王（前三二五至前二九九）時提倡尚武精神，下令國人必須胡服，以習騎射，曾北攻狄人所建的中山國（今河北定縣），並經略匈奴地數千里，流風所及，趙人以勇武善戰名於當時。到長平之戰（前二六〇年）趙敗於秦，六國的滅亡命運，也大致決定。

以上六國，雖多任用法家，推行新政，而稱雄於一時。但富强之後，其統治階層轉趨奢侈驕泰，漸失去往日奮發有爲的精神。齊、楚、魏、趙等國，莫不如此。齊國的君主貴族，豢養了不少「談天雕龍」的清客，以異說奇談侈言於朝廷中。齊公子孟嘗君，有門客數千，其中不乏「鷄鳴狗盜」之徒。此外如楚春申君、魏信陵君、趙平原君，燕太子丹等，也都以養士著稱。這些所謂的「士」，大都是游食之人，純粹的寄生者，而甚少才智之士。這類現象，與法家政治思想是背道而馳的，所以養士之風盛，亦即法家之政衰。因此這些國家的强盛，都相當短暫。唯有秦國，實行法家的政策最久，也最澈底。從秦孝公（前三六一至前三三八年）到秦王政（前二四七至二二一年），法家政治一脈相傳，達一百四十年之久。孝公時，商鞅變法，秦國家給人足，盜賊絕跡，社會異常安定。同時奬勵軍功，擧國上下都以對外戰爭爲主要出路。秦人本具有戎狄尚武的特性，加上完密的組織和嚴格的訓練，因而軍隊精勇，所向克捷，終於併呑六國，造成史無前例的大一統之局。

秦的大一統之局的造成，是「諸夏」或「中國」民族和若干外族在種族和文化混合的結果。這次民族大混合，歷經春秋戰國五百年而告成。以中國民族的智慧文明，混合外族的勇武精神，才建立了這件揭地掀天的偉大事業。大一統之局的完成，在國史上具有無比的重要意義。在此以前，無論名義上如何，中國實際上是分裂的。所謂「諸夏」或「中國」，只是個籠統的概念，並無確切的範圍及實際組織；到秦統一，「中國」二字纔有具體的表現，它代表着一個龐大帝國和它的土地人民。緊接着大一統之局出現的是秦漢的大帝國。秦漢於統一之後，隨即對外擴展，驅逐匈奴，並征服百越。漢於秦亡後，休息了一段時間，而後繼續開邊，版圖較秦時擴大一倍，造成國史上的極盛時代，最難得的是强盛的保持，漢歷時四百年，而其盛世，竟有三百年（前二百年至西元一百年）。其間除了極短時間的戰亂，帝國始終是富强的。

隨着民族的混合與大帝國的建立，學術也漸漸由分裂走向統一之途。自東周初年，封建制度漸壞，各種學術大興。秦以崇尚法家而統一天下，漢承秦法，但對秦的迅速滅亡，深懷畏懼，因此雖在政治制度上承襲秦舊，但於立國精神和原則上不得不另覓長治久安之道。所以漢初崇尚黃老，行無爲之政。經六十年的休養，到漢武帝時，國力漸充，又趨有爲，這時黃老政治已不能配合大帝國事業的發展，於是又復尚法，但漢室終不敢以尚法爲名，因而提倡儒術。漢武一代，始終尚法，儒術只是裝點門面。但武帝多少受了些儒家學說的影響，其政治雖然嚴厲，仍知顧全民命，不若秦代的殘虐。晚年且深悔濫用民力，並改變方針，與民休息。但漢帝國經數十年的開邊戰爭，加上武帝的奢侈無度，元氣因而大傷。武帝以後各朝，每以武帝爲戒，一意以守成爲務，儒家學說便在這種環境中滋盛起來，所以儒家之興，實是一種自然的趨勢。武帝以後兩百年富强康樂之局，實賴儒術維持；但中國民族的尙武精神與進取意志，也因儒學的盛行而漸趨消沉。秦帝國的事業，是以最積極的政治思想與技術配合秦人外族化的尙武精神創造出來的，因此秦的政治，專以擴張權力、財富及土地爲目的，從不止息。但因過度擴張，斲喪國本，而至於迅速崩潰。漢初推行無爲政治，但漢人的尙武精神猶在，因此首都長安，雖日處匈奴侵逼之下，仍能屹立而不搖。至武帝，國力已充，再以法術而集中國力，遂能重創匈奴，開闢四境。武帝以後，儒術大興，漸成持盈保泰的局面，國家雖得有長期的治安，但儒家的人道主義及和平政策，亦日漸浸潤國人的思想，行之既久，漢人尙武精神及進取意志亦漸趨沒落。到東漢後期，整個國家民族，呈現出顯著的衰象。

二　中古時期的胡化

東漢和帝一代（西元八九至一五〇年），是漢帝國興衰的轉捩。在他以前的三百年間，漢帝國除了內部幾次短暫的叛亂，國勢始終是強盛的。但從和帝起，帝國逐漸呈現出衰象。宦官開始抬頭，與外戚角逐政權，而於桓靈時代（一四七至一八九）獲得決定性的勝利。他們的貪污殘暴，造成漢帝國內部好幾次巨大的動亂，諸如黨錮之禍、黃巾之亂以及軍閥的稱兵等。而武帝以後歷代遷移至帝國邊區的若干外族，至此也趁機向帝國內部發展，最後竟至使整個北部和西部的邊區，變成他們的殖民地。外族中爲患最烈的是羌人和鮮卑人，爲抵禦他們，漢廷必須屯重兵於邊地，結果產生了不少軍閥。若干軍閥更利用胡人組成堅強的軍隊，做爲發展其野心的工具，這象徵着漢人的尙武精神已日漸消失。內憂與外患，促使這個龐大帝國，走上瓦解之途。

從漢末曹魏以降，政治風氣日益敗壞，其特點是絕大多數的政府首長，尙功利而無操守，重現實而乏理想。這種風氣，根源於漢末的黨錮之禍，而曹操更是其助長者。他以法術治國，曾公開聲明求才但取治術而不重名節，於是傾險好利之徒，紛紛登上政壇，政風不問可知。其後司馬氏篡魏，魏臣中較有政治才識的，都被誅除，政治益趨退化。晉武帝平吳後，舉國上下依然浸潤於一種奢侈腐敗的暮氣中，武帝始終沒有振刷的決心，結果種種禍亂在他身後一起爆發。惠帝（二九〇至三〇六年）即位，因賦性低能，皇后賈氏乘機擅權亂政。她利用宗室諸王，相互屠殺，終至造成內亂，干戈相尋者十餘年，國事益不可爲。當諸王忙於內爭之時，中國境內的若干胡族，也乘機脫離晉室的羈絆。到懷帝（三〇七至三一二年）即位，諸王的兵爭雖止，胡族的侵迫，又接踵而來。

從惠帝末年，胡族開始叛亂。至懷帝，叛亂愈演愈烈，史家名之爲「五胡亂華」。所謂五胡，是指匈奴、羯、鮮卑、氐、羌，也就是當時胡族的主要種類，都是從西漢中葉起，經東漢和三國時代陸續遷入中國的。它們原都降順中國，政府爲便於保護管理，遷之於邊地，其後種類繁衍，因中國的內亂分裂，漸向內地擴張。到晉，胡人益向內逼，北方的重要戰略地帶，全在其勢力範圍之中，對於晉帝國的中心地區，形成半包圍形勢，終至發生大規模的叛亂。十餘年後，胡人便掩有整個北方，晉室被迫偏安於江左。從東晉到南北朝，胡族佔據北方達二百六十餘年（西元三一七至五八〇年），在這段期間內又發生了第二次的民族大混合。北方胡族因晉室南遷，中原無主，紛紛建國稱號，相互殺伐，經一百三十餘年的混戰，而後統一於鮮卑人所建的北魏（四三九年）。魏歷祚百餘年，因內亂分裂爲東西魏，繼而演變爲北齊、北周。其後北齊爲北周所滅（五七七年），北周又爲隋所篡（五八一年）。南方的東晉，亦於偏安百餘年後爲宋所篡（四二〇年）。宋亡後繼有齊、梁、陳三朝。魏統一後，北方漸安，但塞外的部族柔然仍爲邊患。齊周之時，柔然亡而突厥興，爲害益烈。南方諸朝，雖北伐屢次失利，但對境內蠻族地區的開闢經營，則甚有績效。隋建國後，先以全力制服突厥，而後乘機南伐，一舉滅陳。這時中國境內的種族問題，已大致解決，大一統的局面，因而重現。

中國文化，在漢末也呈現衰象，儒學漸成爲一種無靈魂的空架，學者只知對若干經典的小問題尋索考證，而缺乏創造性的新思想，因此漸漸被人厭棄。當時較有獨立思想的人，大都依附於老莊。平民的迷信也日漸加深，道教會便在這時成立。政治的腐敗，引起外族的叛亂；思想的空虛，也同樣招致外來文化的入侵，佛教便在這種情形之下，熾盛起來。佛教本於東漢初年，自西域傳入。自武帝始通西域，其後中國更長期掌握西域的政權，因此這個地區逐漸成爲東西文化交流的孔道。中國的絲綢，輸向西方；西方的文化，也大量傳入中國，除佛教外，尙有音樂、歌舞、技藝以及若干動植物等。但自武帝至東漢前期的兩百年間，中國的政治穩定，儒學昌盛，佛教在中國流行不廣。直到東漢後期，中國傳統文化已趨於衰微，佛教才乘時興起。

兩晉南北朝時代，佛教大盛。天竺、西域的佛教大師，紛紛來華，從事譯經傳教。佛經的翻譯，始自漢末，東晉時其風益盛，佛教也自此成爲一種普遍性的宗教。至唐代前期，譯經事業，到達巔峯狀態。譯經的風氣，前後持續達六百年。天竺的佛教思想，便藉着這些翻譯的佛經在中國散播，中國人的思想學術和生活都因而發生劇烈的變化。國人因譯經而創造新字和成語，達數萬之多，對中國語文的辭彙和內容，其影響不言可喩。而佛教思想，與以儒道爲主的中國傳統思想，經數百年的激盪揉塑，到唐代兩者逐漸融合，形成一種新文化。唐人的詩，如王維、白居易等人的作品，已含有濃厚的佛學色彩。又如唐代盛行的禪宗，主張明心見性，頓悟成佛；這個宗派，雖於南北朝時源起於天竺，但唐代的禪宗思想，已與天竺佛教的出世思想頗不相同，反與中國的儒家和老莊思想，有相近之處。這無疑是受中國傳統文化的影響，所以禪宗也可以說是中國化的佛教。至於宋代的理學，則是儒學與禪學的結晶。

唐代的天文學與數學，都受天竺的影響，而其媒介人也是佛教徒。宗教與天文有密切的關係，天文又與數學不可分，因此不少這類的書籍，隨着佛教輸入中國。唐代曾屢次改易曆法，開元時，僧一行作大衍曆，最稱精密，這是唐代天文學進步的結果。醫學也隨着佛教輸入中國，其中最爲中國人士所讚許的是眼科醫學。天竺佛徒龍樹大師，便擅長眼科醫學，他並著有醫論，流傳中國。此外如催眠術、按摩法、長生術等，也都自天竺傳入；並有不少天竺醫籍，由佛教徒携帶東來，譯爲漢文。繪畫也受天竺畫法的影響，例如天竺的暈染法（即陰影法）自南北朝時傳入中國，對後來繪畫的風格技巧，有甚大的影響。又如中國建築中常見的牌樓，也仿自天竺。這類藝術，大都是隨佛教東來的。總之，在整個中國歷史上，除佛教外，再沒有一種外來思想影響中國人如此大而且久的了。

自南北朝至唐，佛教以外的若干外國宗教，也有不少傳入中國。如祆教、景教、摩尼教、回教，都在這段期間自中亞傳入。祆教於北魏末年傳入中國，當時稱之爲「胡天」，北魏、北齊及北周帝室，均有信奉者，傳佈益廣，長安、洛陽以及磧西諸州，均有祆寺。景教爲基督教別派，於唐貞觀中傳入，太宗並下詔建寺，當時名「波斯寺」，其後諸州均各建寺。玄宗時，以景教出自大秦（即東羅馬帝國），因而下詔改名爲大秦寺。德宗時，大秦寺僧景淨等，立「大秦景教流行中國碑」，述其教德業之盛。至於景教經典，唐時譯成中國文字的，數達三十五種。摩尼教傳入中國，始自武后時代。安史亂後，回紇人多信此教，因此日盛。寺院自長安及於諸州，稱大雲光明寺。回教約於高宗初自海道輸入中國，最初只在廣州一帶流行。安史亂後，大食人自海路來華經商者日衆，寺院益多，但仍限於南方。另一方面，回教隨着大食勢力的東漸，傳入中亞及天山南路。其後在中國西北及南方地區，日益擴展。

以上各教，在中國流傳，雖不如佛教的久遠廣大，但都具有某種程度的影響，尤以摩尼教和回教爲最。唐武宗時，唐室排佛，並禁斷各國宗教。祆教、景教因而衰落。摩尼教在諸新教中實力爲最强，其教徒也最爲頑悍。自遭武宗禁止，各地紛起反抗，以致京城摩尼教徒死者七十二人，各地死者過半。其後摩尼教與其他秘密宗教，爲唐室所禁，但人民仍私組教會，相互傳習，末流趨於妄誕。五代後梁末帝時，陳州（今河南淮陽）曾經發生摩尼教徒之亂。其秘密活動，至宋代仍未止息。北宋末年，睦州人（今浙江建德）方臘倡亂，事經年餘，死者達兩三百萬，也與此教有關。南宋時，摩尼教改稱明教，其活動至元末而益盛。元末白蓮教首領韓山童，倡言「天下大亂，彌勒佛下生」，其子林兒，自號小明王。朱元璋繼之，建國號爲「明」。從這些事可以看出摩尼教與佛教揉合的跡象。回教自元世祖統一中國後，盛用西域人，以是流傳中國各地，尤以西部邊地爲盛；南方的廣州、泉州、杭州、揚州以及雲南等地，也是回教徒集中之地。下至明清，回教益盛，教徒散居各地，成爲國人信仰的主要宗教之一。

宗教之外，其他傳自西域的若干事物，也於南北朝時風靡一時。北魏盛時，西域人歸化者達萬餘家。北魏分裂後，寄居洛陽的西域人，大部爲東魏、北齊所得，因此北齊的宮廷最爲西域化。其時中國最流行的音樂是西域的龜玆樂，直至隋唐，盛況不減。工藝技術方面，也受西域的極大影響。隋代的三大技術家宇文愷、閻毗、何稠等均含有西域的血統，隋代許多宏麗精妙的傑作，都是他們以西域的奇技來附合中國的規制而完成的。隋代的若干偉大工程如大興城、洛陽城、仁壽宮、廣通渠、通濟渠等，也都是他們的傑作。③

唐代武功特盛，四境大闢。李唐皇室，起源於北朝胡化的漢人，對所謂夷夏觀念，本甚薄弱。唐帝國建立後，雖然屢次征伐外族，但等到異族降服，便視如一國，不加猜防，因此外族入居中國者極多。估計從太宗貞觀初至玄宗天寶初期的一百二十年間，外族被唐俘虜或歸降唐室因而入居中國的，至少在一百七十萬人以上。包括突厥、鐵勒、高麗、吐蕃、党項、吐谷渾以及西域諸國之人，他們有不少在中國朝廷中做官。外族來華經商傳教的，也極衆多。波斯、大食人以及西域賈胡等，遍及廣州、洪洲、揚州諸地；而新羅及崑崙等種人，多爲國人用爲奴隸。這些外族，定居中國，不少與中國人通婚，他們的文化也隨之傳入，在中國境內自由發展。當時諸外族，以西域人的文化水準最高，所以唐人吸取的外來文化，仍以西域文化爲主。舉凡音樂、歌舞、技藝、衣食，都爲唐人所普遍愛好。至玄宗時，風靡達於極點。據史書記述，當時國家的禮樂機關太常所演奏的樂曲，也以胡曲是尚；一般貴族仕女，也都喜胡衣胡食。④可以看出中國人醉心胡化的一斑。

此外，從東晉到南北朝，由於外族長期佔領中國北方，若干外族的風俗也無形中感染着漢人。這個時代的許多獨特風氣，都是以往儒家社會中所罕見的，例如殘殺即是其一。胡俗

③參看隋書卷六八，宇文愷、閻毗、何稠傳。

④見北齊書卷二十八元孝友傳。

本好武嗜殺，北朝所有胡族或胡化的君主，除了少數傾慕漢化的，其餘莫不好殺。魏太武帝和北齊諸帝，是其尤著者。淫亂之風，雖南北一致，但北尤甚於南，主要也是受胡俗的影響。胡族的倫理觀念，比較薄弱，因此北朝的君主及貴族，大都荒淫無度。北朝帝室的淫亂行爲，以北齊爲最，其烝報醜行，爲歷代所罕見，而后妃失德的，也所在多有。但胡族的男女地位，比較平等，影響所及，漢人的女權，也爲之提高，這可以當時的「妬風」之盛爲證。史稱北齊時代的婦女，莫不「以制夫爲婦德，能妬爲女工」。④這與儒家社會婦女以三從四德爲信條的情形相較，不能說不是一種解放。另一種風氣是過度的功利主義，這種風氣，雖然不是完全來自胡俗，却也與胡俗有關。南朝的士大夫，大都不講操守，其最重視的，是門第和既得權位的保持，對改朝換代，則漠不關心。至於在位者的貪汚好貨，更屬常事。這種風氣，上承魏晉，不必贅述。至於北朝功利主義的瀰漫，則無疑與胡俗有關。胡俗本尚功利，其入據北方，宰治漢人，自以滿足其功利慾望爲最大目標。自西晉末年胡族倡亂起，莫不以殺戮刼掠爲務，遂使長安、洛陽等名城大都，化爲墟丘。其後晉室南渡，胡族混戰，北方靡爛更甚。後趙石虎都鄴，大興土木，窮奢極侈；北魏太武帝南伐，赤地千里，可想見其搜括之甚和刼掠之慘。魏孝文帝漢化，風俗稍正，但孝文帝以後，風氣又壞，貴族們貪汚腐化，愈演愈烈。至北齊，重用西域人，竟至於官商不分的地步。社會上也瀰漫着重利之風，所謂「財婚」，視婚姻爲商業行爲，便是最好的例證。這幾種風氣，直至隋唐，都依然存在。

這些風俗，在中國傳統的儒家社會中，是不能容忍的。但當時儒學衰微，沒有改善世風的力量；佛學和老莊也同樣不能作有效的矯正和補救。因此南北朝以降的政治社會的基礎，始終不十分穩固。隋唐帝國的衰亂，與此也有密切關係。所以從好的方面說，經過東晉南北朝二百七十年的民族大混合，使中國產生了新的力量；思想界擺脫了儒學的束縛而得到解放，同時又吸收了外族的勇敢進取精神，終能下開隋唐的盛世。從壞的方面說，儒家的政治及倫理學說，對維持政治及社會秩序，究不失爲一種較好的辦法；儒學既衰，由佛學、老莊及胡俗所支配的社會政治秩序，極易發生動盪。兩漢的盛世，遠較唐代爲久，就是這一方面很好的說明。

三　中國本位文化的建立

唐代雖是大量吸收外來文化的時代，但安史之亂後，唐人的夷夏觀念漸趨嚴格，對外來文化也開始採取敵對態度。國人的民族思想，爲什麼在中唐以後發生變化，最主要的原因有二：一是科舉制度的發達，才智之士羣趨科舉考試以取富貴，國人逐漸重文輕武，進而產生中國文化至上的觀念，對外族的尚武精神和他們的文化，自然輕視鄙棄。二是受外族叛亂及侵凌的刺激。安史之亂是胡族的大叛亂，幾使唐帝國趨於瓦解。經八年血戰，亂事雖勉强平定，但唐代前期的盛世，已一往而不可復。繼之而起的是安史餘孽的割據河朔，外族如吐蕃、南詔的乘機入侵，因而引起國人對外族的仇視。基於上述兩種原因，國人一方面建立了中國的本位文化，一方面仇視外族及其文化的態度，日益堅決。這兩種現象，自唐後期起直到明清，持續了將近一千年。

前面已說過，李唐皇室，起源於北朝胡化的漢人，對所謂夷夏觀念，本甚薄弱。唐太宗曾說：「自古皆貴中華，賤夷狄，朕獨愛之如一。」⑤貞觀初，唐平東突厥，其酋長任職中央，五品以上者達百餘人，突厥人入居長安的也將近一萬家。這種華夷一家的盛況，可以說是空前未有的。太宗死後，華夷一家的觀念和政策，仍爲唐室所繼續保持。高宗、武后之世，科擧始盛，國人逐漸棄武就文。在這種情形下，異族將領的重要性，愈來愈大。到玄宗天寶，乃委任異族總管軍政的方面大吏，沿邊的十節度使，大都由胡人充任。相反的，漢人的尙武精神，日見消失，軍事人才也極少。因爲外族識字者極少，不能參加科擧考試，遂以弓馬爲能事。同時他們的部落，大都居住於邊疆，仍保持獷悍的風氣。因此武將之缺，不能不以外族充選。加以高宗末年以後，北方的突厥、契丹，西邊的吐蕃，同時熾盛，給予唐室莫大的侵擾，唐室對於蕃將，倚仗更切。到玄宗，銳意開邊，於是更重用蕃將。這種形勢，實由唐室中央提倡文人政治，漢將人才缺乏而造成。安史之亂，便是這種形勢自然演變的結果。

安史亂後，唐室對於武人，深懷顧忌；夷夏之防，也因而轉嚴。唐室的疏忌武人，始於安史亂時，宦官所以能乘時擅權，出任監軍，入統禁旅，朝廷惟其言是聽，便是這種觀念的具體表現。其後大亂雖然平定，但河北、淄青等地，仍爲安史餘孽所盤據；唐室無力加以征服，不得已行姑息之政，視其地如化外。至於唐室中央對待其嫡系的將領，也極盡猜防的能事，尤以異族將領爲甚。安史亂後若干異族將領的叛變，都與受中央的猜忌歧視有關。河北藩鎭的將士，多爲胡人，他們控制的地區，因而日益胡化，胡化的特徵是卑視文敎而崇尙武

⑤ 見資治通鑑卷一九八，貞觀二十一年。

力。唐室中央，則仍以科舉取士，崇獎文辭。因此河北藩鎮與唐室中央所直接控制的地盤，在精神文化上形成兩個截然不同的地區。由於精神文化的不同，這兩個地區，漸形敵對，裂痕日深。憲宗時，河朔一度歸命，但唐室的文治手段，終不能爲河朔人士所悅服。穆宗時，河北再亂，數月之間，河山變色。其後終唐之世，河北不再稟承中央的命令。唐人也把這個地區視如夷狄，實際上等於放棄。這與唐初華夷一家的思想，已有極大的距離，也是安史亂後唐人夷夏之辨漸嚴的明證。到五代，石敬瑭父事契丹，一舉割燕雲十六州。當地居民，因久染胡化，精神上反與異族接近，因此割地時竟無絲毫阻礙。

安史亂時，吐蕃乘機入侵，數年之間，侵陷河西、隴右數十州。另一外族回紇，則曾四次遣兵入援。但回紇恃功而驕，行爲橫暴，因而招致國人的不滿。亂平後，回紇又與唐室成立一種國際貿易，以他們特產的馬，向唐傾銷，以一匹馬換四十匹絹，但馬的體質弱劣，多無用處。這件事也引起唐人的不滿，杜甫、白居易都有罵回紇人的詩，可以爲證。大體說來，安史亂後，唐室一直維持「聯回抗吐」的政策，一意籠絡回紇，備禦吐蕃。這政策甚有成效，終使中國轉危爲安。文宗時，回紇爲黠戛斯所破，諸部逃散。其中一支南逃，於武宗時進窺邊境，屢爲唐室所敗，降者數萬人。當時處理回紇降衆的辦法，是把他們分散，交全國各地的節度使統轄。這辦法深含防制之意，與唐太宗平東突厥後，把整個中國北邊交給突厥人居住的辦法，已大不相同。⑥

---

⑥ 參看本書「迴紇馬與朔方兵」及「唐代夷夏觀念之演變」篇。

唐代後期，唐人對異族文化，也漸有歧視之意。唐玄宗時，士女多衣胡服，胡服的特徵，爲窄衣短袖。安史亂後，唐人的衣着已恢復舊風，改尚寬長。而韓愈的痛斥佛教，提倡古文，其中也含有濃厚的民族意識，可以說是中唐士大夫排斥外來文化的具體表現。安史之亂以前，佛教極盛，僧侶的地位極高。當時，南北朝時代佛徒傳教譯經的狂熱已滅，才智之士，多沈潛於佛學的研究，因此宗派大興，佛學益趨精微。安史亂後，禪宗盛行，此派不重儀式文字，主張明心見性，頓悟成佛。以是研究之風漸衰，但信佛之風，並未稍減。到憲宗，始有韓愈的公開排佛。他是中唐時代的大文豪，也是儒家思想的忠實擁護者。他曾表諫憲宗迎佛骨入宮供養，表中直斥佛教爲夷狄之教而非先王之道，不應信奉。他並提倡古文，主張效法古代經典以及秦漢時代文章的體例，反對魏晉南北朝以來的駢儷文體。並主張「文以載道」，他所謂的道，也就是儒家思想。他的提倡古文，實際也是對佛教的一種排斥。因爲南北朝以來，駢文盛行，佛經的翻譯也無形中受了這種文體的薰染，不少譯成佛經，文辭優美，深具駢偶風格。他提倡古文，實含有「正本清源」的用意。韓愈的排佛和提倡古文，在唐代並沒有發生多大作用，但對後世的影響却大得驚人。到宋代，儒學與而佛教衰，雖然儒家之中已滲入相當成分的佛學，但其內容，畢竟仍以傳統的儒家思想爲主。而古文大盛，風靡一世。這些雖不能說是韓愈一人之力，却不能說他不是開風氣的先驅。蘇軾說他「文起八代之衰，道濟天下之溺」，可見宋人對他的崇拜。總之，韓愈是唐代科舉制度培養成的士大夫對外來文化發動猛擊的第一人，也是中古時代從事建立學術道統亦即中國本位文化工作的第一人。他闡發儒學的權威性與正統性，使儒學與科舉制度的關係益趨密切。唐以後的科舉考試，漸成爲發揚儒家思想的工具。總之，民族意識、儒家思想學說和科舉制度是構成中國本位文化的三大要素。儒家思想學說受了民族意識和科舉制度的保護支持，逐漸成爲舉世獨尊的顯學。從北宋起，它支配中國的政治動向及社會人心垂千年之久，它的尊崇與強固，較兩漢猶有過之。

唐亡於藩鎮，五代時期的政府，則是唐代藩鎮的延續。五代中的後唐、後晉、後漢都是沙陀人所建。在五代時期的五十餘年中，是純粹的武人政治，文人的地位大降。但中唐以後漸趨嚴格的夷夏觀念，却未因此而廢絕。沙陀人因久居中國，沾染漢化，身雖爲夷，而每每自居爲漢。當時契丹强大，控制中國的北方政權，而晉漢君臣，曾有不少人表現出强烈的民族意識，與契丹對抗，雖身死國亡而不惜。其後郭威以漢人建立後周，開始表示對中國傳統文化的尊重，他曾親赴闕里，致祭孔子。到世宗，制禮作樂，奠定了北宋文人政治的始基。⑦

北宋時，科舉復興，科舉出身的士大夫的地位益爲隆崇。宋室因矯唐末五代武人亂國的弊病，而提倡文人政治，嚴禁武人干政。因矯枉過正，造成重文輕武的現象，以致國勢不振。但宋代科舉，較唐代尤爲發達；考試的科目及內容，也漸有統一的趨勢。唐代科舉，約分十餘科，而以應進士、明經兩科考試者爲最多。進士重文學，明經重經學，每年以明經進身者約一百人，而進士不過一、二十人。宋代科舉考試的時間，初無定制，至英宗定爲三年

---

⑦ 參看本書「沙陀之漢化」篇。

一考。且獨重進士，錄取人數，亦遠較唐代爲多。至王安石變法，改進科擧，罷除諸科，獨存進士。考試內容，則改試諸經大義，必須通經而有文采者，纔可中格。安石並訓釋詩、書、周禮，號稱「新義」，以爲經義考試的標準。南渡以後，科擧仍重進士，考試內容則分爲兩科，一以試經爲主，一以試詩賦爲主；但前者仍兼試詩賦，後者仍兼試經義。從這些地方，可以看出宋代科擧的形式和內容，已漸有統一的趨勢；而儒學在科擧考試中所佔的分量，也日益加重。

至於宋人的民族意識，也日益强烈；夷夏之防，也因而益嚴。科擧制度與文人政治造成士大夫的自尊以及對中國傳統文化的竭誠崇拜及擁護，因此自然卑視異族的文化。加以契丹、女眞等外族的侵凌，遂使宋人對異族除卑視之外，益以仇視。宋人好談春秋，便是此種思想的具體表現。宋人雖然與外族屢訂屈辱條約，但從未效法漢唐，與外族和親。北宋的屢次伐遼，南宋的屢次伐金，都是宋人不甘受外族侵凌的明證。南宋之亡，陸秀夫負帝昺蹈海於厓山，從死者數萬人，其壯烈可說史無前例。如非當時士大夫具有高度的自尊心和民族意識，焉能至此！宋代學術，以理學爲主；其中雖含有一部分佛學思想，但其內容仍以儒學爲主。而理學家對佛學也從無尊重的表示，也不承認佛學與儒學有關。南宋時，朱熹倡「道統」之說，定論語、大學、中庸、孟子爲四子書，特爲作集註與章句，認爲以下直接周、張、二程。道統的思想既立，民族本位文化也就益形强固，其排拒外來文化的成見，也日益加深。宋代對外交通甚爲發達，但其各項學術，都不脫中國本位文化的範圍，對外來文化的吸收，幾到達停滯狀態，這是中國本位文化建立後的最顯著的現象。

蒙古人滅宋，建立元帝國。元的制度，一部分襲取漢制，一部分則保持蒙古舊法。但蒙古人吸取漢化的態度，並不積極；漢化的程度，也不深厚。世祖自滅宋後，便漸漸疏斥漢官。其後諸帝，對漢人更爲忌視，政治社會，劃分種種階級，其目的無非保持蒙古人的崇高地位，而以漢人爲壓制對象。漢人不易統治，因此至仁宗時，開始以科舉考試籠絡漢族士人。但其種族歧視，依然存在。元代進士分左、右榜，蒙古、色目爲右榜，漢人、南人爲左榜，考試雖以經義爲主，但考試的項目和出身的待遇，均有厚薄難易的不同。不過可以看出，科舉制度畢竟在中國已奠定不可動搖的基礎。蒙古雖以異族入主中國，忌視漢人，却仍不能不維持這種制度。但元室未能善用這種制度，以致無法使漢人與之充分合作。元代政治的腐敗落伍，與此大有關係。同時漢人業已根深蒂固的民族意識，也無法消滅。元末喪亂，韓林兒自稱宋後，以復興民族爲號召，各地起兵者，大都奉之爲主，終於促成元帝國的迅速瓦解。

蒙古人的文化，尚未能完全脫離游牧民族的本色。元時中國本位文化仍具有深厚的潛力，因此元室雖不積極提倡漢化，但蒙古本身的文化對漢人可謂毫無影響。明室建立，漢官威儀隨即恢復，異族的統治痕跡，幾無可尋。元代的行省制度，雖然直接影響明代的地方制度，但這種制度，仍是自唐宋的地方制度演變而來，並非蒙古自有的文化。元代的宗教，雖能自由發展，一時稱盛。但外來宗教如喇嘛教、也里可溫教（基督教）、木速蠻教（回教）等，對中國文化也沒有多大影響。喇嘛教爲佛教密宗的一支，於元世祖時自吐蕃傳入中國，由於元室的信奉，其僧侶在政治及社會上，均佔極高的地位。這種宗教，迷信的色彩極濃，在中國佛教已進化至禪宗的情形下，漢人自無大規模接受此種教派的可能。而其僧侶的驕縱不法，更構成元室傾覆的主要原因。也里可溫教在元代雖然流佈甚廣，但其教徒，時與佛道教徒衝突，而自身又發生派系鬥爭，以致始終未能奠定穩固的基礎。元帝國瓦解，東西交通斷絕，其教在中國也隨之消滅。木速蠻教自唐代傳入中國，元時流傳甚廣，信徒雖多，但對中國本位文化，並未能構成威脅。元代的對外交通和貿易都很發達，西域人和歐洲人由陸路或海路來華的，絡繹不絕。但西方的貨物輸入中國的，主要不過是香料、珍珠、寶石、毛氈及波斯繪畫等，對中國文化的影響和貢獻，仍是極其微小的。

四　中國本位文化的衰落與西洋文化的輸入

明代的中國本位文化，從外貌看仍是非常强固。科擧制度的形式與內容，至此漸趨統一。唐宋時代科擧的名目繁多，明代則只存進士。進士爲科擧考試的最高階級，此外雖有秀才、擧人等名目，但地位均低於進士；擧人的與試者必須先具秀才資格，進士的與試者必須先具擧人資格。所以三者是同一考試的三個階段，而非並行的不同科目。至於三者考試的項目，主要爲八股文，通稱制義。命題專取四書五經，文分八段，每段各具一定的格式，並須起承轉合，前後呼應。這種考試方法，爲淸代所因襲。科擧考試，對中國本位文化的建立與强固，確有莫大的助力；但明淸時代的科擧考試，對中國文化的進展，又是一種莫大的阻礙。中國文化從明朝起，漸走上衰落之途。因爲八股文體，旣極其板滯；內容又只許代聖賢立言，而不能發揮個人的思想見解。知識份子埋頭於空洞的形式和口頭禪中，以獵取功名，日久年深，至於民族的智慧，爲之蔽塞。明清五百年間，大思想家與大政治家的幾至絕跡，實與八股文有直接的關係。一般讀書人，除學習八股文以期應試做官外，對其他方面的學問技藝，殊少學習的興趣，幾乎一無所能，而讀書人的出路也因而轉狹。另一方面，胸襟見識也隨之偏隘淺薄，認爲除了中國古代的經典文學，其他一切學問都不足道。明清時代，中國士大夫的排斥西化，仇視洋人，都與此有關。

明清時代，整個民族的心靈智慧旣爲八股文所封閉；而政治上的絕對君主專制也於此時建立，於是政治亦走上黑暗之途。明代的若干政治現象，諸如廷杖制度、宦官專政等，都是國史上的大汚點。清代政治在技術上雖有改進，但絕對君主專制的原則的推行，更是變本加厲。士大夫淪爲奉命辦事的奴僕，無個人主張之可言。昔人「以天下爲己任」的胸襟抱負，至此幾同夢想，所謂經世通才，殆已絕跡。宋代還有范仲淹、王安石一流的人物，明清時代的士大夫，對范、王等人能夠瞭解同情的，恐亦不多。王陽明是明代的偉大人物，他猶能衝破八股的枷鎖，而於學行事功上有所樹立，但他一生遭遇黑暗政治的打擊摧殘，又是何等可悲可嘆！盛清時代，知識界每況愈下，在專制政權的高壓下，知識份子智力大都集中於訓詁考據，思想學術已談不到任何創造。到淸代後期，中國文化已衰落不堪，終至無法抵禦外來文化的入侵。西洋文化一如千餘年前的佛教，挾雷霆萬鈞之勢，乘虛而入中國，使中國的本位文化，發生根本的動搖。

中國的本位文化雖因科舉制度的僵化和政治的黑暗而日趨衰落，但知識份子對它的崇拜擁護並不稍減，沒有人敢於對它批評懷疑。中國文化「天下第一」的觀念旣已建立，對外族及其文化也就自然卑視。宋代以前中國人雖以其自身的文化自豪，但並不輕視外來文化；對外族雖有相當程度的歧視，但還沒有中國人絕對優於外族的觀念。到宋，雖屢次遭受外族的侵略，含辱忍耻，但民族的自尊心則有增無減。在對外戰爭及交涉上，宋人雖不得已承認失敗；但中國文化優於一切的觀念，却絕不動搖。這種觀念，雖經歷亡國之痛而未曾中絕。至明代，狃於初期的强盛，民族的自尊心益强，對外族的輕視益甚。宋代對外失利，尚能與外族講和。明代外患亦多，而撻伐之外，絕少變通。明思宗時，內有流寇之亂，外有滿洲之逼，國勢異常危急，思宗曾願與滿洲議和，因擧朝反對，終於作罷，而造成亡國的慘禍。滿人以異族入主中國，但一味吸收漢化，結果也沾染了漢人的性格，成爲中國文化的崇拜者。明人的夷夏觀念，也漸爲滿人所吸收。清室對待西洋的强國，仍沿用明人對待異族的辦法，及至屢遭敗創，寧割地賠款，也不願變更中國的「體制」。最後雖被迫採用部分西化，但清人從未貶抑中國文化，提倡西化的人，也大都附會中國古籍，認爲西洋的某些事物，中國古已有之。因此明清兩代，中國與西洋接觸雖繁，但對西化的吸收，其進度仍是非常遲緩的。

明末的一百年間，海上西洋人的勢力日見擴大。當時西洋人經營的主要地區是美洲、印度和南洋，其視線還沒有集中於中國。但一部份西洋學術則由基督教耶穌會士傳入中國。明神宗時，耶穌會士利馬竇（Mattes Ricci 意大利人）來華，先至南京，游說於搢紳之間。他於傳教之外，並介紹西方的天文、地理、算學、兵器等學科於國人。其後至北京，神宗准其在京師建堂傳教，國人統稱其教爲天主教。廷臣如徐光啓、李之藻等，均服從天主教旨，從之習天算曆學。當時中國士大夫學習西洋科學的興趣甚濃，利馬竇乃利用此種心理，以傳授學術達成其佈道的目的。其敎義與中國文化相互衝突之處，也加以調和折衷，因此甚得朝野人士的讚許，信徒日增。神宗末，利馬竇死，其後繼者拘執敎義，不知變通，與中國若干傳統習俗相衝突（如禁止敎徒祭祖等），而致引起國人的不滿，反對者漸多。明室遂下令禁止傳敎，敎士逐回澳門。既而滿清崛起，邊患日亟，明廷須要改良兵器，於是熹宗時，又命敎士製造銃砲，敎禁遂解。思宗時頒佈的大統曆，也由耶穌會士助修而成，是中國最早參考西洋曆法製成的新曆。但因明室覆亡，未及施行。

滿清入關後，清室以敎士湯若望（Johannes Adam Schall Von Bell 德意志人）爲欽天監正，制定新曆。若干反對西法的欽天監舊人，對之甚爲痛恨。康熙初，欽天監舊人楊光先繼任欽天監正，仍用舊法。其後光先推閏失實，清室改用南懷仁（Ferdinand Verbiest 比利時人）爲監正。聖祖深知西洋科學的精妙，乃任用敎士多人，輪流進講，並命他們擔任通譯及若干外交事務。又命若干敎士分赴各省，測繪全國地圖，歷時十年而成，名爲皇輿全覽圖，是中國第一部用經緯度測繪的地圖。

耶穌會士的來華傳敎，對中國固有的風俗習慣，每抱容忍的態度，敎徒有崇拜祖先或孔子的，雖與其敎義相衝突，也大都予以默認。但明末清初，舊敎的其他若干宗派，也相率東來，對耶穌會的傳敎方式，甚不謂然，因此屢向羅馬敎皇陳訴。敎皇乃於康熙四十三年（西元一七〇四年），遣使攜密旨來華禁革。使者與聖祖討論傳敎事宜，意見不合。四十六年（一七〇七年），使者公佈敎皇密令，令敎士不服從者盡行遠離；對聖祖的神學意見，亦有指斥。聖祖大怒，囚使者於澳門，並下令凡傳敎士無中國政府的許可證者，一律不准在中國傳教。世宗繼位後，對來華敎士，取締益力。規定除任職京師欽天監或其他要職者外，其餘敎士，悉送澳門安置。這是中國本位文化對西洋文化最後一次有效的抵拒。這次抵拒，雖是用政治的力量，但可看出中國本位文化，在國人的心目中仍有其不容更改的地位。若干士大夫，對西洋科學知識雖誠懇的吸收，但必須不違背中國的習俗，否則寧可放棄。明末淸初耶穌敎士的傳入西學，其功績與價値是不可磨滅的，但對當時業已衰落的中國本位文化，似乎並未發生任何刺激或改進作用。

從鴉片戰爭（一八四〇年）起，中國與西洋各國的交涉與戰爭，幾無一次不遭受失敗。割地賠款以及種種的屈辱，使淸帝國危急不可終日。這時中國經滿人二百年的統治，業已開始腐化；政治社會不見有絲毫復興的希望，精神方面也無一點新的衝動。在這種半死的局面下，與西洋强國的勢力相遭遇。這些西洋强國有堅强而有效率的政治機構、侵略性的經濟組織以及進取的文化精神，這一種强大組合的力量，首先擊敗了中國的軍事及政治力量，繼而動搖了國人崇拜本位文化的觀念。但最初國人對中國文化的景仰仍一時無法改變，若干士大夫雖認爲「夷人」亦有其「長技」，但只是「船堅砲利」，至於政治原理及學術思想則遠不如中國爲優。但每遇一次失敗，即減少一分信心；終至承認西洋的政治原理及制度，亦有效法的必要。爲了採取西洋的政治制度，在中國曾造成流血的慘劇。終於淸室接受事實，於光緒三十一年（一九〇五年）下令廢止已歷時一千二三百年的科擧制度。科擧的廢止等於宣佈中國本位文化的崩壞，也等於正式承認西洋文化的優勢。它改變了國人中國文化天下第一的觀念，也瓦解了政治上的士大夫的集團。這個抵禦外來文化的巨大堤防崩壞之後，西洋文化隨即以排山倒海之勢，向中國的各方面傳輸擴張，造成「數千年來未有之變局」，改變了這個大國的全貌。

科舉制度盛行的時代，政治社會以士大夫爲重心。從唐朝起，歷經宋、元、明、清各代，凡是士大夫集團遭受打擊而致崩潰，或不與政府合作，這個朝代便會迅速的覆亡。清末廢除科舉，士大夫集團的力量漸趨瓦解，又沒有其他的集團可以代替，以致政治社會失去重心。民國以來戰亂頻仍，士大夫掙扎於饑寒窮困之中，地位一落千丈，久已失去個人對國家社會的抱負以及學術、人格上的自尊自信；對西洋的學術思想，只是一味的追隨信仰，而缺乏別擇的能力。因此在學術思想方面，除了對西洋亦步亦趨外，幾乎絲毫無所發明，形成眞空狀態。而影響所及，甚至造成民族自卑感與自虐狂。迨至共產主義乘虛蔓延，知識份子受其眩惑者甚多；而其信徒又有嚴密的組織與國際的支持，再配合上戰亂窮困的環境，竟形成滔天的橫流。知識份子的反共者，因缺乏團體的憑藉，發揮不出强大的力量。此外又無其他集團（如英美的資本家集團）與之抗衡，惟有坐視其荼毒人民，造成空前的慘禍。唐宋以來所建立的中國本位文化，至今業已結束；科舉時代士大夫的榮寵，也一往而不可復。在中國的新文化未建立之前，今後中國的西化，必然更加急速的進行，在思想學術上也只能做西洋的附庸。根據中國歷史文化演進的過程，可以看出一種新文化的形成，往往是中國文化與外來文化混合的結果。例如漢代文化，大體是秦人的戎狄精神與法家思想以及老莊、儒學混合而成的，唐代文化，則大體是印度的佛學、塞北民族的習俗加上傳統的儒學混合而成的。以此推論，我們要建立中國的新文化，不能不吸收西化，但也不能完全捨棄中國的傳統文化。

也就是說既不能復古，也不能完全步趨西洋，而必須於融合中西之外，加上一種創造的素質。這與清人「中學爲體、西學爲用」的說法不同，因爲這兩句話的意思，只是中西兩種文化輕重有別的同時並用，而非混合，更缺少獨創的素質。一種文化，自然不可能沒有因襲學步的部分，但如缺少其獨創性，即不能稱之爲文化。因此中國的新文化，必須憑藉國人自己的智慧和人格來創造，因襲學步是不夠的。而恢復民族的自尊心和自信心，袪除民族的自卑感和自虐狂，更是最重要的準備工作。

五　近代中國西化的分期

歷史學者開始不以朝代爲準，而以另外的觀點劃分中國歷史的時代，是清朝末年的事。這種方法的應用，受西洋史學的影響，而間接採自日本人的著作。最早把中國的近代歷史斷限成書的，是日人田中萃一郎於光緒二十五年（西元一八九九年）出版的「東邦近世史」。二十七年（一九〇一年）梁啓超著文分中國歷史爲上世、中世、近世三時期。他並於三十年（一九〇四年）刊行「近世中國秘史」，這是國人採取西洋分期方法的第一部敍述中國近代歷史的書。⑧至於國人何時開始把「近世史」改名爲「近代史」，一時無法確考，大概是民國十年（一九二一年）以後的事。梁啓超在他的「中國歷史研究法補編」（民國十五年至十六年講授於清華大學）中，即曾談到「近代外交史」分期的標準。

---

⑧　見包遵彭等編：史料與史學「導論」（載中國近代史論叢第一輯第一册）

至於首先把鴉片戰爭（一八三九至四二年）作爲一件劃時代事件的則爲但燾。他曾於民國三年（一九一四年）主持編譯印行日人稻葉君山的「清朝全史」，於編輯大意中說：「鴉片一戰，情見勢絀，有清盛衰，此爲樞紐。」其後梁啓超更進一步主張把鴉片戰爭以後的歷史劃爲一個獨立的時代。他曾於中國歷史研究法補編中說：「比如有清一代，道咸而後，思想、學術、外交、政治、經濟、生活，無一不變；不特是清代歷史的大變遷，並且是全部歷史的大變遷。我們儘可以把道咸以前，劃分爲一個時期；道咸以後，另劃爲一個時期。不必拘於成例，以一姓興亡作爲標準，籠統含糊下去。」⑨他所說的「道咸以後」，顯然是指鴉片戰爭以後。這個說法自梁氏提出後，隨即爲中國的史學界所接受，而以鴉片戰爭爲中國近代史的起點。

中國近代西化史的起點，也與中國近代史相同，始自鴉片戰爭。在此以前，中國並非沒有接受西化；只是範圍不廣，而且時斷時續，並沒有發生多大的作用和影響。鴉片戰爭以後中國的西化，範圍愈來愈廣，時間上也一直不斷，而其所發生的作用和影響之大，更非以前可比。因此，以鴉片戰爭爲中國近代西化史的起點，比較妥當。但鴉片戰爭至今已一百三十年，而中國西化的方向和程度，時有顯著的變更，因此更有分期的必要。在這一方面，梁啓超曾首先嘗試。梁氏將鴉片戰爭後的六十年（一八三八至一八九八年）中國「變法」的過程分爲四期：即鴉片戰後的二十餘年爲第一期，同治初年至中法戰爭的二十年爲第二期，中法

⑨ 見梁啓超：中國歷史研究法補編頁五〇。

戰後至中日甲午戰爭的十年爲第三期，甲午戰後至戊戌政變的四年爲第四期。⑩這種分法，因時移事異，至今已不能完全適用。但對後人的啓發很大。梁氏以後的學者對中國西化過程的分期，都大體以梁氏的分法爲標準而加以損益。本文的分期，即部分採自梁氏，此外並參考其他歷史學者的意見，略加個人的意見，分成四期。其起迄時代，則自鴉片戰爭結束起（一八四二年）至民國二十六年（一九三七年）止，共九十六年。其所以必須作此斷限，乃是因爲民國二十六年六月以後，抗戰軍興，舉國騷亂。勝利之後，繼以共禍，不數年而大陸喪失。而戰亂之時，中國的西化，無形中等於停頓，同時也缺乏資料可憑。政府遷臺以後的二十年，西化的程度雖日益加深，但臺灣恢復未久，若干西化的設施，起自日人佔領時代。而中國近代西化史的空間，又完全在中國大陸，兩者甚難銜接。因此中國最近三十餘年的西化情形，只好從略。現在把每個分期的起迄時間和每期西化的要點，分別說明於下。

第一期（清道光二十二年至咸豐十一年，即一八四二至一八六一年，共二十年）

鴉片戰爭是近代西洋列強侵略中國的起點，也是全盛的清帝國對外戰爭的首次失敗。南京條約（一八四二年）訂立後，香港割讓於英，並開廣州、廈門、福州、寧波、上海爲通商口岸，許英人自由居住貿易。從此中國與西洋的關係逐漸密切，而西洋文化的眞面目，也次第呈現在國人的眼前。但當時中國的傳統文化，並未遭受嚴重的打擊；國人卑視外族及其文

⑩參看梁啓超著：戊戌政變記第二章「新政詔書恭跋」（載飲冰室全集頁三八四至三八五）。

化的習慣，依然如故。因此戰爭結束後，士大夫除了對洋人卑視之外益以仇視，大都不能面對現實，探討失敗的眞正原因；更談不到瞻望將來，探求應變自强之道。但也有極少數的開明有識之士，深知西洋文明的不可輕視，他們曾做過一番知己知彼的工作，而主張對西洋的某些事物加以效法。林則徐便是這類極少數人士的代表。

林氏在當時的士大夫中，是最明瞭國際大勢的。他雖然主張嚴厲禁煙，但不主張與英國開戰，也不主張停止英國的通商，而希望以外交的方式解決中英兩國的懸案。他奉命禁煙，出都之前，曾先派幹員馳往廣東，蒐集有關英人及漢奸活動的情報。到廣州後，又命人翻譯澳門、新加坡、印度、倫敦等地的報紙和地誌、國際公法一類的書。他是最早把慕萊的地理全書（即四洲誌， Murry: Cyclopaedia of Geography）和瓦特爾的萬國公法（Emeric de Vattel: Law of Nations）介紹到中國來的人。此外，他還命人翻譯了不少有關西洋史地、商業、製造船炮技術的書。幫助他翻譯書報的，有中國人也有外國人，袁德輝便是他幕中的主要翻譯家，而爲他翻譯萬國公報的，則是留粵的美籍醫師派克（Dr. Peter Parker）。他也有容納外人批評的雅量，他曾搜集外報對中國的議論，加以編譯，輯成「華事夷言」一書。林的部屬魏源，根據四洲誌，擴充爲「海國圖誌」一書。魏氏並在序中說這部書是「爲以夷攻夷而作，爲以夷款夷而作，爲師夷長技以制夷而作。」這幾句話道出了當時有識之士的心聲。這部書爲當時歎爲奇書，也爲後人論爲「中國知西政之始」，對日本的維新，具有不小的影響。林的顧問梁廷村，對外事尤其留心，曾於戰爭前後編輯不少西藉，如「蘭倫偶說」、「合衆國說」等，對美國的政治制度，備加頌揚。總之，林氏可以說是中國近代第一位對西方世界具有認識的人，也是近代第一位的西學紹介者。⑪

但林、魏等人的見解和主張，在當時的中國，並沒有發生作用；他們的影響，也極其微弱。不但一般人對當時的世局，懵無所覺，即使清室對他的建議，也認爲不值一顧。例如林氏在廣東時，深知船炮之不如人，曾購置西洋砲二百餘尊，洋船一艘。他認爲「此物之不講，直令韓岳束手」，因而建議政府，「製砲必求極利，造船必求極堅」。結果被清宣宗斥爲「一片胡言」。最後竟遭遇革職遣戍的處分。戰後二十年，國人仍一切守舊，並無若何顯著的變更，也沒有人再談「師夷長技」的問題。但因五口通商，西洋文化在這幾個點上開始生長。西方的經濟組織和知識，隨着西方的商貨輸入，戰後不久，即有西式銀行的設立。基督教的傳教事業，也因而轉盛，教會學校隨之建立。此外中文西文的字典、報紙，也都於戰後不久出現。

中國國內最早的西式銀行，是道光二十八年（一八四八年）英人在上海開設的東方銀行（Oriental Banking Coporation）。學校方面，道光二十五年（一八四五年），美人開始在上海創辦約翰書院，三十年（一八五〇年）正式成立。天主教也在上海設立學堂、圖書館、和印刷所等。到咸豐三年（一八五三年），各口的天主教學校增至七十八所。⑫最早的英漢字典，可能是道光二十四年（一八四四年）在澳門出版的英華韻府歷階（S. Wells

---

⑪ 參看林崇鏞：林則徐傳頁三四二至三四三，頁五二八至五二九；郭廷以：近代西洋文化之輸入及其認識（載大陸雜誌三卷七期）

William:An English and Chinese Vocabulary）。其次是二十七年（一八四七年）在上海出版的麥氏英漢字典（W. H. Medhurst, Sen: English and Chinese Dictionary）。但這類辭書所載的，只是些簡單通俗的用語，極少有關學術或含有新意義的辭彙。這可以看出此類字典，不過供商業交易和日常生活之用，還沒有到達介紹學術思想的階段。最早的西式報紙，當爲咸豐八年（一八五八年）在香港發行的「中外新報」，它是香港孖刺西報（Daily Press）的中文報。至於國內最早的報紙（中文），則爲咸豐十一年（一八六一年）在上海發行的上海新報，這個報也是西人所辦，是字林西報（North China Herald）的中文版。這些報紙，除了登載國內外新聞和廣告，或有時發表些議論外，也同樣談不到西洋文化的介紹。雖然如此，西洋文化在中國已找到了立足點，而後向外擴張，衝破中國本位文化的藩籬。

第二期（同治元年至光緒二十一年，即一八六二至一八九五年，共三十四年）

道光三十年（一八五〇年），洪秀全起事於廣西桂平縣的金田村，開始了太平天國的叛亂。這場叛亂，戰禍遍十八省，持續達十五年，其規模之大、時間之長都是有清以來所未有的。太平天國的崛起，一方面憑藉洪秀全所創的上帝會，糾集信徒，建立政教合一的軍政組織；另一方面則利用民族主義，以消滅滿清解救人民爲號召。當其初起之時，百姓附之者甚衆。但它的教義，淵源於基督教，因而排斥中國的傳統文化和宗教信仰。在它的控制地區，儒家經典遭到譭侮屏棄，廟宇神像也被焚燬、破壞，這些行動，激起一般士大夫和民衆的反感。而致士大夫甘願爲清室效力，他們招募軍隊，與太平軍作生死的搏鬥。太平軍的大敵湘軍、淮軍等，便是由這般士大夫統率的。列强對它最初也表示同情，因而嚴守中立。但太平天國諸領袖不知道與它們聯絡，反而侵犯各國在華的既得利益，於是列强失望，轉而幫助清室，與太平軍爲敵。上海的各國僑民，組織軍隊，由美人華爾（Frederic Townsend Ward）統率「洋槍隊」，其後招募華人，擴充至四、五千人，與上海駐軍李鴻章的部隊合作，改號「常勝軍」。這支軍隊完全使用西洋火器，犀利異常。太平軍能夠席捲江南，却攻不下上海一隅之地。太平天國就在士大夫及其軍隊的堅決反抗和西洋武器威力下，終於穆宗同治四年（一八六五年）宣告滅亡。

咸豐七年至十年（一八五七至六〇年），當南方清軍與太平軍血戰正酣之際，又發生英法聯軍之役。這次戰爭，由於廣州民衆堅拒英人入城而起。英人曾於六年（一八五六年）一度攻陷廣州。其後復因廣東民衆焚燬英法等國商館，以及廣西發生戕殺法教士案，於是兩國興師東來，於十年（一八六〇年）攻入北京。文宗逃往熱河，北京西郊的清室行宮圓明園，於此役中被焚，珍物也被洗刼一空。同年，清廷與英法訂立北京條約，外患暫息。但此役給予清室的奇恥大辱則是前所未有。在內亂外患的刺激下，迫使清廷不得不尋覓自存之道，於是有所謂「洋務運動」的興起。

英法聯軍之役後，清廷深感外交及通譯人才的缺乏；又以太平軍之役末期，洋將助戰，清廷對西洋武器的堅利，也有進一步的認識；因此當時大臣如曾國藩、李鴻章、左宗棠等，均倡行西法，舉辦新政。新政的要點有二：一是培養外交和工業人才，二是仿西法製造船炮，以充實軍備。

咸豐十年（一八六〇年），清廷設置總理各國通商事務衙門（簡稱總理衙門）於北京，專辦外交。並於上海、天津分設南洋及北洋通商大臣（簡稱南北洋大臣），管理對外通商事務。同治元年（一八六二年），總理衙門奏設同文館，訓練翻譯人才。次年，李鴻章於上海設廣方言館，廣州也設立此類學館。到德宗光緒初，中國纔有正式的駐外使節。軍備方面，清廷曾於太平軍之役期間，購買新式武器及輪船，以供軍用，曾、李等人遂有意仿造。同治二年（一八六三年），曾國藩於安慶設局，造木質輪船一艘，爲中國自製輪船的開始。四年（一八六五年），設立江南製造局於上海，製造槍炮，其後並造輪船，且附有譯書局，是我國最早的軍用工業。次年，左宗棠於福建設馬尾船政局，製造輪船，亦附設學堂，教習駕駛及製造等。十年（一八七一年），曾等又納容閎的建議，奏派幼童三十名赴美留學，學習軍政、船政及製造等科。到光緒初年，礦物局、郵政局、電報局、織布局相繼成立，鐵路也開始鋪設。

光緒四年（一八七八年），李鴻章設開平礦物局於天津，開採唐山（今河北開平）的煤礦。同年，李氏於北京、天津、芝罘、上海等地設郵政局，爲中國試辦郵政局之始。五年（一八七九），李氏始設電報線於大沽、天津間。七年（一八八一年），架設上海、天津間的電線，並於天津、大沽、濟寧、清江、鎮江、蘇州、上海七處設電報局。次年，改爲官督商辦，並增設上海至廣州的線路。從此各重要城鎮，大都有電報可通。機器織布局也於八年（一八八二年）由李氏倡議創設於上海，於十六年（一八九〇年）開辦，是中國最早的紡織工廠。織布局的創設，可以看出清廷除軍用工業外，已知注意普通商品的製造。最早的鐵路，是英商於二年（一八七六年）在上海租界及吳淞間鋪設的，全長九英里。當時國人視爲怪異，羣起反對，遂由兩江總督以銀二十八萬五千兩贖回拆毁。至七年（一八八一年），開平礦物總局爲便利運煤，在唐山、天津間修築鐵路，十四年（一八八八年）完成，爲國人自建鐵路的開始。此外如水師學堂、武備學堂、海軍衙門和南北洋艦隊，也都在光緒初至二十年（一八九四年）間陸續成立。

曾、李的籌辦「洋務」，頗爲當時一般守舊大臣所反對，幸執政大臣文祥及恭親王奕訢等力予贊助，始得順利進行。但當時的風氣，知識份子仍迷戀於八股舉業，不特守舊者仇視西學，即使提倡新政的人，對於西洋文明，也無充分的認識。因此他們只知仿造西洋的船砲，而極少注意到西洋的政治及教育制度，以求根本的改革。當時舉國上下，仍守攘夷之說，士大夫率多恥言西學，有談者至被詆爲「漢奸」。中法戰爭（一八八四年）後，談洋務者雖漸爲識者所諒，但仍有不少人對之痛惡，因此國人雖漸知西學，猶不肯努力講求。直至中日甲午戰爭（一八九四年）時，北京還沒有世界地圖出售；製造局所譯的書，三十年間，僅售出一萬三千本。⑫這種現象，固可看出中國吸收西化的遲緩，也可說明中國傳統文化的深入人心。但這個時期的西化，已自五口擴展至整個中國沿海地區，已從民間的設施擴展到政府的效法，再加上列强政治和軍事上的推動，已形成一種無法抵禦的力量。

⑫ 見註⑩。

第三期（光緒二十二年至民國五年，即一八九六年至一九一六年，共二十一年）

甲午之戰（一八九四至九五年），中國爲後起的小國日本所敗，而失敗之慘，更是前所未有。陸軍望風而潰，海軍於數小時之內消滅殆盡，二十餘年所經營的堅船利炮，一旦化爲烏有。而致數月之間，東北變色，良港盡失。戰後列強乘機漁利，紛紛租界軍港，劃定勢力範圍。往昔中國雖敗於西洋，猶不失爲東方大國，及至敗於此「蕞爾小邦」，不特大國的顏面喪盡，進而成旦夕不保之局。日本自明治天皇即位（一八六七年）後，效法西洋，銳意革新，不及三十年，而獲得此次重大勝利。就時間論，日本維新猶在曾李提倡洋務之後，其成效却遠在中國之上。相形之下，對國人的刺激之深，可以想見。因此，戰後士大夫謀求革新的意志，較前益厲。清廷鑒於內外情勢，也亟思改革，其接受西化的範圍，隨之擴大。

甲午戰前，郭嵩燾即曾謂立國之本不在兵事，而在政教。他於光緒二年（一八七六年）奉派爲第一任駐英大臣，在任期間，悉心考察英國的政治社會，認爲西洋的政治修明，百姓富足，乃眞正富強之源。但當時的權要李鴻章輩，仍以兵事爲立國的要端，不重視其意見；輿論對他攻擊尤力，以致其說不行。又有鄭觀應者，曾於同治後期（一八七〇年左右）著「盛世危言」一書，主張行君主立憲。及至甲午戰敗，若干士大夫始知非革新政治不足以圖存。清德宗也以外患日亟，決心變法。結果由於新舊兩派人士的衝突，釀成光緒二十四年（一八九八年）的「戊戌政變」。

政變的主角是康有爲，他曾於光緒十四年（一八八八年）上書德宗，請取法泰西，改革內政。但爲朝臣所阻撓，未能上達。甲午戰後，又屢次上書，請求變法，德宗深以爲然。有爲並與其弟子梁啓超，設立强學會及時務報於上海，鼓吹改革，於是革新運動，漸爲社會所注意。二十三年（一八九七年）有爲又上書德宗，主張取法俄日以定國是，大集羣才而謀變政，並聽任疆臣各自變法。德宗決計變法，於次年命有爲在總理衙門行走，策劃新政。同年，清室開始頒行新政。其重要措施如下：一、選舉及教育方面有：廢八股文，考試經義及策論。設大學堂於京師，各省、府、州、縣的書院，分別改爲高等、中等及小學堂，均令中西兼習。改上海時務報爲官報，並在京師籌設報館等。二、政治方面：撤消閒散衙門，裁汰冗官，澄清吏治，引用新人，廣開言路。三、軍事方面有：武科考試槍炮（原試弓矢刀鎗等），軍隊習洋鎗，裁減冗兵，力行保甲等。四、實業方面有：籌辦鐵路開礦，促進農工商以及奬勵製造發明等。

有爲對於西學所知有限，他的改革方案，大率以日本維新爲範本。其改革項目，除興辦新式教育，促進農工商及奬勵發明較有創見以外，其餘並無新義。尤其是政治方面，所列各點，大都是老生常談。他反對民權共和，即君主立憲制度，此時也不敢公開提倡。對科舉制度，仍主張保留，其改革不過是廢八股文而已。同時他附會經學，造孔子改制之說，爲他的變法做護符。可見他對中國的傳統文化，仍具有不可動搖的信念。即使如此，仍爲慈禧太后及一般守舊大臣不滿，遂造成「戊戌政變」的慘劇，新黨多人被殺，康、梁亡命海外。慈禧於同治及光緒初年，本贊成革新，但因歸政以後，號令不由己出，轉而厭惡變法。而一般守舊大臣，爲保持祿位，乃依恃太后，反對新法。所以這次政變，主要是權位利益之爭。政變以後，新政停頓，守舊勢力的氣燄大張。慈禧以外國不肯引渡康梁，痛恨外人，守舊朝臣，均迎合其意。加以國人的仇外思想，因外患益趨激烈，於是排外之風，瀰漫朝野，遂有「拳亂」的發生，結果導致光緒二十六年（一九〇〇年）的八國聯軍之役，使中國幾罹瓜分之禍。

經過這次災難，國人已多知變法的重要，吸收西化的風氣隨之而開。當時日本以維新而强，因此國人提倡新學的每喜以日本爲例。同時更採取捷徑，大量吸收由日人轉手的西化。若干日譯的西洋自然科學及社會科學等類的著作，大量的譯爲中文。而國人赴日本求學的，也日益增加。據非正式的統計，自清末至民國七八年的十五年間，國人赴日者達三十萬人。因此我國清末民初一段時間的西化，實際只是日化。⑬至於直接傳譯西籍的，則以嚴復最有貢獻。他所譯的多爲西洋社會科學的名著，大半完成於甲午戰後，譯文多獨創之詞，並有不少舊譯名詞，經他採用而流行益廣。自他的譯著問世，國人才知道西學的淵博精微，迥非康梁時代粗淺的介紹可比。國人對西學的領略，至是又進入一新境界。

其時少數士大夫，厭惡西學之心，猶未泯除，甚者詆之爲「鬼子學」。清廷若干比較開明的大臣如張之洞、孫家鼐等，則主張「中學爲體，西學爲用」，認爲「中學有未備者，以西學補之；中學其失傳者，以西學還之。以中學包羅西學，不能以西學凌駕中學」⑭。「如中士而不通中學，此猶不知其姓之人；無轡之騎，無舟之舵；其西學愈深，其疾視中國亦

⑬ 參看吳敬恒：歐化枝譚（載東方雜誌十六卷五號）。

⑭ 見孫家鼐：議覆開辦京師大學堂摺（載光緒政要卷二十二）

愈甚；雖有博雅多能之士，國家亦安得而用之哉！」⑮這種論調，雖爲後人所譏，但在當時却是多數士人所服膺的信條。

清室於八國聯軍之役後，也標榜推行新政，企圖挽回人心。自光緒二十七年（一九〇一年）起，三四年間，所舉辦者不下數十事。諸如改書院爲學堂，廢止科舉，西法練兵，以及裁汰冗員等，大抵不出戊戌變法的範圍。但慈禧缺乏改革的誠意，因而收效不宏。這時康梁流亡海外，反對慈禧聽政，主張還政德宗，實行君主立憲政體。另有一派認爲中國政治的病根爲君主專政，非根本推翻滿清，建立民主共和政體，無法挽救中國的命運，其代表人物是中山先生。他於甲午戰時，在檀香山組織興中會，策劃革命，雖屢次失敗，而聲勢日張。日俄之戰（一九〇四年）後，說者皆謂日以立憲而勝，於是變法之議，又趨熱烈。清室迫於形勢，於光緒二十二年（一九〇六年）下詔預備立憲。三十四年（一九〇八年），清室宣佈九年立憲期限。其後又縮短預備期限爲五年。但事實上滿族親貴，絕無放棄壟斷朝權的意思，各種政治措施證明所謂立憲，只是僞裝。以是革命運動，更無法遏止。宣統三年（一九一一年）十月，武昌起義爆發，清室隨之傾覆。

清室傾覆後，北洋軍閥袁世凱憑仗其武力，乘機攫得革命的果實，出任民國的第一任大總統。袁氏當國後，集大權於一身，實際與君主專制並無二致。他的政府，也充滿遜清遺老，簡直可以說是清廷的延續。他的落伍思想與權力慾，驅使他的行爲日益反動，最後竟演

---

⑮ 見張之洞：勸學篇「循序」（載張文襄公全集卷二〇二）。

出帝制自爲的醜劇。袁氏死後，又有張勳導演宣統復辟的一幕。這些都可以說明當時國人對民主共和並無深刻的認識與信仰。但中山先生所領導的革命力量，並未因北洋軍閥的壓迫而解體，他所倡導的三民主義的思想，在中國不斷的滋長蔓延，再加上若干學人的推動，竟在北洋軍閥的勢力範圍內，產生了「新文化運動」，使中國人的思想學術，走上了一個新的方向。

第四期（民國六年至二十六年，即一九一七至三七年，共二十一年）

民國成立後，由於北洋軍閥的黑暗統治和列強壓迫的刺激，以及西洋學術思想的鼓動，若干知識份子，對中國的傳統文化，發生前所未有的懷疑。他們主張根據西洋的學術思想，對中國文化做一番澈底的改革，爲中國文化尋找一個新出路。這種文化革新的呼聲，最早發自北京大學。北京大學的前身是京師大學堂，成立於光緒二十四年（一八九八年），是中國最早的西制大學。這個大學開辦後，最初並沒有顯著的成就。民國成立，更名爲北京大學。民國六年至十五年（一九一七至二六年），蔡元培任校長，北京大學逐漸成爲中國的學術中心，若干著名學者如陳獨秀、胡適、錢玄同等，均任教其間。陳等創辦「新青年」雜誌，對中國的傳統文化展開批評檢討，同時盡力宣揚科學的價值，大量介紹西方的社會科學、心理學和教育學等；此外並提倡白話文，創作新式小說詩歌。政治方面則提倡民族主義，要求實行民主政治。他們的主張，立刻得到青年學生的響應，北大學生傅斯年、羅家倫等，創辦新潮雜誌，與新青年呼應。這種風氣，日見流行，逐漸形成一種運動，世人稱之爲「新文化運動」。

民國八年（一九一九年）初，歐戰告終，德國投降。協約各國，舉行和平會議於巴黎。日本曾於歐戰期間，對德宣戰，出兵攻取德國在華租界地的膠州灣，並強佔青島及膠濟鐵路全線。至巴黎和會召開，中國代表於會中要求將德國在山東的所有權益，交還中國。但以英法袒護日本，終於對德和約中，載明德國在山東的權益，讓與日本。消息傳來，輿論沸騰。五月四日，北京各學校學生遊行示威，反對簽約，各地紛起響應，世稱「五四運動」。結果中國代表拒絕簽字，僅簽署對奧和約而返。五四運動是一種反對屈辱條約及懦弱外交的愛國運動，它反映出國人對民族和政治的醒悟。中山先生自清末提倡民族主義和民權主義，新文化運動復以民族主義和民主政治作號召，至此乃發生巨大的影響力。同時在五四運動期間，各地人士發表的通電宣言以及報章雜誌等，多用白話文，從此白話文的應用，漸普及全國。所以五四運動本身雖不是文化運動，却與新文化運動有密切關係。因此五四運動後，從民國九年到十二年（一九二〇至二三年），新文化運動進入高潮。

新文化運動提倡的兩大目標，是「擁護德先生與賽先生」(Democracy and Science)，也就是提倡民主與科學。「民主」一詞，創自國人。同治後期（一八七〇年左右）鄭觀應在他的盛世危言一書中，曾闡述美國的「民主」政治，可能是創用此詞的第一人。光緒二十四年（一八九八年），嚴復譯羣學肄言 (Herbert Spencer: Study of Sociology) 始正式以「民主」爲 Democracy 一詞的譯名。而清末對於民主政治主張最力的，也推嚴氏。民國初立，雖有民主共和之名，但政治實質仍與君主專制無異。國人發生反感，遂有民主政治的要求。民國八年（一九一九年），陳獨秀撰文於新青年，主張擁護「德先生」，同時反對舊倫理和舊政治。⑯其後中山先生的三民主義，風行於世，其中的民權主義，幾乎完全以西洋的民主主義爲藍本，從此國人對於民主的意義，始有普遍而粗略的瞭解。民國十五年（一九二六年）國民政府成立後，粗立民主政治的規模。此後直至抗日戰爭爆發（一九三七年），政府因內憂外患，始終未能充分實行民權主義。但民主政治的基礎，已大致奠定。

科學本爲一日本名詞，最遲在光緒八年（一八八二年），日人即以此詞爲 Science 的譯名。⑰二十八年（一八九八年）嚴復譯羣學肄言，開始採用此詞。但當時科學一詞，尚不普遍，國人多用「西學」以稱來自西方的學問。另一通行名詞爲「格物」，特指自然科學，有時亦指物理學。甲午戰後，嚴復撰救亡決論一文，認爲非倡行「西學格致」，無以救亡。康有爲亦曾撰文，提倡西學。但當時士大夫肯學西學的，爲數極少。及至新文化運動起，科學一詞，始日漸流行；國人對於西洋學術的認識，也日漸深入。民國以前，士大夫的提倡西學者，尚不敢公然攻擊中國舊學。至此，若干學人對中國傳統學術的缺點和治學方法的謬誤，不再諱言。從此國人厚古薄今以及「中學爲體」的思想漸被打破，多數知識份子，都承認科學的價值，各種的科學知識，也逐漸普及。

新文化運動後，中國的學術界有了新的研究方面，並知道利用科學方法及觀點整理中國

---

⑯ 參看陳獨秀：本誌罪案之答辯（載新青年雜誌六卷一期）。

⑰ 見柴田昌吉、子安峻合譯：附音插圖英和字彙（一八八二年版）。

固有的學問。在中國發展最早而且最有成績的學科，當推地質的調查與古物的發掘。史學方面，也有長足的進步，觀念、方法既有改進，研究範圍也較前擴大，尤以古史的研究最有成就。文學方面則以白話文的影響爲最大。甲午戰後，各大都會已有白話書報，文體漸有改變的趨勢。五四運動後，白話文的應用，益行普遍。新文學作家也日見增多，他們更從事小說、戲劇、詩歌、散文的創作，曾產生不少的佳作。此外他們對西洋的文學作品，也努力翻譯介紹，中國新文學受其影響，在風格與句法上，發生重大的變化。另一項對社會發生重大影響的是國語的推行。西洋耶穌敎士來華傳敎，爲便於學習華語，用羅馬字母標音。至淸，西人來華者益多，羅馬拚音法也傳播日廣。甲午戰後，國人頗多仿造其法，自製拚音字母，以代舊有的反切讀音法。民國二年（一九一三），敎育部召開讀音統一會，製定注音字母三十九個，審定字音六千五百餘。七年（一九一八年），敎育部公佈注音字母，並致力於國語的統一工作。至十一年（一九二二年），改高初級小學的國文科爲國語科，純用語體文，於是國語的推行，日益普遍。

在新文化運動期間，共產主義的思想也開始在中國滋長。「共產主義」一詞，也是自日本輸入。光緒十九年（一八九三年）日人出版的字典中，已譯 Communism 爲共產主義。此詞傳入中國的時代，不可確考，當在二十六年（一九〇〇年）以後，而在中國普遍使用，則是民國成立（一九一二年）以後的事。民國初年，因中國國民黨的介紹社會主義，「共產」一詞，才漸爲國人所熟悉。新文化運動期間，共產主義的思想也隨着自由主義的思想輸入中國。若干智識份子的思想，自此開始左傾，新文化運動的領導者如陳獨秀、李大釗等，也就是後來（一九二一年）中國共產黨的創立人。民國十一年（一九二二年），共產黨因力量薄弱，發展困難，因而要求中山先生，允許共產黨員以私人身份加入國民黨。中山先生為加强革命力量，予以應允。但他認為共產黨組織和蘇維埃制度，都不適宜於中國。

由於對西方帝國主義的積久憤恨，國人最初對於實行共產主義的蘇俄多表同情；共產主義的流行，也基於這個原因。但不久共黨的殘酷革命手段和蘇俄對中國的陰謀野心，日漸顯露，遂引起國人的反感。最初反對蘇俄及共產主義的，是北方的若干學人梁啓超、徐志摩等。民國十四年（一九二五年）中山先生逝世後，共黨份子竭力分化國民黨，造成派系的對立，進而把持黨務及政治。並應用各種方法，竭力阻撓國民革命軍的北伐。十六年（一九二七），國民黨實行清黨，共黨份子遂公開叛亂。其後政府對共黨屢次清剿，終於二十三年（一九三四年）擊潰江西共黨的主力。次年，共黨殘部流竄至陝北，所餘僅數千人，賴以宣傳抗日，刺激國人，並煽動國軍將領叛變，始免滅亡。二十六年（一九三七年）共黨宣言服從政府，政府為團結對外，也停止剿共的軍事行動。不久抗日戰起，共黨遂於抗戰期間，乘機坐大。

從以上四期所述中國西化的過程，可以看出第一期的西化，並無多大建樹。第二期着重於物質建設和技藝的取法，主要為模仿西方的軍事工業。第三期開始注意西洋的政治制度，並開始介紹西方的社會思想。第四期開始着重吸取西方的文化精神，諸如政治原理及社會、自然科學等。西化的結果，使中國的各方面，無論政治、經濟、社會以及學術思想都發生劇烈的變化。這些變化，曾使中國付出無法估計的龐大代價，而其收穫則不成比例。中國西化其進度的緩慢，成就的不宏，都是事實。但其發展的歷程，則清晰可見，至少已奠立初步的基礎。而中國在各方面的進步，也不能一筆抹煞。今後我們應如何效法漢唐，擷取西洋文化的長處以創造自身的新文化，是值得國人深思熟慮的一個問題。

原載中山學術文化集刊四集，五十八年十一月

漢唐史論集

2022年5月二版 定價：新臺幣800元

著　　者　傅　樂　成

出版者	聯經出版事業股份有限公司
地址	新北市汐止區大同路一段369號1樓
叢書編輯電話	(02)86925588轉5305
台北聯經書房	台北市新生南路三段94號
電話	(02)23620308
台中分公司	台中市北區崇德路一段198號
暨門市電話	(04)22312023
台中電子信箱	e-mail：linking2@ms42.hinet.net
郵政劃撥帳戶第	0100559-3號
郵撥電話	(02)23620308
印刷者	世和印製企業有限公司
總經銷	聯合發行股份有限公司
發行所	新北市新店區寶橋路235巷6弄6號2樓
電話	(02)29178022

副總編輯	陳逸華
總編輯	涂豐恩
總經理	陳芝宇
社長	羅國俊
發行人	林載爵

行政院新聞局出版事業登記證局版臺業字第0130號

本書如有缺頁，破損，倒裝請寄回台北聯經書房更換。 ISBN 978-957-08-6301-7 (精裝)
聯經網址：www.linkingbooks.com.tw
電子信箱：linking@udngroup.com

國家圖書館出版品預行編目資料

漢唐史論集 / 傅樂成著．二版．新北市．聯經．
2022.05．436面．14.8×21公分．
ISBN 978-957-08-6301-7 (精裝)
[2022年5月二版]

1. CST: 漢史 2. CST: 唐史 3. CST: 文集

622 111005154